ADRの基本的視座

早川 吉尚
山田 文 編著
濱野 亮

垣内 秀介
高橋 裕
長谷部由起子
和田 仁孝
谷口 安平
小島 武司
中村 芳彦

不磨書房

はしがき

　ADR をめぐる議論は，何故，混乱したものになりがちなのか？

　近年の我国における ADR への注目の高まりには目覚しいものがあり，それは最近の司法制度改革推進本部における ADR 基本法の立法作業にまで繋がっている。また，そうした立法作業に並行する形で，ADR に関する学説上・実務上の議論もますます盛んになっている。しかし，そうした議論を精察したとき，論者相互間で議論が必ずしも噛み合っていないことが少なくないことに気がつく。

　では，その理由は何なのか。それは，ADR という存在（それは消極的にしか定義しえないものである）に対する各論者の基本的な認識に，様々な差異があるためではないか。そうした差異がどのような点にどのように具体的に存在しているのかについて，お互いに明らかにできないままに議論がなされてしまっているのではないか。そうであるとすれば，今後，そのように前提としての差異をお互いに了知しないままに議論を積み重ねたとしても，建設的な成果は望めないのではないか。

　本書は，昨今の ADR を巡る議論について以上のような問題意識を共有する３人（本書において編者となった早川吉尚，山田文，濱野亮）が声をかけ，同様の問題意識を有する論者に ADR に関する論文を持ち寄ってもらうことで完成したものである。したがって，本書における各論文において共通しているのは，前提となる自らが有する ADR に対する基本的認識を明らかにした上で論ずる，あるいは，少なくとも自らが有する ADR に対する基本的認識が透けて見えるような形で論ずるといった態度であるといえる（なお，論文相互間の ADR に対する基本的認識の差異ができるだけ明らかになるように，編者および和田仁孝氏による座談会の記録も掲載した）。

　仲裁法の改正がなされ，ADR 基本法の制定がなされようとしている今だからこそ，ADR という存在はどのようなものであるかという根本の部分から，

再検討がなされるべきではなかろうか。本書が，我国におけるこれからのADR に関する議論に対して何らかの視座を構築できるとすれば，編者としてこれ以上の幸せはない。

　最後に，不磨書房の稲葉文子氏の力強い叱咤激励がなければ，この本は完成しなかったであろう。ここに深く御礼申し上げたい。

　　2004年7月

編者を代表して

早川　吉尚

目　次

1　紛争処理システムの権力性と ADR における手続の柔軟化
………………………………………………………………早川吉尚…3

1　はじめに …………………………………………………………3
2　紛争処理システムと権力性………………………………………5
3　権力的紛争処理システムの必要性 ……………………………7
4　権力的紛争処理システムの濫用防止の道具としての実体法と手続保障………………………………………………………………9
5　権力的紛争処理システムに対するアンチテーゼとしての ADR ………10
6　わが国における ADR を巡る状況 ……………………………13
7　権力的紛争処理システムと非権力的紛争処理システムの混在化の危険性………………………………………………………………18
8　おわりに…………………………………………………………19

2　ADR のルール化の意義と変容
　　──アメリカの消費者紛争 ADR を例として　………………山田　文…21

1　はじめに…………………………………………………………21
2　ルールからの逃走と回帰………………………………………22
　（1）　揺　籃　期（ADR ムーヴメント以前）……………………23
　（2）　草　創　期（ADR ムーヴメントの開始）…………………24
　（3）　警　戒　期 …………………………………………………25
　（4）　ADR 制度化期（90年代〜現在）…………………………27
　（5）　制度化の背景 ………………………………………………28
3　法律ないし行政による民間型 ADR のレギュレーション ……30
　（1）　Magnusson-Moss Warranty Act of 1975 による紛争解決メカニズム…………………………………………………………30
　（2）　California Department of Consumer Affairs による ADR のルール化…………………………………………………………31

  4　民間型 ADR の自律的ルール ･････････････････････････････ *34*
  （1）　AAA における自律的ルールの試み ･････････････････ *34*
  （2）　AAA 以外 ADR 機関における自主的ルール ･･･････ *37*
  （3）　ADR 主宰者の倫理／行為規範 ･････････････････････ *38*
  5　ルール化の意義とその変容 ･･･････････････････････････ *38*

3　日本型紛争管理システムと ADR 論議 ･････････････濱野　亮･･･*41*

  1　は じ め に ･･ *41*
  2　日本型紛争管理システム ･････････････････････････････ *42*
  （1）　「法の支配」と ADR ････････････････････････････････ *42*
  （2）　日本型紛争管理システムの特徴 ･････････････････････ *43*
  3　日本型紛争管理システムの文脈における ADR 論議 ･･･ *50*
  （1）　は じ め に ･･･････････････････････････････････････ *50*
  （2）　相談手続の位置づけ ････････････････････････････････ *51*
  （3）　調整型 ADR の位置づけ ･･･････････････････････････ *55*
  4　む　す　び ･･ *58*

4　国による ADR の促進 ･･････････････････････････････垣内秀介･･･*61*

  1　本稿の目的 ･･ *61*
  （1）　ADR に関する議論の困難性 ････････････････････････ *61*
  （2）　本稿の問題関心 ････････････････････････････････････ *62*
  （3）　本稿の検討対象── ADR の概念 ･･･････････････････ *63*
  （4）　検討の進め方 ･･････････････････････････････････････ *66*
  2　国による ADR の促進のあり方 ･･･････････････････････ *66*
  （1）　国による ADR 関与の諸段階 ･･･････････････････････ *66*
  （2）　国による ADR 促進の具体的態様 ･･･････････････････ *68*
  3　国による ADR 促進の目的 ･･･････････････････････････ *70*
  （1）　ADR「目的論」の三分類 ･･･････････････････････････ *71*
  （2）　ADR 促進の制約原理 ･････････････････････････････ *77*
  4　国による ADR 促進の態様と限界 ･････････････････････ *85*
  （1）　私的自治との牴触 ･････････････････････････････････ *85*

（2）　裁判を受ける権利の保障との牴触 ………………………………87
　　（3）　法の支配との牴触 ……………………………………………………90
　5　おわりに …………………………………………………………………………91

5　借地借家調停と法律家
　　──日本における調停制度導入の一側面── ………………高橋　裕…93

　1　はじめに …………………………………………………………………………93
　2　借地借家調停法前史 …………………………………………………………94
　　（1）　借地法／借家法の成立まで ………………………………………95
　　（2）　借地法／借家法成立から借地借家調停法案提出まで ……97
　3　第45回帝国議会における審議の過程 …………………………………101
　　（1）　調停制度導入の目的をめぐる議論 ……………………………102
　　（2）　借地借家調停法案と裁判官・裁判所 …………………………104
　　（3）　借地借家調停法案と弁護士
　　　　　──特に代理人許可制度をめぐって── ………………………109
　　（4）　調停委員会における弁護士の地位をめぐる議論 ……………113
　4　借地借家調停法の運用の中での法律家の位置 ……………………115
　　（1）　調停借家調停法の運用と裁判官 …………………………………115
　　（2）　借地借家調停法の運用と弁護士
　　　　　──①調停委員への選任状況 …………………………………116
　　（3）　借地借家調停法の運用と弁護士
　　　　　──②当事者代理人としての弁護士 ……………………………118
　5　まとめに代えて ………………………………………………………………122
　文　献　目　録 ……………………………………………………………………127

6　民間型ADRの可能性 …………………………………長谷部由起子…135

　1　はじめに ………………………………………………………………………135
　2　イングランドのADR ………………………………………………………138
　　（1）　概　　観 ……………………………………………………………138
　　（2）　ADRの発展とその契機 ……………………………………………139
　　（3）　ADR機関の実情 ……………………………………………………143

（4）　裁判所とADR機関の連携のありかた ……………………… 144
　3　商事紛争におけるADRの実効性 ………………………………… 146
　（1）　商事裁判所のADRへの取組み …………………………… 146
　（2）　ヘーゼル・ゲンによる実態調査 ………………………… 148
　4　わが国への示唆 …………………………………………………… 151
　（1）　民間型ADRの発展を阻むもの …………………………… 151
　（2）　ADR基本法の課題 ………………………………………… 154
　5　む　す　び ………………………………………………………… 156

7　現代における紛争処理ニーズの特質とADRの機能理念
　　　──キュアモデルからケアモデルへ── ……………………和田仁孝…157

　1　は じ め に ………………………………………………………… 157
　2　社会構造の変容とADRニーズ …………………………………… 158
　（1）　ADRニーズと法・裁判への批判性──問題の所在 …… 158
　（2）　社会構造と法的紛争解決をめぐるファラシー ………… 161
　（3）　法と近代化のパラドクス ………………………………… 164
　（4）　新たな紛争処理モデルへの要請 ………………………… 168
　3　ADRニーズとADRの現代的機能理念 …………………………… 171
　（1）　現代的ADRニーズの実相 ………………………………… 171
　（2）　現代的ADRの制度理念 …………………………………… 179
　4　第三者関与者の役割理念──ケア・モデル …………………… 186
　（1）　ケアリングとしての紛争過程関与 ……………………… 186
　（2）　情報提供と判断呈示 ……………………………………… 193
　（3）　中立性保持の戦略 ………………………………………… 194

8　和解・国際商事仲裁におけるディレンマ ………………谷口安平…201

9　制度契約としての仲裁契約
　　　──仲裁制度合理化・実効化のための試論── ……………小島武司…209

　1　実効的仲裁の要としての仲裁契約 ……………………………… 209
　2　乱気流のなかの仲裁契約 ………………………………………… 211

3　仲裁契約理論の転換 …………………………………………………… *214*
　　（1）仲裁契約の成否に関する判定基準 ……………………………… *214*
　　（2）仲裁契約の客観的範囲の問題 …………………………………… *217*
　　（3）仲裁契約の主観的範囲の問題 …………………………………… *225*
　4　仲裁契約理論のあり方と仲裁制度の発展 ………………………… *229*
　　（1）基盤としての共通認識 …………………………………………… *229*
　　（2）仲裁契約を規定するもの ………………………………………… *230*

10　ADR法立法論議と自律的紛争処理志向 ……………中村芳彦… *233*

　1　は じ め に ……………………………………………………………… *233*
　2　相談過程論 ……………………………………………………………… *234*
　　（1）ADRの中心的な手続は何か──相談過程の位置づけ ………… *234*
　　（2）相談過程のあり方 ………………………………………………… *236*
　　（3）あっせん手続の意味 ……………………………………………… *238*
　　（4）調停手続の位置づけ ……………………………………………… *241*
　　（5）ADR形態論への示唆 ……………………………………………… *243*
　3　専門家役割論 …………………………………………………………… *245*
　　（1）総　　説 …………………………………………………………… *245*
　　（2）弁護士役割論 ……………………………………………………… *246*
　　（3）弁護士法72条問題 ………………………………………………… *252*
　　（4）各種法律専門職種の関与のあり方 ……………………………… *255*
　　（5）その他専門家の関与のあり方 …………………………………… *258*
　　（6）新しい専門性の考え方 …………………………………………… *259*
　　（7）各種専門家の連携のあり方 ……………………………………… *260*
　　（8）当事者主導のADRの可能性 ……………………………………… *260*
　4　手続過程論 ……………………………………………………………… *261*
　　（1）総　　説 …………………………………………………………… *261*
　　（2）法的効果論 ………………………………………………………… *263*
　　（3）裁判手続との連携論 ……………………………………………… *264*
　　（4）手続規律論 ………………………………………………………… *265*
　　（5）ADRにおける倫理問題 …………………………………………… *268*

（6）既存 ADR 機関における手続過程の課題 ……………………*269*
　5　人材育成論 …………………………………………………………*269*
　　（1）総　　説 …………………………………………………………*269*
　　（2）相談担当者に対するトレーニング …………………………*270*
　　（3）市民に対するトレーニング …………………………………*273*
　　（4）教育課程におけるトレーニング ……………………………*274*
　6　大きな ADR から小さな ADR への転換 ……………………*276*

座談会　「ADR の基本的視座」……………………………………………*281*
　　出席者：和田仁孝，山田文，濱野亮，早川吉尚（司会）

ADRの基本的視座

1 紛争処理システムの権力性とADRにおける手続の柔軟化

早 川 吉 尚
立教大学教授

1 はじめに

　筆者はかつて,「日本の ADR の批判的考察～米国の視点から～」なる論文を公表し, 仲裁と調停の混同という点を中心に, わが国の ADR を巡る状況や議論のあり方に関して批判的な考察を試みたことがあった[1]。同論文は, 様々な経緯により, 筆者の予想をはるかに超える多くの関係者の目に止まったようであり, それだけにこれに対する有形あるいは無形の反響, 反論, 批判も多かった[2]。しかし, そうした反論の中には, 筆者が自らの意図を十分に伝えることができなかったが故に, なされてしまったものも少なくないように思われ, そこで筆者は, 近時,「再論・日本の ADR の批判的考察」なる論文を公表し, 寄せられた反論に対して回答する形で自らの考えをより明瞭なものにしようと試みた[3]。

　この「再論・日本の ADR の批判的考察」なる論文の末尾において, 筆者は,「以上を通じて上記の筆者の論文に対する反論に回答を試みてきたが, 実は,

---

[1] 拙稿「日本の ADR の批判的考察～米国の視点から～」立教法学54号174頁（2000）。
[2] 同論文はそもそも, それ以前に公表した拙稿「米国からみた日本の ADR とその問題点（1）～（5・完）」JCA ジャーナル46巻7号30頁, 8号36頁, 9号2頁, 10号33頁, 11号32頁（1999）なる論文の後半部分, すなわち, 手続保障という観点から現在のわが国の ADR における慣行の問題点を批判した部分を深化させる形で書き上げたものであり, さらに, 2001年に「ジュリスト」誌で組まれた特集「ADR の現状と理論～基本法制定に向けて」においても, 拙稿「わが国の ADR の問題点」ジュリスト1207号35頁（2001）という形で, その骨子が掲載されるに至った。そのことが, 筆者の予想をはるかに超える多くの関係者の目に止まった原因のようである。
[3] 拙稿「再論・日本の ADR の批判的考察」JCA ジャーナル49巻12号2頁（2002）。

現在の筆者の興味・関心は，上記の拙稿で指摘し，本稿でも再論した問題を内包しているにもかかわらず，しかし，わが国において『仲裁と調停の混同』が維持されているのは何故なのか，そこにある本当の理由は何で，その理由に何らかの正当化事由を与えることができるのかという点にある」と記し，また，そこにおける理由の一つとして考えられるものとして，「手続保障の充実は紛争解決の効率性とトレード・オフの関係にあるのであって，後者の前には前者は一定程度譲歩せざるを得ないのではないかという価値判断があるのであろう」とも記している[4]。

そして，その上で，ある実務家の手による論文の以下のような一節，すなわち，「権威性とか権力臭さという点では，弁護士や弁護士会という存在自体が不可避的にそのような性質を帯びている。弁護士会仲裁はそのような意味で権威性ないし権力臭さから全く自由な存在ではあり得ない。」「仲裁センターで行なわれる『和解的解決』にしても，単なる当事者間の交渉や話し合いとは異なっている。仲裁人が和解を目指してある種の介入をし，双方当事者を強力に説得するからこそ紛争が解決するのである。その介入は，交渉の場を提供するというようなレベルを超えたものであることが少なくはない。」「手続き自体が弁護士会という一種の権威を有する団体によるものであり，仲裁人が弁護士や，元裁判官，法律学者であることから，一種の権威をもつ。そのような権威的存在である団体が手続きを主催し，その中で権威を持った仲裁人が和解を勧めるからこそ説得力も出てくる。弁護士会仲裁における和解手続き自体が，本来の仲裁と同様に，ある種の権威や権力を背景にしていることは否定しがたいのである。」「私は，権威や権力が紛争解決に動員されることは，その態様にもよるが，別に否定されるべきこととは思わない。当事者間の自主的な交渉や話し合いで解決できることには限界がある。その限界を克服するためにこそ，訴訟や仲裁等といった裁定型の解決制度がある筈だ」といった記述を引用し[5]，「こうした主張の基底にあるものこそ本格的に考察せざるを得ないものなのではな

---

[4] 拙稿・前掲注3）11頁。なお，かかる問題は，拙稿に対して寄せられた反応の中で最も多かった主張，すなわち，「おっしゃる通りかもしれませんが，そんなに堅苦しくやってしまっては纏まるものも纏まりませんよ」といった主張をどのように受け止めるかという問題でもある。

[5] 以上につき，那須弘平「弁護士会仲裁における二つの『合意』」第二東京弁護士会編・弁護士会仲裁の現状と展望300頁，301頁以下（1997 判例タイムズ社）。

いかと考え始めている」と結んでいる[6]。

本稿は、仲裁法の改正やADR基本法の制定がなされようとしている現在において、我が国におけるADRを巡る状況や議論のあり方について、この角度からもう一度考察を試みることを目的とするものである。

2　紛争処理システムと権力性

　　　　ある独裁国家の指導者が言った。「わが国は極めて平和に統治されていますから、人民の間に紛争が生じることなど全くありません。万が一、何らかの紛争が生じた場合でも、わが国の優秀な官吏が当事者を説得すれば、たちどころに解決されます」。

　このような寓話をわざわざ掲げたのは、紛争の処理という事柄と権力というものが不可分の存在であるということを再認識していただくためである。かかる独裁国家において人々の間において紛争が「発生」しないのは、もちろん、トラブルを起こすような厄介な者に対しては何らかの形である種の制裁が課される可能性があるからであり、その手先である官吏が説得した瞬間に紛争が「解決」されるのも、同じ理由によるものである。このように、究極の紛争処理システムとは、権力によって紛争すら顕在化させない、あるいは、仮に顕在化する場合があったとしても、顕在化した瞬間に権力が介入して紛争を水面下に押し込んでしまうというものであるといえよう。

　もちろん、そのような国家はきわめて不健全な国家であり、少なくともわが国をも含めた先進諸国の中にそのような国はない。しかし、程度の問題を別にすれば、いかなる国の裁判制度においても、一定の範囲で同質性も見出すことができる。すなわち、双方の当事者ともに望まない場合にまで国家が民事紛争に介入することはないが（処分権主義）、当事者のどちらか一方でも介入を望むのであれば国家は当該民事紛争に介入することができ、具体的に介入する官吏、すなわち、裁判官の裁定には、その内容につき当事者に不満があったとしても拘束力が与えられ（既判力）、それでも裁定に服従しない当事者については強制執行という手段まで用意されているのである。それは国家による権力行使以

---

[6] 拙稿・前掲注3）11頁。

外の何ものでもなく，程度の差はあれ，先進諸国においてですら，裁判という紛争処理システムの中に権力性を見出すことができるということを意味する。その意味において，前掲論文の主張，すなわち，紛争処理システムが孕む，その中でも特に「裁定型の解決制度」が孕んでいる権力性は正面から認めるべきであるとの主張はきわめて正しく，当然のことであってわざわざ強調するまでもないとの指摘さえ受けるものかもしれない。

　だが，このような当然のことをわざわざここで強調したのは，裁判権等の権力を濫用し得る者としての王を殺す，あるいは，そのような王の権力を縛るためのルールを自らの手によって勝ち取ってきたという歴史を有する西欧諸国，あるいは，その伝統を引き継いだ米国に比して，わが国においては，紛争処理システムが内包する権力性の認識が相対的に乏しいように思われてならないからである。そうした傾向を，ある論者は，「国家権力の行使をめぐる国家の市民に対する権利義務関係と捉える公法学の発想を受けて，民事訴訟法もまた裁判権という国家権力をめぐる国家と市民との関係を規律するものであるから公法であり，従って可及的に裁判所と当事者との権利義務関係として構成される必要がある，わかりやすくいえば，曖昧な要件でもって裁判権の行使を不当に拒否したり不当に当事者の権利に介入したり等，当事者の地位を不安定にしてはならない」といった問題意識が，わが国においては，「公の利益とか裁判所の利益を強調して利用者の立場を損ねるものである」との懸念から「戦後非常に誤解された部分が」あり，「要件をなるべく白地化することが利用者のためになり，利用者にとって望ましい紛争解決をもたらす，という前提でずっと議論が進められてきた」と説明する[7]。すなわち，裁判という制度が有する「納得しない人間に対して国家権力がある種の決定を強制する」という側面の軽視である[8]。

---

[7]　井上治典＝高橋宏志編・エキサイティング民事訴訟法（1993　有斐閣）の1頁以下における「民事訴訟の目的・役割」と題された井上治典教授，高橋宏志教授，山本克己教授，山本弘教授の対談中の，24頁以下の山本弘教授の発言。それは，山本弘「権利保護の利益概念の研究（一）～（三・完）」法学協会雑誌106巻2号1頁，3号68頁，9号1頁（1989～90）を貫く問題意識であるとも思われる。なお，同2号2頁以下によれば，兼子一博士が戦後すぐの段階において民事訴訟法の目的を秩序維持や権利保護ではない私人間の紛争解決に求め，それがわが国民事訴訟法学の一つの指導理念になっていった点に，そうしたわが国の傾向の端緒が見出されるように思われる。

[8]　井上＝高橋編・前掲注7）19頁。

もっとも，わが国においても，裁判制度が内包する権力性を敏感に感じ取り，それに対する批判を前面に打ち出す者がなかったわけではない。すなわち，いわゆる「第三の波」学派に属する論者であり，例えば，その代表的な論者は，現状においては「民事訴訟の目的ないし理念は実体的真実の発見にあるという考え方」が「専門家の間にもなお根強く残って」おり，そのことにより「訴訟外にはじめから横たわっている真実（権利）を裁判官が発見して宣言するために訴訟手続があるというニュアンスがにじみ出」てしまい，「訴訟手続は裁判官の合理的な裁定をつくり出すための手段であり道程としてしか位置付け」られていないといった問題意識を自らの理論の根底に置いた上で，既存の裁判手続のあり方に厳しい批判を加えてきた[9]。戦後のわが国の民事訴訟法学における言説空間が，紛争処理システムが内包する権力性に十分に自覚的でなかったとすれば，そうした空間の中においてこの点を鋭く指摘した「第三の波」学派には，一つの功績があるというべきである。

3 権力的紛争処理システムの必要性

ただ，「第三の波」学派が，既存の裁判システムの権力性を自覚した上で，そこから権力性を払拭することを主な目的としてその後の議論を展開したことには，別の評価も可能であろう。例えば，その代表的な論者は，裁判システムを「両当事者の主体的な相互作用的な弁論を通じて」「権利や法（その紛争に妥当すべき具体的な規範）」が「次第に形成されていく」プロセスの一部として再構築されるべきであると説く[10]。そこでは，「具体的な法または法規範は，所与のものとしてはじめから静止的に横たわっているもの」でも「裁判官が確認して宣言」できるものでもなく，「当事者の自律的な紛争活動のなかから次第にかたちづくられていく」ものとして理解される[11]。また，判決と訴訟上の

---

9) 井上治典・民事手続論12頁以下（1993　有斐閣）。なお，井上＝高橋編・前掲注7）においても明らかなように，最終的に導かれる結論については，例えば，山本弘教授と井上教授の見解は全く異なるものである。しかし，同185頁において高橋教授が指摘するように，「裁判官，国家の一種の官僚の裁量的な介入というものに対する非常に強い否定的な評価が先行している」という点で両者は「ある意味では似ている」のであり，根底にある問題意識には共通する部分があるといえよう。
10) 井上・前掲注9）12頁以下。
11) 井上・前掲注9）21頁以下。

和解の関係についても,「かたや法による裁定であり,かたや法によらない当事者の自由意志による合意であるとして,かけ離れたものとして対置される」のではなく,むしろ,「両者の間にはそれほどの質的なちがいはなく,むしろ共通の要素が多い」と位置付けられていくことになる[12]。

しかし,そこにおいては裁判という紛争処理システムが権力性を有するが故に社会において重要な機能を果たしている,あるいは,権力的な紛争処理システムが最終的には社会の安定のために必要不可欠な存在であるという視点が抜け落ちている。すなわち,和解等の紛争解決のための「他の選択肢が費えたときのultima ratioが裁判」なのであり[13],納得しない人間に対してさえも国家権力がある種の決定を強制することができるそうした権力的紛争処理システムが最後に用意されているからこそ,(強圧的にでも)紛争を終結させることができ,社会の安定を保つことができるのである[14]。そのような権力的紛争処理システムの意義を否定することは,社会というものが互いに異なる価値観や利害を有する人の集団により成り立っており,それ故に,その中では紛争が不可避的に発生せざるを得ず,しかも,その解決のために和解のような自主的な紛争解決方法が機能し得ない場合もあるという事実を直視していないとの批判を免れ得ないであろう。

裁判システムが内包する権力性を認めた上で,その意義も認める。しかし,だからこそ,それが濫用されないような防止策は十分に用意されなければならないのであり,そのために,「近代法は,両当事者が納得しない場合の紛争解決というのは,どういうものであるべきかということを議論してきた」のである[15]。この点が民事訴訟法の大きな役割であることこそ,現代のわが国においては再度自覚されるべきではなかろうか[16]。

---

12) 井上・前掲注9)22頁以下。
13) 山本克己「民事訴訟におけるいわゆる"Rechtsgespräch"について(一)~(四・完)」法学論叢119巻1号1頁,3号1頁,5号1頁,120巻1号32頁,119巻1号2頁(1986)。
14) 井上=高橋編・前掲注7)18頁以下。
15) 井上=高橋編・前掲注7)19頁。
16) なお,裁判システムの権力性に対する自覚に乏しい言説空間がわが国において広がったことについては,わが国の憲法学にもその責任の一端があるように思われてならない。すなわち,伝統的にわが国において裁判所は,憲法的価値に鈍感な行政府や立法府に対抗する形でそうした価値の実現のために機能する機関として肯定的に理解されてきたきらいがあり,そうした視点からは,行政府や立法府に対する批判こそがまずはなされる

4 権力的紛争処理システムの濫用防止の道具としての実体法と手続保障

　それでは，権力的紛争処理システムに対する濫用防止策とは何であろうか。それは，言うまでもなく，紛争処理にあたって示される判断は実体法による規律に従ったものでなければならないという原則と，紛争処理のプロセスそれ自体が両当事者に十分な手続保障を与えるものでなければならないという原則である。いったん判断権者により確定的な判断が下されるとそれが拘束力を有し，従わない者には強制執行さえなされ得るという権力的紛争処理システムの下では，判断が判断権者の恣意に流れるようなことは避けられなければならない。そこで，恣意的な判断を防止するべく，かかる要件が具備された場合にのみかかる効果が発生するといった形で網の目のように一般抽象的な実体法規範が整備され，また，反対尋問権の保障に代表されるような手続面での防止策が採られているわけである。

　もっとも，現代においては，こうした原則を現在においても愚直に貫くことに対して，批判がないわけではない。実体法規範は一般抽象的であるが故に硬直的であり，個別具体的な事案に適用すると思いもよらない不当な結果をもたらすことがある。その点を過度に強調すると，例えば，「具体的な法または法規範は，所与のものとしてはじめから静止的に横たわっているもの」でも「裁判官が確認して宣言」できるものでもないといった批判にまで至ることになる[17]。また，そこまで至らなくとも，「当該訴訟において初めて形成される規範かもしれないが，それが一般性を持っている。つまり，将来に類似の事件が出てきたときにはこれも同じに扱う，というインプリケーションを持った形で裁判を正当化する」機能さえ維持されれば「一般的な規範の所与性にはこだ

　　べきで，裁判システムに対する批判的考察はその前に劣後せざるを得ないことになる。そのような潮流をわが国の憲法学の中にどこまで実証的に見出すことができるかについては，今後の課題としたい。
17) 井上・前掲注9) 21頁。なお，山本(克)・前掲注13) 120巻1号32頁は，「この一般法の拘束性の否定（ないし弛緩）こそが『第三の波』が提起する最大の問題の一つ」であり，「これは近代法の一般性と包摂モデルに対する懐疑の表明であり，その提起する問題は民事訴訟法学の枠内に止まらない」と整理する。

わ」る必要がないとする見解も登場してくる[18]。

　他方，手続面においても，手続保障の強調が紛争処理のコストや時間を増大させてしまうことに対し，紛争の効率的かつ迅速な処理という観点からの批判が生じることになる。そして，この批判こそが，「訴訟には費用と時間が掛かるが，ADRは，安くて迅速である」といった言辞の下[19]，現在のわが国においてADRの導入が唱えられている要因となっていることについては，間違いがないであろう。

　しかし，ADRとは，そもそも本当に，権力的紛争処理システムが自らの権力性ゆえに埋め込んだ手続保障という安全装置を（あるいは実体法規範の適用という安全装置を），効率的かつ迅速な紛争処理という要請の下に（あるいは紛争の柔軟な処理という要請の下に），解き放つ，あるいは，緩和することを企図したものであったのであろうか。

5　権力的紛争処理システムに対するアンチテーゼとしてのADR

　現在のわが国においてADRという存在がこれほどまでに注目を集めるに至ったその背景には，米国におけるその発達と隆盛という事実がある。そうした現代的な意味での起源というべき米国においてADRという運動が誕生した直接の契機を，上述のような点，すなわち，効率性や迅速性の要請から権力的紛争処理システムに対する手続保障という安全装置を緩めるといった点に求めるとしたら，それは明らかな間違いである。

　米国における現代的な意味におけるADRの端緒は，「ベトナム反戦運動，ウーマンズ・リブ運動，公民権運動」に代表されるような「反体制運動」の時代である1960年代に求めることができる[20]。「体制（establishment）」に対する嫌悪が蔓延したこの時代において，批判の矛先は裁判所やその担い手たる法曹

---

[18]　井上＝高橋編・前掲注7）6頁における山本（克）教授の発言。もっとも，そこにおいても「裁判の内容を一般的な規範によってジャスティファイするという形式をとることによる裁量の制約は，やはり現在でも維持する必要がある」と強調されていることには注意を要する。
[19]　廣田尚久「紛争解決手段としてのADR」ジュリスト1207号19頁，19頁（2001）。
[20]　レビン小林久子・調停ガイドブック6頁以下（1999　信山社）。

1 紛争処理システムの権力性とADRにおける手続の柔軟化［早川吉尚］

にも向けられた。すなわち，紛争処理という社会的に重要な機能を特権的な資格を有する裁判官や弁護士が一手に独占しており，そうした特権階級の手の下で作成された判断に，一般の人々は強制的に従わされている。「反体制」的な人々にとって，裁判という紛争処理システムはこのようなイメージとして捉えられたのであり，そうした人々は，そのような権威者の判断を仰ぐような権力的紛争処理システムそれ自体を嫌悪し，紛争に直面した当事者同士が自分たちの手により解決方法を発見するための非権力的な紛争処理システムを希求した。それが，裁判とは本質的に異なる紛争処理システム，すなわち，Alternative Dispute Resolution であったのである[21]。

米国において（あるいはその影響を受けて世界的にも）「ADR」といった場合に，（本質的には裁判と同じ構造を有する権力的紛争処理システムである）仲裁（arbitration）がイメージされず，調停（mediation）がその代表としてイメージされるのは，このためである。すなわち，当事者間において和解合意の締結が目指される調停では，仮に（わが国で多くの場合になされているように）調停人（mediator）が両当事者に対して和解案を提示するようなことがあったとしても，（後述するような要素がない限り）当事者はそれを自由に拒むことが可能なのであり，その点において，判断権者が下した確定的な判断が拘束力を有し，従わない者には強制執行さえなされ得るという権力的紛争処理システム（仲裁もその意味ではその一種である）とは，本質的に異なる非権力的紛争処理システムなのである。

また，そのような経緯の下で誕生したために，mediationから権力的要素を払拭しようとする動きは米国においては徹底している。すなわち，手続を指揮するmediatorは，当事者に対して自らの判断をいかなる形であっても下してはならない。その役割は，時に感情的になり混乱しがちな両当事者の主張を整理し，お互いが真に望んでいるものを抽出していくことで，両者が紛争解決に向けた何らかの合意に辿り着くための手伝いをするという点のみに向けられる（その作業には，あたかも二人を相手にしたカウンセリングといった感がある）[22]。

---

21) そうした経緯について手際良く纏めたものとして，Stulberg, *Training Interveners for ADR Processes*, 81 Ky. L. J. 977, at 984-85（1993）; Bullock-Gallagher, *Surveying the State of the Mediative Art: A Guide to Institutionalizing Mediation in Louisiana*, 57 La. L. Rev. 885, at 889-93（1997）.
22) 拙稿・前掲注1）188頁。

また，判断を下す（evaluate）こととは本質的に異なるそのような作業が要求されるが故に，法曹資格を有している場合であっても，mediatorになるための一定のトレーニングを積むことが要求されることが多い[23]。

また，そもそも当事者の話し合いによる解決を追及する手続であるため，手続に当事者本人が同席することが原則であり，そこにおいて両当事者に気の済むまで話をさせるため，一回の手続は必然的に時間がたっぷりととられるという点も注目に値する[24]。すなわち，この点なども，米国においてADRの発達を促したものが，効率性や迅速性の要請よりも，紛争解決手法の質という問題であることを，如実に表しているように思われる。

さらに，例えば，近年，UNCITRALにおいて成立した国際商事調停モデル法の審議過程において米国代表が一貫して主張していたように，調停の結果として導かれた和解合意に対して執行力を与えることに米国では強い抵抗感がもたれている[25]。その背景には，和解合意は所詮は和解合意にすぎず，その締結過程で思いもよらぬ点に錯誤があるかもしれない以上，（当事者間における契約上の効力を超えて）既判力や執行力といった強い効力を与えることに躊躇せざるを得ないという配慮があるといえよう。逆に言えば，せっかく裁判のような権力的な紛争処理システムのalternativeとして非権力的な紛争処理システムを構築したにもかかわらず，そこに強い効力を与えてしまうことは，それを権力的な紛争処理システムに変貌させてしまうことに繋がるのであり，そのような変貌を許した場合にはその反射としてきちんとした手続保障が要求されなければならないが，そのことは調停という手続の柔軟な特性を殺してしまうのである。

このようにみてくると，少なくとも米国において，紛争処理システムの権力性と手続の柔軟性がトレード・オフの関係にあることがきちんと認識されていることは明らかである。すなわち，権威を有する第三者によって既判力や執行力といった強制力を有する判断が下されるという権力的紛争処理システムにお

---

23) 拙稿・前掲注1）188頁。
24) 拙稿・前掲注1）188頁。
25) その結果，各国の意見が分かれ，結局，執行力に関する実質的な規定をモデル法内に盛り込むことができず，各国の政策判断に任されることになったことについては，同モデル法14条を参照。なお，同モデル法，および，これに関するUNCITRALにおける議論の詳細については，see http://www.uncitral.org/.

いては，手続において両当事者に十分な手続保障が与えられなければならない。これに対し，第三者が自らは判断を下さずに両当事者が紛争解決に向けた何らかの合意に辿り着くための手伝いをする，あるいは，判断を下す場合であっても当事者がそれを自由に拒むことが可能であるという非権力的紛争処理システムにおいては，必ずしも万全の手続保障が必要ないために柔軟な手続が可能なのである。

つまり，ADRとは，効率性や迅速性の要請から権力的紛争処理システムにおいて手続保障を緩めようといった運動なのではなく，本質において全く異なる（alternative）手続の柔軟化が可能な非権力的紛争処理システムを構築しようという運動なのである（もちろん，その結果として，紛争がより効率的あるいは迅速に処理されることは十分にあり得る）。

また，そこにおいては非権力的な紛争処理システムと並存する形で権力的な紛争処理システムの存在意義も十分に認められているという点も注視されるべきである。和解というものが合意によってもたらされるものである以上，合意に至らない場合があることも当然あり得るのであって，その場合のultima ratioとして権力的紛争処理システムは存在していなければならない。しかし，権力性を帯びている以上，そこにおいて十分な手続保障がなされなければならないことは動かせないのであって，決して，権力的紛争処理システムにおいて濫用防止の道具が緩められているわけではないのである[26]。

6　わが国におけるADRを巡る状況

以上のような米国の状況に比して，わが国においてADRはどのように運用

---

[26] 前述したように，既存の裁判システムが内包する権力性を最も鋭く指摘してきたのは「第三の波」学派であるが，その主たる担い手が，かつてはわが国における「反体制運動」の担い手でもあったという点は，興味深い符合である。しかし他方で，米国においてはここに記したように，権力的紛争処理システムの存在意義を認めつつも，それとは質的に異なる紛争処理システムの構築が目指されたのに対し，わが国においては前述のように，裁判システムから権力性を払拭するといった形で議論が展開されたことはそれ以上に興味深い。この点が，注7）や注16）で指摘したような裁判所の権力性や民事訴訟制度における法秩序維持機能の重要性を正面から認めてこなかったわが国のこれまでの言説空間の影響という点からどこまで実証的に説明できるかについては，今後の課題としたい。

され,どのように理解されてきたのであろうか。これを確認するべく,わが国において長らく調停による紛争解決を手がけてきた裁判所付属の調停機関における慣行を,上述の米国のmediationと対比しながら示すとすれば,例えば,以下のようになろう。

まず,第1に,前述のように米国におけるmediationは,第三者の判断を仰ぐような紛争解決システムに対する反省あるいは嫌悪を背景に,民衆の中から始まっている。これに対し,わが国における民事調停制度は,1951年の民事調停法によって成立している。その背景を江戸時代の名主や組頭による示談の制度に求めることができるか否かについては争いがあるようであるが[27],仮にそうであるとしても,名主や組頭といった自分たちの上位にある第三者の判断を仰ぐ制度が法により整備されたものと言えるし,そうでないとしたら,単に国家により与えられたシステムにすぎず,いずれにしても,米国のものとは背景にある理念から異なるように思われる。

第2に,mediationにおいて,手続を指揮するmediatorは,当事者に対して自らの判断を下さず,両当事者の主張を整理してお互いが真に望んでいるものを抽出し,両者が紛争解決に向けた何らかの合意に辿り着くための手伝いをするという役割を果たすと考えられている。これに対し,わが国の調停人の大きな役割は,調停案という自らの判断を提示することにあると考えられており[28],当事者に対する「説得」技術も重要であるとされている[29]。また,それ以上に特徴的なのは,そうした調停人による判断の提示が,仮に両当事者が合意に至らず調停が不調に終わった場合であっても,「調停に代わる決定」という形で可能であるという点であり,しかも,その決定には2週間以内に異議を申し出なければ(合意した場合ではない)「裁判上の和解と同一の効力」が自動的に与えられるとされているのである[30]。

---

[27] わが国の調停の歴史については,高橋宏志「我が国における調停制度の歴史」判例タイムズ932号50頁(1997),および,そこに掲げられた文献参照。また,石川明=大内義三「意義と沿革」(石川=梶村編)注解民事調停法3頁,5頁以下(1986)も参照。
[28] その分析については,大熊良臣「調停案の提示」判例タイムズ932号109頁(1997)参照。
[29] その具体的な技術に関しては,草野芳郎「民事調停における当事者の説得」判例タイムズ932号93頁(1997)参照。そこにおいて説かれる心掛けはどれも肯けるものばかりであるが,それがそもそも「説得」の技術である点がここでの問題である。
[30] 民事調停法17条・18条。その詳細については,梶村太市「調停に代わる決定」(石川=梶村編)注解民事調停法230頁(青林書院 1986),同「異議の申立て」同258頁を参照。

第3に，mediatorになるためには，自らの判断は示さないまま，両当事者の主張を整理しながら合意に辿り着く手伝いをするという困難な作業を行うために，そのためのトレーニングが課せられる。それは，その者がどれだけ社会経験が豊富であっても，どれだけ社会的に地位があっても関係はない（むしろ，そうした経験豊富な高い地位にある者の方が，そうした作業には向かず，トレーニングの後の審査を通過できないことがあるようである）。これに対し，わが国の調停人は，判断主体が複数人からなる「調停委員会」であることを前提に[31]，調停主任としての裁判官，それ以外の調停委員としては，弁護士，元裁判官，大学教授といった法曹有資格者，不動産鑑定士，建築士，医師，税理士，公認会計士といった専門家，さらに，一般人からとして，「元又は現の会社役員その他民間の社会・経済で活躍した者又は現に活躍中の者，元裁判所職員，官公庁退職者等」というように[32]，社会的に豊富な経験や一定の地位を有する権威者であることが少なからず重視されている。

　第4に，mediationは，当事者の話し合いによる解決を追及する手続であるため，手続に当事者本人が同席することが原則である。これに対し，わが国の調停手続で行われるのは，「当事者からの事情聴取と，当事者に対する説得」であり，そのために当事者2人を同席させない個別方式が原則とされている[33]。この点，確かに，当事者2人を同席させない方が，調停人が落とし所と判断したところに向けて，両当事者の妥協を取り付けるためには便利である。当事者それぞれに対し，それぞれの主張の中で無理がある箇所を指摘し，自らの心証や価値判断も開示しながら説得を行う。時に，それぞれに対してあい矛盾する内容を述べる必要もあるかもしれず，そのためには，両者を引き離して個別に話をした方がやりやすいという面もあるのかもしれない[34]。

　　また，近時のその分析，実務的な留意点については，田中敦「調停に代わる決定（一）」判例タイムズ932号233頁（1997），同「調停に代わる決定（二）」判例タイムズ932号237頁（1997）参照。
31) 民事調停法6条・7条。
32) 横山匡輝「民事調停における調停委員の役割」判例タイムズ932号62頁，62頁以下（1997）参照。
33) 林道晴「民事調停の進め方」判例タイムズ932号90頁，91頁（1997）参照。
34) もちろん，このような分析には反論もあろう。例えば，裁判所における裁判官による和解手続に関してのものではあるが，〈ミニ・シンポジウム〉「訴訟手続における合意」民事訴訟雑誌43号113頁，152頁（1997）における草野芳郎裁判官の，「うそを言って和解

第5に，前述のように，mediationでは，両当事者にとことんまで話し合ってもらうために，終了時間を決めず，時間をたっぷりとって手続が進められる。これに対し，わが国の調停では，（手続が複数回行われるにしても）1回の手続にかけられる時間は限られている。

　このようにみてくると，ADRの代表ともいうべき「調停」についてみるだけでも，米国におけるmediationとわが国における調停の間には大きな差異があるというべきである。こうした「調停」観の差異についてある論者は，当事者間の対話・交渉が進むように第三者が援助し，当事者間に私的自治を復活させることで，最終的には合意形成を目指す「水平的交渉促進」型と，第三者が当事者から紛争の実情を聴取し，その「正しい」あるいは「良い」解決について判断した上で，それに近い形で当事者が合意するように第三者が各当事者と交渉するという「垂直的説得」型という形で整理し，後者の中にはさらに，その評価基準が法律や裁判予測である「ミニ裁判」型と呼ぶべきものが存在していると指摘しているが[35]，このうち特に最後の指摘は非常に注目に値する。すなわち，わが国においては，ADRを「ミニ裁判」として理解する土壌が十分にあったのであり，裁判とは本質的に異なる紛争処理システムとしてADRが誕生した米国とは前提が全く異なっているといわざるを得ない。

　このような「ミニ裁判」的な理解が支配的なわが国のADR観は，裁判とADRとを連関させるような場合に，さらに如実に現れる。例えば，わが国の現在の東京地裁民事部について，「職権付調停事件を民事22部が専門的に扱うこととなっているため，訴訟事件を担当していた裁判官と調停主任裁判官が」異なるという前提があり，その下において「既に訴訟手続が相当程度進行し，調停の開始時点で訴訟記録が大部となっている場合もあり，このような事件では調停委員会が事案を把握するために相当程度の時間を要することは避けがたい」ため，「付調停時における訴訟事件の審理の状態を調停手続に引き継ぐための工夫」として，「調停委員会ができるだけ早期に事案を把握し，実質的な調停手続を開始することができるよう，職権付調停の際，訴訟手続を担当して

　　させるとか，勝訴する当事者にあなたが負けるとか，そんなことは決してしたことがありません」といった発言があるが，しかし，それが制度的に保障されなければ，そうした可能性はやはり確実に残る。
35)　山田文「現代日本におけるADRの再生」司法書士2001年新春号20頁，20頁以下。

いた裁判官が，付調停時における最新の争点等の事案の概要，調停期間及び調停委員の専門分野についての意見並びに調停における参考事項等を記載した『付調停連絡メモ』を作成し，調停部に引き継ぐこと」とされており，そのメモに「付調停時までに作成された争点整理表等が添付されていることも多い」と紹介されている[36]。また逆の場合，すなわち，「調停が不成立となって，再度訴訟手続に戻る場合」についても，「調停手続における争点整理の結果や調停委員会の見解を訴訟手続で活用するための訴訟法上の手だてが講じられていないため，調停手続が無駄になってしまい，結果的に訴訟を長期化させてしまう危険」があるため，「①調停に代わる決定をする方法の外，②不成立の調書に争点整理の結果や調停委員会の意見を記載する，③調停が不成立になる際，当事者双方に調停の経過を踏まえた準備書面を作成させる，④争点整理の結果と調停委員会の意見を記載した書面を作成し，当事者双方に交付するなどの方法が考えられ，現在のところでは，事案や調停の進行程度にあわせていずれかの方法を選択することとしている」と紹介されている[37]。そうした慣行の中に明らかに見出されるものは，ADRを「ミニ裁判」として裁判手続を補充するための道具として利用しようとする姿勢である。なるほど，調停に代表されるADRという枠組の中では必ずしも十分な手続保障は必要とされず，その枠組を利用することで裁判の進行をより効率的に進めることができるのかもしれない。しかし，それは単に，権力的紛争処理システムに対する安全装置としての手続保障を，それが必ずしも要求されない非権力的紛争処理システムを組み合わせることで，効率性の名の下に，潜脱しようとしているだけなのではなかろうか。実際，米国では，そのような危機意識から，調停における心証や資料を裁判手続や仲裁手続に流出させないことが原則とされており，そのために性質の異なる手続を混在させることを禁忌とすることが原則と考えられてきたのである。

---

[36] 石栗正子「東京地方裁判所における調停の実情と課題」ジュリスト1207号72頁，74頁（2001）。
[37] 石栗・前掲注[36]75頁。

7　権力的紛争処理システムと非権力的紛争処理システムの混在化の危険性

　前掲の一連の拙稿において繰り返し論じたため本稿では詳論はしないが，米国において仲裁人と調停人の同一人による兼任が原則として禁忌とされ[38]，裁判においても事件担当裁判官がそのまま和解担当裁判官を兼任することがほとんどなされず，別に和解裁判官を選定したり，マジストレート裁判官に機能的に和解を振り分けたり，スペシャル・マスターを選定して和解協議を担当させるという方法をとるなど，事件担当裁判官以外の者が和解協議を主宰することが原則とされているのは[39]，そのような危機意識が広く浸透しているからである。すなわち，各当事者が判断基準に照らして自己の有利に働くと考える主張と立証を提出し，互いに相手方の主張と立証に対して反駁しあうといういわゆる当事者対立的手続構造が採られるべき権力的紛争処理システムにおいて，そのような手続構造を厳密には採らない非権力的紛争処理システムの中での発言やそこで作成された資料を利用しようとすることは，そもそも手続保障の潜脱であるし，判断権者に予断を抱かせしめることになりかねない[40]。また，逆に言えば，わが国の民事調停制度は，そのような危険を内包する存在であるからこそ，そこにおいて当事者は和解に向けて心を開いた自由な話し合いなどしないし，そもそもできないのである[41]。

　また，これも前掲拙稿で繰り返し述べたために本稿では詳論しないが，もしも，仲裁手続や裁判手続の中において仲裁人や裁判官が自らの手により調停や和解勧試を行った場合には，和解案が提示されるようなことがあったとしても当事者がそれを自由に拒むことが可能であり，そうであるからこそ手続の柔軟化が可能であるという非権力紛争処理システムの前提を突き崩しかねないさら

---

[38]　拙稿・前掲注１）192頁以下。なお，拙稿・前掲注３）14頁における注53）にも記したように，米国のみならず，前掲のUNCITRAL国際商事仲裁モデル法12条においても，「当事者間に別段の合意のある場合を除き，調停人は，調停の対象となった紛争等に関し，仲裁人となることはできない」と原則否定とされていることには注意が払われるべきである。なお，同条に関して詳しくは，注25）に引用のウェブサイトを参照。
[39]　拙稿・前掲注１）208頁以下。
[40]　拙稿・前掲注１）193頁。
[41]　拙稿・前掲注１）194頁。

なる危険性も生ずる。すなわち，そこには，和解を積極的に勧める者が，和解が纏まらなかった場合には拘束力をともなった終局判断を下すことができる権力的紛争処理システムにおける判断権者であるという構造があり，その構造の下では，自らの死命を決する権限を有するその者の心証を慮らざるを得ず，結局，不本意であってもその勧めを拒絶することが非常に難しくなってしまう。つまり，非権力的紛争処理システムであるにもかかわらず，提示された当該和解案に実質的に強い拘束力が生まれてしまうのであり，その結果，手続保障をそれほど気にせずに強い拘束力を生み出すという紛争処理システムが実現されてしまうのである[42]。そうしたADRの枠組を借りた「ミニ裁判」は，効率性の観点からは歓迎され得るものなのかもしれないが，前述したような現代的な意味におけるADRの起源とはむしろ矛盾するものであり，また，強い拘束力を有する権力的紛争処理システムに対しては手続保障が厳しく要求されてきたという近代における伝統，すなわち，手続保障という要請の存在意義，あるいは，裁判制度を支える原理の根幹を揺るがしかねない危険性を孕んでいる。

8 おわりに

本稿の目的は，仲裁法が改正され，ADR基本法の制定がなされようとしている現在において，我国におけるADRを巡る状況や議論のあり方の中で欠落しがちな点を指摘することにある。それは，第一に，裁判システムが本質的に権力性を孕むものであることへの自覚であり，第二に，そうであるからこそ，その濫用を防止するための制度として民事訴訟法が存在しているという点への自覚である。そして，第三に，調停（mediation）に代表されるADRという紛争解決手法が，権力性を孕まない形での別の（alternative）紛争処理方法が希求される中で生まれ出たという事実に対する認識であり，第四に，そのようにして生まれた非権力的紛争処理システムであるからこそ，民事訴訟法で要求されているような厳格な手続保障が必ずしも必要とされない，すなわち，手続の柔軟化が可能であるという点への自覚である。

以上の点が正しく自覚あるいは認識されていれば，「ADRと呼ばれるものであれば全て効率性の名の下で手続の柔軟化が自由に可能である」といった論が

---

42) 拙稿・前掲注1）195頁，190頁以下。

幅をきかせるようなことはなかったであろうし，調停のほとんど全てが「垂直的説得」型あるいは「ミニ裁判」型でしか運用されてこなかったという現実についても，違ったものになっていたであろう。しかし，残念ながら我国ではそうした自覚や認識が伝統的に乏しく，そうであるが故に，そのような議論や現実に加えて，非権力的紛争処理システムと権力的紛争処理システムを混在させることで，権力的紛争処理システムによってもたらされるような強い拘束力を，非権力的紛争処理システムでしか認められないはずである柔軟化した手続（あるいは手続保障の潜脱）の下で事実上実現させるような運用が，当然のようになされてしまったのである。

　また，そうした意識の欠落は，「ADR」として整理される様々な手続の中における「仲裁」という手続の特殊性をも見失わせる。最終的な判断に強い拘束力が与えられるという点において，仲裁はむしろ裁判と同質の手続として整理されるべき存在であり，裁判と同等の手続保障が原則としては貫かれるべき権力的紛争処理システムの一種である。もっとも，両当事者において手続的な合意をすることにより，一定の手続に関してその内容を変更する，あるいは省略することは可能である。しかし，少なくとも，両当事者が仲裁という手続を選択したという事実だけで，その種の手続的な合意が同時になされたということにはならない。権力的紛争処理システムという仲裁の本来の特性に鑑みると，そのような手続保障を軽減化する方向での合意はあくまで，両当事者により意識的かつ個別的に結ばれるべきものであろう。したがって，例えば，仲裁と調停を混在させるような形での手続につき，そのデメリットや危険性を説明しないままに包括的に合意させるような運用は問題視されるべきである。だが，そうした運用は現実には我国において問題視されてこなかった。それは，その背後に「仲裁であるから手続保障は軽くてもよい」といった感覚，あるいは，「仲裁は所詮は調停と同質のもの」といった感覚が存在していたからであり，上述した点への自覚や認識が，さらには，紛争処理システムの権力性とADRにおける手続の柔軟化との関係に関する真の意味での考察が，我国において欠落していたからに他ならないと思われる。

　仲裁法が改正され，ADR基本法の制定がなされようとしている今だからこそ，もう一度，ADRに対する根源的な考察が望まれている。本稿が，そのためのこれからの議論の一助になれば，幸いである。

② ADRのルール化の意義とその変容
――アメリカの消費者紛争ADRを例として――

山田　文
京都大学助教授

1　はじめに

　近代裁判所制度確立後のADRの歴史を振り返って，その理論的・実践的な変遷を把握しようとするとき，その一つの視点として，ADRにおいて適用される規範ないしルールの有無とその意義，規範ないしルールの"硬度"や適用の態様といった，ADRと規範との関係性を挙げることができる。この場合の規範ないしルールには，制度的な要件（例えば，手続主宰者の能力要件）や他の手続との関係をも含む手続的規範と，手続主宰者の援用すべき実体的規範（例えば，司法型ADRで用いられるべき規範のあり方）の両者を考えることができる。

　日本では，後者について，調停規範，和解規範といったユニークな概念が発展してきたと言われ，規範内容の平準化の試みもなされている（例えば，特定調停事件の取扱い基準の統一化）が，その概念の意義，機能，妥当範囲，名宛人，および規範内容の生成・正当化プロセスについては，必ずしも理論的に十分な検討がされてきたわけではない。他方，前者の手続的規範については，その設定は国際的な潮流でもあり[1]，日本で立法化作業が進められているいわゆる

1）　近時の代表的な動きだけでも，UNCITRAL国際商事調停モデル法の公表（三木浩一「UNCITRAL国際商事調停モデル法の解説（1）～（9）・完」NBL754～756, 758, 760～764号〔2003年〕参照），ISO（国際標準化機構）による裁判外紛争解決制度の標準化作業の開始（2006年に規格発行予定。山田秀ほか「SC3（支援技術）報告」標準化と品質管理57巻1号〔2004年〕参照），2001年のABAとNCCUSLによる統一調停モデル法（Uniform Mediation Act）の作成，EUにおける調停による紛争解決に関する一連の指令，および，2002年の欧州委員会による「民事及び商事法における裁判外紛争解決についてのグリーンペイパー」の提出（2004年9月には，欧州モデルの指令原案の公表予定）などを挙げることができる。

ADR法においても,主たる規律対象はまさにADRの手続的側面であるが,少なくとも従来は,実体的規範の適用態様とその結果が重視され,手続的側面については十分な検討がなされてこなかったように思われる[2]。

しかしながら,ADRでは,当事者自身の決断によって紛争解決を図り,それが当事者を将来も拘束するという意味で非常に強い自己決定を予定しているのであり,それを正当化するための十分な情報や(手続主宰者との関係を含めた)相互の対話を十全に機能させるための条件整備といった手続的側面についても,相当な精査がなされるべきであろう。ADRは,解決合意の真実性・自発性にのみ正当化根拠をもつ手続であり,実体的正当性を実体規範との比較によって外部的に判断しうる裁判手続よりもいっそう,手続への関心が深められるべき領域ではないかと思われる。確かに,ADRにおける手続的価値への配慮は,裁判手続におけるそれとは目的や内容を異にすべきことは,既に指摘されているとおりである[3]。しかし,その程度や内容についての具体的追究はいまだ十分とは言えないと思われる。

そこで,本稿では,現代のADR運動発祥の地たるアメリカにおけるADRの展開と手続的規範との関係について概観した後,ADRの手続的規範のあり方を考えるための一材料として,アメリカにおける消費者紛争ADRのそれに焦点をあててみたいと考える。消費者紛争は,消費者の私的・個別的利益と社会全体の公益の両性質を含むため,この種のADRを分析することで,ルール化の必要性を支える諸要素が浮き彫りになると思われるからである。

なお,本研究については,平成14年度日本学術振興会科学研究費(若手研究(B))の助成を得た。

2 ルールからの逃走と回帰

ADRは,既存の(裁判)規範からの何らかの意味での乖離を意味するが,ADRの認知・実務的浸透の深化,制度的な発展とともに,固有のルール形成

---

[2] 山本克己「手続ルールの検討」小島武司=伊藤眞編『裁判外紛争処理法』(有斐閣,1998年)60頁,山田文「調停における私的自治の理念と調停者の役割」民訴雑誌47号(2001年)。

[3] 石川明=梶村太市編『注解民事調停法〈改訂版〉』(青林書院,1993年)65頁[萩原金美]など参照。

傾向が現われており，いわばルールへの回帰現象を見ることができる。以下では，ADR 研究の泰斗たる Sander 教授の論文（後掲・注12）に示唆を得ながら，アメリカにおける ADR 運動の歴史的経緯を概観してみたい。ここには当然ながらアメリカの特殊性が反映されているが，しかし，ADR のルール化傾向そのものは前述のように国際的な潮流であり，その必要性・背景事情を把握するために有意義な材料を提供するものと思われる。

（1） 揺籃期（ADR ムーヴメント以前）

いわゆる ADR ムーヴメント（（2）参照）以前にも，アメリカでは，さまざまな形で司法外の合意的な紛争解決制度が発展していたことが報告されている。その一つのタイプとして，例えばすでに19世紀には，特定職種・業界，教会などの宗教的コミュニティ，地域コミュニティといった"部分社会"において，国家法と異なる（あるいは国家法の空白を埋める）コミュニティの規範に基づく，あるいはコミュニティ内の宥和を図る紛争解決方法として，ADR が機能していたようである。

このようなタイプを，司法制度に外在的な，ADR としては原初的な態様と規定すると，20世紀中葉までの期間には，別のタイプも利用されていたとされる。すなわち，新たな立法にともなう法的紛争の多発・先鋭化に対して，裁判ではなく譲歩・合意を促進することで，国民の分裂を避けつつ，新法のソフトランディングを図る手段としての ADR である。後者は，例えば資本主義経済の発展にともなう労使紛争の未曾有の増加，離婚法の制定にともなう離婚事件の増加，いわゆる市民権法（civil right acts）の制定にともなう価値観の混乱と紛争の激化といった新たな事態に対して，ADR という非公開の非アドヴァサリ型・交渉型の紛争解決方法を採ることで，経済的にも心理的にもコストを小さく抑えながら，新しい権利関係の浸透を図る趣旨で活用されたようである[4]。その意味では，司法制度に内在的な，手段的機能を期待された ADR であったと言えよう。

---

4) 日本でも，戦後の家族法の改正に顕著に見られるように，とりわけ人々の実生活に根付いた価値観の変更をともなうような法律関係については，調停によるソフトランディングが効果的であったといわれる。もちろん，調停の形式を採ることによって新しい権利の主張について妥協的な"目減り"がもたらされたのは必然的な結果であり，その評価は分かれるところである。

（2） 草創期（ADR ムーヴメントの開始）

（1）のような，統一性には欠けるが ADR がさまざまな形態で利用され始めた時期が結果的には揺籃期となって，1970年代には，現在の ADR 政策・実務の礎となった ADR ムーヴメントが発生した。よく知られているように，この運動の明示的な端緒は，当時の最高裁長官の意向を受けて裁判官向けの論文，会議・講演[5]の形式で展開されたキャンペーンであり，裁判以外の紛争解決方法の多様性とその有用性を説くものであった。もっとも，その真意は必ずしも ADR そのものの普及ではなく，複雑化・肥大化した訴訟技術（過剰なディスカヴァリなど）の抑制（したがって，これは弁護士活動の制限にもつながる）にあったとされる。しかし結果的には，その後の訴訟運営に直接インパクトを与え ADR 導入の契機となったのは，上記講演で示された"multi-door courthouse"のアイディアであった。同講演において，裁判所による訴訟手続は全ての紛争に対して有効に働くわけではなく，むしろ紛争の特質に応じて異なるタイプの手続が要請されており，ADR はそれを満たすものとして正当化されうること，したがって，裁判所がフル装備で扱うべき"重要な"事件とより簡易な ADR 手続で扱うべき"軽微な"事件をふるい分けることによって裁判所の負担減を図ることは，正当な訴訟政策として是認されうること，が示されたのである。そして，このような発想は，訴訟爆発（弁護士に与えられた訴訟上の武器の強大化によって，そのコストは飛躍的に増大していた）に悩まされていた保険業界や製造業界などのリピート・プレイヤーの思惑と合致し，訴訟コストの過剰という政府の主張ともうまく結びついていった。

他方，同時期に，このような方向性と対立する理念，すなわち，実定法制度を前提とする公的裁判制度の限界性を前提に，ADR によって自律型法の形成を図るという理念が生まれていた。のちの ADR 理論を方向付けるこの二つの価値が，草創期にすでに理論的・実践的に現れていたことは，大変興味深い。

この自律型法を目指す ADR は，当初，国家法と既存の法専門家への依存を厳格に排し，一定の訓練を受けた非専門家がコミュニティ内の紛争解決手続を自ら主宰することを通じて，真の自発的・創造的な紛争解決を図り，国家に頼

---

5) *See*, Frank E. A. Sander, *Varieties of Dispute Processing*, 70 F.R.D. 79（1976）. 詳細については，山田「裁判外紛争解決制度における手続法的配慮の研究（1）」法学58巻1号（1994年）参照。

らないコミュニティの自律を目指した。草分けとなったのは，Neighborhood Justice Center[6]のような，軽微な刑事紛争をも対象とする，法的素人の紛争解決サーヴィスを通じての地域コミュニティ再興の試みである。この理念は，さらに交渉理論との親和性に基づいて調停を発展させ，また理論的には，促進的調停（facilitative mediation）と評価的調停（evaluative mediation）の区別，変容的調停（transformative mediation）の発見，ADR の独自的な意義[7]（手続的には，当事者の積極的参加による手続的正義の達成やエンパワーメント（empowerment）効果など，実体的には，実定法に縛られない柔軟かつ創造的な解決の可能性など）の発見といった発展を促す礎石となった。

（3）警戒期

ADR を支える価値には，上述の他にもヴァリエーションがある[8]が，そのような多様な価値に基づく実践的・理論的な展開を通じて，ADR は，裁判所の役割，法規範の役割，社会における紛争の意義といった根本的な制度論・価値論にまで影響を与えてきたと言える。もっとも，そこには光も影もあり，これらが研究者や実務家によって冷静かつ客観的に語られ分析されるようになるのは，次の10年，すなわち80年代から90年代である[9]。Sander 教授は，この

---

6) あまりに厳格な独立性ゆえに，一時期制度的には行き詰ったが，現在は，近隣紛争や軽微な刑事事件，少年事件等を扱う地域の ADR としてさまざまな名称で各地に展開しており，裁判所・学校・福祉関係行政機関からの回付も受けている。竜嵜喜助「地域社会の私的紛争解決制度」同『証明責任論』（有斐閣出版サービス，1987年）293頁，レビン小林久子『調停ガイドブック』（信山社，1999年）139頁など参照。

7) 伝統的には，ADR の意義について，裁判予測と近似した解決結果を迅速かつ廉価に得られるという，いわば裁判の病理現象への対処に求める見解が強かったと思われるが，当事者による交渉と自律的な解決を中心として ADR を再構成することで初めて，本文のような新たな視点が得られるようになったといえよう。

8) 専門的な判断を裁判所外で提供すること（例えば医療事故紛争について，専門家を交えたパネルを用いるマサチューセッツ州の前置的 ADR の試みを参照せよ），行政による監督・規制の一環として紛争解決サーヴィスを提供すること（日本でこのような傾向が強くみられる点につき，山田「ADR をめぐる日本の現状」法セミ560号〔2001年〕参照），継続的な交渉に向けたフォーラムセッティング機能（例えば，環境紛争 ADR）など。

9) もっとも，ADR 運動の初期から，そのインフォーマル性に隠蔽された権利主張妥協の要請，権利主張を抑制する"和の精神"の強調，ADR の推進が裁判制度改善の必要性を弱めるために利用される虞といった問題性を鋭く説き続けてきた研究を忘れてはならないだろう。Laura Nader (ed.), NO ACCESS TO LAW (1980), Jerold S. Auerbach, JUSTICE WITHOUT LAW? (1983) といった労作が，先駆的業績である。

時期を「ADRへの警戒期」と呼んでいる。

この時期に提出されたADR批判は、大まかに言えば、①裁判所がADR促進政策を採り、訴訟上の和解をはじめとする諸手段によって判決（ないしトライアル）を減少せしめていることに対する批判（一括するならば、裁判を受ける権利の空洞化の問題）と、②ADR自体に内在する諸問題（手続主宰者の中立性の問題、実体規範と和解内容の乖離の問題など）の指摘に分かれるといえよう。

①の裁判所／司法制度の役割論とADRとの関係については、Fiss教授やEdward教授による批判が有名であり、すでに日本でも紹介があるので、ここでは割愛する[10]。

② ADR内在的な問題については、Grillo教授、Delgado教授などによる批判がある[11]。まず、そもそも当事者間に社会的な力の格差が存在する場合（例えば、離婚紛争や消費者紛争）に、ADRは当事者間の交渉をベースとするため、交渉力の強い当事者のごり押しが「合意」の名で正当化され、却って不公正な解決を固定化する（訴訟の場で正す余地が奪われる）危険があること、そのような危険を避けるために（あるいは両当事者が気づいていない重要な法的問題が存在する場合に）手続主宰者が一方当事者に（結果的に）有利な助言をすることが許されるか、また、合意が形式的に成立していれば、その内容が法規範と乖離していても有効な和解と考えてよいのか、といった問題提起である。

このような問題提起との関連で、一方では評価的調停や早期中立的評価（early neutral evaluation）に基づいて和解交渉の効率化を図る方向性など、一定の実体的・客観的基準に沿った和解を目指す過程が論じられるようになり、他方で、いかにして交渉力の弱い当事者が躊躇せずに交渉のテーブルにつき実質的に話を進めていくことを助けることができるか、法的な問題が予測される場合に、手続主宰者はどのように振る舞うべきか、といった中立性概念に関する問題意識が生まれることとなった。

---

10) Owen Fiss, *Against Settlement*, 93 YALE L. J. 1073 (1984), 長谷部由起子「訴訟に要する費用の調達」同『変革の中の裁判』（東大出版会、1998年）45頁参照。

11) *See, e. g.*, Trina Grillo, *The Mediation Alternative*, 100 YALE L. J. 1545 (1991); Richard Delgado et al., *Fairness and Formality*, 1985 WIS. L. REV. 1359 (1985).

（4） ADR 制度化期[12]（90年代～現在）

　ADR に対する賛否両論が展開され，また，実務的にも ADR が浸透してきた（例えば，弁護士事務所における ADR 担当者の常駐，訴訟係属後の ADR 回付のルーティン化，ロースクールや弁護士継続研修〔CLE〕における ADR 科目の一般化，などがその指標となろう）時点で，その限界や危険性についての認知もまた，成熟してきたといえる。例えば1990年司法改革法は，訴訟手続で ADR を利用する裁判所と利用しない裁判所との対照によって，ADR 利用による手続の迅速化と廉価化を検証しようとする壮大な社会実験であったが，ランド・コーポレイションによる詳細な報告によれば，従来 ADR の効用として語られていたこれら両方の効果は同時に実現されていない（迅速化は見られたが，費用は却って上がっている）ことが判明し，ADR の神話性が明らかとなった[13]。

　他方で，多様な ADR を一括りにして批判したり規制をかけることの危険性も認識されはじめ，紛争対象ごと，手続主宰者の資質ごと，ADR を提供する中間団体／組織ごとに ADR を制度的／手続的に規律する，個別的アプローチが採用されるようになった。例えば，連邦レヴェルの立法としては1998年連邦 ADR 法が著名であるが，その対象は連邦裁判所に限られ，また，制度・手続に関する実質的な規律はせずに，抽象的な規定を置いたり各裁判所に対して規則制定すべき事項を規定するにとどまる部分も少なくない。いわば，メタレヴェルのルール化ということができよう[14]。なお，州レヴェルの立法としては後述のカリフォルニア州法のほか非常に多くの立法例[15]があり，個別性も強い。

　裁判所以外の ADR ルール化の傾向として顕著なのは，後述のビジネス型 ADR である。もっとも，もともと弁護士などのプロフェッションの遵守すべ

---

[12]　Frank E. A. Sander, *The Future of ADR*, 2000 J. DISPUTE RESOLUTION 3 (2000).
[13]　Judicial Conference of the United States, THE CIVIL JUSTICE REFORM ACT OF 1990: FINAL REPORT (1997)
[14]　詳細については，山田「アメリカにおける ADR の実情（上）」NBL718号（2001年）参照。このようなルール化形式を採るゆえに，裁判所ごと・裁判官ごとに ADR への取り組みには相当な温度差があり（もっとも，これはアメリカの司法制度一般の傾向といえよう〔Robert A. Kagan, ADVERSARIAL LEGALISM (2001) は，非中央集権的司法における「ルール化」の多様性を示す）。
[15]　Sarah Cole et al., MEDIATION vol. 1-3 (2001) に毎年集成される各州の ADR 関係法令を参照。

き自律的ルールには積極的であったアメリカ法曹界の傾向が反映している，という側面もあろう。

（5） 制度化の背景

アメリカにおいて，上記のように，ADRに関する規範の設定（ルール化）ないし標準化（スタンダード化）がなされるようになった背景事情については，多面的な分析が必要と思われる。

第1に，ADRの中でも司法政策としてのADR，すなわち，裁判所付設の調停など司法型ADRの推進により事件を判決手続とADRに振り分ける政策については，まず裁判所の効率性のためにこのような政策をとることがどこまで許されるのかが問題となる。もしこれが裁判所のみならず当事者自身の利益となる（「事件にフィットする手続」の保障）としても，事件種類や訴額といった振分け基準は恣意的である可能性があり，したがって，ADRを推進することのメリットや必要性についてのいわば証明責任は，連邦ないし州側にある。例えば連邦レヴェルで言えば，連邦ADR法制定前から，第一審裁判所の包括的な訴訟運営の裁量権のもとでADRは推進されてきたが，同法は，その方向性を正当化するために，各裁判所の裁量権行使を限定・明確化する一定事項の規則制定を命じ（28 USCS §§652(d), 653, 654(b), 658），あるいは，例えば事件振分け基準に見られるようにルール策定方法を規定する（同法652(b)は，ADR検討義務の除外事由につき，当該地域の弁護士会との協議を規定する）などして，ADR運営の透明化・予測可能性の拡大を図っている。ADRへの自動的な振分けは，少なくとも時間コスト・金銭コストの面で当事者の負担を増やす危険性をともなう政策であり，その要件や内容を（個別事件ごとの合意ベースではなく）事前に一般的に明らかにし，振分けの適否について議論可能性を保障しておくことが必要との考慮であろう[16]。

---

16) 受訴裁判所による事件のADRへの振分けを肯定する限り，判断の裁量性を完全になくすことはできないと思われる。とりわけアメリカでは，回付されたADR手続に要する費用（手続主宰者報酬）の少なくとも一部を当事者が負担することも多く，また，ADR手続上の義務も存在するので，裁量的振分けの当否や手続主宰者のレヴェルに対する当事者からの批判も先鋭化しがちであり，このような批判にも対処すべく，事前の（事件を"人質"にとられる前の）裁量性コントロールとしてのルール化が要請される側面もあると思われる。

第２に，裁判所内外を問わず ADR 一般の事情として，手続主宰者を名宛人とする行動規範ないし倫理を設定しておく必要性の強さが考えられる。法律以外の専門性の需要に応えるために法曹以外の専門家が手続主宰者として参入する，あるいは，法曹無資格者であっても，一定の要件（一定のトレーニングの修了など）を満たしていれば ADR を行うことが認められている法域が少なくないためである。法曹であれば，日本の弁護士と同様に倫理規程と制裁制度が確立されているが，他の専門職や法曹無資格者においては，必ずしも同じ状況にあるわけではない。ADR は無定型かつ非公開の過程であることが多いので，手続主宰者の行為をモニタリングすることは，訴訟手続に比べて，きわめて困難なことである。そのため，訴訟手続におけるとは異なるが，前もって手続主宰者の行為規範・評価規範を明らかにしておく必要があろう。それは，また，ADR 主宰者を既存のものとは異なる新たなプロフェッションと位置づける思想と共鳴する発想であり，後述のように，すでに幾つかの ADR 主宰者団体や ABA 機関によって主宰者の行為規範ないし倫理が提唱されている。

　さらに，ビジネスとして ADR をとらえる場合には，サーヴィス内容の明確化・高度化を（潜在的）利用者にアピールする必要が高いことは明らかである。そのために，手続についての分かりやすさ（紛争類型ごとのプロトコルの設定，例えば，消費者紛争向けの ADR プロトコルにおいて消費者保護を重視する規定を置き，公益へのコミットメントを示すなど），手続主宰者のレヴェルの客観化（トレーニング内容の高度化，主宰者の情報開示義務，アクセスの容易化，手続運営の方針の開示・工夫など），利用者からの苦情受付制度の導入などにより，ADR サーヴィスの質の高さについて高い信頼性を確立する，いわばブランド化戦略の前提と見ることもできる。

　もっとも，ADR の手続ルールについては，それを無前提に訴訟手続に近づけて規制したり，自己目的的な複雑化を図るならば，それは無意味であるだけでなく有害でもある[17]。とりわけ，紛争の個別性を削ぎ落としてルーティン的に事件を扱うことは，まさに ADR が回避しようとしてきた悪平等であると強調しておくべきであろう。

　翻って日本の ADR における制度化の状況を見るとき，手続のあり方や手続

17）　石川＝梶村・前掲注３），山本和彦「ADR 基本法に関する一試論」ジュリ1207号（2001年），山田「ADR 基本法（仮称）の意義」自正643号（2002年）。

主宰者の行動に関する関心は弱く，むしろ結果平等と効率性に重きを置き，それらの実現を，手続主宰者のパターナリスティクな介入・説得・裁断に担わせてきた反面で，当事者自身の積極的な手続参加の工夫，固有の紛争解決ニーズや交渉・対話に必然的にともなう多様性を切り捨ててきたきらいがあると言えよう。その背景には，裁判制度自体が使いにくかったことの裏返しとして，ADRに裁判代替機能が求められてきたことも指摘できるが，そのような方向性を強調するなら，手続のルール化はいっそう重視されるべきである（非訟事件における手続保障についての議論を想起せよ）し，ADRにおける交渉・対話の方向性を強調するなら，手続主宰者がどのようなフォーラムを当事者のために設定するのかを示して当事者の主体的参加とインフォームド・デシジョンを促すために，やはり手続のルール化・共有化を真剣に考える必要がある。そのような意味で，ADRの制度化を進めるべき必要性は，日本にも認められるように思われる。

3　法律ないし行政による民間型ADRのレギュレーション

　前述のように，比較法的には，法律や自主的規律によるADRのルール作りは増加傾向にある。国レヴェルやAAA，JAMSなど民間型ADR機関によるもののほかに，UNCITRAL，欧州委員会，ISO，GBDeなど国際的な機関によるルールやガイドラインの提案も少なくない。

　以下では，そのうち，とくにルール化による透明性の確保や公益性の増大に寄与すべき領域と考えられる消費者紛争ADRの規律について，紹介・検討する。

(1) Magnusson-Moss Warranty Act of 1975による紛争解決メカニズム[18]

　同法による授権にしたがい定められたADRの最低限のルール（16 C.F.R.

---

18) MMWAは，消費者用の製造物に関する保証につき規定するが，製造物責任に関する州法（典型的には，lemon law）をpreemptしないので，適用範囲が狭いとの批判もある。しかし，ADRのルール化のインセンティヴとルール内容は，本稿との関係では興味深いと思われる。
　15 USCS §2310によれば，連邦取引委員会（Commission）が16 C.F.R. 703で設置し

703.1以下）は，以下のとおりである。

　(a)　全体的な条件として，①フェアで迅速な解決を提供しうるよう財政基盤を整えること．消費者に費用負担をかけてはならない；②ADR機関，そのスタッフ，メンバー（手続主宰者を含む）は，十分に，製造者ないしADRのスポンサー側から解離（insulate）されていなければならない；③手続主宰者は，当事者の一方やその被用者であってはならない；④1人か2人のパネルで紛争を判断する場合，全員がその争いの対象物（サービス）となんら関係のない者でなければならない；⑤3人以上がパネルとなる場合，少なくともその3分の2は，前記④の条件を満たさなければならない．とくに，中立性を重視した要件が課されている。

　(b)　手続の種類としてはmed-arbが予定されている。すなわち，調停を試みた後に不調であれば判断を下すが，これは仲裁の拘束力をもたず，当事者（特に企業側）の対処を促すものである。

　手続の進め方に関しては，①ADRの申立て・手続開始等についての当事者への迅速なノーティス；②ADRが調査・情報収集を行なうこと，③両当事者は口頭の期日で主張することを保障され，一方当事者の主張と異なる証拠に基づく判断をするときは，両者にこれを開示して弁明の機会を与えることが要求される。もしも紛争が（合意で）解決しない場合には，ADR機関は，ノーティスから遅くとも40日以内に，集められた証拠に基づくフェアな判断を下さなければならない。この結果は，後の訴訟において証拠能力が認められる（MMWA110条(a)(3)）。また，これらの手続が確実に行われるために，ADR機関には，記録管理義務が課され，過程の傍聴も可能である。さらに，統計目的での情報開示も義務化されている。

（2）　California Department of Consumer AffairsによるADRのルール化

　(a)　消費者保護政策の独自的な発展で有名なカリフォルニア州では，消費者

た基準を満たすインフォーマルな紛争解決手続が書面による担保条項に含まれている場合，消費者は，まずこの手続を試さなければ，同条d項の民事事件を提起できない，とされる。ただし，クラスアクションについては別に定められている。
　なお，このADRの理論的位置づけについては，山田・前掲注5）論文（3）法学58巻5号（1994年）参照。

紛争とくに自動車の瑕疵に関する業界型ADRに関して行政規則を制定し，客観的な適合評価のなされたプログラムを認証する枠組み（Arbitration Certification Program；ACP）によって，ADRの自主性を損なわずに，その質の向上と消費者からの信頼醸成を図る政策をとっている[19]。この枠組みで予定されている手続は，片面的拘束力のある仲裁であり（消費者側が判断を受諾すれば，自動的に，製造者は当該判断に拘束される），消費者側はこれを受諾せずに訴えを提起することはもちろん可能である。

　ADRプログラムの一般的な要件として，製造者はフェアで迅速な解決をもたらすに十分な程度に財政的・人事的な側面を保証し，また，ADRプログラムそのもの，仲裁人，およびプログラムの運営者が製造者（あるいはプログラムのスポンサー）から十分に解離（insulate）され影響を受けないようにすべき（中立性要件）とされる。

　製造者に関する要件として，まず抽象的には，ADRプログラムからの合理的な要請には全て応じる義務，自らのなした合意はすべからく履行する義務がある。具体的には，①当該ADRプログラムの利用可能性について平易な言葉で説明する文書を契約書と同時に消費者に渡す義務，②手続には誠実に協力し，紛争にかかる情報や保持している書類の提出についてプログラムの合理的な要請にしたがう義務，③拘束力の発生した判断については，判断に示された30日を超えない期間内に履行する義務，④製造者が判断を知ってから消費者が知るまでの間に消費者に再交渉を求めない義務などが規定されている。

　①の具体的な内容としては，ADR機関ないし窓口への具体的な連絡方法，手続利用の場合の時効の扱い，当事者が保存しておくべき典型的な情報，同法所定以外の救済を求める場合にはこのプログラムを利用する必要はないこと，訴え提起の可能性，片面的仲裁の意義・効力，消費者が判断を受諾しない場合にも当該判断や手続において得られた事実認定には訴訟における証拠能力が認められることなどが含まれる。

---

19) California Code of Regulations Title 16 Division 33.1 (16 CCR 3396.1 et seq.). ADR政策一般につき，Harry Scheiber, *Innovation, Resistance, and Change*, 66 S. CAL. L. REV. 2049, 2064 (1993). なお同州のDispute Resolution Programs Act of 1986は，カウンティによるADRプログラムの設置・推進を目的としている。州は，消費者保護局に諮問協議会を置いてプログラムのガイドラインの設定を委任し，実際のプログラムを評価させて，適合するプログラムに対して金銭的援助を与える仕組みである。

仲裁人（単数または複数人）は，適宜専門家による検査や製造者の情報提出を命じながら片面的仲裁判断を下す。検査や他の技術者への相談，その他仲裁プログラムによる調査や報告は，消費者側当事者に認められたツールであり，仲裁人自らによる検査を含めて，消費者側は無料で利用できる。なお専門家の中立性については，National Institute for Automotive Service Excellence により認証された独立性の高い専門家に依頼することで対処しているようである。この専門家が有償で働く場合は当該プログラムか製造者側から報酬が出されるが，その他の点では実質的にも外観的にも製造者からの独立性を保つように規定されている。

ACP は，各 ADR プログラムでこれらの要件が実質的に遵守されているかにつき，認証申請プログラムからの情報提供，仲裁期日の傍聴，仲裁人トレーニングの検討，その他のモニタリングによって評価・判断し，隔年報告書を提出する。その過程で，自動車の欠陥に一定の傾向が見られる場合には，ACP は交通省に報告する義務がある。また，ACP は，当該プログラムに対する消費者側の満足度調査も行う。なお，仲裁手続に違法があった場合にも，ACP は仲裁判断を取り消す権限は有しない。

(b) 他方，同州民事訴訟法1281.85は，仲裁人一般を対象とした「カリフォルニア　事前の契約に基づく仲裁手続における中立的仲裁人の倫理基準」の策定を司法評議会に授権し，また，同法1281.96に基づき，消費者紛争を扱う仲裁業者（private arbitration company）に対して，以下のような情報をウェブサイトなどで公開する義務を課している。すなわち，ADR を利用した企業側当事者の名前，紛争の内容，労働紛争を含む場合は被用者の年間収入，仲裁の結果，ADR において当該企業が当事者となった事件数（調停を含む），消費者側当事者の弁護士代理の有無，ADR 機関の仲裁申立受理日・仲裁人選任日・手続終了日，手続終了態様，申立金額，仲裁人名・全報酬額・当事者に支払われた額に占める報酬額の割合などである。

(c) 消費者紛争の仲裁についてはその潜在的危険性が主張されることが多いが，他方で，交渉・合意のためのコストが当事者双方にかかりがちな調停等の和解的手続に比べて，専門的な知見から判断を下す仲裁の方が，――仲裁人の後見的役割を前提とするなら――消費者サイドのコストを抑える場合もあり，活用の可能性は認められるべきであろう。カリフォルニア州においては，上述

のように，行政機関たる消費者保護局と司法機関の組み合わせによって，実効的な情報開示や評価機関の設置，ADR のルール化や手続主宰者の倫理規定の設定といった異種のシステムを組み合わせた，総合的な制度設計が可能になったようである。消費者仲裁の危険性を，合理的な範囲で抑制しているものと思われる。

4 民間型 ADR の自律的ルール

（1） AAA における自律的ルールの試み
(a) 事件類型ごとの手続ルール

アメリカ仲裁協会（American Arbitration Association: AAA）は，仲裁・調停手続のための具体的な手続ルールを開発・公表して AAA ルールの明確化・高品質化を目指し，また，ADR の手続主宰者を紹介する非営利団体である。AAA ルールは公表されているので，個人で ADR サーヴィスを提供する者も，そのルールを適切に改変して（あるいはそのまま）個別の ADR 手続に適用することができ，自らルールを設定するコストを省きつつ，利用者にとって分かりやすいルールを使うことができる。

AAA は，仲裁のみならず調停ないしそれらの組み合わせの手続をも対象としているが，それらは，銀行取引，証券，保険，労働，建築，知的財産権，インターネット上の紛争，消費者紛争など実体的な紛争種類に応じて，手続ルール，手続主宰者候補者の資格・選任基準，手続費用・報酬規定[20]等を異にする形で設計されている。

ところで消費者紛争については，アメリカにおいても，社会的弱者に対して（あるいは消費者問題という一種の公益的問題提起を）ADR へ強く誘導するような制度設計や消費者契約における仲裁（binding arbitration）合意によって訴権が剝奪される虞について批判がある。他方，消費者紛争の多くは訴訟のコストに見合わず（全ての紛争がクラスとして集団化しうるとは言えない），企業側が

---

[20] 例えば保険契約紛争解決手続の主宰者は，仲裁ならば弁護士またはリタイアした裁判官，調停ならば弁護士の必要はないが長期の調停経験を有する者とされている。手続としては，原則的には90日以内の解決を予定し，各当事者は各々期日あたりの150ドル報酬を払う。

ADRで腹蔵なくクレームに対処できた方が双方にとって有利な結果を生むことも多いと思われる。むしろ，敷居は低いが正当な扱いが保障され，その実効性が予測できる紛争解決のフォーラムが存在することは，消費者が声を上げる（speak up）ためには重要な要件であり，このような解決手続が最終的には消費者紛争の顕在化・深化につながることも考えられる。

AAAは，消費者紛争におけるあり得る問題点を，ルールの形で前もって規律しておくことで，消費者ないし社会に対してフェアな紛争解決手続をアピールしようとしている。すなわち，たとえ消費者契約中に仲裁条項があり，AAAの利用が規定されていても，その内容が下記のプロトコルを満たすものでなければ，AAAを利用することはできない。

(b) **消費者紛争適正手続プロトコル**[21]

原則として，「フェアな手続」を提供することが掲げられる。その手段として，まず，①ADRプログラムに関する情報へのアクセスが確保されることが挙げられる。すなわち，企業側には，消費者ADRについての完全かつ正確な情報提供義務があり，これには，手続の非強制性のほか，消費者がさらに詳細な情報を得るための合理的な方法の提示までもが含まれる。また，ADRの提示のみならず，消費者が効果的にADRを利用するために必要と考えられる情報へのアクセスを確保する義務も要求される。したがって，例えば，消費者側からの要請に応じて，製造物や提供したサーヴィスの質についてのテスト結果についても応える方法を提示すべきことになろう。

次に，②手続主宰者の独立性と不偏性を保持するために，プログラム運営者に独立性が要求される。すなわち，手続を実際に行う主宰者候補者の選任・管理，報酬システムの運営，ルールなどの見直し，主宰者の情報開示・欠格事由の存否の判断については，企業等から独立したADRプログラム運営者が行うべきとされる。さらに，③手続主宰者の質と能力について，一定の基準を設定

---

21) 詳細な紹介として，小島武司『ADR・仲裁法教室』（有斐閣，2001年）56頁以下参照。
このプロトコルは，外部の学識者・実務家を交えた諮問委員会により提案されたが，その理由は，業者側に偏ったADR手続への批判（take it or leave it approach）に応え，また，AAAのみならず，他の消費者ADRへの影響を与えようとする趣旨にあった。その背景には，たとえ結果が望ましくても，フェアな手続を提供しない限り，消費者の基本的なフェアネスへの期待が失われ，消費者の権利・救済へ事実上の悪影響があるとの理解があるとされ，単に消費者保護を実体的に図るだけではない点が留意されるべきであろう。

し，これが維持されるよう努めることも，プログラム運営者の責任である。

ADRの実質的なアクセス要件としては，④必要とされるコストの合理的な抑制，⑤ADR手続を行う場所として，合理的にアクセスしやすい（便利な）場所を設定することなども要求される。また，⑥手続期間についても，抽象的に「短期間で終わらせる」とせず，合理的な期間制限を設けるべきとする。例えば，手続開始については迅速な開始義務があり，その後の手続段階については，事件ごとの手続ルールにおいて，具体的な日程（期間）を設定すべきとされる。

⑦代理人を委任する権限についても明示が必要であるが，資格は弁護士に限定しないとされている。また，州法によるが，（仲裁を含めた）ADR条項にかかわらず，Small Claims Courtへの訴権は失われないことを明示すべきとの規定もある。

(c) 仲裁における期日

AAAは，消費者紛争については，仲裁手続においても調停による解決を推奨しているが，仲裁手続そのものについては，次のような手続原則を示している。すなわち，「原理的にフェアな」期日を保障することであり，そのためには，ヒアリングに関する当事者へのノーティス制度を確実なものとし，証拠提出の権利を保護することが要求される。紛争が少額なら，電話や電子メールによる仲裁手続も可能であるが，これの採用については当事者の申立てに基づき，ADRプログラム運営者の裁量により決定すべきとされる。また，当然ながら秘密保持の原則が要請される。

ここでも，当事者の情報へのアクセスが保障されるべきとの要件が示される。紛争の実体について情報が得られずフェアな手続が不可能となるといった事態を避けるために，消費者紛争につき仲裁合意があった場合には，仲裁人の監督のもとで，両当事者間で仲裁手続前に情報交換ができるシステムを設置すべきとする。

仲裁判断については，訴訟手続で得られる救済はすべて仲裁で判断可能とされ，また，仲裁判断の終局性も確認されている（取消事由の判断は，州法などに依存する）。仲裁人は，レレバントな契約条項，実定法および判例を適用すべきであり，また，適時の当事者の申立てにより，仲裁人は仲裁判断の根拠について簡単な説明を書面でなすべきである。そして，このような申立てを促進す

るために,期日前に,仲裁人は当事者とこのような申立ての可能性を話しておくべきである。

(d) 消費者紛争解決手続(2002年 supplement)

契約中の ADR 条項において,AAA またはそのルールの使用ないし参照が指示されている場合,商事紛争解決手続か消費者紛争解決手続を適用することになる(後者が優先)が,消費者紛争 ADR には次の項目が付加された。

① 仲裁合意のある場合の手続は,申立ての必要的記載事項を AAA に送付し,AAA が受領書を送付することで始まる。相手方の答弁期間は10日以内とされ,これを超える場合には,争うものとみなされ手続が開始する。相手方(企業側)は,申立てから10日以内に,手続費用と保証金を払わなければならない。

② 事前の仲裁合意のない場合は,仲裁人の選任手続が必要であり,答弁(ないしその期限)の直後に,AAA が仲裁人を選任する。不服のある当事者は,7日以内に異議申立てをする必要がある。

③ 審理方式としては,書面審理方式あるいは迅速期日方式がある。後者は,(a)紛争額が1万ドルを超えない場合には,仲裁申立てから10日以内に迅速期日方式を申し立て,電話ないし実際に出廷して行なう。(b)紛争額が1万ドルを超える場合には,別段の合意がない限り,期日を開くことになる。

④ 仲裁判断は,別段の合意のない限り,期日手続終了日から14日以内に出されなければならない。仲裁判断は書面でなされ,執行可能である。

⑤ 手続費用・仲裁人報酬について,カリフォルニアでは,当事者の月収が連邦の貧困基準の300% 以下ならば,手続費用は免除される(仲裁人報酬は別)。

(2) AAA 以外 ADR 機関における自主的ルール

日本で言うところの業界型 ADR に近い機能を果たしている BBB(Better Business Bureau),ビジネス紛争の解決手続を中心として研究・教育・啓蒙活動を行っている CPR Institute for Dispute Resolution,紛争解決ビジネスで大きな成功を収めている JAMS などさまざまな機関が,消費者紛争を含めた紛争ごとの解決手続を規定ないし推奨するに至っている。また,消費者紛争と並んで当事者間の格差に留意すべき労働紛争についても,労働 ADR タスクフォース「雇用関係紛争の調停・仲裁手続についてのデュー・プロセス・プロ

トコル」（1995年）などが発表されている（ABAのホームページ www.abanet.org を参照）。

さらに，オーストラリアにおける消費者紛争 ADR のガイドライン（企業及び ADR 機関を名宛人とするもの），EU における ADR 基準策定へむけたグリーンペイパー[22]，日本における金融トラブル連絡会議作成の ADR ガイドラインなどが，各 ADR が検討すべき自主的ルールの項目や紛争類型について示唆を提供している。

（3） ADR 主宰者の倫理／行為規範

（1）（2）と次元を異にするのが，手続主宰者（調停人，仲裁人など）の行為規範・基準ないし倫理の成文化である。すなわち，ADR 主宰者を一種のプロフェッションとみて，あるべき行為規範を（例えば lawyer-mediator の場合には弁護士としての行為規範との調整を）確立しようとする動きである。

具体的な内容をここに示す余裕はなく，別稿を期することにするが，例えば，AAA=ABA「商事紛争における仲裁人倫理」（1977年）；紛争解決センター「裁判所型調停プログラムにおける調停者の行為基準」；CPR・ジョージタウン大学合同委員会（ADR サービス機関に関する WG）「ADR サーヴィス機関の諸原則」（ドラフト，1998年）；合同委員会（AAA= ABA 紛争解決部会 =SPIDR）「調停者行為基準」（1994年）などを挙げることができる。

5　ルール化の意義とその変容

ADR におけるルール化という一見矛盾した要請には，成熟した ADR に対する社会的な期待と責任が含意されているように思われる。裁判の補完物としての消極的な役割（second class justice しか提供できないが，しかし，紛争当事者への救済がゼロよりはましである，あるいは，時間・費用のコストとの取引をせざるを得ないことになっても，それは合理的な取引であるといった発想に基づく補完的役割論）を前提とするならば，ADR のルール化は，ADR 過程をできるだけ

---

[22]　前掲注1)に示した資料によれば，EU では，アメリカとは異なる視点に基づいて ADR の詳細なルール化を検討しているようであるが，その紹介・評価は指令提案後に行う予定である。

訴訟手続に近づけることを目的とすることになる。そのため，不必要に手続の硬直化を招くのではないかという危惧から，ルール化は，とりわけ実務家からの強い反発を受ける虞があった（また実際にも，アメリカの統一調停法（UMA）の審議において，そのような反発が見られたようである）。

しかし，ADRの果たしうる役割がもっと多様であること，すなわち，交渉ベースの紛争解決を促進することで裁判よりも柔軟かつ衡平な解決をもたらしうること，その過程を通じて当事者の紛争解決・管理能力を培うことが可能となること，紛争によっては人間関係の維持・発展が期待されており，それを可能ならしめること，法曹以外の専門家やコミュニティのメンバーが紛争解決に関わることで，法律以外の知を組み込んだきめ細かな解決に至ることが可能であることなどの可能性が，さまざまなADRの試行錯誤の中から浮かび上がってきた時点においては——これを，ADRの成熟性の一つの指標と考えて良いであろう——，ルール化の意義・目的も変容せざるを得ないのではないかと思われる。

ルール化の概念には，最低限のスタンダードを定めるものと，各ADR機関の最大限のベスト・プラクティスを示すものが混在しているように見受けられる。後者の機能の一つは，ADR利用者に対して，当該ADRがどのような目的・機能を目指すものであるかを宣言する点にある。

例えば，ADR機関の特徴として絶対的な迅速性を掲げるのであれば，目標とする処理期間を定め，あるいは，紛争に応じたより簡易な手続（書面のみの手続や鑑定的な判断を示すのみの手続など）を設けることにより，適合的な体制を採っていることをアピールできるであろう。相対的な迅速性を掲げるのであれば，申立てから手続開始までの期間，仲裁であれば弁論終了から仲裁判断提示までの期間など機関・手続主宰者側の行為については絶対的な期間を定めるが，それ以外の当事者のやり取りにかかる行為段階については，個別の計画・合意によって柔軟に対処するという形を採用することもできよう。

他方，当事者間の対話の促進を特徴として掲げるのであれば，まず一般的なルールとしては，対話がおよそ成立しない場合の見極め基準を設定したり，不成立の場合の他の紛争解決フォーラムへの回付（回付先の受入れ義務）を予定しておくべきことになろう。また，手続主宰者の選択システムや主宰者候補者の資質管理が重視されるべきであろう（このようなルールは，むしろ，上記前者

のスタンダードにもあたるというべきである）。

　このように，一見ルール化とはなじまないような特徴についても，その実現に向けたインフラ整備をルールで行うことにより，内部運営規程とは異なり，利用者に見える形での整備を行い利用者のチェックを受け得るという点で意義があるといえよう。とりわけ，今後は弁護士・司法書士など法律相談を受けた者が，裁判のみを念頭においたアドバイスではなく，適切なADRの利用を相談者に勧めるという実務も必要となると思われ，このような外部者にも可視的な構造にしておくことが重要であろう。

　ところで，上記前者の機能を果たすルールとしては，手続主宰者のみならず，当事者・代理人が手続において負うべき義務の規定という新たなカテゴリーも考えられる。これは，従来のルールの名宛人がADR機関ないし手続主宰者であった（その意味では，伝統的な手続法と同じ構造であった）のに対して，両当事者・代理人を名宛人とし，当事者が団体・組織であれば代表権ある者が手続に関与する義務，当該ADRにおけるコミュニケーション管理について主宰者の指示にしたがう義務，一方が話していることを聞く努力義務，関係資料・情報を提出する義務などを規律し，当事者の権能と責任を明確にするルールである。このような，当事者間の交渉を出発点としてその合理化を図るためのルールは，一方で，ADRにおける手続主宰者への過度な寄り掛かり・責任転嫁を防ぎ，当事者に自主性・自律性を促すとともに，他方で，ADR利用者のコミットメントを明確にし（例えば消費者紛争における企業側当事者にとって，一定のルールが定められていることで，企業内部においても要求される行為が明確化され，資料提出の協力が得られやすい，損害賠償をする場合にも企業内合意が得られやすい，といった認知効果が期待できる），潜在的利用者がADRを選択する際の重要な情報にもなるであろう。

　このように，ADRのルール化は必ずしもその裁判化のみを目指すものではなく，むしろADRの多様化と社会的認知の両方を可能とする方法と言えよう。ADRそれぞれが有する特徴は，ルールなどの可視的な情報の形で再構成しなければ，外部者（とくに，伝統的な法実務に慣れている実務家）に理解してもらうことは難しい。さらに言えば，ルール化の停滞は，紛争解決システムの中にADRを実質的に位置づけていく理論的作業をも遅延させることになるかも知れない。

③ 日本型紛争管理システムとADR論議

濱 野 亮
立教大学教授

1 はじめに

　司法制度改革推進本部のADR検討会において行われている議論を議事録によって追うと，委員をとりまいている独特の社会的文脈を感じざるをえない。それが議論全体を制約し，目に見えない壁になっている印象を与える。とりわけ，英米のADR論に少しでも触れたことのある者にとって，わが国の多くの議論には特有の偏りがあり，それは検討会の基本的なトーンにもあてはまっている。

　個々の議論ではなく，討論の進み方全体が目に見えない壁のようなもので取り囲まれ，検討があるところ以上に深まっていかない。これは，検討会が目標としている「ADRに関する基本的な法制の整備」が，今般の司法制度改革で理念として掲げられている「法の支配」といかなる関係にあるのかという論点について，十分に検討が加えられていないことに由来するのではないのか，というのが本稿の基本的問題意識である。このまま進めば，「法の支配」を促進するよりは，妨げる結果になるのではないのか，という危惧である。

　本稿は，このような問題意識のもとで，検討会における議論に疑問を提起し，「ADRの健全な発展を図る」とはいかなる意味で理解すべきかについて，若干の方向を示そうとするものである。

　なお，以下において，ADR検討会の検討状況について司法制度改革推進本部事務局がとりまとめたパブリックコメント用論点整理資料「総合的なADRの制度基盤の整備について─ADR検討会におけるこれまでの検討状況等─」（平成15年7月29日)[1]を参照する場合は，「制度基盤の整備について」と略称する。

2　日本型紛争管理システム

(1) 「法の支配」とADR

　英語圏におけるADRという構想の中心には，訴訟に代替するという要素がある。訴訟の量的増大，ないし質的制約を前提として，それに代替するdispute resolutionとして構想された。訴訟との関係では，ADRによって裁判所の負担を軽減し，訴訟はそれにふさわしいものに限定するという発想と，訴訟では実現できない解決をADRでめざすという発想が，ともに存在しているが，訴訟手続を中核とする司法システムが，法と秩序に占めている中心的位置は，政治的にも社会的にも微動だにしない重みがある。「法の支配」は長い歴史と共に確固たるものとして制度化され，司法ならびに法専門職がそれを担っている点は疑う余地がない。

　これに対して，わが国はどうであろうか。司法制度改革審議会それ自体が，今後の課題として「法の支配」の確立をめざし，法による紛争の解決を社会に浸透させることを目標として掲げている状況である[2]。わが国は，訴訟手続によらない紛争処理が，長い歴史を持ち，訴訟上の和解や調停を含めれば，量的にも相当の比重を占めている。その中でADR制度を整備し，拡充しようとしているのである。

　そもそも，ADRは，明治時代以来のわが国の法と司法の在り方に適合的な面がある。ADR検討会での議論と，そこで目ざされているADR制度とその運用が，司法制度改革の根本的理念に整合的か否かは，特に慎重な検討を必要とする。そこで，以下では，日本の法と秩序の特質に関して，法社会学が明らかにしている一つの重要な側面について要約し，それをADR論議の社会的文

---

[1]　http://www.kantei.go.jp/jp/singi/sihou/pc/0729adr/seibi.html.
[2]　「法の支配」や「法治国家」という観念は，社会学的に見れば，各社会で法律家や非法律家によって様々な場面で形成され続けているものとして理解することができる。参照，濱野亮「法の構築─制度という場を中心に─」『法社会学』58号（2003年）98～114頁。わが国における「法の支配」の観念は，今日，司法制度改革のプロセスの中で再構築されつつあり，個々の制度改革の行方が「法の支配」の実質的意味を左右する。法的ディスコース次元での「法の支配」の観念とADR論議の関係については，さしあたり，本書所収垣内論文を参照。

脈として位置づけ，司法制度改革の理念との整合性において，特に問題になる論点を提示する。

戦後の法社会学研究においては，日本における訴訟件数の少なさをめぐり，内外の研究者が様々な議論を展開してきた。個々の紛争当事者と法律家を含む関係者の観念を重視する説，それと密接な関連を持つ社会構造の特質を重視する説，制度設計ないし政府の政策のあり方を要因として重視する説などに整理できる。私見によれば，単一の要因で説明することは方法として間違っており，多様な要因が相互に規定しあい，さらに，歴史的偶然も関わりながら，主要な関係者の制度設計をめぐる闘争／協調過程のなかで諸制度が構築され，それを制約条件とする人々の行動選択の累積として，歴史的に形成されてきた現象として理解すべきである。以下で示す日本型紛争管理システムは，そのような多様な要因が関わって歴史的に形成されてきたものである。

（2） 日本型紛争管理システムの特徴
(a) 日本型紛争管理システムの構成要素

わが国においては司法の機能領域は狭い。学問的には厳密な論証を要するが，訴訟件数と法専門職，とりわけ弁護士の数の少なさ，および，行政の機能領域の広大さは議論の前提としてよいであろう。

このような，司法の領域の狭さ，辺縁性だけでなく，わが国の法システムの特徴は，紛争を「管理」する仕組みが，むしろ行政主導によって構築され，司法もそれを補強する機能を果たし，結果として司法と行政をあわせて一つのシステムが形成されている点にある。この，わが国で，紛争を管理（manage）するという視点が制度構築と制度運営において優越しているという特質を，交通事故賠償を素材に的確に分析したのは棚瀬孝雄氏である[3]。

棚瀬氏の所説をふまえて，日本型紛争管理システムと呼ぶべき仕組みの特徴を私なりに要約すると，次の要素から構成されている。

① 小さな司法
② 行政領域の包括性

---

[3] Takao Tanase, "The Management of Disputes: Automobile Accident Compensation in Japan," 24 *Law and Society Review* 651 (1990).

③ 法律相談の広汎な制度化と非党派性
④ ADRの広汎な展開
⑤ 法的ディスコースの抑制

 第1に小さな司法である。少なくとも戦後改革による司法研修所制度導入以来，司法試験合格者の数を人為的に制御するシステムが確立し，かつ，非常に低い水準で抑えられてきた。裁判官・検察官の定員数も相対的に低い水準でコントロールされ，結果として量的に小さな司法が維持された。加えて，質的にも，とりわけ1970年代以来の司法政策の枠の中で，法令審査権の行使，行政処分の適法性判断，警察権・検察権行使の適法性審査において，消極的な姿勢がとられてきた。法律扶助制度についても極端に消極的な政策がとられてきた。関連して，法曹数の制御システムについては，弁護士会もコミットしてきた点が強調されなければならない。弁護士を含めた司法自身が小さな司法を維持してきたのである。
 第2に，基本的に，あらゆる問題に行政が管轄権を持つことが自明の前提とされ，管轄する問題につき，法案作成者として，また法運用のための委任立法と指針の作成者として，行政が法の制定・運用に主導権を発揮するのが，当然の前提とされてきた。行政領域の包括性と呼ぶべきこの観念は，規制緩和が政策として採用されている今日でも，多くの分野で無意識のうちに人々によって前提とされており，私人の間でも，しばしば，このような行政の広汎な関与を求め，行政に依存する意識が強い。
 第3の要素は，法律相談の広汎な制度化と，その非党派的性格である。まず，行政機関において，きわめて広い範囲を対象として，多数の部局が，相談業務を行政サービスの一環として担当している。その多くは，公務員（職員）が担当し，通常，無料である。
 重要なのは，その助言の性質が，欧米における legal advice では一般に前提とされている，依頼者の権利行使と法的利益の実現に焦点を絞った，党派的（partisan）な助言ではなく，一般的な法律情報の提供と，依頼者自身による，弁護士を用いない「紛争解決」を原型としている点である。
 そこで念頭に置かれている「紛争解決」とは，一方当事者ないし双方当事者に，法的ルールに関する一般的な情報を提供し，あるいは，制度利用のコスト

や一般的常識を示唆して，「合意」形成を通じた処理をめざす相談担当者の働きかけを意味している。法律相談が「あっせん」と連続し，明確に区別されないこともしばしばであるのは，このためである。ここで「合意」とは，双方が，それぞれの法的主張を相互に行い，その中から，妥協が成立して得られる「合意」ではなく，当初から間に立つ相談担当者が，自らが妥当と判断する結論を念頭に置き，それを暗黙のガイドとして（あるいは落としどころとして），情報を提供し，場合により説得することを通じて形成をめざす「合意」である。その際，「互譲」や「実情に即した」といった観念がしばしば援用される。

このような性格の助言が広く制度化している背景には，いくつかの要因が作用しているが，基本的条件の一つは，行政機関に求められる中立性と受動性である。すなわち，行政であるために，基本的に双方当事者から距離をとり，中立性を疑われない必要がある。消費者行政部門など，一方当事者に肩入れすることが許容されていたり，それがむしろ求められている部局の相談もあるが，その場合であっても，常に，行政機関としての制約が存在する。

しかしながら，本来，党派的な助言のためには，事実に関する能動的な調査を必要とする。踏み込んだ情報収集が不可欠であり，相手方当事者との交渉を経たフィードバックとフォローアップが不可欠であるが，このような行為は基本的に行政機関にはできない。さらに，一般職員が相談を担当する場合は，専門知識や熱意の点で限界がある。他の業務を含めた通常の人事異動に組み込まれている場合が多いだろうし，報酬の面で一つの事案に深くコミットする動機づけが欠けている。弁護士が行政機関の相談に関わる場合であっても，多くの場合，非常勤ないしプロボノとしてであって，その点で制約されている。

要するに，例外はあれ，構造として，当該依頼者のための踏み込んだ助言はできないし，しないのであり，基本的に当該依頼者の自己責任による対応を助けるサービスにとどまるのである。法的情報を提供することはできても，法的争訟として権利を主張するのに必要な助言と支援を期待するには無理がある。

関連して，行政による法律相談においては，弁護士による法的争論や訴訟を，金がかかるもの，無用な対立を生むもの，として忌避し，外部の弁護士の利用を回避する傾向があるように思われる。もちろん，深刻な事例は弁護士への相談や訴訟提起を示唆するケースが多いと思われるし，近年では，少額訴訟などの利用も視野に入れた相談活動が行われている可能性があるが，一般的な傾向

は，特に係争額が高額だったり，重大な権利侵害が明白な場合以外は，弁護士や訴訟利用を促さない傾向が強いのではなかろうか。

このような性格の相談は，行政だけでなく，弁護士会による法律相談においても，妥当する場合が多いように思われる[4]。多くの弁護士は比較的高額の訴訟事件を志向しており，法律相談で高額の相談が持ち込まれた場合は別として，多くの比較的少額の事件については，直受ないし弁護士紹介という形で党派的弁護による法的争訟へ法律相談が結びつくケースはなお少なく，行政による法律相談と同様，一般的法律情報の提供による本人の自主的処理に委ねる場合が多いのではなかろうか。弁護士にとっては，受任に結びつかない法律相談は，30分をワンユニットとする定額サービスと位置づけられているようであり，党派的助言は，あくまでも，訴訟提起を念頭においた受任事件と結びつけて理解されているものと思われる。弁護士の数が少なく，比較的高額な少数の訴訟案件を経営の基礎にしている弁護士が多い状況で，比較的少額な紛争に対する党派的弁護は，弁護士によっても回避され，扱いを断られるか，一般的な助言と当事者本人による処理に委ねられる傾向があるといえよう。弁護士の側の条件も，日本型の非党派的な法律相談を支えているのである。

このような，わが国で広く見られる法律相談の基本的類型を，棚瀬氏は，partisan な助言と対比して，consensual な相談と性格規定し，他の要因，とりわけ，法的ルールの規格化・標準化の傾向ならびに ADR の整備（例えば調停や交通事故紛争処理センター）という要因とあいまって，争訟回避，法サービス使用回避のメカニズムを形作っているとしたのである。わが国では，法律相談は，基本的には，法的争訟，法的ディスコースへの端緒ではなく，法的争訟，法的ディスコースへの道をスクリーンするゲートキーパーの役割を果たしているというべきである。

日本型紛争管理システムの第4の要素は，古くから存在する ADR の広汎な展開である。わが国では，司法内部に，調停と訴訟上の和解という戦前以来，確固と根をおろしている ADR があり，裁判所外には，行政型，民間型の多様

---

[4] 行政機関や弁護士会における弁護士の法律相談以外でも，一般に，日本の弁護士は，依頼者に対して，党派的な助言ではなく，より中立的な立場からの助言をする傾向があったとされている。ただし，近年では，変化しているという説もある。参照，座談会「弁護士倫理の新たな展開」『判例タイムズ』1080号（2002年）4頁，9〜12頁。

なADRが既に存在する。ADRという西洋語は日本社会に馴染みがないかもしれないが，紛争処理方法としては，むしろ，ADRこそ，わが国における紛争処理の基本型として君臨してきたというべきである。

それだけでなく，わが国のADRは，古くは川島武宜氏が「仲裁と調停との未分化的形態」として「調停的仲裁」と表現し5)，今回公表された「制度基盤の整備について」も言及しているように6)，裁断型と調整型の不可分一体性を特徴とするものが非常に多い。裁断型と調整型は原理的に全く別の手続であるが，この差異にきわめて鈍感に，制度の構築と運営がなされてきた。

なぜ，わが国の制度設計と運用が，裁断型と調整型の原理的な差異に鈍感であり，それが法律家によっても許容されてきたのか。これは法社会学にとって重要な研究課題であるが，ここでは，いくつかの関連要因を仮説として指摘するにとどめる。紛争の処理にあたって，法の公正な適用によって処理するのではなく，行政的管理によって処理することが当然視され，「互譲」という概念に象徴されるように手続的公正さが軽視され，「実情に即した解決」という概念に象徴されるように，個別ケースにおける実体的妥当性が重視される。当事者個人の自由な意思決定が十分尊重されず，政治的な権威者による紛争管理が権力行使であることの認識に乏しく，裁断者ないし調整者の権力行使も法的ルールによって拘束されなければならないという観念に乏しい。当事者間の力の格差に鈍感であり，個人の権利の実現ではなく，紛争の「解決」ないし「解消」が念頭に置かれるといった諸要因である。これらが，紛争当事者によっても，根本的な疑問として問題提起されることが少ない点も指摘しなければならない。

加えて，consensualな性格の日本型法律相談と日本的なADRとが，しばしば連続的ないし一体的に制度構築ないし運用されている点に注意しなければならない。というより，両者は，基本的に同一の発想に基づいており，同一のシステムを形成していると考えるべきである。法的争論と法的ディスコースへの展開を妨げつつ，第三者を交えた当事者同士の「話し合い」，というよりむしろ，当事者に対する第三者の説得の場としての裁断・調整不可分一体型の

---

5) 川島武宜「日本人の法意識」『川島武宜著作集　第四巻』（岩波書店，1982年）343～375頁。
6) 「制度基盤の整備について」31頁。

ADRで，紛争を効率的に「解決」する，これが実情であろう。これは，法的解決というよりは行政的，管理的解決であり，当事者自身の自由な意思決定を実現する手続でもなく，当事者自身の手による解決策の提示をめざす手続でもない。

　私的自治（私的自律）とは，原理的前提として，当事者の実体的・手続的権利について，十分な知識を基礎にして（双方に弁護士代理がいる場合），あるいは，十分な知識が提供された上で（弁護士が代理していない当事者の場合），双方の自由な意思の合致，ないし双方のコミットメントによる解決を想定していると考えるべきである。わが国の法律相談に接続したあっせん手続やADRの多くにおいて，通常おこなわれている当事者本人間の「話し合い」が，本来の意味で私的自治（私的自律）と言いうるのかは，再検討するべきであろう。

　以上の4要素がもたらしているものが，法的ディスコースの抑制である。ここで法的ディスコースとは，公権力が一方的に下達する法的言説ではない。対立する当事者が，法的ルールを引照し，公権力の発動をめぐって，当該社会の法的空間で確立している推論方法に則って戦わせる相互的言説であり，法的争論を構成する。

　わが国の場合，司法の領域が小さく，行政があらゆる問題をカバーしようとし，行政の裁量や処分が司法で争われることが稀で，争っても私人の主張が認められることは期待しにくい状況にある。司法の内部に，訴訟上の和解と調停が根を下ろし，裁判官，調停委員，司法委員の裁量による処理が多用され，当事者による法的ディスコースの可能性はインフォーマルな手続と「合意」に向けた説得に吸収されてしまう傾向が強い。法律相談は法的争論への芽を摘み，当事者本人による処理や裁断・調整渾然一体型ADRに誘導しているのである。弁護士数が少なく，多くの弁護士が，比較的高額の訴訟案件に志向している業務体制も，このようなシステムを支える役割を果たしている。

(b) 日本型紛争管理システムの特質

　以上のような要素から構成される日本型紛争管理システムは，モデル化すれば，次のような法システムの対極に位置づけることができる。司法が中核にあり，その機能領域が広い。行政も，立法と司法による法的コントロールのもとにある。個人の権利が，紛争解決システムの形成と運用の中核に位置づけられている。個人が，権利を根拠として，国家権力を発動させるための仕組みが現

実に機能するものとして構築されている。国家ではなく，権利の主体としての私人のイニシアティブが出発点に置かれる。国家の権力は法的ルールで制御され，制御の起点は，個人にある。

「紛争解決」というときも，制度の側による管理の視点に力点が置かれるのか，私人の側による法と法制度の援用という視点に力点が置かれるのかは決定的な違いである。わが国での議論とプラクティスには，暗黙のうちに，前者の視点を前提としてしまう傾向がある。

それは，紛争の顕在化と，その法的争訟への発展を抑圧ないし回避する仕組みが，多様な形態で構築される現象としてあらわれている。行政制度や司法制度として，権利と法的ルールを基準に法的ディスコースを相互に戦わせる機会をできるだけ回避するような仕組みが既に存在し，また，新しい類型の紛争が社会的に問題になると，迅速に，そのような仕組みを，主として行政が主導して構築する傾向である。

法的争訟では，あくまでも，双方当事者およびその代理人が主人公であり，彼らが国家権力の発動主体である。紛争がこのような法的争訟に転化しやすい場合には，国家が大量に発生する紛争を「管理」することは困難になる[7]。国家の機能は，主として，個々の争訟に対する司法部の判断とそのエンフォースメントの局面に限定され，せいぜい，一般的なルール（制定法，判例）の構築を通じた，距離をおいた関与にとどまる。あくまで個々の争訟処理の集積を通じて関わるのが基本である。法的ディスコースによる争訟に，紛争を転化させるということは，社会管理のイニシアティブを，権利の主体たる個人としての私人の手にとどめながら，国家を関与させるために必要な過程なのである。

これに対して，法的争訟への転化を回避するメカニズムの構築と運用の背後には，国家の官僚が紛争それ自体を「管理」し，それを通じて，私人の集合体としての社会を「管理」するという発想が潜んでいる。それは，わが国では，少なくとも今日，あまりに当然視されていて，言語化して論じられない暗黙の前提となっている。これが，ADR 論議を目に見えない形で制約しているのである。

ここで，急いで付け加えなければならないのであるが，このような争訟回避

---

[7] Frank K. Upham, *Law and Social Change in Postwar Japan* (Harvard University Press, 1987) 10-11.

システムは，短期的には非常に効率的である場合が多い。費用と時間をかけない紛争処理を，そもそも制度設計で目指している場合が多く，実際にも，迅速かつ安価に処理される傾向が強い。また，棚瀬氏が強調しているように，当事者も，一方的に管理されて，そのニーズが満たされない不満を強くいだいて国家に支配・抑圧されているわけではない[8]。事柄の性格上，仮に法的争訟，とりわけ訴訟・判決に持ち込んだ場合とを比較して当事者がニーズの充足を実感することはできないが，訴訟利用のコストは，弁護士数の少なさや裁判所の容量などの諸条件を前提とする限り，相対的に高く，主観的にも，そのようなイメージが広く共有されているため，争訟回避システムの整備は，訴訟のしにくさがもたらす深刻な問題を人々が感じる機会を少なくする。制度のあり方が訴訟を回避させているというヘイリーの所説[9]に対して，棚瀬説の一つのポイントは，人々が訴訟提起を望むにもかかわらず制度上の欠陥で訴訟件数が少ないというのではなく，人々の意識そのものも，争訟を回避する志向をもち，それは，一面で「文化」的な現象であるが，他面では，多方面における政策当局者の巧みな制度設計と制度運営によって紛争が管理され，それに対応して，人々の意識も，訴訟回避を積極的にであれ消極的にであれ受け入れている，その意味で人々の意識も管理されている面がある，というものであり，説得的である。

争訟回避メカニズムの意義は，弁護士や裁判所という司法制度の中核をできるだけ用いないですむような，そして用いない方が関係者の「満足度」が高いような制度が構築される点にある。ここで「満足」それ自体が全体としての訴訟回避システムの所産であること，かつ，関係者にはそのことが通常自覚されず，自然な感覚であると感じられている点がポイントである。

3　日本型紛争管理システムの文脈における ADR 論議

（1）はじめに

以上のような日本型紛争管理システムという文脈を十分に考慮しないと，現在の ADR 検討会での議論を適切に評価することはできないであろう。司法制

---

[8]　Tanase, *supra* note 2, at 656-67, 679.
[9]　John Owen Haley, "The Myth of the Reluctant Litigant," 4 *Journal of Japanese Studies* 2: 350 (1978).

度改革がめざしているとされる「法の支配」の徹底という政策目標にとって，どのようなADRの拡充が望ましいのかという論点は，検討会で十分議論されてはいないように思われる。むしろ，漠然とADRの拡充が望ましいことが当然の前提とされているように見える。しかし，既に述べたように，わが国においてADRは，それが，従来のあり方の延長線上で，法的争訟回避システムの重要な要素として機能するならば，むしろ，日本型紛争管理システムを再生産し，法的ディスコースを抑制する結果をもたらすだろう。

以下では，司法制度改革推進本部事務局による「制度基盤の整備について」に即して，相談手続の位置づけと，ADR手続の裁断型・調整型二類型論に関する論議に焦点を絞って吟味したい。

（2） 相談手続の位置づけ

「制度基盤の整備について」は，相談手続は「ADRそのものではない」と認めながらも，「実態的には，ADRを幅広く支えるものとして重要な役割を果たしている」とし，ADR基本法の対象としてとりあげる考え方を示唆している[10]。そして，「ADRに関する施策の基本を明らかにするような事項」（「基本的事項」）の論点5として，「ADRに関する基本理念を示す場合には，相談手続の健全な発展を図ることが，ADRの健全な発展を図る上で重要な意味を有するものであることを念頭に置くことについて，どう考えるか」という命題を提起している。これは，ADRに関する施策の基本を規定する場合に，「相談手続についても，その健全な発展を図ることが重要であることを念頭に，ADRに関する基本理念を整理するという考え方を示したもの」と説明されている。一見，異論がなさそうな命題であるが，実は，深刻な問題が潜んでいる。

既に述べたように，わが国の法律相談，特に行政機関による膨大な相談は，基本的に，法的争訟を回避させ，司法ではなく，行政的な管理に紛争を導く役割を果たしている面がある。日本型紛争管理システムの重要な構成要素であり，司法への関門としてゲートキーピング機能を果たしている。

「実態的には，ADRを幅広く支えるものとして重要な役割を果たしている」とは，そのような意味を持つものとして理解しなければならない。現在の法律

---

10) 「制度基盤の整備について」11頁。

相談のあり方に反省を加えずに，相談手続の「健全な発展」を図ることは，日本型 ADR の拡大を帰結する可能性が高く，それは，司法の領域が小さい，行政型紛争管理システムの再生産を強化することを意味するであろう。これが，司法制度改革が掲げる法の支配の理念にふさわしい ADR の「健全な発展」を意味するのかは，真剣に検討する必要がある。

具体的には，次のような論点が，わが国の法律相談のあり方について，吟味されるべきである。

第 1 に，そもそも，日本型の法律相談は，公正な紛争の解決，私人の法的権利の保障，法の実現に資するものなのか。資するとしても，それはどういう条件のもとにおいてか，という問題である。

行政機関などにおける法律相談は，通常次のような条件をもっている。(i)少なくとも最初の段階では，一方当事者からのみの情報に基づいている。(ii)能動的な事実調査やフォローアップは普通はできない。(iii)投入できる時間とマンパワーが極めて限られている。(iv)法律家が担当しない場合が多い。

法的思考の基本は，対立する当事者双方による最善を尽くした攻撃・防御を通して，はじめて，事実の認定と法の適用が可能になるというものである。consensual な日本型法律相談は，この条件を満たしていない。そこでなされる助言，示唆，指示，判断の提示，さらには，一定の場合になされる，相手方への働きかけ，あっせんとは，いかなる性質のサービスとして理解すべきなのか。

結局，不確定的な事実認識を基礎にした，一般的な情報提供である場合が多いと思われるが，これは，少なくとも紛争段階に達した当事者にとって，いかなる意味を持っているのであろうか。

行政機関は，基本的には公権力であり，私人が，その権利・利益に関わる秘密事項を伝えるのには躊躇される存在である。そもそも法律相談担当者の守秘義務が法的に制度化されているのか[11]，制度化されているとしても，それは実効的なのかという問題がある。他の部局，他の省庁，警察等へ情報が漏れる可能性はないわけではない。少なくとも，一般市民は，そのように感じて相談機関を利用する場合が少なくないのではなかろうか（仮に根拠のない空想であっ

---

[11] この点は，ADR 検討会においても，ようやく議論されるに至ったようであり，「制度基盤の整備について」28 頁でも触れられている。

ても，そのような自制は大きな意味をもつ）。そうであれば，利用者の側も，踏み込んだ助言を得るのに必要な条件，とりわけ，自分に不利な事実等の情報についても開示してアドバイスを受けるという条件を満たしていないことになる。さらに，次に述べるように，相談があっせんなど調整型 ADR につながる場合には，あらゆる情報が，相手方当事者に伝わる可能性を覚悟しなければならない。

　第 2 に，このような相談が，一方当事者への助言にとどまらず，相手方当事者からの情報聴取や，相手方当事者への働きかけ，さらに，双方当事者への解決案の提示や和解の働きかけといった「あっせん」ないし「あっせん」類似行為に発展する場合もある。また，そのような方向への制度設計を支持する意見も存在する。しかしながら，相談において収集した情報については，相手方が関わってくる瞬間に，極めて慎重な扱いが必要になることについて，わが国の実務は鈍感すぎるように思われる。ここには，行政による法律相談の本質的問題点と，利益相反の問題ならびに調整型手続から裁断型手続へ移行した場合の情報遮断と同型の問題が含まれている。

　相談に訪れた紛争当事者の提供した情報が，相手方に伝わる可能性がある場合には，相談担当者は，本来の意味での助言者ではなくなる。むしろ，ADR の主宰者である。したがって，助言者と ADR 主宰者という，原理的に相いれない二つの役割を同一人物が果たすことになる。これは，深刻な利益相反状況であるといわなければならない。特に，双方当事者を一同に会せしめることなく，一方当事者からの情報提供ないし訴えに基づいて，相手方当事者に情報提供をしたり，和解案を示唆する場合には，当事者は，相手方の主張を直接知る機会がなく，相手方の主張に対して直接その場で反論を加える機会もないことになる。助言者＝主宰者が情報を操作していないかを確かめる方法もない。訴訟上の和解や調停実務における交互面接と同型の問題である。こういうかたちで，さらに，「互譲」を求めることは，事実と法に基づく紛争解決ではなく，情報制御に基づく紛争管理以外の何ものでもないように思われる。

　行政における相談手続は，それが当該行政機関の ADR 手続（裁断型はもちろん，調整型であっても）と連続され，あるいは，連続的に別の機関で ADR が行われる場合において，情報遮断が行われないならば，「相談」ではなくなると考えるべきである。また，そのようなものとして，利用者に認識ないし自覚

させるような形で,「相談手続」の制度設計をすべきものと考える。

　相談をADRに発展させるという発想は,わが国における相談のconsensualな特質を背景にして,行政における相談関係者だけでなく,司法書士や消費者相談関係者などをも含む,広い範囲の人々から提案される傾向がある。法的知識を双方に提供しながら,一方当事者からの申し立て,言い分を相手方に伝えれば,話がまとまる,といった発想である。

　このようなかたちでの「互譲」ないし「和解」の成立が,現実に実現する可能性は,単純な紛争や地方のように安定した閉鎖的な社会関係がなお存在している場合には,低くないと推測する。しかしながら,特に都市部では,既に,そのような手法では当事者の納得を得られないケースも多いと考えられる。のみならず,そもそも,より本質的に,手続的公正さを欠いているのではないか,利益相反ではないか,紛争処理の仕方として適切なのか,という反省が必要である。このような処理の仕方は,司法的処理ではなく,政治的ないし行政的処理というべきであろう。確かに安価・迅速という効率性は達成できるかもしれないが,法の支配という理念に照らすと,疑問の余地の大きい処理の仕方である。

　第3に,以上述べたように,法律相談においては,党派的弁護への事案の回付を抑制する基本的姿勢を改めるとともに,法的争論以外の選択肢を示すのが適当と判断される事案については,それにふさわしい機関への振り分けを示唆する必要がある。法的争訟化が進めば進むほど,法的ディスコースとは異なる視点からの処理や,あくまでも当事者本人の力による紛争解決を志向したmediationのニーズが顕在化する。次に述べるように,裁断型ADRと調整型ADRの原理的峻別を踏まえ上での各種ADRの整備を前提として,人々に身近なアクセスポイントとしての一般的な相談機関は,法と手続に関する基本的な情報を提供した上で,紛争の特質と当事者の自由な意思に基づいて,紛争を適切かつ迅速に振り分ける機能を中心的な任務とすべきであろう。

　行政による相談手続の隆盛は,弁護士数の人為的制限政策と相互規定的な関係にある。弁護士数が大幅に増大しない限り,党派的弁護を一般化させることは難しい。当面は,各地域における弁護士や司法書士の分布状況,法律扶助,公設事務所,リーガル・サービス・センター(仮称)の整備状況,弁護士会や司法書士会の法律相談センターと本人訴訟支援センターや簡易裁判所の受付相

談の現状を念頭に置きながら，党派的助言サービスに回付すべき事案を適切に判断する体制を作る必要がある。これは，回付先との十分な情報共有と相互理解がない限り，無責任なたらい回しと，回付先（公設事務所や弁護士会の法律相談センターなど）の過重負担に終わる可能性が高い。したがって，他の主要機関との情報共有，回付の基準設定，責任の明確化などのシステム作りも不可欠である[12]。その上で，行政による相談と接続したADRを，仮に作るとすれば，相談手続とADR手続の間の情報遮断や，手続的公正さの確保に留意した制度設計を行わなければならない。

（3） 調整型ADRの位置づけ

「制度基盤の整備について」は，ADRを裁断型手続と調整型手続に区分し，それぞれ次のように定義している[13]。すなわち，裁断型手続は，「もっぱら主宰者の判断の受諾により紛争の解決を図ることを目的とする手続」であり，さらに「仲裁」と「裁定」に区分される。調整型手続は，「もっぱら当事者の互譲により紛争の解決を図ることを目的とする手続」であり，さらに，「調停・あっせん」と「評価」に区分される。「調停・あっせん」は，「主宰者が，当事者間の合意形成を支援・促進するために主張の整理，解決案の提示その他の当事者に対する働きかけを行う手続」とされ，「評価」は，「主宰者が，当事者に対し，和解形成を促進するために判断の提示のみを行う手続」とされている。

このような調整型の定義には，次の二点で疑問がある。

第1に，調整型を「もっぱら当事者の『互譲』により紛争の解決を図ることを目的とする制度」としているが，「互譲」を必要的要素とする点は，わが国の伝統的な観念を反映しているものの，根本的な問題をはらんでいる。

互譲とは，基本的に，双方が譲りあうことを意味する。その場合，主宰者が，互譲を働きかける場合と，主宰者の互譲の働きかけが全くないという条件のもとで，当事者双方が各自の自由な意思決定にもとづき一定の譲歩をしあう場合がある。「制度基盤の整備について」の説明（6頁）は，論理的には後者を含

---

12) イングランドのコミュニティ・リーガル・サービスにおけるネットワーク構築の試みについて，濱野　亮「イングランドにおけるコミュニティ・リーガル・サービスの創設」（2・完）『立教法学』59号（2001年）65～68頁参照。
13) 「制度基盤の整備について」6頁。

まないものではないように読める。しかしながら，わが国の社会的文脈においては，「互譲」を調整型手続の必要的要素とする場合，しばしば，それは，当事者の互譲を主宰者が促し，当事者の意思決定そのものに影響力を行使することを意味する。互譲とは，結果としての互譲ではなく，双方の譲歩を求める示唆，誘導ないし圧力を意味しているのがわが国では通常であろう。

そうであるならば，ここでいう調整型は，裁断型と原理的に対置されるものではなく，基本的に裁断型の要素を含む中間形態ないし渾然一体型というべきである。それは，わが国の実務慣行を忠実に反映したものではあるが，「法の支配」の基本的理念を踏まえた制度設計のための枠組みとしては不適切である。

関連して第2に，「制度基盤の整備について」における裁断型と調整型の二類型には，主宰者が判断の提示を一切しないADR手続について適切な位置が与えられていない。そのようなADRは，調整型手続のうち，「調停・あっせん」の中に含まれるという解釈もなりたつが，既に述べたように，日本的文脈においては，実際にはここには，主宰者の判断が多かれ少なかれ示され，当事者に働きかける形態が想定され，それが数において圧倒する可能性が高い。しかしながら，原理的に，裁断型に対置されるのは，いわば純粋調整型であって，そのことを示すために，少なくとも，別個の類型をたてる必要がある。

英米のmediationにおいて，mediatorが自らの判断ないし評価を示すことが許されるか否かについて，激しい議論があることは周知の通りであるが[14]，そこでは，判断や評価を示す類型とそうでない類型が，原理的に対立的なものとして措定されている。「制度基盤の整備について」の定義は，この点で，既存の日本型紛争管理システムの再生産に直接結びつく可能性が高く，再検討の余地がある。

たしかに，「制度基盤の整備について」は，検討会が対象としないADRについて，「範囲外の手続の存在を否定したり，消極的な評価を与えたりするものではない」と明記している。しかしながら，基盤整備にあたって，

---

14) 例えば，Lera P. Love, "The Top Ten Reasons Why Mediators Should not Evaluate," 24 *Florida State University Law Review* 937 (1997), Simon Roberts, "Mediation in the Lawyers' Embrace," 55 *Modern Law Review* 258 (1992), 一般に，Carrie Menkel-Meadow (ed.), *Mediation: Theory, Policy and Practice* (Ashgate, 2001), Michael Palmer and Simon Roberts, *Dispute Processes: ADR and the Primary Forms of Decision Making* (Butterworths, 1998) 参照。

mediation 型の ADR 手続を対象としないということは，渾然一体型を公的に認知する一方で，事実上，mediation 型 ADR を制度として重視しない立場を示している。Mediation 型 ADR について，その詳細を，現時点で制度化すべきかどうかは，慎重に検討する必要があるものの，その原理的特質と，裁断型の対極に置く位置づけは公的に示しておくべきであると考える。

従来のわが国においては，裁断型手続と調整型手続の原理的峻別について，法律家，法学者を含め，きわめて鈍感であった。訴訟上の和解や調停の実務のあり方はその点から，根本的に反省されなければならない。裁判外の和解交渉においても，例えば，without prejudice という留保により自己に不利な情報の開示を容易にし，後続する裁断手続への情報を遮断するという視点が欠けている点は，今後改善の必要がある。

ADR 検討会と，「制度基盤の整備について」の「第四　調停手続法的事項」において，この問題が正面から取り上げられ，少なくとも，一つの考え方として，調整型手続において開示された一定の情報等（調整型手続情報）の，同一紛争を対象とする裁断型手続における利用，および，調整型手続の主宰者を同一紛争を対象とする裁断型手続の主宰者に選任することについて，両手続を原理的に峻別する立場からの制度設計案が示されていることは，大きな成果である。しかしながら，ADR 検討会の多数意見ではないようであり，そうだとすれば，法の支配という観点に照らして，何が適切な制度なのか，再考を求めたい。

原理的峻別に批判的な論者の中には，わが国の伝統的なプラクティスについて，「ほとんどの事例」において「適正な解決を得られている」とする者がいるようである[15]。しかしながら，第 1 に，「ほとんど」の事例において，「適正な」解決を得られているといえるのか，大いに疑問であり，本格的な調査に基づく検証が必要である。第 2 に，より根本的には，制度設計と運用において，原理的な違いが考慮されていないということは，それだけで，適正手続という条件を満たしていないというべきである。少なくとも，わが国の伝統的なプラクティスが，適正手続の要件を満たしているというのであれば，それを，わが国の法体系に内在している適正手続の理念と整合的に理論化し，法的ディス

---

15)　「制度基盤の整備について」31 頁。

コース次元で根拠づける必要があるが，その作業はなされていないのではなかろうか。

裁断型手続と調整型手続の混交（「渾然一体化」），ならびに，mediation 型の ADR の未発達と理解不足は，わが国における行政的な紛争管理システムの根深さを示唆している。司法の機能領域の拡大，法の支配の浸透という政策目標を真剣に受けとめ，伝統的なわが国のプラクティスについて原理的に反省するべき段階にあるといえよう。

4　む　す　び

司法制度改革審議会意見書は，ADR の拡充・活性化について，「司法の中核たる裁判機能の充実に格別の努力を傾注するべきことに加えて」と留保した上で，「ADR が国民にとって裁判と並ぶ魅力的な選択肢となるよう，その拡充・活性化を図るべきである」としている。残念ながら，わが国の ADR や法律相談が小さな司法とワンセットになって，法的争訟を抑制する機能を果たしてきた点について，踏み込んだ反省はなされていない。しかしながら，司法制度改革審議会意見書が，司法の機能拡充を最も重要な課題として位置づけていたのは明らかである。

従来のわが国の調停やそのほかの ADR を，そのままの形で拡充することは，本稿で示した日本型紛争管理システムを強化する結果となり，司法の機能領域の拡大，法の支配の浸透という司法制度改革の目標にとって，妨げとなる可能性が高い。

性急な制度整備は，既存システムの再生産に帰着するであろう。果たして，「制度基盤の整備について」に整理されているような方向で，包括的な ADR 基本法制が，今直ちに必要なのか真剣に考える必要がある。仮に制定するとすれば，法の支配の浸透という理念を ADR の拡充においても留意した制度設計にしなければならない[16]。国や行政の責務を規定することは，予算措置の根拠づけを意味する。そうであれば，より一層，行政が主導権を握ってきたわが

16）　わが国における「法の支配」を，行政的紛争管理システムを取り込んだものとして構築するというのであれば，話は別である。しかしながら，その場合は，「法の支配」について，新たな理論を提示しなければならなくなるであろう。

国の紛争管理システムの強化を意味しないか，意味するとしたら，それは，司法制度改革にとっていかなる帰結をもたらすのかを考えるべきである。

　ADRに関する基本的な法制の整備は，司法制度改革審議会意見書を前提とするならば，日本型紛争管理システムという伝統的な構造を改革し，司法の拡充と法の支配を促進するという根本的な政策目標と整合的でなければならないように思われる。

（2003年9月16日脱稿）

　＊　本稿は，科学研究費（平成14〜15年度基盤研究ｃ）の助成による研究成果の一部である。

4 国によるADRの促進

垣内 秀介
東京大学助教授

1 本稿の目的

(1) ADRに関する議論の困難性

日本におけるADR論議は，今般の司法制度改革においてその拡充・活性化が論点の一つとして取り上げられたことが契機となり[1]，ここ数年かつてない隆盛を迎えているようにみえる[2]。しかし，ADRに関する問題点が，合法違法という伝統的な解釈論の枠組に収斂しにくく[3]，しかも既存の法律学の一分野の枠に収まりにくい多様な側面を持つためか，そうした論議は，必ずしも互いにかみ合わないままに展開されており，問題の全体像を把握することが困難となっているようにも見受けられる[4]。

そうした困難は，問題の困難さを反映するものとしてやむを得ないものだと

---

1) その結果，司法制度改革審議会意見書（平成13年6月12日）（以下単に「意見書」として引用する）においても，その方向が採用されることとなった（意見書Ⅱ第1・8）。
2) もちろん，それ以前から一定の蓄積が存在していたことはいうまでもない。その例としては，民事訴訟法学における小島武司教授の議論，法社会学における棚瀬孝雄教授の議論などをあげることができよう。
3) 民事訴訟法学説が従来そうした問題を不得手としてきたことについては，たとえば山本弘「「民事訴訟法学の方法論とその展望」を読んで」加藤新太郎編・民事司法展望335頁（判例タイムズ社，2002）参照。
4) ADRに関する議論のための総合的な視座を設定しようとする試みとしては，山田文助教授の一連の業績があり，本稿も，後に繰り返し引用するようにそうした山田助教授の研究に多くを負っている。とはいえ，山田助教授の分析は，どちらかといえば個々のADR手続に対する評価基準の設定や，そこで要求される，あるいは望まれる手続保障のあり方の解明に傾斜したものであり，本稿で問題とする国とADRの関係という局面については，なお検討の余地が残されているように思われる。

もいえるが、筆者の見るところ、その原因の一端は、ADRに関する多様な主張ないし提言のそれぞれが、どのような位置づけないしステイタスをもつものであるのか、必ずしも明らかでない場合が少なくないというところにあるように思われる。たとえば、本稿で問題とするADRの促進に関していえば、仮にある論者が「ADRの一層の発展が望ましい」と述べる場合、この主張は様々な意味を持ち得る。一利用者として紛争解決手段の選択肢が増えるとか、日本企業の国際競争力を高める結果をもたらすといった意味で歓迎する[5]、という趣旨でもあり得るし、論者の理想とする社会のあり方により適合的である、あるいは、憲法上の価値を実現するための国としての責務である、という趣旨でもあり得る。そして、そのいずれの趣旨であるかによって、そうした主張のもつ意義は大きく異なることになろう。とすれば、こうした言明のステイタスを明らかにすることなしには、真にかみ合った議論を行うことは不可能である。このことは、すでに議論の位置づけが学問体系上確立され、共有されている問題に関しては、さほど意識されることはなく、またその必要もないのが通常であるが、ADRに関する議論においては、改めて確認しておく意義があると思われる。

（2） 本稿の問題関心

以上のように、ADRの促進ということは、論者の視点に応じて様々な意味をもち得るが、本稿で問題とするのはそのうち、国によるADRの促進とはどのような意味をもち、どのような問題をはらむのか、という点である。この問題は、ADRに対して、国はどのような態度をとればよいのか、あるいは、とるべきであるのか、という問題だと言い換えることもできよう。そしてそこでは、ADRに対する国の態度は立法政策の問題としてまったくの自由に委ねられているのか、それともそこには法的にみて何らかの検討を要する問題が存在するのかどうか、ということが問われることになる。

こうした視角を明示的に示してADRを論じることは、従来必ずしも一般的

---

[5] たとえば、石川明「ADR基本法の制定を」調停法学のすすめ——ADR私論——117頁（信山社、1999、初出1995）は、訴訟による紛争解決のために企業が負担する費用は、「必然的に製品の価格に上積みされて、企業の国際競争力の低下へとつなが」るとし、ADRの発展に伴うそうした費用の削減が、「当該企業にとってのみならず、社会全体からみて必要」であるという。

ではなかったように見受けられる。しかし，すでに示唆したように，ADRの発展が何らかの意味で望ましい，あるいは望ましくないということと，国がADRを何らかの形で促進あるいは規制すべきであるということとは，別の問題であり，とりわけ，現在議論されているようにADR基本法といったものの制定を考える場合，後者の観点からADRをめぐる問題点を整理しておくことが，不可欠な作業となると考えられる。

ところで，ADRに対する国の態度という観点から見た場合，そこにはさらに二つの方向性を想定することができる。すなわち，一つは国によるADRの促進という観点，もう一つは，国によるADRの規制という観点である。後にも指摘するように，両者は重なり合う部分を有するが，本稿では，このうち前者の観点から，問題の整理と若干の検討を試みることにしたい[6]。

したがって本稿は，ADRとの関係で想定し得るあらゆる次元の議論を網羅的に検討するものではなく，上記のような視点から，ADRに関わる問題の一部を検討するにとどまる。

(3) 本稿の検討対象——ADRの概念

本稿の検討対象であるADRが何を意味するかについて，以上においては特に定義を示してこなかったが，ここで，ADRの概念について言及しておくことにしたい。

周知の通り，ADRとは，Alternative Dispute Resolutionの略語であり，直訳すれば，「代替的紛争解決」ということになるが[7]，その内容は多義的である。

---

6) ADRの規制に関しては，別の機会に論じることができればと考えている。そこでも，規制の目的（結局のところADRの促進を目的としてある規制を政策的に課すのか，別の根拠から要請される規制であるのか），規制の局面（ADR機関等に対する規制，ADRにおける合意形成過程の規制など）などを整理し，問題点を明らかにする必要があろう。

7) 近時は，代替的紛争「処理」との訳語が使われることが多い（たとえば，小島武司＝伊藤眞編・裁判外紛争処理法（有斐閣，1998）の書名およびはしがき冒頭，山田文「ADR」和田仁孝＝太田勝造＝阿部昌樹編・交渉と紛争処理62-63頁（日本評論社，2002）。なお，佐藤幸司＝竹下守夫＝井上正仁・司法制度改革115頁〔竹下守夫発言〕（有斐閣，2002）も参照）。この訳語は，ADRにおける合意成立等は，事実的な意味での紛争状態の消滅を意味しない，ということを含意するとされることもあるが（山田・前掲論文），その意味でResolutionを「処理」と訳すのは，意訳ということになろう。

なお，紛争「処理」を，「処理 management」，「緩和 mitigation」，「軽減 reduction」，「調整 accomodation」などと対応する概念とする千葉正士「紛争および紛争処理研究上の

まず、この「紛争解決」が何に「代替」するものであるのか自体、必ずしも自明ではない[8]。一般には、裁判ないし判決に代替するという意味に理解されることが多いが[9]、訴訟上の和解を含むのか、民事調停など裁判所内に設置された手続によるものを含むのかなどは、論者により様々である。

　さらに、そもそも「紛争」とは何か、「解決」とは何か、という点も、自明とは言い難い。「裁判」を（民事）訴訟における判決という意味に理解するとして、それ以外の「紛争」「解決」には事実として多様なものが含まれ得るからである。広い意味で争いという場合には、たとえば、それ自体としては当事者間の権利義務に直結しないと思われるアマチュアスポーツにおける判定の当否に関する見解の相違なども含まれ得るが[10]、これに、たとえば法律上の争訟、あるいは民事上の紛争といった限定を加えるかどうかが問題となるし、広い意味での「解決」には、特定の合意や拘束力のある裁定の形成はもちろん、交渉を通じた関係者の認識の変容程度のものも、含めて考える余地がある。また、解決過程において、「第三者」が介在することを要求するかどうか、要求するとして、「第三者」とは何を意味するのか、関与の態様としてどのようなものを想定するのかなども、問題となる。これらの点をどう考えるかにより、

　　　問題点——理論的研究の準備のために——」東京都立大学法学会雑誌8巻2号307頁（1968）参照。
8) この点につき、高橋裕「司法改革におけるADRの位置」関西学院大学法と政治51巻1号366頁（2000）も参照。
9) たとえば、高橋裕・前掲論文注8）366頁、山田・前掲論文注7）63頁など参照。
　　なお、山田文「弁護士調停（Lawyer-Mediator）の可能性」第二東京弁護士会編・弁護士会仲裁の現状と展望24頁（判例タイムズ社、1997）は、弁護士による調停による紛争解決の質を論じる文脈において、「ADRは何に「代替」するのか」という問題を提起し（36頁）、裁判の代替と考える従来の議論よりも、むしろ「交渉過程の代替（暗礁に乗り上げた交渉の再航行）とみるモデル」を採用した方が、独自の質をもった紛争解決手続をもたらし得ると論じるが（37-40頁）、これは、個々の手続の自己規定のしかたの問題であり、ADR概念自体の問題とは次元を異にするとみられる。この点につき、山田・前掲論文注7）72頁も参照。
10) 紛争概念に関する諸定義については、たとえば、六本佳平・法社会学96-99頁、106頁（有斐閣、1986）参照。そこでは、当事者相互間のはたらきかけの存在や、正しさの主張といった要素の有無を指標として、「対立」、「あらそい」、「競争」、「紛争」、「争論」といった概念が区別されている。こうした分析概念は、紛争という現象を理解する一つの手がかりとなるものではあるが、そこから、ADRにおいて想定されるべき「紛争」とは何を意味するかが、ただちに明らかになるわけではない。

第三者の介在しない相対交渉による合意形成や，代理人的な立場の者が交渉に関与するにとどまる場合，あるいは，当事者から独立した立場の第三者が単に一方当事者からの相談に応対するにとどまる場合などが ADR に含まれるかどうかが，決まってくることになろう。

このように，ADR の概念は極めて多義的であるため，議論の混乱を避けるためには，ADR の概念自体を明確にしておくことが本来望ましいようにみえる。もっとも，そのためには，ADR について何を論じようとするのか，何のためにこの概念を定義するのかを明らかにしておく必要があり，そのことなしには，適切な定義を示すことは困難である。また，本稿における筆者の問題関心は，前述のように，ADR の促進が法的にどのような意味をもつのか，それはどのような問題をはらむのかを明らかにし，整理することにあり，ADR 概念に一定の効果を結びつけたうえである手続ないし解決結果がこれに該当するか否かを問題にするといった点にはないから[11]，検討対象は広く設定しておくことが望ましいと思われる。もっとも，筆者の元来の関心は民事訴訟手続のあり方という点にあるため，本稿においても，検討の主たる対象としては，さしあたり民事訴訟に代替するものとしての ADR が想定される[12]。したがって，「紛争」としては，主として民事上の紛争として構成できるものを，「解決」としては，何らかの合意または合意によって基礎付けられる裁定を想定し，そうした解決に向けられた過程を含めて問題にすることになる。また，純粋な相対交渉を除外するわけではないが，検討の中心としては，第三者が介在する場合が想定される。なお，本稿で取り扱う問題は，基本的には仲裁にもその射程が及ぶものであり，以下でも必要に応じて仲裁について言及するが，検討の主たる対象は仲裁以外の ADR となる[13]。

---

11) 後者のようないわば実用的な ADR 概念の設定は，むしろ，たとえば本稿の試みようとするような作業を前提として，はじめて可能になるものであろう。

12) このように言った場合，そこで代替される「民事訴訟」とは何を意味するのかが，直ちに問われることになる。ここではさしあたり，実定法上の制度としての判決手続を想定することになるが，たとえば，和解と判決との関係についてのいわゆる第三の波の議論からも分かるように（井上治典「民事訴訟の役割」民事手続論22-23頁（有斐閣，1993，初出1991），同「弁論の条件」同書92-93頁（初出1991），水谷暢「争点整理――和解的弁論・和解的判決」交渉と研究会編・裁判内交渉の論理90頁（商事法務研究会，1993）などを参照），そうした手続が理論上どのような属性を持つべきものとされるかは，検討の余地の残された問題である。

(4) 検討の進め方

　国による ADR の促進ということを考える場合，一方で，はたしてそもそも国が ADR を促進する必要があるのか，あるとしてそれは何のためであるのかということが，問題になるところであろう[14]。しかし他方で，ADR 促進の目的を問うことの意味自体，「促進」の内容としてどのようなものを想定するかによって，変わってくるようにも思われる。

　そこで以下では第１に，国による ADR 促進のあり方について概観し（§２），第２に，ADR 促進の目的について，関連する従来の議論を手がかりとして検討し，問題点を整理することにより（§３），国による ADR 促進とその限界を考えるうえでの若干の基本的な視点を得ることとしたい（§４）。

2　国による ADR の促進のあり方

(1)　国による ADR 関与の諸段階

　国による ADR 促進といってもその態様は様々であり得，理念的には，国の関与の仕方の程度によって，いくつかの段階を区別することができると考えられる[15]。そこで以下では，まずそうした諸段階について概観した上で，あり得る促進の態様についてより具体的に分析することにしたい。

　国による ADR への関与を考える場合，概括的なものではあるが，次の4つの段階を考えることができるように思われる[16]。

---

13)　仲裁については，すでに実定法上他の ADR に比較して詳細な規定がおかれており，それに伴う解釈論上の議論の蓄積が存在するため，その本格的な検討はそれ自体独立して行う必要がある。その作業は今後の課題として，別稿を期することとしたい。

14)　畑瑞穂教授も，「そもそも，日本の現状において，国の政策として ADR のより一層の「拡充・活性化」を図ることが必要かどうか，という点自体も必ずしも自明ではない」と指摘する（畑瑞穂「ADR について」加藤新太郎編・前掲書注３）139頁）。

15)　仲裁に関してであるが，「事実としての仲裁」を観念し，その法による承認（「法認」）という視角から論じた文献として小山昇「仲裁の法理」著作集第６巻３頁以下（信山社，1991，初出1984）があり，以下の論述も，そこから示唆を受けた。もっとも，小山教授は，仲裁法認の意義は，「判決と同様の，確定力（訴訟法上の不可争性）と執行力とを認めることにある」とするが（同18頁），和解契約類似の拘束力の承認と，確定力および執行力の付与とは，区別して論じる必要があるように思われる。後者は，本文に述べる諸段階との関係では，第四の段階に属する事項ということになろう。

16)　なお，以下に述べる諸段階は，必ずしも実際の歴史上の発展を示そうとするものでは

まず第1に，ADR[17]は事実としては存在するが，国としてはそれについてまったく関知しないという段階が考えられる。この段階においては，ADRを経て何らかの紛争解決合意が成立しても，あるいは，仲裁の合意に基づいて何らかの裁定がなされたとしても，国は何らそれを承認することも，助力することもない，ということになる。これは，契約の拘束力すら国による承認・助力を受けないということを意味し，現在においてはこのような事態は想定し難いが，以下の段階のいわば出発点として，こうした状況を措定することには意味があろう。

　第2の段階としては，ADRを経て何らかの紛争解決合意が成立した場合には，国としても，和解契約その他の契約としてその効力を承認し，また，仲裁合意に基づいてなされた裁定についても，契約に基づく拘束力を承認する，という段階が考えられる[18]。そのような拘束力が承認されるということは，民事訴訟においてそうした契約等の存在が認められれば，強制執行制度を通じて，国がその内容の実現に助力するということを意味する。このことは，国による私的自治の承認ないし尊重，言い換えれば国家法としての私法の成立と，民事訴訟制度の成立とを前提とすることになろう。

　こうした形でADRによる解決結果を承認することは，ADR「促進」という方向での第一歩を意味するといえるが，合意の効力要件を国家法により規律し，一定の事情の下ではその効力を否定するという意味では，ADRの規制という面を含むこととなる。

　第3に，必ずしも次の第4と論理的な先後関係にあるというわけではないが，国が，民事訴訟制度に加えて各種の司法型または行政型のADRを自ら設営する，という段階が考えられる。

　　なく，あくまで理念的なものである。
　　日本のADRの発展史については，たとえば山田・前掲論文注7)76-79頁を参照。
17)　この段階においては，民事訴訟制度の存在は前提とならない。したがって，この段階内在的には，「ADR」という呼称自体意味をなさないことになるが，判決以外の紛争解決方式という意味で，ここでもADRとしておく。
18)　第2の段階として，観念的には別の方向を考えることもできるかもしれない。すなわち，国が，警察力その他の手段を駆使して各種紛争を処理するが（いわば，国によるADRの実施），それに対する私法上の評価が伴わないで，処理はあくまで事実上のものにとどまるという段階である。あるいは，歴史上はこうした段階の方がむしろ想定しやすいのかもしれない。

第4に，国が，第2の段階でみた効力付与を超えて，ADRについて様々な支援策を実施し，あるいは，それに伴う形で規制を及ぼすという段階が考えられる。

　現在の日本は，ADRにおける解決結果を承認することはもちろん，各種の司法型・行政型ADRを整備してその利用を促し[19]，また，一定のADRの解決結果については，合意の拘束力を超えた特別の効力を与えており[20]，第四の段階に位置するといえる。今般のADR拡充・活性化をめぐる議論においては，この段階において，ADRに対するさらなる支援策を国が提供することの当否，またそのあり方が問題になっているということができよう。

（2） 国によるADR促進の具体的態様

　1に述べた第4の段階において，どのような促進の態様が考えられるかについては，司法制度改革審議会意見書においてある程度具体的な整理がなされており[21]，それを前提とした議論も始められているところである[22]。促進の態様についてより具体的なイメージを把握するために，従来の議論を踏まえて，正当化困難と考えられるものも含めて列挙すれば，たとえば次のようなものが考えられる。

　① ADRを法律上認知することによる正統化機能の付与[23]

---

19) たとえば，民事調停や家事調停における出頭義務（民調34条，家審27条），人事事件における調停前置（家審18条）といった規律が，その典型といえる。
20) たとえば，民訴267条，民調16条，家審21条，公催仲裁800条・802条など。
21) 意見書Ⅱ第1・8。
22) 多数の文献があるが，以下の叙述との関係では，とりわけ，山本和彦「ADR基本法に関する一試論――ADRの紛争解決機能の強化に向けて」ジュリ1207号27－34頁（2001），畑・前掲論文注14）140－145頁を参照した。以下の諸方策の問題点についても，両論文に詳しい。

　なお，意見書に対する批判的な検討としては，萩原金美教授の一連の論考がある。萩原金美「司法制度改革と法律扶助の課題」法の支配と司法制度改革132頁，138頁注6，注7（商事法務，2002，初出2001），同「ADRと「司法制度改革審議会意見書」」同書141－144頁（初出2002），同「司法制度改革の課題と行方」同書58－59頁。
23) ADR利用を選択して不利な結果に終わった場合に，企業担当者や弁護士が訴訟によらなかったことの責任追及を受けるおそれがあることに由来するADR利用に対する萎縮効果を，ADRを法律上認知することによって減殺することが期待できるとされ，山本・前掲論文注22）27頁は，この点が基本法の目的として重要であるとする。

② 裁判所や関係省庁を含めたADR関係諸機関相互の連絡体制の整備
③ 利用者に対する情報提供手段の充実
④ ADR担当者に対する研修等の充実
⑤ 弁護士法72条の見直しによる非法曹人材のADRにおける活用
⑥ ADR手続に関する一定のデフォルト・ルールの制定[24]
⑦ 法律扶助の対象化
⑧ ADR利用申立てに対する時効中断効ないし停止効の付与
⑨ ADR利用申立てに対する民事保全法上の起訴命令履行の効果の付与
⑩ ADRにおける解決合意に対する執行力の付与ないし執行力付与手続の簡易化
⑪ ADR手続主宰者による保全措置への効力付与
⑫ 証拠調べなど訴訟手続の一部のADR手続への提供
⑬ 不出頭に対する制裁制度などの整備
⑭ ADR手続資料の事後的利用の制限,手続主宰者に対する守秘義務の設定
⑮ 裁判手続からADR手続への事件回付の制度化
⑯ 裁判手続に対するADR手続の前置
⑰ 一定事件類型における裁判的救済の否定を伴うADR利用の指示

以上のように多岐にわたる促進のための方策を一定の視点から整理することは困難であるが,あえて分類を試みれば,(イ)情報提供,人材育成など,ADR活発化のための基盤を整備するもの(①,②,③,④,⑤,⑥),(ロ)ADRの利用に関連して,従来にない法的効果等を付与し,機能強化を図るもの(⑦,⑧,⑨,⑩,⑪,⑫,⑬,⑭),(ハ)一定の要件の下で,国が当事者に対してADRの

---

[24] デフォルト・ルールの内容としては,たとえば調停の場合,UNCITRAL国際商事調停モデル法(UNCITRAL Model Law on International Commercial Conciliation)にみられるように,調停人の数(同5条),調停人と当事者との面接方法についての規律(同7条)などが想定できる。
　同モデル法については,猪股孝史「UNCITRALの国際商事調停に関する模範法(1)(2)(3・完)」JCAジャーナル49巻11号2頁,12号15頁(2002),50巻1号48頁(2003),三木浩一「UNCITRAL国際商事調停モデル法の解説(1)(2)(3)(4)(5)」NBL 754号37頁,755号47頁,756号53頁,758号57頁,760号55頁(2003)参照。

利用を直接指示するもの（⑮, ⑯, ⑰）といった分類が可能だと思われる[25]。

以上のいずれの方策においても，対象とする ADR の限定・選別の問題が生じることになるが[26]，とりわけ，ADR の利用に関連して具体的な法的効果を付与しようとするロの諸方策においては，その要件設定の内容として，この問題は重大な意味をもつこととなろう[27]。こうした対象 ADR の限定・選別は，その基準に合致しない ADR に対する法的効果等の付与を否定するという形で，ADR に対する規制という側面を伴うことになる。

3 国による ADR 促進の目的

国による ADR 促進のあり方が，2(1)および(2)に述べたように整理できるとして，次に問題となるのは，そうした形での ADR の促進が果たして必要であるのか，必要であるとすれば，それは何のためであるのか，という点である。

ところで，2(1)で述べた第二段階における国の関与は，ADR を経て成立した合意等に法的な効力を承認するという点で，国による ADR 促進の面を有するといえるが，その根拠が私的自治の原則に求められること，すなわち，国が一定範囲の事項について当事者の自治を承認し，私的な処分に対して法的効果を承認していることに由来することについては，さしあたり異論は少ないと思われる[28]。

---

[25] なお，畑・前掲論文注14)145頁注17は，法整備の態様について，①二当事者間の契約ないし交渉一般と共通する問題，②契約ないし交渉に第三者が関与することに関わる問題，③紛争処理の過程であることに関わる法的効力の付与等の問題とに分けることができ，それぞれについて私法，行政法，刑事法の側面から考えることができるとする。

[26] 山本・前掲論文注22)33-34頁，畑・前掲論文注14)144頁。

[27] これに対して，イに分類した諸方策に関しては，この問題はそれほど深刻なものではないといえるかもしれない。もっとも，これらの方策においても，技術的に対象とする ADR を限定することは考えられよう。

　なお，イに分類した⑤についても，対象とする ADR の選別が問題となり得るが，既存の法規制の免除の問題であるという点で，他の場合とはやや局面を異にする。

[28] 山田・前掲論文注7)64-66頁参照。もっとも，山田助教授は，「当事者が個人としての紛争処理能力を発揮し，私的自治が実現されるように……，ADR の整備を積極的に進めることこそが，リベラルな市民社会の成熟に必要」だとしており（同65頁），ここで「積極的に進める」主体が国であるのだとすれば，本文に示した理解とはニュアンスが異

したがって問題は，さらに進んで，前述の第三段階ないし第四段階に属する促進措置を国が講じるとすれば，その目的は何であるのか，ということになる。
　ADR 推進の目的に関しては，すでに ADR「目的論」といった形で一定の議論が存在する。そこで，国による ADR 促進の目的を考えるにあたって，まずそれらの議論に一瞥を加えておくことにする。

（1） ADR「目的論」の三分類

　山田文助教授の整理によれば，ADR の目的論としては，①「司法効率化説」，②「政策的救済説」，③「質的優位説」の 3 つの考え方を挙げることができるとされる[29]。

　この分類によれば，①の司法効率化説は，紛争を，本来裁判所の扱うべき（重要な）事件とそれ以外の手続で処理されるべき（軽微な）事件とに分類し，後者を ADR に流すことにより，裁判所の事件負担を軽減し，司法運営の効率化を図るべきだとする見解，②の政策的救済説は，権利の現実的利益としての具体化を重視し，費用と時間のかかる訴訟手続に代わる廉価・迅速な救済手段として ADR を提供しようとする見解，③の質的優位説は，裁判による紛争解決の質的限界を批判し，ADR はコミュニティの価値の実現や当事者の紛争解

なるということになろう。
　なお，廣田尚久弁護士も，ADR との関係で私的自治の意義を強調するが（廣田尚久「紛争解決手段としての ADR ——訴訟との比較を通じて」ジュリ 1207 号 20–22 頁 (2001)），そこでは，「「法の支配」は，「法」を他者から与えられたり，適用されたりするよりも，「法」を自己の中に取り込んで，自ら適用する方が徹底する」，「「私的自治」は，「「法」を自己の中に取り込んで，自ら適用する作業に他ならないから，「私的自治」が確立すればするほど，「法の支配」が浸透し，徹底することになる」とされており（同 22 頁），法の支配の理解，私的自治の理解ともに，やや独特のもののようである。

[29] 山田・前掲論文注 7) 69–72 頁。
　これら 3 つの視点は，もともと，ADR 推進を求める勢力を，①法曹エリート保守派，②正義へのアクセス推進派，③紛争解決のクォリティ促進派に分類するアメリカの議論を出発点として，山田助教授によって再構成されたものである（山田文「裁判外紛争解決制度における手続法的配慮の研究（1）——アメリカ合衆国の制度を中心として——」東北大学法学 58 巻 1 号 58–63 頁 (1994)）。山田助教授は，人的側面に着目したこの分類を，まず，それぞれの主張内容に着目して ADR 運動の「モティーフ」として整理しなおした上で（同 59–63 頁），同・前掲論文注 9) 24 頁において，「ADR の目的論」という形で定式化している。
　以下の本文における要約は，これらの論文，とりわけ前掲論文注 7) および上記「裁判外紛争解決制度における手続法的配慮の研究（1）」の該当箇所に依拠した。

決能力の再生といった独自のメリットをもつことを積極的に主張する見解であるとされる。

また，必ずしも「目的論」という形で提示されたものではないが，和田仁孝教授による，①「裁判連携的肯定論1──ケースロードの軽減」，②「裁判連携的肯定論2──アクセス拡充」，③「コミュニティ志向型肯定論」という分類[30]，あるいは，田中成明教授による，①「司法運営の効率化の一環としてADRの積極的活用・拡充を説く戦略」，②「正義へのアクセス拡充，特に社会経済的弱者の法的権利の司法システムによる実効的救済の一手段としてADRを重視する戦略」，③「ADRによる紛争解決の質の向上を目指す戦略」といった分類も[31]，山田助教授による分類と類似の視点に立つものということができよう[32]。

こうした3つの立場は，本来必ずしも国によるADR促進という観点から提示ないし整理されたものではないし[33]，また元来単に並列的な関係にあるものでもないともされるが[34]，国によるADR促進の目的を考える手がかりにはなるものと思われる。

まず①の立場は，裁判所が本来果たすべき機能が過大な事件負担によって阻害されており，かつ，訴訟制度本体のこれ以上の拡充は国家財政上の理由などから困難であるという現状認識を前提として，事件負担軽減によって，そうした機能が十全に果たされるようになることが望ましい，という考え方を基礎にするものだといえるが[35]，この立場には，さらに次の2つのヴァージョンが

---

30) 和田仁孝・民事紛争処理論130-134頁（信山社，1994）。
31) 田中成明・現代社会と裁判──民事訴訟の位置と役割125-129頁（弘文堂，1996）。
32) なお，山本克己「手続ルールの検討」小島武司＝伊藤眞編・裁判外紛争処理法62-64頁も，ADRが注目されるようになった背景として類似の分類を示すが，そこでは第三の立場が，実体面での柔軟化に着目するものと，当事者の自己決定ないし自律性の回復を重視するものとの二つに分けられている。
33) たとえば，「目的論」という用語を明示的に用いる山田助教授も，これらの観点を必ずしも国によるADR促進の目的として位置付けているわけではなく，むしろ各ADR機関・手続が自己の設置目的として採用すべき理念として捉えているようにも見える。
　「ADRの目的論としていずれが最適かという議論は，そもそも紛争処理方法と正義の多様性・多元性を認めようとするADR制度論としてはかならずしも生産的ではない」との叙述も，そうした理解を前提とするものとみられる。山田・前掲論文注7）72-73頁参照。
34) 山田・前掲論文注9）24頁。

含まれ得る[36]。まず第1のものは，すでに述べたように，紛争を，本来裁判所の扱うべき（重要な）事件とそれ以外の手続で処理されるべき（軽微な）事件とに分類し，後者をADRに流すべきであるとする見解である（①-ⅰ）。この見解は，民事訴訟制度の機能に対する積極的な評価を前提としつつ，他方で同時に，裁判所の事件負担軽減の反射としてADRにおいて処理されることになる紛争については，それらの紛争の処理は民事訴訟制度に期待される機能には含まれず，本来ADRにおける処理の方が望ましい，との評価を含意することになる。この後者の点については，すでに，紛争類型とその解決手続との間にアプリオリに対応関係を設定することは，硬直的にすぎるといった批判がなされているところである[37]。もっとも，この立場には，より緩和された第2のヴァージョンとして，訴訟手続を利用するかADRを利用するかは当事者に

---

[35]　もっとも，ここで民事訴訟制度の機能として期待されるのが何であるかによって，そのニュアンスは異なり得る。ここでは，ADRの機能と民事訴訟制度の機能とが別個のものと観念されている以上，後者の機能が単なる紛争解決に解消されないことは明らかであるが，個別事件を超えた公共財としての判例形成機能を重視するのか，それともむしろ当該事件の当事者の権利保護を重視するのかなどが，なお問題となり得る。いずれを前提とするかによって，裁判所による処理が期待される事件類型も異なってくることとなろう。民事訴訟の目的論にも関わる問題である。

　　必ずしも上記の意味における権利保護との対立関係を前提とするものではないが，判例形成機能を重視するものとして，長谷部由起子「訴訟に要する費用の調達」変革の中の民事裁判54-56頁，57（東京大学出版会，1998，初出1991），山本和彦「紛争処理の迅速化と費用の適正化」ジュリ1170号112頁（2000）がある。

　　なお，ADRが訴訟に比肩し得るような法形成機能を有するかという問題については，たとえば，山田・前掲論文注29）（2）58巻2号322頁，同（3）5号883-884頁，長谷部由起子「法律扶助とADR再論」財団法人法律扶助協会50周年記念誌編集委員会・日本の法律扶助──50年の歴史と課題499頁注6（法律扶助協会，2002）に議論がある。

[36]　なお，紛争解決システムの法的正統性確保の要請を根拠として裁判手続の役割を法的基準の確定に求めつつ，そうした裁判手続の機能が拡散することを防ぐために裁判外手続との連携が必要になるとする守屋明教授の議論は（守屋明「裁判外紛争解決手続」岩波講座現代の法5・324-326頁（岩波書店，1997）），ある意味でADRを裁判所の負担軽減という文脈において把握するものといえる。しかしそこでは，裁判所のもつ機能の固有性の維持が目指されてはいるものの，裁判所による処理の対象となる事件の限定が目指されているわけではなく，むしろ，法的問題以外の要因を含む紛争についても，法的問題に関する限り裁判所は当事者の期待に応えるべきであるとされており（同326頁），その点で，本文に述べる二つのヴァージョンのいずれとも異なっているといえる。

[37]　橋本聡「紛争処理の柔軟化と多様化（1）」民商105巻3号373頁（1991），山田・前掲論文注29）（1）58巻1号59-60頁。

委ねつつ，ADR 利用が盛んになることによって，結果として事件負担が軽減されればよいとの考え方を想定することもできる（①-ⅱ）[38]。この立場に対しては，上記の批判はただちには当てはまらないことになろう[39]。そうだとすれば，同じく事件負担軽減というメリットに着目するとしても，右のうちいずれの立場をとるかにより，その問題性は異なることとなる[40]。そして，この問題は結局，①の考え方を前提とした場合に，国による ADR 促進の内容として，どのようなものが想定されるのか，また，どのようなものが許容されるのか，という問題に帰着することになろう。

②の立場は，ADR においては，訴訟におけるよりも迅速廉価に，あるいは利用者のニーズに即した形で紛争解決が行われ得る，という認識を前提として，国として ADR の活性化を図ることによって，紛争解決へのアクセスの充実を

---

[38] たとえば石川教授は，国民の裁判を受ける権利との緊張関係を念頭におきつつ，なお，「現実問題として ADR を設けることにより国民が一定の事件について ADR のメリットを評価して紛争の解決をこれに委ねるとするならば，それは国家が紛争解決につき課される財政的負担を軽減することになるということも確か」である，と指摘する（石川明「わが国における裁判代替的紛争解決制度（ADR）」前掲注5）4頁（初出1996））。石川教授は同箇所において「訴訟による解決に適しないタイプの紛争」の存在も示唆しているので，いずれの立場に立つのかは明瞭でないが，右の指摘自体は，本文に示した第2のヴァージョンを志向するもののように理解できる。

　また，裁判所の判例形成機能を重視しながら，「訴訟は自ら解決すべき紛争を実効的に解決しながら，その他のもの（特に集団的定型的紛争）は大胆に ADR に委ねていく体制（「良き二割司法」）を目指す」という発想が考えられてよい，とする山本和彦教授の見解も（同・前掲論文注35）112頁），基本的にはこの立場に分類することができよう。実際，同「日本における ADR の現状と課題」JCA ジャーナル49巻9号13頁（2002）は，「あくまで裁判による選択肢が常に残り，利用者の自由選択性が担保されていることが ADR 発展の大前提となる」とする。

[39] 山田・前掲論文注29）（1）58巻1号60頁は，①の立場に対して加えられる制度側の利益の偏重という批判に対して，「振分け基準が合理的で当事者の解決手続ニーズを反映しうる構造をもち……，かつ個別的な ADR の正当性（当事者の真の合意による規律可能性）を評価しうる限りで，ADR への水路づけを提案することは当事者に手続的オプションと選択の契機を提供することになるから，問題性は小さい」し，当事者が合理的に ADR を選択することが制度側の利害関心と一致する場合もある，と指摘するが，これも，①の立場には本文に示した第2のヴァージョンもあり得ることから，上記のような批判が常に当てはまるわけではないということを示すものといえる。

[40] もっとも，いずれのヴァージョンに対しても，ADR による裁判所の負担軽減効果は実証されていない，むしろ潜在的紛争を掘り起こすという効果の方が大きい，といった批判は妥当し得る。和田・前掲書注30）131頁参照。

目指すものだといえる。利用者に対する選択肢の付与を重視する点においては，①-ⅱと共通点を有する。

　この立場は，典型的には，「正義への」アクセス，権利の実現手段の拡充といった要素と結び付けられることが多い（②-ⅰ）。その場合には，ADRにおいても何らかの意味での正義実現ないし権利の保護が図られることが前提とされ，社会における「正義の総量」の最大化などが説かれることになる[41]。この見解においては，ADRにおける正義の実現ないし権利の保護がどのような意味で可能だと考えるのかが問題となるが，判決において適用される規範がADRに波及することによって正義の実現が可能になると理解される場合には，裁判へのアクセスの現実的保障がその不可欠の前提として要請されることになる（②-ⅰ-a）[42]。他方，判決によって実現されるべき正義と他の手続によって実現されるべき正義とが異質のものであるという前提に立てば[43]，後者との関係では，裁判へのアクセスは必ずしも要請されないということになろう（②-ⅰ-b）。

　これに対して，こうした要素をさほど強調せず，紛争解決に対する多様なニーズの存在を前提として，利用者の選択肢の増大を目指す考え方も[44]，広

---

[41]　こうした方向を示す代表的な議論として，小島武司教授の一連の論考をあげることができる。たとえば，同「紛争処理制度の全体構造」新堂幸司編集代表・講座民事訴訟355頁（弘文堂，1984）参照。

[42]　小島・前掲論文注40）369－371頁参照。

[43]　②の立場に分類されるアメリカの議論には，「裁判所に本来属すべき事件」と，行政的な専門裁判所等によって実効化されるべき「権利」とを截然と区別し，後者においては，前者とは異なるレベルの正義が問題になると理解する見解があることについて，山田・前掲論文注29）（1）58巻1号61頁参照。

　なお，山田助教授は別の論考において，「正義の一元性」を前提とした（静的な）正義の総量増大モデルによってADRを把握する見方を批判し，「一定の法原理を基礎としつつより柔軟に個別的状況に応接する機能的判断の集大成としての動的正義」を加味した「正義の多元化」を図る必要があり，ADRはそうした動的正義を生み出すという独自の意義をもつとしている（山田文「ADRの可能性──正義の多元化・豊穣化の契機として」司法改革7号26頁（2000））。しかし，ここで言われている「動的正義」がどのような機能を有するものであるのか，とりわけ，当事者の裁判利用可能性を制約することを正当化する機能をもつものとして想定されているのかどうかは，必ずしも明らかでない。「当事者中心アプローチ」を強調し，紛争過程は原則的に当事者が自律的に処分すべきであるとする同助教授の基本的立場からすると（同・前掲論文注29）（2）58巻2号320－321頁参照），そのような機能は想定されていないようにも思われる。

[44]　たとえば山本和彦教授は，「当事者が紛争解決の選択権を有するとすれば，ADRの充

い意味ではこの立場の一変種と位置づけることが可能と思われる（②-ⅱ）。もっとも，この立場と①-ⅱの考え方とは，結局着目する視点を異にするにすぎず，両立し得る立場だということになる[45]。

以上に対して，③の立場は元来多様であり得る。単に訴訟に対する質的優位という面では，第1に，①，②で重視される迅速・廉価以外のADRのメリット，すなわちその解決内容面，手続面での柔軟性に由来するメリット[46]を重視する立場も含まれ得る（③-ⅰ）。加えて，よりラディカルな立場として，第2に，たとえば，コミュニティの価値を志向する立場や，従来の権利概念そのものを疑問視し，「メンバーの平等が確保されたインフォーマルなフォーラム」における議論による問題解決を期待する立場なども含まれるとされる（③-ⅱ）[47]。このうち③-ⅰの立場は，結局②-ⅱの考え方と同一の立場に帰着することになると思われるが，③-ⅱの立場は，従来の訴訟制度そのものに対する否定的な評価に立脚しており，その立場を徹底すれば，裁判へのアクセスというものは無用であるか，あるいは有害ですらあるということになろう[48]。

以上の分析によれば，ADRの利用によって期待されるメリットとしては，

　実は利用者の選択権・選択肢を拡大する意味をもつ」し，「民事裁判とADRとの間でいわゆる制度間競争が成立すれば，それは裁判・ADR両者の質の向上に資する可能性があ」るとして，「大前提として，紛争解決における多様性の尊重という観点からは，ADRの整備はアプリオリに望ましい方向である」とする（山本和彦「裁判外紛争処理制度（ADR）」法律のひろば53巻9号21頁（2000）。また，同「裁判外紛争解決手段（ADR）の拡充・活性化に向けて」NBL706号6頁（2001）も参照）。もっとも，同・前掲論文注38）13頁には，ADRは，「ひいては社会全体の正義の総量を増大させる」との指摘も見られる。

45) その意味で，前述注38)および注44)に引用した山本和彦教授の見解も，一貫性をもつものと評することができる。
46) 守屋教授の分類を借りれば，「近代主義的裁判手続に論理的に付随する諸制約を補う」（傍点引用者）メリットということになろう（守屋明「紛争処理論からみたADRの機能的統合の可能性」JCAジャーナル49巻10号37頁（2002）参照）。
47) 山田・前掲論文注29）（1）58巻1号62-63頁。
48) そもそもこうした立場については，個々のADR手続の設置・運営目的としてはともかく，国によるADR促進の目的として想定し得るものであるかどうか自体が疑わしいともいえる。
　実際，現在では穏健化の傾向もあるとはいえ，コミュニティの価値などを志向するアメリカのADR機関は，資金援助を拒絶するなど元来国からの独立性を重視していたことについては，たとえば山田・前掲論文注29）（3）58巻3号899頁，同・前掲論文注7）72頁参照。

いくつかのものがあるが，それらは必ずしも相互に排他的なものではないこと，むしろ実質的な対立点は，利用者による選択，とりわけ訴訟を利用するという選択の可能性をどのように評価するかという点にあることが分かる[49]。他方，いずれのメリットを強調する場合でも，それらが必ずしも相互に排他的な関係にない以上，ADR 促進のために想定される措置の内容は多かれ少なかれ重なり合うことが推測される。したがって，これら 3 つの立場のうちどれが目的論として適切か，あるいは，国による ADR 促進の目的として 3 つのうちどれを採用することが適切かという形で議論をすることは，困難でもあり，またそれほど意味があるわけでもないということになりそうである。そうだとすれば，むしろ逆に，国による ADR の促進を制約するもの，言い換えれば限界づけるものがあるのか，あるとすればそれは何か，について検討した上で，そうした制約原理にもかかわらず一定の態様における ADR 促進を行うとすれば，それは何によって正当化されるのか，という形で問題を設定する方が，適当であると考えられる[50]。

（2） ADR 促進の制約原理

そこで次に，以上の議論を踏まえながら，ADR 促進の制約原理としてどのようなものを想定できるかについてみていくことにしたい。

(a) 私 的 自 治

2 (1)で述べた第二段階における国の ADR に対する関与は，前述したように私的自治原則にその根拠が求められるものであるが[51]，私的自治は，ADR

---

[49] 高橋裕助教授は，山田助教授などの分類とはやや別の角度から，ADR に対する態度を，①「リーガリスト的対応」，②「テクノクラット的対応」，③「共同体的対応」の 3 つに分類するが（高橋・前掲論文注 8) 395 - 396 頁），本文の問題は，このうち①のリーガリスト的対応をとるかどうかという問題に対応するものといえる。

[50] したがって，ここでの制約原理の機能として想定されるのは，ある ADR の促進策が，制約原理とされるある要請に抵触する場合には，にもかかわらずそうした促進策を採用することについて，何らかの正当化根拠を示す必要がある，という点である。言い換えれば，制約原理に抵触する促進策が，当然に不可能だとまでされるわけではない。

[51] これは，山本敬三教授の表現に従えば，契約自由の積極的側面の承認ということになろう。

なお，私的自治の原則に関する現段階における筆者の理解は，山本敬三教授の理解に一致する点がある（同教授の私的自治理解については，同「現代社会におけるリベラリズムと私的自治（1）（2・完）」京都大学法学論叢 133 巻 4 号 1 頁，5 号 1 頁（1993）お

促進に対する制約の原理としても機能し得るものであると考えられる。

すなわち，こうした私的自治原則から出発する限りにおいては，国は，紛争当事者が相対交渉または ADR を通じて自治的な解決をするか，あるいは訴訟制度を通じた権利実現を求めるか，どちらを選択するかという問題については，中立的な立場にあると考えられる。なぜなら，私的自治原則の一般的な理解を前提とする限り，国は当事者の合意を尊重しなければならないということは導かれるが，当事者は合意によって紛争を解決すべきである，ということまでは導かれないと考えられるからである[52]。このことを言い換えれば，私的自治原則の承認の裏面として，当事者は，その紛争を合意によって解決しない自由ないし利益を有しているということができそうである。そこで，前述の第三段階ないし第四段階に属する促進措置を国が講じる場合，少なくとも抽象的にはこうした当事者の自由ないし利益との緊張関係が問題となり得る。

さらに子細に見れば，こうした当事者の自由ないし利益の発現の形態としては，二つの形態が考えられる。すなわち，第 1 の形態は，当該紛争を解決せず，放置する自由ないし利益という形態であり，第 2 の形態は，当該紛争について，訴訟制度を利用して自己の権利の実現を求める自由ないし利益という形態である。そこで，こうした当事者の自由ないし利益が，国による ADR 促進を制約

　よび同・公序良俗法の再構成，とくに第一部第一章（有斐閣，2000，初出1995）を参照）。とりわけ，私的自治の原則を，国家と私人との間の一定の関係のあり方を含意したものと理解する点で，筆者の理解は，私的自治を憲法上の自由であるとし，「国家は原則としてそれを侵害してはならない」とする同教授の見解（同・前掲書35頁）に親和的であるように思われる。

　ただし，同教授の見解を徹底すると，私法上の請求権とは私人の国に対する基本権保護請求権であり，他方私法上の義務とは国が私人に対して他の私人に一定の給付をするよう命令することだということに帰着し，私法はそうした私人と国家との間の保護・義務賦課のルールを定める体系であって，「私人間の」権利義務とは実はまったく仮象の存在にすぎないということになるように思われる。それは，私法を主権国家の国家法として純化する一つの理解であると思われるが，その意味については，なお検討の余地があるように思われる。また，憲法13条によって「自分の生活空間を主体的に形成する自由」が保障されるとして，それをただちに私的自治の原則と等置してよいか，あるいは，契約の履行請求権の裁判上の実現可能性をどのように位置づけるかといった問題についても，なお検討の余地があるように思われる。とはいえ，山本敬三教授の見解の検証を含めた私的自治に関する全面的な再検討は，他日に委ねざるを得ない。

[52]　この点に関する筆者の理解については，垣内秀介「裁判官による和解勧試の法的規律（1）」法協117巻 6 号756頁（2000），同「裁判官による和解勧試の法的規律（研究報告）」民訴雑誌49号232–233頁（2003）も参照。

する根拠となるかどうかが問題となろう。

このうち，第1の形態は，民事訴訟制度においても，不告不理の原則という形で，処分権主義の一内容として認められているところであり，抽象的には制約根拠となり得るものであろう。第2の形態については，裁判を受ける権利の保障と表裏一体をなす問題であり，後に検討を加えることとする。

次に，同じく私的自治原則から，当事者がADRを利用して紛争を解決する場合，そのためにいかなる手続を行なうかについては，当事者の自由に委ねられるべきであるという帰結が導かれ得る。この点も，抽象的には国による関与の制約根拠となり得るところであろう[53]。

以上のように，私的自治の原則を承認する前提に立つ限り，上記の3つの形態において，私的自治の原則によるADR促進の制約ということが想定できると考えられる。

(b) 裁判を受ける権利の保障

次に，私的自治原則の第2の形態に関して示唆したとおり，裁判を受ける権利の保障という点が，国によるADR促進の制約原理として，問題となり得る[54]。

(i) 「目的論」の基本的対立点

すでに，ADR「目的論」に関して述べたように，そこでの3つの立場は種々の対立点を内包したものであるが，国によるADR促進の目的という観点からみた場合には，議論の基本的な対立点は，利用者による訴訟の選択を価値的にどのように評価するかという点にあると考えられる。すなわち，前記の①の立場と②の立場は，基本的に訴訟による紛争解決の価値を肯定的に捉えており，とくに①-ⅱ，②-ⅰ-a，②-ⅱは，利用者による訴訟の選択の可能性は，基本的に開かれているべきだと考えているものといえる。この点は，③-ⅰも同様である。これに対して，その他の立場は，一定類型の事件について訴

---

[53] なお，目的論③に関して言及した，自覚的に国家法・国による財政支援から距離を置こうとするADR機関に対して（注48参照），国としてどのような態度をとるかという問題が考えられるが，これは，利用当事者というよりもADR主催者の側の自治の問題だということになろう。

[54] なお，近年の民事訴訟法学における裁判を受ける権利の理解や，ドイツにおけるいわゆる司法付与請求権（Justizgewährungsanspruch）に関しては，たとえば，坂田宏・民事訴訟における処分権主義20-24頁（有斐閣，2001）参照。

訟利用の可能性の後退を容認し（①-ⅰ, ②-ⅰ-ｂ），あるいは，より一般的に，ADR の訴訟に対する質的優位性を根拠として，訴訟制度の利用可能性を相対化する方向を示すことになる（③-ⅱ）。

　前者のように，訴訟制度利用の可能性が確保されているべきだという立場に立つ限り，ADR が促進される場合でも，国は ADR と並んで，訴訟制度の整備・改善に努め，国民の裁判を受ける権利を可及的に保障すべきである，裁判を受ける権利を害するような形で ADR 促進を行うことは，原則として許されない[55]，ということになりそうである。その意味で，この立場からは，裁判を受ける権利の保障が，ADR 促進の制約原理として位置付けられるといえる。また，一定類型の事件についてそうした保障の後退を容認するようにみえる立場も，裁判を受ける権利の保障という要請自体を否認するものではなく，そうした要請の存在自体は認めた上で，他の政策上の考慮との衡量からその後退を容認していると理解することも可能である。これに対して，③-ⅱのように，そもそも訴訟制度自体に対して原理的に否定的な評価をする立場からは，裁判を受ける権利の保障といった関心は，少なくとも内在的には生じないことになろう。

　この点については，たとえば司法制度改革審議会意見書は，ADR 拡充の前提として「司法の中核たる裁判機能の充実に格別の努力を傾注すべきこと」を謳っており[56]，前者の立場を前提にしているものと理解できるし，民事訴訟法学者の議論も[57]，多くは前者の立場を前提にしているとみられる[58]。裁判

---

55) 長谷部由起子教授は，「伝統的なリーガリズムのもとでは，裁判であれば認められるはずの法的な権利が裁判外の手続において切り詰められることは，推奨されるべき事柄ではなかった」はずであると指摘する（長谷部由起子注35）「法律扶助と ADR 再論」497頁）。
56) 意見書Ⅱ第 1・8(1)。
57) もっとも，財界，政界，法律実務家など，他の方面からの議論は，必ずしも前者の立場に還元できないものを含むことについて，高橋・前掲論文注 8 ）397-398頁。
58) たとえば，萩原金美「スポーツ事故と裁判外の紛争解決とくに仲裁について」前掲書注21)189, 190頁（初出2001），山本・前掲注44)「裁判外紛争解決手段（ADR）の拡充・活性化に向けて」 6 頁，山田文「ADR 基本法（仮称）立法の意義」自由と正義53巻10号41頁（2002）などが民事裁判充実の必要性を強調するし，ADR 促進を「法の支配」と関連付ける議論も，基本的には，この立場を含意するものとみられる。萩原金美「調停（裁判所アネックス ADR）と司法改革」続・裁判法の考え方──司法改革を考える──141-142頁（判例タイムズ社，2000, 初出2000），小島武司「司法制度改革と ADR──

を受ける権利が憲法上の基本的人権の一つとして保障されている以上，個々のADR機関の設置・運営目的としてはともかく，国によるADR促進という局面においてその保障を考慮しなくてよいとするのは困難であり，(a)に述べた私的自治に反することにもなると思われる。したがって，少なくとも現行法秩序の下での議論としては前者の立場に立つことが穏当であるといえるが，こうした考え方に対しては，近時改めて原理的な批判もなされているところである。そこで次にそうした議論をみておくことにしたい。

(ii) 訴訟制度に対する懐疑的評価

訴訟制度の価値に対する近時の批判として注目されるものとしては，高橋裕助教授の議論を挙げることができる。

高橋裕助教授によれば，現在では専門的知識を要する紛争がきわめて多岐にわたるようになっているにもかかわらず，それに対する訴訟制度の対処は進んでいないが，このことは，「「近代法」が「訴訟―判決」という形式によってあらゆる問題・紛争を適切に処理し得る，という前提が，専門分化が急速に進む中，広範な領域において現に，かつ急速に崩れ去っている」ことを示しており，「近時のADR推進の動きというのは，そのような状況に，インフォーマリズムの導入によって対処しようとしているという側面を持つものと理解するべきで」ある，そこにおいてADRに期待されている最も重要な役割は，実は，「通常の訴訟手続においても判定が可能な法的権利義務関係を，紛争の少額性や専門性といった性質に応じつつ迅速・低廉に処理する」ということではなく，むしろ，「伝統的な訴訟手続を通じては裁判官の知識の不足のためにそもそも適切に事案の判断を行なうことができないような，さまざまな専門的知識・技術が関係する紛争について，紛争処理の場で専門性を調達できるような制度を創設する」ということである，とされる[59]。

さらに，鑑定制度の改善などによって専門的知識が関わる紛争も訴訟によって適切な処理ができるという反論については[60]，専門的知見が関連分野の専門家から提供されたとしても法律家はその的確性を原理的に判断できないので，

ADRの理念と改革の方向」ジュリ1207号10頁（2001）。意見書Ⅰ前文，同第1も参照。
[59] 高橋・前掲論文注8）403-405頁，同「現代社会におけるADRの役割（下）」JCAジャーナル47巻10号9-10頁（2000）。
[60] 高橋助教授よりも後に公表された文献であるが，長谷部・前掲注35）「法律扶助とADR再論」495頁がこの点を指摘する。

「法律家は非常に脆弱な基盤の上で法の解釈・適用を行っているということを実感せざるを得」ず,「法律家がそのことを意識してしまったならば,これはもはや制度的な手当てによって根本的解決を図りうる問題ではない」とし,この問題に対する根本的な対応としては,「法的コミュニケーションを含むさまざまな専門的コミュニケーションのあり方を見直すこと」が必要であり[61],また,「訴訟──判決によるルール形成・宣言の役割は,ADRでは果たし得ない訴訟固有の役割である」という議論に対しても,「現在の状況は,そもそも訴訟が専門的知見の関連する紛争の処理にあたって,ルール形成・宣言の前提となる適切な審理を行なう方法が存在するのかを疑問視させつつある」と指摘する[62]。

この見解は,とりわけ民事訴訟法学者に多くみられる「ADR導入・拡充は必要ではあるが,ADRが訴訟を全面的に代替し得ると考えるべきではなく,「法の支配」の理念に照らして,国民が最終的に訴訟を受ける権利は必ず保障されねばならない」といった見方は,「専門分化の進む現代社会において現実的基盤を失いつつあ」るとし,ADRの拡充・推進の根拠をこの点に求める点で[63],きわめて興味深いものである。しかし,これに対しては,なお次の疑問を指摘することが可能だと思われる。すなわち,専門性・技術性の高い紛争の訴訟における処理について困難があることは事実であるとしても,高橋助教授自身が認める通り,その問題は,ADRによれば解消が期待できるという性質のものではない[64]。そうだとすれば,そうした専門分化の状況は,選択肢としてのADRの拡充を根拠づけるものではあり得るとしても,訴訟の利用可能性を奪ってもよいという帰結を導くものではないと言わざるを得ない[65]。

---

[61] 高橋・前掲論文注59)10-11頁。
[62] 高橋・前掲論文注57)13頁注60。
[63] 高橋・前掲論文注57)10頁,同「ADR推進をどう考えるか」法の科学30号75-76頁(2001)。
[64] 「〈ある分野の専門家は,他分野の専門的知見については自律的に判断を下すことができない〉という状況は,ADRにおいても何ら変わるところがない」わけである(高橋・前掲論文注59)13頁注63。また,同・前掲論文注63)76頁も参照)。
[65] なお,和田仁孝「法化社会における自律型ADRの可能性」吉村徳重古稀・弁論と証拠調べの理論と実践135頁(法律文化社,2002)は,訴訟制度を含む近代法的価値を批判する側に立ちながらも,「近代法的価値の抑圧的側面を脱構築的に組み替えていく」という戦略が保障されることを前提として,「わが国の現状においては,司法の容量不足が大き

このように言えるとすれば，こうした批判にもかかわらず，なお裁判を受ける権利の保障を ADR 促進の制約原理として位置づけることは許されると考えられる。

(c) 「法の支配」

ADR 論議においては，ADR 拡充の必要性を述べる文脈において，法の支配の観念に言及される場合がある[66]。こうした文脈において言及される「法の支配」の意義は，必ずしも明確なものではないが，多くの場合，小島武司教授の説くように，「法的正義が社会の隅々まであまねくいきわたる」こと，あるいは，「正義の総量の増大」の最大限の達成，というほどの意味で用いられているようである[67]。

仮に，上記の文脈における「法の支配」がこのような意味に理解できるとして[68]，問題は，それが ADR とどのような関係にあるのかということである。

な問題を形成しており，この点で，司法の容量増大，法曹人口増という今次司法改革のハードウェア整備的な基本方向は必須である」とする。
66) たとえば，山本・前掲注44)「裁判外紛争処理制度（ADR）」17頁，小島武司・裁判外紛争処理と法の支配1-2頁（有斐閣，2000），同・前掲論文注58)10頁参照。
67) 小島・前掲書注66)1-2頁。
また，「この国におけるすべての面で，またこの国の隅々にまで法の支配を確立する」（萩原金美「法の支配・法曹人口・法科大学院──司法改革三話──」前掲書注58)2頁（初出2000）といった表現も，同様の趣旨を示すものとみられる（もっとも，萩原教授は，ここにおける法の支配は「通常の理解を前提としている」という。同6頁注6)）。
68) このような用法が「法の支配」に関する従来の理解と整合的なものであるのかという点は，それ自体一つの問題である。
すなわち，ここでの「法の支配」の理解は，たとえば，「専断的な国家権力の支配（人の支配）を排斥し，権力を法で拘束することによって，国民の権利・自由を擁護することを目的とする原理」（芦部信喜・憲法学Ⅰ・106頁（有斐閣，1992）），「政治権力が法に基づき法に従って行使されることを要求する原理」（高橋和之「司法の観念」樋口陽一編・講座憲法学第6巻14頁（日本評論社，1995））といった定義にみられるような，「人の支配」に対比される統治の原理としての「法の支配」とは異なり，むしろ，「すべての人が法を遵守し，法が社会秩序を支えているという法秩序の維持という面が強調され」た「法の支配」の「拡散した意味」（伊藤正己・裁判官と学者の間118頁（有斐閣，1993））に親和的であるようにもみえる。
他方で，意見書は，司法制度改革の課題として「法の精神，法の支配がこの国の血となり肉となる」ことをあげ，このことを「『この国』がよって立つべき，自由と公正を核とする法（秩序）が，あまねく国家，社会に浸透し，国民の日常生活において息づくようになる」ことと言い換えており（Ⅰ前文），また，「法の下ではいかなる者も平等・対等であるという法の支配の理念」に言及しているが（Ⅰ第2・1)，ADR との関係では，直接「法の支配」への言及はしていない。

すなわち，こうした意味における「法の支配」は，「目的論」に関して言及した②の立場に親和的であり，そこでは，典型的には，ADRにおける正義の実現は，裁判へのアクセスの現実的保障を前提とするものとされる（前述②―ⅰ―aの立場）。そうだとすれば，そこでいわれる「法の支配」は，実質的には裁判を受ける権利の保障と重なり合う部分が多いことになりそうである。そして，仮に，裁判を受ける権利が十全に保障されている状態においてはここにいう「法の支配」もまた実現されているといえるとすれば，両者は完全に重なり合うことになる。そうだとすれば，ここでの「法の支配」に独自の意義を認めることはできないということになろう。

　にもかかわらず，あえて両者の間にずれを見出すとすれば，それは次の点ということになるかもしれない。すなわち，裁判を受ける権利が十全に保障されている状態とは，言い換えれば，訴訟制度がきわめて迅速かつ廉価で利用しやすいという状態であると考えられるが，そうした場合であっても，社会のあり方として，裁判を利用したり法的基準を援用することに障害が多いため，法的に認められるべき権利が実現されにくいという状態を想定することはできる。その場合には，ここでいう「法の支配」が実現されているとは限らないということも可能である。言い換えれば，裁判を受ける権利の保障は，国の側での窓口の用意にとどまるのに対して，「法の支配」は，人間関係のあり方などを含めた社会のありようという要素を内在しているものだと理解するということに

　意見書における「法の支配」の理解については，会長の任にあった佐藤幸治教授の見解が反映されていることが窺われる（青山善充＝佐藤幸治「司法制度改革審議会を振り返る（対談）」ジュリ1208号18頁〔佐藤幸治発言〕（2001）参照）。同教授の見解は，法の支配と法治国家との区別を強調し，前者を，個人の人格的自律権を出発点とした一つの法秩序形成のあり方として理解したうえで，「およそ国民が自己の権利・自由を他者（公権力であれ私人であれ）により侵害されたと考えるときに，公平な独立の裁判所による「法」の正しい解釈適用を通じて実効的な救済を得ることができるということ」を重視する点で特徴的なものであるが（引用は，同・後掲「自由の法秩序」93頁による），この理解からは，国によるADR促進の必要性は必ずしも導かれないようにも思われる。「法の支配」に対する同教授の理解については，同「権力分立／法治国家」樋口陽一編・講座憲法学第5巻11頁以下（日本評論社，1994），同「「法の支配」の意義を再考する」日本国憲法と「法の支配」3頁以下（有斐閣，2002，初出1995），同「自由の法秩序」同書40頁（初出1998）などを参照。

　なお，ADRとの関係で「法による支配の脱構築」を説く文献として，和田・前掲論文注65）130頁以下があり，そこでは，法の支配は，「社会正義を実現するための」手段，「法化」，「「法の定着」や「浸透」」などと等置されている（同131-133頁参照）。

なる。そして,両者はその目指す方向自体を異にするわけではないから[69],後者の点で国がどこまで積極的な責務を負うかはともかくとして[70],裁判を受ける権利の保障の必要性を肯定する限り,少なくとも抽象的には,「法の支配」についても積極的な評価を与えるべきことになると思われる。

こうした理解が適切であるとすれば,逆に,ADR の促進が「法の支配」を妨げるような結果を招く場合には,そうした促進を行なうべきではない,という議論が生じ得るところである。その意味で,こうした「法の支配」も,ADR 促進の制約原理として位置づけることが可能であるといえる。ただし,どのような場合にこうした「法の支配」が妨げられるのかについては,ある措置によって予測されるあらゆる事実上の効果が問題となり得ることになり,その評価は容易ではないと思われる。

4 国による ADR 促進の態様と限界

国による ADR 促進に対して,以上のような制約原理が存在し得るとすれば,次の問題は,具体的にいかなる態様における促進が以上の制約原理に抵触することになるのか,ということになろう[71]。

(1) 私的自治との牴触

まず,私的自治の第 1 の形態に関しては,当事者の申出がないにもかかわらず国がある ADR の利用を命じる,というような制度を設けない限り,牴触が問題となることはないと考えられる。たとえばある事件類型についてそのような制度を構想する場合,それは,そうした事件においては,いわゆる公益を含

---

69) したがって,後者で問題となる社会のあり方の点を含めて,「裁判を受ける権利」の保障の問題と構成することも不可能ではない。その点では,両者の区別は,単に用語の問題ということになる。
70) 国がそうした社会のあり方に積極的に介入して,いわば社会の改善を行うことの当否については,議論のあり得るところであろう。
71) 以下では,2(2)に列挙したような具体的な促進策を念頭において検討がなされることになるが,そこでの検討は網羅的なものではない。また,仮に個々の促進策が本文にいう ADR 促進に対する制約原理に抵触しないとしても,そうした施策の最終的な当否については,たとえば現行の強制執行制度や時効中断制度など関連諸制度との均衡といった観点から,さらなる検討が必要となる。

む第三者の利益保護の必要から当事者の私的自治自体が制約を受けている，あるいは，当事者自身による自由な判断が期待できないためにパターナリスティックな観点から国の介入が要請される，といった説明を要することになろう。

私的自治の第2の形態については，後に裁判を受ける権利との関連で検討する。

私的自治の第3の形態については，手続内容の決定が最終的に当事者の自由に委ねられている限り，直接の牴触は問題とならないと考えられる。たとえば，促進態様のうち(ハ)に分類されるものについては，当事者の側で回付の結果利用することになるADRを選択する余地が留保されている限り，牴触の問題にはならないし，(イ)に分類されるものについても，上記の意味での牴触は考えられない。また，(ロ)に分類されるものに関しても，国が強行規定的に一定の手続態様を強制するというのでない限り，上記の意味での牴触は生じないことになる。

むしろ問題は，すでに2(2)において指摘したように，国によるADRの促進は，しばしば対象となるADR手続の限定・選別という側面を伴うが，それは，ADR手続のあり方を事実上一定の方向に手続を誘導する効果をもつと考えられる点である。たとえば，(イ)に関しても，とりわけ⑥のようなデフォルト・ルールの設定は，手続内容について別段の合意がない場合の基準として，手続を一定の方向に直接的に誘導する効果をもつほか[72]，国が一定の手続をデフォルトとして示しているということ自体が誘導効果をもつと考えられる

---

[72] もっとも，そうしたデフォルト・ルールが，直接効果を生じる場合がどの程度実際に存在するかは，問題である。

すなわち，そうしたデフォルト・ルールは，別段の合意がない場合に当事者の合意内容を補充するという機能を有するが（民法91条参照），そうした機能を発揮するには，その前提として，一定のADR手続を行うということ自体については，当事者の合意が存在している必要がある。したがって，事前に，紛争が発生した場合には一定のADR手続を行う旨の合意があったり，紛争発生後に，当該紛争について一定のADR手続を行う旨の合意を行ったというような場合には，その合意において明示されていない手続内容についてデフォルト・ルールが適用されることになるが，単に事実上第三者が調停に乗り出しているにすぎないような場合には，その適用の基礎を欠くということになる。しかし，国際商事調停のような企業間のADRであればともかく，ADRの実施自体について合意が明確に存在するというのは，必ずしも一般的な事例ではないのではなかろうか。

その意味では，デフォルト・ルールの設定の効能としては，むしろ本文で述べる後者のものが重要だということになるかもしれない。

し73)．㈠に関しては，一定の要件を満たしたADRをいわば国が優遇することにより，ADR手続のあり方を一定の方向に誘導する効果をもつことになる74)。

　しかし，こうした効果はあくまで事実上のものであり，(結果としての)司法の負担軽減といった一応合理的な理由があり，要件設定の仕方等が適切なものであれば，許されないものではないように思われる。

(2)　裁判を受ける権利の保障との牴触

　最大の問題は，裁判を受ける権利の保障との牴触の問題であろう。

　まず，促進方法のうち㈢に分類した⑰のようなものが，裁判を受ける権利と正面から牴触し，正当化も困難であることは，異論がないと思われる。また，⑮および⑯は，裁判的救済の否定を伴うわけではないが，裁判による救済に追加的な時間的・経済的コストを課す面を有し，とりわけ，ADR手続の利用について両当事者の同意を要しないとする場合には，やはり牴触の問題が生じよう。そこで，こうした措置を正当化し得る理由があるかどうかが問題となる。この点，純粋に裁判所の負担軽減が図れるという理由のみでは正当化事由として不十分と考えられるし，他方，当事者にとってADR利用に種々のメリットがあるということも，それだけでは当事者の同意を要することなくADRの利用を指示するという制度を正当化することはできないと考えられる。結局，たとえば家事事件などのように，ある種の事件類型については実体法的観点からADR的処理の方が望ましいといった形で，実体法的考慮に正当化根拠を求めるほかないのではなかろうか75)。

---

73)　とくに，ADR機関が自己の手続ルールを設定する際に，一定の影響を与える可能性はあろう。

74)　たとえば，法律扶助に関して，萩原・前掲注22)「司法制度改革と法律扶助の課題」132頁，同・前掲注22)「司法制度改革の課題と行方」63-64頁，同・前掲注22)「ADRと「司法制度改革審議会意見書」」144頁注8がこうした問題を指摘する。法律扶助の問題に関しては，後述4(2)も参照。

75)　このように考えると，現行法上認められている受訴裁判所による付調停が，争点整理完了前は当事者の合意を要しないとされていることは(民調20条1項但書参照)，問題をはらんでいることになる。同規定の立法論上の当否についてここで詳論することはできないが，少なくとも，たとえば山田文助教授が提唱するような調停委員の法的情報提供義務などを承認しない限り(山田「調停における私的自治の理念と調停者の役割」民訴雑誌47号232-234頁(2001)参照)，そうした規律を正当化することは困難であるように思われる。

(ロ)に分類した促進方法に関しては，裁判を受ける権利の保障と直接矛盾するものではないようにみえるが，⑦の法律扶助の対象化に関しては，議論がある。すなわち，長谷部由起子教授は，法律扶助に与えることのできる予算に制約があるという現状を前提として，「限りある法律扶助の予算を訴訟とADRとに配分するという局面では，両者をともに拡充することは困難であり，一方の拡充は他方の抑制を必然的に伴う」ため，ADRを法律扶助の対象とすることを正当化するためには，「たとえ訴訟の利用を抑制する結果になるとしてもADRを拡充すべきであるという説明」，すなわち，訴訟よりもADRの方が適切に対応できる社会的ニーズを具体的に明らかにしたうえで，「法律扶助の対象を訴訟のみに限定するよりもADRにまで拡大したほうが社会に対する便益は増大すること」の論証が必要であるとする[76]。

　ここで指摘されている問題は，ADRを法律扶助の対象とすること自体の正当性というよりも，むしろそのために訴訟のための法律扶助予算を抑制ないし削減することの正当性という点にあると理解できる[77]。これは，逆にいえば，国は訴訟に関する法律扶助をどの程度行なわなければならないのか，という問題だともいえる。この問題は，そもそも訴訟制度利用がどの程度経済的に容易であれば裁判を受ける権利の実質的保障として十分といえるのかを確定することが困難である上[78]，訴訟に要する費用の負担をどのように分配するかという制度設計の問題にも関係するため[79]，一義的な結論を導くことはほとんど

---

76)　長谷部・前掲注35)「法律扶助とADR再論」489－490頁。
77)　予算の配分を問題にする場合，法律扶助に限らず，たとえば第三段階における国によるADR手続の運営などについても，抽象的には，そのために国が投入するコストを訴訟制度充実のために振り向けるべきではないかという形で，同様の問題が生じることとなろう。なお，守屋明「我が国におけるADRの機能と理念についての一考察」岡山大学創立50周年記念・世紀転換期の法と政治444頁（有斐閣，2001）は，行政型ADRの制度化につき，「法的正義実現という形式的理由を上回る何らかの実質的理由」が必要であるとする。
78)　この点意見書は，民事法律扶助制度の現状について，「……予算規模も小さく，憲法第32条の「裁判を受ける権利」の実質的保障という観点からは，なお不十分」であるとしており（Ⅱ第1・7(2)），この現状認識に対しては異論が少ないと思われる。そうだとすれば，ADRを扶助の対象とすることの問題性も，現実的なものであることになろう。
79)　たとえば，弁護士費用の敗訴者負担制度の有無，いわゆる成功報酬契約の可否，訴訟費用保険制度のあり方などが関係することになる。これらの相互関係については，長谷部由起子「法律扶助」ジュリ1170号82頁（2000）参照。

不可能である。とはいえ，もし仮に，長谷部教授が指摘するように，ADRに対して法律扶助を行なうことによって，「訴訟の利用を抑制する結果」，すなわち，一定の経済的弱者による訴訟提起が困難になるという結果が生じるとすれば[80]，そうした措置が，裁判を受ける権利の保障と緊張関係をはらむものだといえることはたしかである[81]。したがって，そうした事態が生じると合理的に予測できる場合には，そうした措置の導入についての正当化根拠が問題となろう[82]。

この点について長谷部教授は，ADRには，①「当事者が手続に主体的に参加し，自らの意見を表明できること」，②「解決案の形成過程においてそれぞれの当事者の意見が尊重されていること」，③「最終的な解決案が当事者全員によって任意に受け入れられる内容であること」といった，訴訟にはない価値があり，これらを実現すべきであることが正当化根拠となり得ると指摘する一方[83]，④裁判外の解決であっても，それが十分かつ正確な法的情報に基づくものであれば，公正な手続による解決として国による費用援助に値し，紛争の早期解決により社会全体の生産力が増大するという点で功利主義的な観点からみても合理性があるとして，法律相談などを法律扶助の対象とすることについて積極的な評価を与えている[84]。もっとも，これらのうち①および②は訴訟においても実現されるべき価値であるように思われるし[85]，③も含めて，こ

---

80) 端的にそうした結果が生じるのは，たとえば，申請者Aがトラブルに巻き込まれてその解決を図ろうとする場合に，ADRの利用を選択すれば法律扶助を享受することができるのに，訴訟の提起を選択する場合には法律扶助を享受することができない，という事態に立ち至る場合である。もっともこうした場合であっても，AがADRの利用を積極的に望んでいる場合には，さしあたり問題は顕在化しないことになろう。

81) もちろん，そうした事態が生じた場合でも，憲法32条の裁判を受ける権利を，「所与の制度を前提に，単に裁判を拒否されない権利」という形で形式的に理解するという従来の傾向からすれば（佐藤ほか・前掲書注7）101頁〔佐藤幸司発言〕），ただちに裁判を受ける権利の侵害とされるわけではない。問題はあくまでも，裁判を受ける権利の「実質的」保障のあり方だということになる。

82) もっとも，長谷部教授は，法律扶助が国民の裁判を受ける権利の実質的保障につながることを認めつつ，むしろ訴訟が裁判所の有権解釈という公共財を生み出すという側面を，法律扶助を「正当化」する理由として強調しており（長谷部・前掲注35）「訴訟に要する費用の調達」54-56, 57頁，同・前掲注35）「法律扶助とADR再論」490頁），その点が，後述する正当化事由の理解にも影響しているともみられる。

83) 長谷部・前掲注35）「法律扶助とADR再論」497頁。

84) 長谷部・前掲注35）「訴訟に要する費用の調達」59頁。

れらがどのような形で「たとえ訴訟の利用を抑制する結果になるとしても」ADR利用への法律扶助を正当化し得るのかについては，必ずしも明らかでない。また，④は，ADR利用に際しての法的情報の提供に限定して法律扶助を認める論拠としては検討に値するが[86]，たとえ法的情報が与えられていても，それにしたがった解決を裁判上実現する途が実質的に存在していなければ，「公正な」解決に至る保障はないともいえ，訴訟利用抑制という結果を正当化できるかについては，なお問題が残る。

以上のように考えると，ADR利用を法律扶助の対象とすることは，裁判を受ける権利の実質的保障との関係で問題をはらんでおり，それを実施する場合には，それが訴訟利用を困難とする結果を招かないかどうかについて，慎重に検討する必要があるということになろう。

（3） 法の支配との牴触

最後に，法の支配については，前述のように，ADRの促進が「法の支配」を妨げるような結果を招く場合には，そうした促進を行なうべきではない，という議論が生じ得るところであり，実際，たとえば，ADRが，「プレモダン的要素が濃厚に残存するわが国の社会においてはしばしば法の支配に対する障害として作用してきたことに対する警戒」が必要だとする萩原教授の指摘は，そのような趣旨に理解することが可能である[87]。

先に指摘したように，ここで理解される「法の支配」とは，社会のあり方を含めた状態を指すものであるとすれば，これとの牴触という場合には，事実上法の支配の状態に影響を及ぼし得る全ての措置が問題となり得ることになる。

---

85) もっとも，②は，解決案の内容について当事者の意見が尊重される，という趣旨であるとも考えられ，そうだとすれば，③と重なり合うことにはなるが，訴訟にはない（調整型）ADRの特徴とみることは可能である。

86) 同様に，ADRにおいても弁護士を通じた法的サービスが提供されるべきであるとの観点から，弁護士利用について法律扶助を行うという方向を示唆するものとして，萩原・前掲注22)「司法制度改革と法律扶助の課題」132頁がある。

なお，長谷部教授は，この論拠から，裁判外の和解についても法律扶助の対象とすべきだとしているが（前掲注35)「訴訟に要する費用の調達」59頁），単なる和解交渉を，法的「情報提供の手段」として位置づけることは困難なのではないかと思われる。

87) 萩原・前掲注22)「司法制度改革の課題と行方」59頁。また，笠井教授も，類似の問題意識を示す（同「比較法的視点から見たわが国ADRの特質――アメリカ法から」ジュリ1207号59-60頁（2001））。

したがって，他の観点からは問題の少ないとみられるイに含まれる各措置も，この視点から見ると，問題視される余地があることになろう。そうした議論の代表例としては，先にも引用した萩原教授の議論があり，たとえば，⑤について，「訴訟代理の権限と能力，経験を有しない準法曹には，過去の経験に徴してADRを自己完結的なものとして運用する傾向ないし危険性が存在」し，「訴訟回避の方向にそのエネルギーのベクトルを向け，法の支配にマイナスの影響を生じさせかねないおそれがあ」るといった疑問が提起されることになる[88]。

こうした指摘は，それ自体としては理由のある懸念を示すものであると思われる。しかし，個々のADR促進措置が現実にここで懸念されているような結果をもたらすかどうかは，まさに事実の予測に関わる問題であり，それ自体独自の検証を要する事柄である[89]。ここでは，すでに多くの場所で指摘されている通り，「何となく費用がかかり堅苦しいフォーマルな裁判制度はこのままにしておいて，ADRで何とか間に合わせようとか，安上がりにしようという方向に傾く嫌いがみられる」とすれば，それは問題であり[90]，立法に際しては，そうした懸念を踏まえつつ，適切に現実を把握した上で個々の措置の当否を検証する必要がある[91]，ということを確認するにとどめざるを得ない。

5　おわりに

本稿では，国によるADRの促進のもつ意味を探究し，問題の所在を明らかにするよう努めたが，ここでの検討は，国家と私法制度との関係，私的自治の意義，民事訴訟制度のもつ意味，裁判を受ける権利の意味など，いずれも重要な理論的問題に関する筆者の現在における貧しい理解と，日本社会の現状に対

88）　萩原・前掲注22）「司法制度改革の課題と行方」59頁。
89）　ADRによる紛争の掘り起こし効果（前述注40）参照なども考慮すれば，ADR利用の促進が直ちにここでいう「法の支配」を阻害するということはできない。守屋・前掲論文注77）442頁も，あるADR手続の利用促進が，当該社会の「法化」をもたらすか「非法化」をもたらすかは，それ自体としては不確定的であると指摘する。
90）　青山善充ほか「司法制度改革に何を望むか（座談会）」ジュリ1170号12頁〔田中成明発言〕（2000）。
91）　そしてそれは，法学界の果たすべき課題でもあるということになろう。

する筆者のきわめて限られた認識に制約されたものにすぎない。これらの点について一層的確な見通しを得ることを今後に残された課題としつつ，本稿を閉じることにしたい。

　追記　本稿脱稿後に，司法制度改革推進本部事務局「総合的な ADR の制度基盤の整備について」，同「意見募集に寄せられた意見の概要」に接した。

5 借地借家調停と法律家
―― 日本における調停制度導入の一側面 ――

高 橋 　 裕
神戸大学大学院助教授

1 は じ め に

　日本における ADR の代表としてしばしば，裁判所内で行なわれる調停の制度が挙げられることは贅言を待たない[1]。また，現行の調停法制に連なる調停制度の嚆矢が1922(大正11)年10月より施行された借地借家調停法であるというのも，周知のことがらであろう。そのことに照らせば，――比較法的観点からも日本の法システムの特徴として注目されることの少なくない[2]――調停制度（ひいては ADR）が日本において有している社会的／歴史的意義を検討するうえで，借地借家調停法の制定過程とその制度の作動の実態とについて検討を行なうことには，意味があると考えられる。しかし，これまでの研究状況を振り返ってみると，明治期における勧解制度をめぐる研究[3]や，借地借家調停に続いて導入された調停制度である小作調停をめぐる研究[4]に一定の蓄積があり，

---

1) 　一例のみを掲げるならば，2001（平成13）年6月に発表された司法制度改革審議会意見書において「我が国における ADR」の例として最初に挙げられているのが，「裁判所による調停手続」である（司法制度改革審議会最終意見書「21世紀の日本を支える司法制度」Ⅱ-第1-8参照）。ただし，ADR = "Alternative Dispute Resolution" の中に裁判所内で行なわれる調停を含めうるかどうかは，ADR の概念規定とかかわることであって，自明ではない（高橋2000：365-368参照）。
2) 　たとえば，米国との比較として Upham 1987：7-27を，フランスとの比較として日仏法学会編1991：2-108／北村2001を，ドイツとの比較として石部1993／ライポルト1993を，それぞれ参照。
3) 　勧解制度をめぐる研究の水準を示すものとして，勝田1990／林1996／林1997／林2003を参照。
4) 　小作調停法の制定過程をめぐる研究としては，重要なモノグラフである川口1990のほか，安達1959：39-65／小野瀬1975／Vanoverbeke 1998：F38-F62などがある。

また，大正期から昭和初期にかけての諸調停立法の社会的意義と機能とを総体として検討する業績が生まれている[5]こととは対照的に[6]，借地借家調停制度に焦点を絞った研究にはほとんど手が着けられていない[7]。

本稿は，そのような先行研究の状況に鑑み，借地借家調停制度の導入がどのような経過を辿ったのかにつき検討しようとするものである。ただし，その過程の全体像というのは一編のモノグラフをなすべきものであって，本稿の扱いうる範囲をはるかに越える。そこで，ここでは特に〈調停制度と法律家との関係如何〉という視点からアプローチを行ない，その作業を通じて，近代日本における借地借家調停制度導入の一つの側面を描くことを試みたい[8]。

以下では，まず借地借家調停法案が議会に提出されるまでの流れを確認し（第2節），つづいて，特に〈調停制度と法律家との関係のあり方に関してどのような議論が行なわれたか〉ということに焦点を合わせながら，議会での審議過程を検討する（第3節）。さらに，借地借家調停法の運用の実態についても，本稿の関心に関係する範囲で若干触れ（第4節），そのうえで簡単なまとめを行なう（第5節）。

2　借地借家調停法前史[9]

まずは，第45回帝国議会で借地借家調停法案が提出されるに至るまでの経緯

---

5) 法社会学的観点からは，日本の法システム全体の中での調停制度の位置づけにも意を用いる六本2000／六本2003が重要である。第二次世界大戦前の諸調停法をめぐる通史的検討として，利谷／本間1976：237-257／最高裁判所事務総局1972：2-46／小山1977：12-100／本間1969：3-16／佐々木1974［1967］：27-51／江藤1968：354-367も参照。
6) また，借地借家調停法制定と関連するところでは，その前提となった借地法／借家法制定をめぐっても研究の蓄積がある。渡辺1960：217-346／鈴木（禄）1984［1967］／佐藤1998：232-239参照。
7) 借地借家調停法の制定過程に関するまとまった先行研究としては，現在なお茶谷1933：172-226が最重要であり，その他に山田1967（ただしこれまでのところ未完）を挙げることになろう。
8) 本稿の視点をより分節化するならば，(a)〈裁判官と弁護士は，調停という紛争処理方式においてどのような役割を果たす（べき）ものとして，当時考えられていたのか〉，(b)〈弁護士が——少なくとも西洋近代型の訴訟システムにおいては——果たしうる・当事者代理人という役割の意義が，調停手続との関係ではどのように把握されていたか〉，となる。そのような視角から現在の日本のADRについて検討したものとして，高橋2002がある。

がどのようなものであったかを再構成し，そのうえで，その過程において，調停制度と法律家とがどのように関係づけられていたかについて眺めることにしよう。

（1） 借地法／借家法の成立まで

借地借家調停法は，直接的には，1921（大正10）年に第44回帝国議会で借地法／借家法が成立した際，衆議院と貴族院との双方において〈借地紛争／借家紛争の処理を行なうための特別の機関を設置することを早期に検討すべし〉という趣旨の希望条件ないし附帯決議があったことを承けて，第45回帝国議会において議案が政府により提出され1922（大正11）年成立に至ったものである。その背景にはもちろん，その当時の借地借家紛争の激化という社会状況[10]があったのであり，そのことが，借地借家問題の処理に特化した制度の創設を促したことはいうまでもない。

ただし，そのような借地借家問題に特有の事情とは別に，司法省が――民事訴訟制度とは切り離された――調停法制の導入に向けて，借地法／借家法の成立以前から作業を始めていた，ということも資料からは伺われる[11]。たとえば，1921年2月から3月にかけて行なわれた，第44回帝国議会の衆議院委員会における借地法／借家法の制定をめぐる議論の過程で或る政府委員は，「……欧羅巴ニ段々アリマスル所ノ労働裁判所デアルトカ，或ハ仲裁裁判所デアルトカ，或ハ家庭審判所デアルトカ，色々ノ事モアルノデゴザイマシテ，司法省ト致シマシテハ，是等ノ点ニ就テ一切ヲ網羅シテ調査研究ノ後，案ヲ具シテ議会ニ提出シタイト考ヘテ居ル。……一切民法ニ関スル事件ニ就キマシテ，調停法ヲ設ケテ，簡易ニ其争ヲ解決スルコトガ出来ル途ヲ，裁判組織ニ於テ手続ヲ簡

9） 以下において資料の引用を行なうにあたっては，適宜，旧字を新字ないし当用漢字に変更するとともに，読みやすさを考えて次のような表記の変更を行なった場合がある：句点，読点の書き替え／濁点の付加／促音への書き替え／踊り字の書き替え。本文と注（ただし文献一覧を除く）のいずれについても，角括弧内にある文言は，筆者による補足である。また，「……」は，筆者による省略を示す。

10） 当時特に激甚化していた借家紛争の状況について渡辺1960：347－365／松下1987を，また当時の借家紛争と弁護士とのかかわりについて伊藤2000：66－69を，それぞれ参照。

11） それ以前には，明治末期に高木益太郎らにより提出された・いくつかの関連法案があるが，本稿ではそれらの構想には触れない。茶谷1933：178／渡辺1960：187－188／利谷／本間1976：238－239／小山1977：13－14を参照。

単ニスルカ，或ハ委員ヲ組織シテ，其モノデ一括シテ解決スルカ，斯フ云フヤ[ママ]ウナ事ハ重大問題デアルカラ，攻究致シマシテ，出来ル限リ簡易ニ解決ヲシタイ，此精神ニ依ッテ研究ヲシツツアルノデゴザイマス……」（鈴木喜三郎政府委員）12)と述べており，ここからは，司法省がその時点で既に，広く民事紛争全般に関して，訴訟手続とは異なる調停的紛争処理制度を設けるという可能性を検討していたということがわかる。それでは，その作業はいつ頃から行なわれていたのか？　その点に関連して注目されるのは，同議会の貴族院委員会において別の政府委員によってなされた発言である。

　　「実ハ借地法案ナリ，或ハ借家法案ナリノ中ニ調停ノコトヲ初メ書キ掛ケテ見タノデアリマス。其法ハ仲裁ヲスル即チ裁判所ノ判事ヲ中心トシテ，サウシテ之ニ調停委員ト云フモノヲ選ンデ，サウシテ調停ヲスルト云フヤウナ規定ヲ置イテ見タノデアリマス。或ハ又裁判所カラ調停委員ヲ他ニ選ンデ其調停委員ニスルト云フヤウナ規定モ置イテ見タノデアリマス。……併ナガラ事ガ余程複雑ノ問題デアリマスカラ，急ニ此借地法案，借家法案ノ中ニ入レルト云フ事ハ見合シテ，或ハ次ノ議会等ニ於テ此法案ヲ出スヤウニ延期ヲシ，準備ヲスルコトニシヤウト云フノデ，昨年夏アタリカラ，正式ニデハアリマセヌガ，調査委員ト云フヤウナモノヲ造ッテ内々調査ヲシテ居ルノデアリマス。」（山内確三郎政府委員）13)

ここからは，司法省は，遅くとも1920（大正9）年の夏頃には，借地借家紛争に必ずしも限定されない・民事紛争全般14)を調停するための訴訟手続外制度を設営することにつき検討を始めていたということ，さらに，そこでの検討は，裁判官と調停委員（それがどのようにして選ばれるのかは，明示されていないが）とからなる調停委員会によって調停手続を行なうという――実際に法制化される調停手続と基本枠組みを共有する――構想に及んでいたこと，が伺われる。

---

12) 「第四十四回帝国議会衆議院　第五類第六号　借地法案外一件（借地法案借家法案）委員会議録」第3回（1921年2月3日）：7。同旨のやりとりは，たとえば同第6回（1921年2月19日）：4や「第四十四回帝国議会貴族院　借地法案外一件特別委員会議事速記録」第2号（1921年3月18日）：2－5などにも見られる。
13) 「第四十四回帝国議会貴族院　借地法案外一件特別委員会議事速記録」第2号（1921年3月18日）：2。
14) なお，利谷／本間1976：239－240は，「はじめ調停法は，借地借家，小作，労働の三つの関係を包括する制度として構想されたようである」とする。

これらのことに照らすならば，借地借家調停制度とは，借地法／借家法の議会通過を承けて初めてその導入の検討が開始されたものではなく，しかも，借地借家紛争に限られない・民事紛争一般を対象とする大きな調停制度構想の一部をなすものであった，というべきであろう[15]。

（2） 借地法／借家法成立から借地借家調停法案提出まで

続いて，借地法／借家法の成立以後の動きを見てみることにしよう。

借地借家紛争をめぐる紛争処理機関に関して司法省内で本格的な検討が始まったのは，1921年6月ないし7月のことだったようである[16]。借地借家調停法の立案作業との関係で最初に起草されたのは7月14日付の「土地家屋争議調停ニ関スル調査要目」（以下「調査要目」と記す）だとされる[17]。この「調査要目」[18]の内容のうち，本稿の視角から見て重要なのは次の点である：①「土地家屋争議調停所」は「調停及仲裁」を行なう（「調査要目」一），②「調停所」は調停主任官1名／補助調停員2名／書記1名で構成される（同六），③判事のみならず，地裁所長の選任を経た・10年以上在職の弁護士も調停主任官になりうる（同七），④補助調停員は「土地家屋ノ占有使用収益ニ付特別ノ知識ヲ有スル者又ハ之ニ付一般的ノ利害関係ヲ有スル者」から選任され，特に利害関係者を選任する際には「其利害ヲ適宜ニ考量按配スルコト」が必要とされる（同八），⑤補助調停員は「調停主任官ト共ニ和解及審理ニ列席シ合議ニ参与シ

---

15) なお，借地借家調停法にも結びつく・司法省の調停制度構想の直接的淵源の一つは，さらに，1919年7月に設置された臨時法制審議会にまで遡ると考えられるが，その点についての詳しい検討は，紙幅の関係で省かざるをえない。ここでは，借地法／借家法の立法作業と並行して・訴訟手続以外の家事紛争処理制度を構想する作業に従事していた司法官僚が抱くいわば「紛争処理制度観」が，借地借家紛争を含むさまざまな紛争の処理制度をめぐる構想に直接的な影響を与えた可能性がある，ということのみを指摘しておく。これに関連して，唄／利谷1975／堀内編著1970／堀内編著1976／利谷／本間1976：205-220，をそれぞれ参照。
16) 『法律新聞』1849号（1921年6月23日）：13は，「借地法借家法に関する争議調停法は池田司法省参事官の手にて外国の各種法制其他参考資料の蒐集終はり不日起案に着手する筈……」と報じる。
17) 茶谷1933：180。茶谷1933は，管見の限りでは，借地借家調停法立案の過程の詳細を示す研究として唯一のものであり，本稿もこれに拠る部分が少なくない。
18) その全文は，茶谷1933：180-183のほか，最高裁判所事務総局1972：7-9にも掲載されている。ただし，両者で文言が異なる場合があるので，以下で「調査要目」を引用する場合には茶谷1933に拠る。

テ其意見ヲ述フル」ことができるが，表決権は有しない（同九），⑥手続には本人が出頭することが要求され，本人がその参加を希望する場合にも，調停主任官の許可がなければ代理人は参加しえない（同十七）[19]。

　この「調査要目」を見るならば，この段階においては，新たに設けられる紛争処理機関は，当事者間での話し合いの促進という調停的な任務のみでなく，対立する当事者間の利害を・利益代表的に構成される第三者委員会により仲裁するという任務をも担うものとして，構想されていたように思われる。この「調査要目」の内容は「独逸，仏蘭西の調停制度の影響を多分に受けたもの」とされており[20]，そこで参照されたと考えられる独仏の制度がいずれも，調停機関というよりは仲裁／決定機関としての性質を持っていた[21]ということが，これと関係しているのかもしれない。そして，民間人が務める調停委員の位置づけは，ここではあくまで補助的なものである。

　ところで，この「調査要目」の大きな特徴の一つは，弁護士が調停主任を務

---

[19]　「十七，調停所ハ当事者自身ノ出頭ヲ命ス但シ調停主任官ノ許可アルトキハ当事者ニアラサル者ヲ其代理人トシテ出頭セシムルコトヲ得当事者及右ノ代理人ニハ宣誓ヲ為サシム」

[20]　茶谷1933：183。また，三宅1938：6 も参照。

[21]　この点に関連して，〈ドイツの借家調停所 Mieteinigungsamt が調停機関として機能した期間はきわめて短く，その後はむしろ非訟的な決定機関ないし行政的な紛争処理機関として機能したのであって，その意味では日本の調停制度と性格を異にする〉という重要な指摘がある（石部1993：311 - 312／佐藤1999：201 - 202）。また，同じく借地借家調停法の立案に際して参照されたとされるフランスの Loi du 9 mars 1918 relative aux modifications apportées aux baux à loyer par l'état de guerre（以下では「戦時建物賃貸借法」と記す）の中に規定された賃貸借仲裁委員会 Commission arbitrale des loyers に関しても，和解前置の手続が定められてはいる（42条以下）ものの，その第一次的な権限は，争いについての裁定を行なうこと（34条）である。

　これらの法制は――おそらく借地借家調停法起草作業のために――当時司法省内部において訳出されている（司法省調査課1922参照）が，それを見るならば，独仏におけるこれらの制度が基本的には決定機関であったことは正しく理解されていたと思われるし，現に「調査要目」における制度構想は，本文で述べたように，決定機関的性質を帯びている。ドイツ（およびフランス）の制度が当事者間の話し合いの促進を目指すものでは必ずしもないということに，当時の立法関係者たちは気づいていたのではないか。そうだとするならば，後に本文で見るように・借地借家紛争処理制度の構想が次第に決定機関的性質を薄めて調停機関へと純化していったことは，当初は新制度が調停機関として機能する可能性と決定／仲裁機関として機能する可能性の両方を視野に入れていた起草者たちが，次第に・それを調停機関として制度設計することを自覚的に選択していった，というのを意味すると考えられる。

めることを認めている点であろう。これは，フランスの法制度設計にならったものと考えられる[22]が，「調査要目」におけるこのような弁護士の位置づけは，他国における法律の条文の内容をほぼそのまま踏襲したものであるとはいえ，借地借家調停法案起草の最初期の段階において，調停的な紛争処理手続の主宰者として――判事と並んで――弁護士が一定の役割を果たす可能性が存在していたということを示す点で，注目に値する。しかしその一方で，当事者の代理人に関する規制のあり方をみると，この段階で既に，やがて弁護士たちから大きな不満をもって迎えられる〈本人出頭原則〉およびその反射としての代理人許可制度という仕組みが現われていることもわかる。そして，ここで注意すべきは，「調査要目」が参考にしたとされる独仏の制度ではそうした仕組みが採られていなかったということである[23]。すなわち，日本の制度は，その出発点の段階から意識的に，当事者を弁護士が代理ないし補佐するということに対して抑制的な態度をとっていたのである。

茶谷によれば，この「調査要目」が基本となって「借地借家ニ関スル調停制度ノ要目」（以下「要目」と記す）が作られ，これに従って借地借家調停法の最初の草案（「借地借家調停手続法」。以下「手続法」と記す）を起草，そしてこの案が，司法省内での幾度かの会議を経て，第45回帝国議会に提出される借地借家調停法案（以下「法案」と記す）になったという[24]。その流れを追うならば，当初見られた・仲裁制度として同法が機能する可能性は次第に薄れていき[25]，

---

22) 戦時建物賃貸借法34条によれば，判事（治安判事 juges de paix および予備治安判事 suppléants de la justice de paix を含む）だけでなく，弁護士名簿登録から10年以上を経た弁護士 avocat も，仲裁委員会の委員長に任命されえた（茶谷1933：176も参照）。

23) ドイツの Anordnung für das Verfahren vor den Einigungsämtern（調停所の手続に関する法律）においては，裁判所から本人出頭が命じられていない場合には・書面での授権があれば誰でも本人代理人として手続に参加することを認められ（同5条），フランスの戦時建物賃貸借法においては，和解手続には本人が出頭することが必要だが・その際に弁護士名簿に登録された者あるいは裁判所付属吏 officier ministériel を補佐者として伴うことは無条件で認められる（同42条）。茶谷1933：177も参照。

24) それぞれの全文につき，茶谷1933：183－191参照。これらを以下で引用する場合は，同書掲載の文言に拠る。なお，そこに掲載されていないものが「借地借家調停法案」として『法律新聞』1909号（1921年11月23日）pp. 12-13に掲載されており，これは，議会に提出された法案とほぼ同じものであるが，微妙に文言が異なる。最終法案として固まる直前のものであろうか。

25) 「要目」「手続法」とも「借地借家ニ関スル争議ノ調停ハ区裁判所ニ於テ之ヲ取扱フ」（「要目」一／「手続法」第一條）として，新たな紛争処理機関が「仲裁」を行なうという

また〈弁護士も調停主任になりうる〉という制度設計は「要目」で既に——おそらく——放棄されている[26]。後者の点についてさらにみると，続く「手続法」においては〈調停主任は裁判官のみが務める〉というのが明示される[27]ことになり，それが「法案」でも基本的に——主任となりうる判事の範囲をやや拡大する形で——維持されることとなった[28]。他方，本人出頭原則をめぐる規制方式については，「要目」の段階では「調査要目」と比べて大きな変化が見られない[29]ものの，「手続法」ではその原則（そしてその裏返しとしての，代理人の規制の方向性）が一層厳格な形で示される[30]ことになる。調停委員が手続中で果たすことを期待される役割については，「手続法」までは根本的な変更は加えられなかった[31]が，「法案」において，調停委員に表決権が認めら

趣旨の文言を落としている。「法案」第一條（これは議会での修正を受けず，そのまま「借地借家調停法」第一條となった）も，——条文の規定の構造はかなり変化しているが——調停に特化した法律であることを示している点では変わりない。

また，調停委員の要件についてみると，「要目」においては「特別ノ知識経験ヲ有スル者」（「要目」六），「手続法」においては「借地借家ニ関スル特別ノ知識経験ヲ有スル者」（「手続法」第五條），そして「法案」においては「特別ノ知識経験アル者」および「当事者ノ合意ニ依リ選定セラレタル者」（「法案」第十六條），とそれぞれ規定された。さらに，それらと並んで「調査要目」から存在した〈利害関係者を選任する際にはその利害を「適宜ニ考量按配」すること〉という趣旨の要件は，「法案」において消えることとなる。こうした動きからは，委員会を借地借家問題にかかわる利益代表によって構成するという志向性が次第に弱まり，また，（借地借家問題の専門家——これには法専門家も含まれよう——ではなく）一般的な意味での社会的有力者によって調停委員会を構成する方向へ向かっていった，ということが見てとれよう。

26) 正確に言えば，「要目」には調停委員会の主任の要件に関する項目が存在しない。ただし，「主任判事」という文言が複数回出てきているので，裁判官が調停主任を務めることが前提されているのだと考えられる。
27) 「第五條　調停ハ一名ノ調停主任判事ニ二名ノ調停委員陪席参加シテ之ヲ為ス
　　　調停主任判事ハ地方裁判所長区裁判所判事中ヨリ之ヲ任命ス［以下略］」
28) 「第十六條　調停主任ハ判事ノ中ヨリ毎年予メ地方裁判所長之ヲ指定ス［以下略］」
29) 「十五，調停ノ手続ニ於テハ本則トシテ当事者本人ヲ出頭セシム但シ止ムコトヲ得サル場合ニ限リ主任判事ハ代理人ノ出頭ヲ許可スルコトヲ得」
30) 「第十六條　調停ノ為メ呼出ヲ受ケタル者ハ自身出頭ノ義務ヲ負フ但シ止ムヲ得サル場合ニ限リ調停主任判事ノ許可ヲ得代理人ヲ出廷セシムルコトヲ得調停主任判事ハ何時ニテモ其与ヘタル許可ヲ取消スコトヲ得
　　　代理人ハ其権限ヲ證スルニ足ル書面ヲ提出スルコトヲ要ス」
31) 「手続法」の関連条文のみを掲げる：
　　　「第七條　調停委員ハ主任判事ト共ニ調停ノ手続ニ参与シ意見ヲ述フルコトヲ得但シ表決ノ数ニ加ハルコトヲ得ス」

れることとなった[32]。このことはもちろん，調停手続における調停委員の役割ないし重要性の増大を意味しよう[33]。

以上の流れからは，新たに設けられる機関の構想が・次第に仲裁／決定機関的性質を薄くして調停機関的なものへと純化していったこと，その調停手続を担う担当者（＝調停委員）のイメージが，〈法あるいは借地借家問題についての専門家〉から，より一般的な意味での〈社会的有力者〉へと近づいていったこと，そして，そのような民間人の調停委員の役割の比重が次第に大きくなっていったこと，を見てとることができる。

それでは，そのような変化を経てできあがった「法案」をめぐって，議会ではどのような議論が展開されたのだろうか。

3　第45回帝国議会における審議の過程

以下では，法律家の役割をめぐる議論に焦点を合わせながら，第45回帝国議会における議論がどのようなものであったかについて検討を加える[34]。

---

32) 「第二十條　調停委員会ノ決議ハ調停委員ノ過半数ノ意見ニ依ル可否同数ナルトキハ調停主任ノ決スル所ニ依ル」
33) なお，書記については，「要目」以降では——調停手続への関与ということは「手続法」および「法案」において規定されているものの——調停委員会の構成員としては取り扱われていない。
34) 冒頭で示したとおり，本稿では，議会において展開された議論の全体像を描くことはできず，その一部を取り扱うのみである。議論の全体については，茶谷1933：197 - 223／山田1967を参照。
　　借地借家調停法の審議の中心をなした衆議院借地借家調停法案委員会および貴族院借地借家調停法案特別委員会の構成員は，それぞれ次のとおり：
・衆議院委員会：北井波治目（委員長）／黒住成章（理事）／横山勝太郎（理事）／板野友造（理事）／石井三郎／塚原嘉藤／樋口伊之助／佐々木志賀二／浅石恵八／伊藤虎助／麓純義／内山安兵衞／北山一郎／三好徳松／藤井啓一／作間耕逸／清水留三郎／南鼎三（「第四十五回帝国議会衆議院　第五類第五号　借地借家調停法案委員会議録」［以下では「衆議院委員会議録」と記す］第1回：1）
・貴族院委員会：松室致（委員長）／加太邦憲（副委員長）／寺島誠一郎／船越光之丞／佐竹義準／勝田主計／江木翼／勝田銀次郎／成清信愛（「第四十五回帝国議会貴族院　借地借家調停法案特別委員会議事速記録」［以下では「貴族院委員会議録」と記す］第1号：1。ただし，第2回会合以降は根津啓吉も委員として出席する場合があった）。

（１）　調停制度導入の目的をめぐる議論

〈借地借家調停の手続において法律家の果たしうる／果たすべき役割というのが，議会での審議過程において，どのように構想されていたか〉ということを検討するうえで前提となるのは，借地借家調停制度の性格規定のされ方である。というのは，制度の基本構想次第で，法律家の関与の仕方に関する構想も決定的に変わってくるはずだからである。そこでまず，議会において借地借家調停制度の基本的性格はどのようなものとして示されたのか，を確認することから始めよう。

これに関連して，委員会での審議の過程で，司法官僚である政府委員によって，次のような発言がなされている。

「私ガ何時モ甚ダ面白クナイト思ッテ居ルノハ，借地借家ノ争ノ場合ニ於テ能ク申シテ居リマスガ，或ル窮状ニ在ル者ヲ些々タル事ノ為ニ権利ノ濫用ヲスル，……［賃料の支払いが］一日ヤ二日遅レタカラ，其家主カラ出テ行ケト云フコトハ暴デアル，然ルニ一日遅レタカラト云フノデ，モウ［借地人／借家人からの宥恕の願いを］受付ケナイデ明渡ヲ請求サレ，居住権ヲ失フト云フコトハ，残酷ニ過グル。而シテ今日ノ訴訟ハサウ云フモノガ多イノデアリマス。ソコデ此賃貸借関係ニ付テモ，或ハ其他ノ借地借家ノ関係ニ付テモ，サウ云フ争ノ多イモノニ付テ，調停ヲスルト云フコトガ必要ヂャナカラウ［か］，……能ク情ヲ尽シテ調和スレバ，自ラ権利ナラサル権利モ円満ニ収マル。之ヲ訴訟ニスルト，裁判所ニ行ッテハ［，］一日遅レタノデモ遅滞ハ遅滞デアル，契約ニ遅滞アレバ，明渡ノ権利ガ立ツト云フコトニナッテ居ル，以上ハ遅滞ガアッテモ明渡ノ権利ハ無イト云フ裁判ハ出来ナイ……」（山内確三郎政府委員）[35]

「同ジ地主カラ借リテ居ル，地借人ガ大勢アル場合ニ於テ，……［調停手続に］参加ヲ求メテ，其間ニ於テ十分ナ交渉ヲシヤウト云フヤウナ関係ニモナリマスノデ，サウ云フ風ナ関係カラ，自然ニ不当ナ地代，不当ナ家賃ト云フヤウナモノガ，実際ニ於テ無クナッテ来ルノデハナカラウカ，寧ロ法律ナドデ権利義務ノ関係ナドヲ定メルヨリモ，穏カナ方法デ自然ニ家賃ナドガ定ッテ行クト云フコトガ，最モ望マシイ事デハナカラウカト考ヘ

---

35)　「衆議院委員会議録」第2回（1922年2月8日）:4。

マス……」(三宅正太郎政府委員)36)

　これらの——著名な——発言から読み取れるのは次のことである。第一に，草案起草作業の中心を担った彼らの考えの基礎には〈既存の制定法を基礎として・民事訴訟手続によって紛争を処理するという方式には，根本的な限界がある〉という見方が存在するということ（そして，それが何にとっての限界かといえば，社会の実情に合致した／社会的に見て妥当な紛争処理を行なううえでの限界であった37)），第二に，そのような訴訟手続の問題を——訴訟制度の改善を通じて，それに正面から対応するのではなく——忌避しようとする姿勢が明確に看取できるということ，そして第三に，その・忌避を実現するための手段として調停制度が位置づけられているということ，である。借地借家調停法とは，「非＝法化」的な志向のもとでというよりは，「反＝法化」的38)な，すなわち西洋近代法による規整の積極的価値を否定しようとする志向のもとで構想された制度だったのであり39)，また，そのような制度構想を正当化するのは，〈社会の実情／実態と合致するような紛争処理がなされることこそが望ましい〉という思考であった，と考えられる40)。

---

36) 「衆議院委員会議録」第3回（1922年2月14日）: 3。
37) 当時の有力な司法官僚たちの志向の背景に，「法律の民衆化」というスローガンに象徴される思想が存在したことについて，川口1990: 233-245を，また，特に当時の法学のあり方との関係でこの思想に言及するものとして，伊藤2000: 82-88を，さらに，本稿と共通する視角から「法律の民衆化」という思想に言及するものとして，清水1992［1966］90-91を，それぞれ参照。
38) 「非＝法化」／「反＝法化」という概念については，一般的には田中2000: 16-25を，特にADRとの関係では高橋2000: 395-402を，それぞれ参照。
39) このことはもちろん，夙に川島武宜によって示されてきた・第二次大戦前の日本の調停制度に対する批判と密接にかかわる。周知のように川島は，借地借家調停法を含む諸調停法制の制定過程で示されたこうした政府委員の発言を，一方で，〈当時の日本社会の構成員においては権利観念が乏しかった〉ということを示すものとして，他方で，〈当時の政治権力は，市民間の社会的関係が法的な権利義務関係へと変化するのを阻害する目的で，調停制度を導入しようとした〉ということを示すものとして，引証する（川島1959［1951］: 158-160／川島1965［1963］: 77-79／川島1967: 140-141／166-170）。このうちの後者の点は，当時の立法活動の一翼を担った司法官僚が果たしていた社会的機能如何という論点にかかわるが，その点を検討する際には，彼ら司法官僚たちが，市民の利益擁護を目指してこうした構想を描いていたという側面もあることを見逃してはならない（利谷／本間1976: 241）。その意味で，人口に膾炙した川島の見解は一面的であるということに留意すべきである。
40) この調停において当事者自身の「合意」の重要性が強調されたことは，このことと関

以上のことを前提として,そのような「反=法化」的な紛争処理制度の構想において法律家がどのように位置づけられていたかについて,続いて検討しよう。

(2) 借地借家調停法案と裁判官・裁判所

　民事紛争処理制度を扱う本稿では,「法律家」として特に裁判官と弁護士とについて着目するが,そのうち,先に,裁判官(および裁判所)との関係で借地借家調停法案をめぐる議論がどのように行なわれたかを眺めることにする。

　最初に,調停委員会の構成から見よう。議会に提出された「法案」では,調停の手続は1名の・判事である調停主任と,複数名の・民間人である調停委員とから構成される調停委員会によって進められるものとして構想されており,かつ,結果的にその案がそのまま採用されることになる(この限りでは,現在の民事調停／家事調停で採用されている制度設計と基本的に同じものである[41])。この主眼は,調停委員会に非法律家である民間人を加えるということにある[42]が,これは,本調停制度が,「反=法化」的な基盤を有していたこと,そして,当時の有力な司法官僚のあいだで抱かれていた「法律の民衆化」の思想を一つの基礎としていたということと,順接的な関係に立つ制度構想である。

　しかし,そのような制度を構想しているならば,その調停が裁判所内で・しかも裁判官を調停主任として行なわれるという制度設計には至らない／至るべきではないのではないか？　このことは貴族院委員会において正面から議論されることになり,或る委員は〈裁判所から調停手続を切り離して,もっと簡単な手続にするという方が,弁護士の関与もなくなるなどして,借地借家紛争の

　　　連しよう(「衆議院委員会議録」第2回(1922年2月8日):5)。さらに,この「合意」の強調は,借地借家調停制度が,仲裁ではなく調停を志向するものであったということとも密接に結びつくと思われる。
41)　ただし,2004年1月より施行された民事調停法および家事審判法の一部改正によって,5年以上の実務経験を有する弁護士が,最高裁判所により「民事調停官」ないし「家事調停官」として任命されることを経たうえで・いわゆる「非常勤裁判官」として調停主任を務めることが可能となった。非常勤裁判官制度については,さしあたり小川2003を参照。
42)　「……詰リ仲裁ノ手続ヲ裁判所ニ於テスル,其仲裁ニ付テ経験アル法律家以外ノ者モ入レテ仲裁ヲスルト云フノガ,此案ノ骨子ニナルノデアリマス」(山内確三郎政府委員。「衆議院委員会議録」第1回(1922年2月7日):1)。

処理の「実際ノ状態ニ適スルノデハ」ないか〉と問う43)。これは，後に見る〈本人出頭原則〉ないし代理人許可制度の問題とも関連して発せられた質問であるが，これに対する政府委員（山内確三郎）の回答は概ね次のようなものである。まず，なぜ司法機関の内部で調停を行なうかという点に関しては，次のような理由が挙げられている：〈①「其調停ノ実質ニ携ハル者ハ素人デアル……。裁判所ハ寧ロ其事件ノ処理ヲシ，事件ヲ受付ケル，調停委員ヲ定メル，調停委員ノ補助ヲ定メルト云フヤウニ，其裁判所ガ裁判スルヨリ直接携ル調停事務ト云フヤウナコトニナッテ居ル……。事件整理ノ上ニハ私ハ最モ適当デアラウ」と思う，②「借地借家ノ争ト云フコトニ付テ最モ弊害ノ多イノハ代理人制度デ，殊ニ民事訴訟ニ多ク少シ争ガアルト云フト其者ガ附イテ居ル。……此煩ハ是等ヲ排斥スルヤウナコトハ是ハ寧ロ裁判所デナイト之ハ出来ナイ……」，③この手続――と同様のもの――ができればその手続には多くの事件が係属すると予想されるが，それを行政機関で担当するとすればそのために常設の機関を新たに作る必要があり，それには費用がかかる。したがって，これまでに借地借家紛争の処理を引き受けてきた裁判所の既存の組織を利用する方が便宜である〉。ここでは，一方で，〈裁判所は，借地借家紛争を取り扱うための事務的な作業を行なううえで便宜な機関として既に存在している〉という・いわば事務処理上の利点が前面に押し出され，他方で，代理人を手続中から排除することの必要性という・法律家44)の役割にも関連する点が挙げられている，ということになる。

次に，裁判官が調停にかかわる理由に関連しては，政府委員は次のように発言する。

「此調停法案ガ御覧ノ通リニ訴訟法流儀ニ出来上ッテ居ナイノデアリマス。……裁判官ヲシテ温和ナル途ヲ講ゼシムル一ノ権限ヲ与ヘレバ裁判所ノミガ必ズシモシカッメラシイモノトハ私ハ考ヘテ居ナイ。例ヘバ世ノ中ニ裁判官トナルト直グ非常識ダト云フ声ガ起ル［，しかし］其人ガ一朝行政官ニナルト常識ニ富ンデ居ルト云フ。又行政官カラ裁判官ニナルト其口

---

43) 以下の議論は「貴族院委員会議録」第1号（1922年3月2日）：2-3より。茶谷1933：201-202も参照。
44) ただし，周知のとおり，この当時の当事者代理人の全てが正規の弁護士だったわけではなく，山内の発言もその点を踏まえているであろうことには留意すべきである。

カラ非常識ニナルヤウニ，如何ニモ裁判官ニナルト非常識ノヤウニ言ハレルノモ，要スルニ其法ノ弊デハナイカト思フ。……人ニ関スル問題デハナイト思フ」

〈裁判官という職に就いている者がア・プリオリに非常識だということはなく，裁判官も常識的な判断を行なうことができる。そのことが裁判所内の手続を通じてしばしば示されてこなかったのは，あくまで，裁判官の判断がこれまでは（西洋近代法を範とする）民事訴訟法の手続の枠内でなされてきたからだ〉，というのである。ここには，裁判官が，西洋近代法の専門家としてばかりでなく，一般市民の間で通用するような「常識」的な判断を行なう主体としても活動しうる，という認識（あるいは自負）が見える[45]。そして，裁判官がそのような能力を有している以上，この借地借家調停の役割として期待されている〈法律から離れて，社会の実情に合致し社会的に見て妥当な紛争処理〉を導くことも——少なくとも他の者と同程度には——問題なくできるはずであって，したがって裁判官を調停手続から排除する理由は別にない，ということになるわけである。さらに，このような裁判官の位置づけは，先に見たように・調停委員として選任されることが予想されるのが一般的な意味での〈社会的有力者〉であることと相俟って，調停者と紛争当事者との社会的関係が——水平的なものではなく——垂直的なものとして構想される[46]ことにも結びついたと思われる。

このような議論を経て借地借家調停制度は司法調停という形をとることになったわけだが，これに関連して注意しておくべきは，実際に裁判官が調停の

---

45) これに関連して，裁判と調停との役割分担であるとか法の役割であるとかに関する山内確三郎／池田寅二郎／長島毅／三宅正太郎の思想を詳細に分析する川口1990：246-259を参照。そこでは山内／池田／長島と三宅との間で・看過しえない思想の違いがあったことが指摘されているが，しかしその一方で，裁判官が民衆の視点と社会の実情とに即した紛争処理という任に当たる（べき）主体として位置づけられていることについては，彼らの間で共通していたように思われる。
46) 政府委員は，調停委員の役割を，紛争当事者に対して・調停条項を提示することを通じて「説諭ヲ為ス」ことだ，と表現している（衆議院委員会議録第2回（1922年2月8日）：2）。このように調停者が当事者に対して上位の立場から紛争処理活動を行なうという側面は，川島武宜により，「家父長制的紛争解決」ないし「調停的仲裁」という定式化とともに，日本の伝統的紛争処理方式（および，昭和初期までの調停法制）の特徴として強調された点であった（川島1982［1960］：17-20／川島1965［1963］：72-81／川島1967：154-178）。

5 借地借家調停と法律家—日本における調停制度導入の一側面—［高橋 裕］

作業を率先して行なうということを（起草者である）司法官僚たちが予期していたかといえば，それはいささか疑わしい，という点である。先に見たとおり，裁判所内で調停を行なう理由の一つは「事件整理ノ上」での便宜性にある，と政府委員は述べているが，見る角度を変えるならば，この発言は，〈裁判所は調停事件を処理するうえでの事務的な任務を中心に行ない，実際の調停の作業は民間人の調停委員に行なわせる〉という制度イメージがそこにあったことを示唆する。そして，当時の日本の裁判所は，現実問題として，もし——調停が司法部内で行なわれることになったとして——調停手続へ事件が大量に流入してきたならば，それに容易に対応できる状況にはなかったと思われるのである。以下，その点について簡単に検討しよう。

明治末期から大正初期にかけての司法部は，裁判官／裁判所職員いずれについても，二度に渡って大幅な定員削減を経験している[47]。すなわち，1909（明治42）年から1910（明治43）年にかけてと，1912（大正元）年から1913（大正2）年にかけてである。これは「行政整理ノ為」の措置（司法省編1939：261／286／291）であって，当時の緊縮財政の影響を直接受けたものとされる（染野1988［1969］：268）。ただしそれと並んで，明治末期には，大減員を正当化しうるような・裁判所を取り巻く状況の変化も存在していた。1903（明治36）年以降数年に渡って，民事訴訟件数に大幅な減少があったのである[48]。しかし，その後の事件数は，裁判官／裁判所職員の定員が減らされたこととは逆行し，裁判官定員が最小の798名となった1914（大正3）／1915（大正4）年には，民事訴訟件数は1903年の数字を上回るに至る。その後，1919（大正8）年には，財政状況の好転に伴い，裁判官数も裁判所職員数も以前の水準に復するが，それで裁判官数が充分なものになったかといえば，そのようには考えられない[49]。それは，当時の民事訴訟をめぐる最大の問題の一つが訴訟遅延問題だった[50]ことに端

---

[47]　数値の詳細は，本論文末に掲載した【付表】を参照。この時期の裁判官定員の減少を当時の立法作業の方向性と関連づける先行研究として，染野1988［1969］：268-270および本間1975：113-115／124がある。

[48]　民事第一審通常訴訟の新受件数（区裁と地裁の合計）は，1903（明治36）年に136,889件で——1894（明治27）年以降での——ピークを迎えるが，それからわずか4年後の1907（明治40）年には80,566件と，1903年の約6割程度の件数となっている。1911年当時には裁判官が過剰であったことを回顧する三宅1950［1942］：93も参照。

[49]　さらに，当時は，実際の裁判官数が定員数を充足できていないという問題もあったという（この点につき，注51）所引の山内の発言を参照）。

的に示されている。そして，そのことはおそらく，裁判官たちに，〈事件処理の負担が増加しつつある〉という感覚をもたらしていたことであろう。そのような状況で，訴訟手続とは別の紛争処理機関を作って・しかも裁判官自らが中心となって紛争処理を行なうことが可能であるとは——新しい制度に係属する事件数が少ないと初めから予想しているならば格別——司法官僚たちも考えなかったのではないか。

しかしその一方で，新たに司法部内に調停制度を設けるという構想を掲げることは，司法官僚たちにとっては，予算獲得・あるいは一層の裁判官定員増／裁判所職員定員増を要求し実現するための手段という意味もあったはずである[51]。調停制度が司法部内に設けられることとなり，それに伴い裁判官定員が増やされ，しかも実際の調停手続は裁判官以外の者が中心になって行なうとすれば，増員された裁判官を実質的に訴訟手続の担当に回すことが可能となる，すなわち，予算獲得と裁判官および裁判所職員の負担減との，いわば一石二鳥である。仮に山内らがそのようなことを期待していたとすると，借地借家調停制度が司法調停として構想された背景には，優れて政策的な意図があったことになる[52][53]。

---

50) 川口1990：239-242参照。なお，大正期に訴訟遅延が実際上の問題として存在していたかということにつき，染野1988［1969］：245は懐疑的な見解を示すが，少なくとも借地借家調停制度導入の直前の時期においては，それより以前に比べて，裁判官による事件処理の停滞傾向が強まっていたと考えられる。【付表】には掲載していない数値であるが，最も判事定員が少なくなった1915年の訴訟新受事件（地裁と区裁の合計。ただし，通常訴訟のみでなく，証書及為替訴訟／公示催告事件／仮差押及仮処分／裁判所に係属した訴訟外の申立，というカテゴリーを含む）の数に前年からの旧受事件数を加えた数と・1916年の訴訟旧受事件——すなわち，1915年のうちに処理できず1916年にまで係属することとなった事件——の数とを比べると，後者の値は前者の値の16.1％となるのに対し，裁判官定員が1,028名にまで戻った1919年の訴訟新受＋旧受件数と1920年の訴訟旧受件数とを比べると，後者の値は前者の値の20.9％となる。すなわち，〈訴訟処理件数の滞留率〉とも言えるこの数値は，1919年の時点の方が——裁判官定員は30％近くも増えたにもかかわらず——1915年の時点よりも高くなっているのである。
51) 「衆議院委員会議録」第4回（1922年2月15日）：6（山内発言）。やや後の時点でのものになるが，司法省の予算政策をめぐる司法官僚の発言を記録したものとして，座談会1932も参照。
52) 借地借家調停法の施行のために当初増員措置がとられたのは，裁判所書記についてのみであったが，翌年9月の関東大震災の発生をきっかけとして借地借家調停件数が爆発的に増加したことから，それに伴う臨時措置として裁判所書記がさらに増員され（司法省編1939：374／378），1924年10月には，「小作調停法実施ノ為及借地借家臨時処理」の

以上，(1)(2)での議論をまとめるならば，借地借家調停制度とは，①「反＝法化」的な志向を礎石として，②社会の実態に合うように，③民間人の参加を得ながら，④しかし裁判所の管轄下で，⑤調停者の・紛争当事者に対する社会的上位性を利用して，借地借家紛争を処理する制度として構想されたものであり，さらに⑥その構想の背景には，当時の社会経済的ないし政治的状況と結びついて，裁判所組織の定員増あるいは予算増を達成したいという司法省の意図も伺われる，ということになる。ADRの構想を支える志向を分析するための枠組みとして，筆者がこれまでに幾度か依拠した「リーガリスト的」／「テクノクラット的」／「共同体的」という分類軸[54]をここでも用いるならば，借地借家調停制度とは，テクノクラット的志向と共同体的志向とが密接不可分に結びついた形で構想されたものであって，他方リーガリスト的志向は極めて弱いADRである，ということになろう。

それでは，このような性格を持つものとして議会に現われた借地借家調停法案において，裁判官とともに法曹の一部をなす——はずの——弁護士はどのように位置づけられていたのか？

（3） 借地借家調停法案と弁護士——特に代理人許可制度をめぐって——

借地借家調停法の審議過程において最も争われた論点の一つが，調停手続における弁護士の位置づけ，とりわけ代理人許可制度の可否であった。

衆議院の委員会では，実質的な議論が行なわれたという意味では事実上初回にあたる第2回会合から早速，この点[55]に関して，出席した委員から疑問が提示されている。たとえば，自身が弁護士でもある作間耕逸委員は「代理人……ヲ御許シナサッタ方ガ，事件ノ解決ノ上ニ利益ガ多カラウト思フ……。現ニ事件又ハ訴訟ノ代人トナッテ，今日法制ノ上ニ於テ公ケニ認メラレテ居リマ

ためということで，書記定員だけでなく，判事定員も40名増員されるに至る（同：382-383）。

53) なお，金銭債務臨時調停法の導入に際しては，司法部のそのような意図の存在につき，在野法曹の側からの指弾があった（資料の指示も含めて本間1969：16参照）。

54) 高橋2000／高橋2002参照。これら三つの志向の性質については，高橋2000：395-402で検討した。

55) 「[法案] 第七條　当事者及利害関係人ハ自身出頭スルコトヲ要ス但シ已ムコトヲ得サル事由アル場合ニ於テハ裁判所ノ許可ヲ受ケ代理人ヲシテ出頭セシムルコトヲ得
　裁判所ハ何時ニテモ前項ノ許可ヲ取消スコトヲ得。」

スル弁護士モ，全然此［借地借家調停の］法制ノ上ニ認メテナイ……。一体司法当局ハ弁護士ヲ何ト視ラレテ居ラレマスカ。……或ハ裁判所ノ方デハ弁護士ガ附イテ居ッテハ，和解及調停ガシ悪イト云フヤウニ，是モ邪推カモ知レマセヌガ或ハサウ思召ニナッテ居ルカモ知レヌ……」[56]と法案を批判する。これに対し政府委員は，〈本人出頭を原則としたのは，当事者本人による「膝突談合ノ方ガ宜クハナイカ」と考えたからであって，「殊ニ弁護士諸君ニ付テ，何等ノ邪推モ持チマセヌ」（山内確三郎）[57]〉と応答する。政府委員のこの答えを敷衍するならば，この調停法の制度趣旨は〈法律を離れたところで行なわれる当事者同士の話し合いを通じて[58]，当事者の合意を導き，それを基礎として紛争を解決する〉ことにある，したがって〈本人出頭原則〉は調停制度の根幹であって，当事者を「代理」する者は介入させないことが望ましいのであり，弁護士だけを意図的に排除しようとしているわけではない，ということになる[59]。

このように，立法にあたった司法官僚たちは，先にも見た〈借地借家調停制度は「反＝法化」的な志向に立つ〉ということを基礎に置いて，弁護士が当事者の代理人として活動することに対して消極的な評価を示していた。この問題

---

56)「衆議院委員会議録」第2回（1922年2月8日）：2。
57) 同上。
58) 別の回での山内による同旨の発言のうちには「厳格ナル法律上ノ見解トカ云フヤウナコトハ……ソッチ除ケニシテ権利義務以外ノ事情ニ於テ事ヲ処理シタイ……。其目的ヲ達スルニハ矢張其本人ヲシテ……膝突合シテ此処ニ相談サセルト云フ」のが適切だ，というものがある（「衆議院委員会議録」第4回（1922年2月15日）：3）。
59) 同旨のやり取りとして，やはり弁護士である横山勝太郎委員と政府委員との質疑も参照（「衆議院委員会議録」第4回（1922年2月15日）：2-3）。横山はその際に，〈家主や地主の多くは有産階級であって，多くの財産を持ちながら借地借家経営をしているのだから，借り手との間で紛争が起き調停申請がなされたとしても「自身出頭スルコト……［は］到底出来ナイコトハ，初カラ分ッテ居ル」。したがって，いちいち裁判所の許可がなければ代理人が出頭できないというのでは煩雑で，現状にも適しない〉という批判も行なうが，それに対して山内は，〈もし代理人をつけることを原則とすると，資産のある地主ないし家主は弁護士を通して借り主との間の交渉を行なうこととなり，そうなると借地人ないし借家人の側も代理人をつける必要が出てくる。そして，その場合彼らは費用負担に堪えられなくなる可能性があり，それは適当でない。当事者が大地主などであるために，差配などが代理人として出てくることが相応しいと判断した場合には，その出頭を裁判所の方で認めるのだから，それで問題ない〉と応答する。このような借地人／借家人への配慮を前面に出した応答には，司法省側の意見を通すためのレトリックという側面もあったであろうが，そればかりでなく，この立法が持っていた借地人保護／借家人保護への志向の現われという側面もあったであろう。

に関して，弁護士でもあった作間は「[建物の収去や土地建物の明渡といった・利害調整的側面の少ない問題についてまでも，この調停手続を通して]柔カニ穏ニ……解決サセヤウト云フコトハ，私ハ借地人又ハ借家人ノ権利ヲ余リ柔ラカニ看過ギラレハセヌカト思フ……。サウ云フヤウニ強制的ニ住居権ノ根底カラ脅威サレルヤウナ問題ハ，矢張リ普通ノ権利ヲ飽クマデ主張シ得ラレル訴訟手続ニ専ラ委ネテ，此調停法ニ依ラセナイ方ガ，却テ調停法ノ調停ノ目的ニ適ヒハシマイカ……」[60]と，借地借家紛争における（西洋近代）法的な処理の重要性を指摘しようとするが，西洋近代法の規整からの離脱をそもそもの基調とする制度構想においてそのような主張が説得力を認められなかったことは，当然であったろう[61]。

　しかし，当時の司法官僚たちが弁護士による当事者代理に制限を加えたことの理由は，おそらく，そのような理念的な次元のもののみではなかった[62]。当時の弁護士たちへの不信感が強く存在したことも，〈本人出頭原則〉の構想を背後から支えたと考えられるのである。たとえば，貴族院委員会において佐竹義準委員が〈「弁護士ノ中ニモ甚ダサウ言ッテハ悪イカ知レマセヌガ，随分如何ハシイ弁護士ガ無イトモ限ラナイト思フ……」〉と発言したのに関連して山内確三郎は「私モ其点ニ付テハ同感ヲ有ッテ居リマス……」と答え，弁護士に対し消極的な評価を抱いていることを否定しない[63]。当時の裁判官と弁護士との関係については，〈1920年代に入って以降，弁護士は以前よりもその社会的地位を上昇させ，それに伴い（山内を含む）一部の有力な裁判官たちも，社会の実情に即した紛争解決の実現および司法運営の円滑化の実現を目的として，在朝法曹と在野法曹との協調の必要性を唱えるようになった〉ということが指摘されており（川口1990：243-245／清水1992[1966]：91-93参照），それは，その当時の法律家集団のあり方の重要な側面に光を当てるものであるが，他方，当時なお・いわゆる三百代言の跋扈は激しく[64]，さらに，1923年から

---

60)　「衆議院委員会議録」第2回（1922年2月8日）：4。
61)　この点に関連して，渡辺1960：358-363も参照。
62)　新たに創設される制度に決定機関的性質を持たせることも視野に入っていたのではないかと思われる「調査要目」の段階から既に，代理人規制の方針は明らかであったことも想起せよ。
63)　「貴族院委員会議録」第2号（1922年3月11日）：3。なお，山内は後に，本文に引用した発言を取り消している（「貴族院委員会議録」第3号（1922年3月13日）：4）。

1925年にかけて東京弁護士会／第一東京弁護士会／第二東京弁護士会の分裂という事態が生じる65)など，借地借家調停制度導入の時期にも弁護士（および・それと交錯する「非弁護士」）集団の品位を疑わしめるに足る充分な事情が存在したのである。そのような状況において，山内のように「法律の民衆化」の流れに共鳴する司法官僚たちですら弁護士集団の信頼性に関してアンビヴァレントな態度を有していた，言いかえれば，裁判官集団と弁護士集団との間の関係を——対等なものではなく——階層の異なるものとして理解する面があった，ということには理由があるように思われる。

　この〈本人出頭原則〉と代理人許可制度とを定める借地借家調停法案第7条をめぐっては，衆議院委員会において〈弁護士が代理人となる場合には，裁判所による許可は不要とする〉という趣旨の修正案66)が北井波自目委員長より出されて，それが可決される。弁護士を中心として構成された衆議院委員会の委員たちからすれば，弁護士集団への不信感の存在を象徴的に表わすともいえる原案を容認することはできなかったのであろうと思われる67)。しかし，貴族院委員会の委員たちは総じて，この借地借家調停制度が西洋近代法的な原理によって規整されるということに対し一貫して強い警戒感を示し，さらに，しばしば弁護士集団への不信感を隠そうともしなかった。そのような委員たちによって構成される貴族院委員会において，リーガリスト的志向性によって弁護

---

64)　一例のみを挙げるならば，東京弁護士会が三百代言取締法制定を求める建議案を可決したのは1921年3月のことであった（東京弁護士会百年史編纂刊行特別委員会編1980：323-324）。大正から昭和初期にかけての「非弁護士問題」をめぐっては橋本2001-2003：(1)420-443／大野1970：77-81を参照。

65)　この経緯をまとめるものとして，さしあたり大野1970：70-76を参照。

66)　修正案は次のとおり：
　「第七條　当事者及利害関係人ハ自身又ハ代理人出頭スルコトヲ要ス但シ弁護士ニ非ラサル者ヲ代理人トスル場合ニ於テハ裁判所ノ許可ヲ受クヘシ
　裁判所ハ何時ニテモ前項ノ許可ヲ取消スコトヲ得
　裁判所ハ当事者及利害関係人自身ノ出頭ヲ命スルコトヲ得」
　（『大日本帝国議会誌』13巻：760）。

67)　なお，修正案が可決された衆議院委員会に出席した委員11名のうち，過半数の6名が弁護士出身であった（北井（弁護士）／横山（司法官試補を経て弁護士）／板野（司法官試補を経て弁護士）／麓（代言人を経て弁護士）／藤井（弁護士）／作間（弁護士，東京市会議員））。さらに，委員会構成員全体でみると，黒住（司法官試補を経て弁護士）／塚原（弁護士）がそれに加わり，18名中8名が弁護士出身ということになる。以上の経歴は，衆議院／参議院編1962に拠る。

士代理の正統性を根拠づけようとする主張が顧慮されることはなく，その場において第七條は政府提出原案に戻されることとなった。そして，その再修正案は，貴族院本会議を経由して回付された衆議院本会議で，賛成多数により可決されることになるのである。この代理人許可制度は，やがて，おそらく借地借家調停法施行当時には弁護士たちも予想していなかったであろう・自分たちの経済的利害の問題と結びつくことになるのだが，その点については第4節で触れる[68]こととし，いまは議会での審議過程の検討作業を続けることにしよう。

（4）　調停委員会における弁護士の地位をめぐる議論

以上で見てきたように，立法作業の中心を担った司法官僚たちは，弁護士が調停の場に当事者代理人として参加することには終始消極的な態度を示した。しかしそのことは，彼らが，借地借家調停手続において弁護士の果たしうる役割に全く言及しなかったということを意味するものではない。彼らは，調停委員会に弁護士が加わることについては，肯定的な姿勢を示したのである。たとえば衆議院の委員会においては，次のような発言が幾度か述べられる。

> 「……弁護士ト此代人ノコトヲ考ヘマスト，寧ロ私ハ代人ヨリハ此弁護士諸君ハ仲裁[69]ノ委員ニナッテ戴キタイト云フ考ヘヲ持ッテ居リマス。却テ法律問題ニ関連スルト云フコトモ，時トシテハ此争議ニ付テナイコトハナイ。其場合ニ単純ニ素人ダケデハ却テ仲裁ノ進捗ヲ妨ゲルヤウナコトガ無イトモ限リマセヌ。法律家ノ而シテ経験アル弁護士諸君ヲ委員ノ中ニ入レテ，而シテ仲裁條項ヲ定メル事ニスルト云フコトガ，私ハ寧ロ代人トシテ弁護士ノ出頭ヨリハ最モ適当デアラウト考ヘテ居ル……」（山内政府委員）[70]

---

68) なお，翌1923（大正12）年，第46回帝国議会において早速再び〈弁護士が代理人となる場合には裁判所の許可を不要とする〉という趣旨の改正案が衆議院に提出されている。これは，衆議院は通過するものの，貴族院において否決された。
69) この発言中では調停と仲裁という紛争処理方式の違いが充分に意識されていないが，これは，川島により指摘された日本の伝統的紛争処理方式における「調停と仲裁との未分化」という現象と関連していよう（川島1967：154 - 162）。
70) 「衆議院委員会議録」第4回（1922年2月15日）：3。同旨の発言として，同第2回（1922年2月8日）：2参照。なお，後者では，政府委員により，貸主側／借主側各同数程度で調停委員会を——利益代表的に——構成するという方向性も言及されるが，それに対してはすぐに「日本ノ今日ノ状態トシテ……適当デアルカドウカ」分からない，と消極的

この発言からすると，調停委員たる弁護士が果たすことを期待されていたのは，裁判官に対する期待と同様の・〈社会の実情に合致した・妥当な紛争処理〉を——法律とは離れたところで——導く役割というよりは，法律問題に密接に関わるようなケースの処理において法的知識を提供するという役割であるように思われるが，いずれにせよ，調停委員会に弁護士が加わることは歓迎する，というわけである。貴族院委員会における質疑をみると，この点に関する山内の発言はややニュアンスを異にする[71]が，しかしなお弁護士を調停委員に採用することを否定はしていない。先に見たとおり，司法省によって最初に作られた「調査要目」においては弁護士が調停主任に任じられることすらありえたわけだが，議会における法案審議の時点でも，当事者の間に立つ調停者ないし仲介者として弁護士が機能することの可能性は排除されず，むしろそのことが司法官僚たちによって一定程度は期待されていたようにも見えるのである。法的役務の型として提示された「党派的役務」と「中立的役務」というモデルを援用するならば[72]，借地借家調停制度の構想において，弁護士は中立的役務を提供すべき者として位置づけられていた，ということになる。一方当事者だけを支持することを肯定する（換言すれば，相手方当事者との対立を肯定する）「党派的役務」というのは，本来的に西洋近代的法システムとの結びつきが強いものだと考えられる[73]が，そのことを前提にするならば，「反＝法化」的な基盤の上に立つ借地借家調停制度において弁護士のなしうる役務は（せいぜい）中立的なものとならざるをえなかったのであろう。

　以上で，本稿の関心に関連する範囲での・借地借家調停法案の審議過程の検討を終える。これまで見てきたような論点を含むさまざまな問題に関する議論が行なわれたうえで，借地借家調停法は第45回帝国議会を通過し，大正11年法律第41号として1922年4月12日に公布のうえ，同年10月1日より施行されるこ

　　な評価が示されている。
71）「貴族院委員会議録」第2号（1922年3月11日）：6（山内政府委員発言）参照。
72）「中立的役務」と「党派的役務」の内容，および調停型紛争処理方式における法律家の役割を「中立的役務」と「党派的役務」という対抗軸を用いながら検討することの意義に関しては，高橋2002参照。
73）　たとえば北村2001において，弁護士の役割への言及があるのが西洋的な「訴訟モデル」に関連してばかりであることは，そのことと関連していると思われる。あわせて，党派的弁護と当事者対抗主義手続との密接な関連について説明するフラー1963／谷口1988も参照。

ととなった。

4 借地借家調停法の運用の中での法律家の位置

これまでの検討により，法律家の位置づけと関係する限りでの・借地借家調停法の制度設計は，次のようなものであったことが明らかになったと思われる。すなわち，(A)調停委員会における裁判官の位置づけに関しては，①社会の実情／実態に即した解決を導くことのできる主体としての裁判官が，委員会を主宰するものとして構想され，②しかしその実際の運営は民間人である調停委員に大きく依存するという可能性も当時から示唆されており，さらに，いずれにしても③（裁判官を含む）調停委員会構成員は，紛争当事者に対して上位に立つものと考えられていた，ということ，他方，(B)調停制度への弁護士の参加に関しては，①当事者の代理人としての法律家（弁護士）の参加には――原理的な根拠と，おそらく社会階層的な根拠とから――非常に消極的であり，しかし，②調停委員会に法律家が参加することは肯定的に捉えられていた，ということ，である。それでは，この借地借家調停法が実際に運用される過程において，法律家たちはその制度設計通りの役割を果たしたのだろうか？ つづいてこの点について，資料上の制約は大きい[74]が，可能な範囲で若干の検討を加えることにしたい。

(1) 調停借家調停法の運用と裁判官

まず，借地借家調停における裁判官の役割であるが，これについてはごくわずかにしか述べうることがない。ただし，法の施行から比較的年月の浅い時点

---

74) 借地借家調停制度の運用および利用の模様を詳しく伝える当時のものとしては穂積1924／今井1924があるが，いずれも関東大震災によって生じた紛争の処理をめぐるものである。その他の記事としては，エピソード記の範囲を超えないものが多いが，『法律新聞』『法律新報』の以下の号を参照（紙幅の関係で刊行日を省略することを了とされたい）：『法律新聞』2149号：16／2166号：12／2167号：1－2／11－13／2170号：2／2172号：9－10／2173号：10／2175号：5／2176号：6－7／2177号：3－4／2261号：5／『法律新報』13号：29／20号：26／35号：26／54号：28／55号：28／56号：28／58号：10／59号：27／60号：30。また，それより時期が下るものとして長島1931／鈴木（多）1934がある。近時の研究は多くないが，その中で，大阪における借家調停の実態を検討する松下1987が貴重かつ重要である。

で，調停実務への裁判官の関与が薄くなり始めたことを示唆する記事がいくつか見いだされるということに注目すべきであろう。たとえば，1932（昭和7）年7月に行なわれた司法官僚／裁判官／弁護士による座談会において，或る弁護士は，「現在の調停は借家借地ですけれども，あれでは困るんですね，……今は監督判事さんが片手間に遣ったり，さう云っちゃ何ですけれども，えらい人が行って居らんです」と述べている[75]。現行の民事調停法／家事審判法のもとでも「裁判官不在の調停」ということが言われて久しいが，その系に連なる現象が，戦前の調停法の運用において既に生じていたということであろう。先に，借地借家調停制度の導入を企図した一つの目的は裁判官および裁判所職員の増員（および，それらの負担軽減）にあったのではないか[76]ということを指摘したが，調停法の実際の運用のされ方を見てもなお，その推測の妥当性は否定されないように思われる[77]。

(2) 借地借家調停法の運用と弁護士──①調停委員への選任状況

つづいて，弁護士に焦点を合わせよう。ここまでの議論から明らかなとおり，弁護士と調停制度とのかかわり方はさらに，当事者代理人という役割と調停委員という役割とに分けられることになる。先の検討とは順番を入れ替えて，まずは調停委員としての弁護士の側面にかかる実態を見ることにしよう。既に確認したように，弁護士が調停委員として借地借家調停手続に参画することは，立法過程においては否定されておらず，むしろ積極的にそれが期待されているという感すらあった。それでは実際には，弁護士は調停委員にどの程度選任されたのだろうか？

この点に関連して，われわれはまず，借地借家調停法施行時における・東京

---

75) 座談会1932：55。また，それより少し後の時期の状況につき「判事及書記共に終始立会はぬものが相当多」い，と総括しながら，（金銭債務調停も含めての）各裁判所における調停での・裁判官および書記の立ち会いの程度を詳しく紹介する恒田1937：83-86参照。その他，当時の調停において調停主任判事が実務にあまり関与していないという状況が発生していたことを示すものとして，古野1937：6／堀内編著1970：34-35を挙げておく。
76) 施行当初の東京において，調停主任判事として指名された判事は地裁判事3名と区裁判事4名の計7名であった（『法律新聞』2035号（1922年10月8日）：6）。その人数で，どれくらいの事件数を処理することを予定していたのかは明らかでない。
77) これに関連して本間1969：16参照。

と横浜での調停委員の名簿を見ることができる[78]。それによれば，東京では計91名の調停委員が，横浜では計20名の調停委員がそれぞれ選出されているが，どちらの地域においても，弁護士を職業に掲げている者は委員中に見あたらない。委員の多くは会社役員や商人，専門職業者（医師／僧侶など），市会議員／県会議員であり，それぞれの土地の名望家あるいは資産家が中心になっている[79]と思われる――そしてそのことは，立法の時点での委員会構想と適合的なものである――が，そうした顔触れの中に，退職判事であるとか（司法官経験のある）貴族院議員，官僚出身者，さらには法学者などが混じっていることに照らせば，法律家（ないしそれに準じる者）が系統的に忌避されたとは考えられない。にもかかわらず，借地借家調停法の施行開始時点で，弁護士集団は――少なくとも東京／横浜においては――，社会的有力者を中心として構成される調停委員に選任され，調停者の一翼を担う主体として手続に参画するということができなかったのである[80][81]。

　やがて，弁護士の中から調停委員に任命される者が現われるようになるが，なおその人数は――地域によって差違があったものの――多くはなかった，と評するのが適切である。時期を下って，1936年7月末時点での数値を見てみよう（恒田1937：13）。それによれば，東京民事地裁管内では借地借家調停委員計126名中に弁護士の委員は6名，以下・同じ順で記すならば，横浜地裁管内：59名中14名／京都地裁管内：649名中21名／大阪地裁管内：278名中91名／神戸地裁管内：259名中1名／名古屋地裁管内：144名中16名で，合計では借地借家調停委員1,515名中に弁護士委員149名となっている。地域による差が大きい[82]

---

78) 東京に関して『法律新聞』2035号：6／横浜に関して：安齋1922：3参照（横浜については，『法律新聞』2033号：11に〈18名が選任された〉旨の記事を見いだせるが，ここでは刊行日の遅いものに拠る）。委員選任に至る過程を報じるものとして，『法律新聞』1992号：9／1995号：14／2004号：12／2005：10がある。

79) 『法律新聞』2005号：10参照。また，大阪における同様の状況につき松下1987：15-17も参照。

80) ただし，すぐ後に述べることとも関係するが，これには地域差があり，大阪市および東成／西成両郡においては，1922～23年頃の時点で，調停委員96名のうちに弁護士が5名含まれていたという（松下1987：16参照）。

81) また，そのことに対する弁護士からの対抗的反応も，管見の範囲では見いだせない。安齋1922は選出された調停委員の階級性を問題とするが，しかし弁護士が委員に加わるべきだという議論は展開していない。

82) 大阪においては弁護士が調停委員に選任されるケースが多く，東京においてはそれが

ため一般論を展開するのは難しい[83]が，当時から既に弁護士の集中傾向が顕著であった東京についてみるならば，同じ時点で2,660名にのぼった[84]弁護士のうちで調停委員となっている者がわずかに6名であったというのは，ごく限定された者のみが裁判所によって調停委員として認められていたということを意味するといっても，過言ではないであろう[85][86]。

　これを要するに，借地借家調停制度のもとで弁護士が調停委員として活動するという場面は，地域によっては比較的盛んに見られたものの，弁護士総数のうちの4割以上が集中していた東京などにおいては非常に少なかった。立法過程で示された・調停制度への弁護士の寄与の可能性が，実際にも十全に実現されたとは，言い難いと思われる。

（3）　借地借家調停法の運用と弁護士──②当事者代理人としての弁護士

　続いて，当事者代理人としての弁護士活動の実態を，統計を手がかりにして検討してみたい。この点に関してわれわれが具体的なデータを見ることができるのは，1935年（昭和10）頃に関してである。すなわち，1935（昭和10）年に行なわれた借地借家調停における本人および代理人の出頭率[87]の調査結果を紹介する恒田1937：33-34によれば，その数値は，東京区裁判所[88]では〈弁護士

　　少ないという状況は，それ以前から指摘されている。座談会1930(1)：32／乙部1932：7参照。
83)　さらに，その時点では既に金銭債務臨時調停法が施行されていたため，金銭債務調停委員の人数にも目を配る必要があるが，本稿ではその点は措くことにする。
84)　『法律新聞』4023号：19の記事に拠る。1936年7月末時点で，東京弁護士会会員が1,811名，第一東京弁護士会会員が484名，第二東京弁護士会会員が365名だったという。
85)　さらに，調停委員として任命されながらも実際にはその任務を果たさない弁護士の存在というのが当時指摘されていたことにも注意する必要がある。専ら金銭債務調停を念頭においた記述かと思われるが，鈴木（多）1933：(3) 4参照。
86)　他方，1936年当時（何月の時点かは不明）の大阪弁護士会の会員数は765名（大阪弁護士会編1989：資260）であり，大阪においては，調停委員会の中での弁護士の重要性は小さくなかったものと思われる。
87)　ただし，同書では「出頭率」の意味が明らかにされていない。そこで，以下ではこれを，調停申立人と被申立人をそれぞれ別個の一当事者（すなわち二名の当事者）とみて，それらの出頭状況について──各調停期日を単位にするのではなく，各事件を単位にして──数えたものとみなすことにする。
88)　出張所取扱事件が除かれている可能性がある（恒田1937：29参照）が，分明ではない。「出張所」については穂積1931：25を参照。

代理人出頭率　50.0％／非弁護士代理人出頭率　7.5％／本人出頭率　42.5％〉，大阪区裁判所では〈弁護士代理人出頭率　5.2％／非弁護士代理人出頭率　26.1％／本人出頭率　68.7％〉だったという。このデータからは，二つのことを推論できる。

一つめは，調停事件における弁護士選任率の高低の評価についてである。同時期の（民事）訴訟事件における弁護士選任率に関するデータを見いだすことができなかったため，正確な比較はできないが，たとえば，1954（昭和29）年の時点での簡裁（全国[89]）における民事第一審通常訴訟での弁護士選任率[90]をここでの「本人出頭率」に合わせ計算し直すならば，〈弁護士選任率≒弁護士代理人出頭率　25.8％／本人出頭率　74.2％〉となる。同様に，借地借家調停の取扱事件と一定程度の対応性をもつと考えられる・「土地を目的とする訴」と「建物を目的とする訴」とに関して，今度は地裁と簡裁とを合わせて[91]同様の計算をすると，実に〈弁護士選任率≒弁護士代理人出頭率　70.5％／本人出頭率　29.5％〉という結果となる。他方，戦前に関しては，東京区裁／大阪区裁における借地借家調停事件の数値は前に記したとおりだが，金銭債務調停／借地借家調停／商事調停を合わせての・全国での数値は〈弁護士代理人出頭率≒弁護士選任率　6.1％／非弁護士代理人出頭率　17.8％／本人出頭率　76.1％〉となっている（恒田1937：33）。もし，第二次世界大戦後になってから急激に弁

---

[89]　『司法統計年報』では，弁護士選任率に関しては，全国レベルでの数値しか掲載されていない。

[90]　『昭和29年　司法統計年報　1．民事編』に拠る。続いて述べる・事件種類ごとの統計が最初に掲載されるのが1954年のものであるため，ここでも同年のデータを用いるが，『司法統計年報』自体は1952年分から刊行されており，簡裁／地裁それぞれにおける――ただし事件種類ごとに分かれていない――弁護士選任率もそこには掲載されている。ちなみに，1952年の簡易裁判所における民事第一審通常訴訟をみると〈弁護士選任率≒弁護士代理人出頭率　31.0％／本人出頭率　69.0％〉となり，弁護士選任率は1954年よりも高い。1952年以降・長期的に見て，民事第一審通常訴訟における弁護士選任率は，地裁では横這い／簡裁では減少傾向にあるが，そのことからは，戦前の民事訴訟における弁護士選任率というのは――当時の・弁護士への低い社会的評価の存在がしばしば指摘されるにもかかわらず――現在と比較して必ずしも低いものではなかったのではないか，とも考えられる。1952年から1999年までの推移に関して，林屋／菅原編著2001：87-88／217-218を参照。

[91]　ここで地裁を含めるのは，借地借家調停法において対象となる事件が「土地又ハ建物ノ貸借，地代，家賃其ノ他借地借家関係」についての争議であって（一條一項），調停を求める事項の価額には制限がなかったためである。

護士選任率が上がったのでないとするならば、すなわち戦前における弁護士選任率が戦後まもなくの時点でのその数値と同程度であったとするならば、調停事件（借地借家に限らないでのものではあるが）の弁護士選任率は、訴訟事件におけるそれに比べて——最下級裁判所を比較の対象としても[92]、土地建物関連事件を比較の対象としても——かなり低かった、ということがこれらのデータから明らかになろう[93]。代理人許可制度の採用が、調停事件の当事者をして弁護士から遠ざからせたという面があった可能性も、否定できないと考えられる。

　二つめは、弁護士の業務範囲と調停制度との関係についてである。1935年度の借地借家調停事件数（ただし新受事件と旧受事件を合計したもの）は、東京区裁で7,755件／大阪区裁で5,483件（恒田1937：221）、他方、同年度の第一審民事通常訴訟新受件数は、東京地区裁合計で16,754件／大阪地区裁合計で18,622件（同：224-225)[94]であった。そこから——厳密性は犠牲にせざるをえないが——計算するならば、当時の東京の弁護士は一人あたり1年に、第一審民事通常訴訟事件を約8.8件[95]／借地借家調停事件を2.9件弱[96]、同じく大阪の弁護

---

[92] 簡易裁判所と区裁判所との性格の違いという問題は、ここでは措く。簡裁と区裁との関係につき、さしあたり兼子／竹下1999：211-213参照。

[93] 1935年の借地借家調停に関しても、特に東京区裁に限ってみれば弁護士代理人出頭率は50.0％とかなり高い。しかし、当時の東京における民事訴訟では、それよりいっそう高い弁護士選任率が見られたという可能性もある。この点については今後の研究の進展を待ちたい。

[94] なお、これらの数値が「1935（昭和10）年度」のものであるというのは、恒田1937の記述に拠り、その限りでは会計年度で計数した数値かと思われるのだが、民事第一審通常訴訟新受事件数に関していえば、東京／大阪いずれについても『司法省第六十一民事統計年報』に記された1935年（これは暦年だと考えられる）の数値と同じである。したがって、ここでの借地借家調停事件に関する数値も、暦年での1935年のものである可能性が少なくない。

[95] 16,754×2×0.70÷2,660=8.82。参照しえた中で最も古い・1952年の時点での弁護士選任率は、地裁と簡裁とを合計して全国平均で48.7％（『昭和27年　司法統計年報　1．民事編』から算出）となる。この数値が1935年当時から変化をしていないと仮定し、かつ、しかし東京での数値は全国平均よりもかなり高かったであろうと想定して、70％で計算した。また、1935年の時点での東京の弁護士数については資料を見いだせなかったため、1936年の人数で計算した。ただし、【付表】に示されているように、1935年から36年にかけて弁護士数は激減しているため、1935年の一定の時点においては、東京の弁護士数も2,660名より相当多かった可能性はある（また、当時弁護士登録をしていた者のうちの少なからぬ人数は、弁護士を主たる職業にしていなかったのではないかとも思われる）。

士は一人あたり1年に，第一審民事通常訴訟事件を約24.7件[97]／借地借家調停事件を0.8件弱[98]，それぞれ扱ったと考えることができる。これを見ると，東京においては調停事件の存在により相対的に業務範囲が拡大したと言えなくもないが，しかし訴訟事件に関する報酬と調停事件に関する報酬との間にはおそらくかなり大きな金額の差があったであろうことを考えれば，調停事件はなお大きな比重を占めなかったと思われる。また，大阪におけるような・1年に0.8件弱の調停事件というのは，当時一定水準以上の活動をしていた弁護士にとっては，ほとんど無視しうる程度に小さな数値であったろう[99]。そうだとするならば，一般的な弁護士たちにとって，調停制度の導入というのは，自分たちの職域を拡大させるという意味をほとんど持たなかった，ということになる[100]。

以上に照らすならば，借地借家調停制度の導入は，当事者代理人としての弁護士の活動範囲を拡げることはなく，むしろ，裁判所に持ち込まれる事件のうちから・弁護士が当事者代理人として活動する場面というのを少なからず奪う

---

96) 7,755×2×0.500÷2,660=2.92。弁護士数については前注参照。本文中で「弱」としたのは，基礎とした事件数に旧受事件も含まれているためである。
97) 18,622×2×0.50÷754=24.70。上で示した・1952年時点での地裁／簡裁合計の全国平均値を基礎として，弁護士選任率を50％として計算した。1935年の大阪弁護士会の会員数は，大阪弁護士会編1989：資260に拠る（客員2名は含めていない）。
98) 5,483×2×0.052÷754=0.76。
99) 明治から昭和初期にかけて現在の兵庫県豊岡市に本拠を構えた弁護士・馬袋鶴之助の活動については，豊富な第一次資料に基づく経験的研究が公表されているが，それによれば，馬袋は大正期を通じて，1年に平均して95.8件の訴訟事件を受任し（川口2001：274），さらにそれ以外に，訴訟に至らないような事件の処理も一定程度の数——或る年には，訴訟事件数と同数程度——行なっていたという（川口2001［2001］：280-283）。
100) それより少し遡る1930年頃の時点で，弁護士の生活難という問題が顕在化する（大野1970：92-96）が，そのような苦しい経済状況の原因として，弁護士数の急激な増加と並んで挙げられていることの一つが，調停制度の導入である（田坂1929-1930：(1)12）。当時の事件数および弁護士数の変化については【付表】参照（なお，同表に掲載したデータのうち，高等試験司法科試験合格者数／弁護士試験合格者数／法律第52号による弁護士合格者数については，【付表】でカバーしていない時期も含めて，村上1996：65-67に一覧表がある。ただし，そこでは1921（大正10）年と1922（大正11）年に関して——この2ヶ年は，例外的に判検事登用試験／弁護士試験とも年2回ずつ実施された（『法律新聞』1818号：10参照）のだが——いずれについても各1回分の合格者数しか計上されていないので，注意が必要である）。1930年の時点での弁護士の経済状況については，『法曹公論』34巻8号（1930年）pp.30-64／34巻9号 pp.39-52を参照。

方向に作用した，と考えられよう[101]。

5 まとめに代えて

　先に見たように，借地借家調停法の制定過程における弁護士たちからの反対というのは，その職業上の威信にかけてのものという性格が強かったと思われる。しかしそれから10年を経た時点になると，調停事件の範囲の拡大およびそこでの代理人許可制度の（再度の）採用というのは，弁護士の威信への脅威というよりも，弁護士の業務活動（およびその生活）への大きな現実的脅威として感じられたことであろう。1932(昭和7)年に施行された金銭債務臨時調停制度をめぐっては，借地借家調停制度導入時とは比べものにならないくらいに強い抵抗運動が弁護士たちによって展開されることとなった。そのような展開を追うことも，日本における調停制度の歴史を検討するうえで重要な作業だと考えられるが，しかしそれはもはや本稿の範囲を超える[102]。最後に，これまで見てきた借地借家調停制度と法律家との関係について簡単にまとめることにして，本稿を閉じたい。

　タルコット＝パーソンズは，その理論展開の後期[103]に至って，法律家を含むプロフェッションに関して重要なモデルを提示している[104]。合議協働体

---

101)　なお，これらに関連して，借地借家調停法が代理人許可制度を採用する以上，〈裁判所が弁護士に対して，当事者代理人として調停手続に参加することを許可したかどうか〉という点からも検討を行なうことが有意味であるが，充分な資料が見つからなかった。一般的な運用方針としては，正規の弁護士であれば無条件に代理人としての参加を許可するということになっていたようである（恒田1937：26／座談会1933：(2)52［宇野発言］など参照）。借地借家調停については，裁判所による・弁護士代理人の極端な拒否という現象は生じなかったということだろうか。なお，金銭債務調停に関する弁護士代理人の許可状況が「金銭債務臨時調停法施行後の実績に関する全国弁護士会の調査報告概要」，『正義』9巻9号（1933年）pp. 5-26，のうちに掲載されているが，借地借家調停法の施行地域の状況に関する記述は横浜についてしか含まれていない。
102)　1930年代に入ってから，借地借家調停法における代理人許可制度の撤廃に向けての運動——たとえば，第64回帝国議会（1932～33年）への「借地借家調停法中改正法律案」の提出など——が再び行なわれることになる（座談会1933：(2)48-57参照）が，これも金銭債務臨時調停法との関連で検討が行なわれるべきである。
103)　富永2002：219での区分に拠るならば，第4期以降に当たる。
104)　日本におけるリーガル・プロフェッションをめぐる議論状況については，ここでは触れない。的確な見取り図を提供するものとして濱野1997［1996］を挙げるにとどめる。

collegial association と名づけられたそのモデルによれば,プロフェッションとその依頼者とが作り上げる社会的関係は次のようなものとして理解される[105]。すなわち,プロフェッション(および,それを支える——たとえば事務／管理などに関する——諸機構)とその依頼者は,或る共通の目的に向かって協働する・一つのシステムを構成し,さらに,その協働体構成員の間の対等と平等を擬制しながら,そのシステムは機能する。プロフェッションが自己の専門分野に関して高度の知識と練達とを備え,その専門分野において——しかしそれと同時に,その専門分野の範囲を当然に越えるということはなく[106]——依頼者に比べて権限ないし能力で優越することは当然である。しかしそれにもかかわらず,プロフェッションと依頼者との間には階統制的な(あるいはパターナリスティックな)関係が生じることがなく,両者の間で対等な立場での協働作業が行なわれることを通じて,共通の目標達成が目指される。このような社会的関係が結ばれるという点が,プロフェッションに特徴的なことだとされるのである。さらに,このような社会的関係のあり方は,プロフェッション内部での諸構成員間に共通して現われるとされる。その代表的な例の一つとして彼が挙げるのは,合議体による裁判である(以下につき,Parsons 1978 [1975]: 22-24／33-34)。すなわち,そこで裁判長は,自己の裁判長としての立場に由来する・一定の手続上の権限を有するものの,それ以外の事柄にかかる判断に関しては,他の構成員と同等の権限のみを有する。さらに,裁判官と陪審員との関係も,(陪審を含む)裁判機関と訴訟行為を行なう主体との関係も,訴訟行為を行なう訴訟代理人と訴訟当事者との関係も,そして,(直前のものと重なるが)弁護士と紛争当事者との関係も,全て,一方が他方に対して一定の権限ないし能力——法的なものも事実的なものの含む——において優越しながらも,その相互の関係は平等であると擬制される,ということをパーソンズは指摘する。

---

105) 以下に関連して,医療のシステムを素材としながら,パーソンズの合議協働体の理論を詳しく紹介するものとして高城2002がある。また,法社会学的観点から書かれた近時の論稿のうちで,パーソンズのプロフェッション論を——ただし,その前期の段階での議論に即して——取り上げるものとして,渡辺2001も参照。
106) プロフェッションの特性の一つとして「機能特定性」specificity of function が挙げられることは,パーソンズのプロフェッション論において一貫している(たとえば,Parsons 1951 [1939]: 38-40)。彼のプロフェッション論の展開については Parsons 1964 [→パーソンズ1973] 参照。

すなわち，訴訟システムとは，事実上の能力や権限だけをみるならば階統制的ないし垂直的な関係を構成して然るべき主体の間の関係が，水平的なものとみなされることによって成り立っているシステムだ，というのである。そして，このようなモデルを理念型として想定しなければ，プロフェッションが取り結ぶ社会的関係，なかんずくプロフェッションとその依頼者との関係は適切に描写しえない[107]，そのようにパーソンズは考える。

　しかし，権限ないし能力の優劣が存在する二者間の関係が，それにもかかわらず対等／平等なものとみなされる，換言すれば水平的なものとみなされるようになるためには，一定の装置が必要である。そのような装置としてパーソンズが挙げるのは，それらのアクター間に存在する信認 fiduciary 関係である[108]。すなわち，先に挙げたようなそれぞれの二者間においては，優越的権限あるいは優越的能力を有する方の者が，もう一方の者にとっての受認者として位置づけられる，裏返せば，権限ないし能力において劣後する者は委託者であり受益者であるという関係が発生している，というのである。このような信認関係が存在する場合には，受認者は，委託者の利益を第一に考え行動するという義務，受認者自身の利益を図ってはならないという義務を負うのであって，受認者の

---

107) パーソンズが合議協働体との対比で念頭に置いている既存のモデルは，市場モデル／官僚制モデル／民主制モデルである（Parsons/Platt 1973：125-129／高城1989：69-73参照）。合議協働体モデルは，そのモデルにおけるアクターが相互に対等であるという点では，市場モデルのもとでのアクター間の関係と共通する。しかし，プロフェッションと依頼者との間では〈双方が利益の最大化を図り，利益が生じないと考えた場合には関係を解消する＝市場から離脱する自由がある〉という——市場モデルのアクターにおいて一般的な——状況が存在しない（言いかえれば，〈プロフェッションは依頼者の利益を図らねばならない〉という一方方向的な倫理的要素が存在する），という点で，合議協働体モデルと市場モデルとは異なる。官僚制モデルは，アクター間に階統制的な関係が生じることを本質的な要素とし，その点で合議協働体モデルと鋭く対立する。民主制モデルは，「一人一票」という形で当事者間の平等を制度化しているという点で，合議協働体モデルと共通するが，しかしそこではプロフェッションと依頼者との間に事実上存在する力の格差という要素が本来的に捨象されているため，プロフェッションが実際に取り結ぶ社会的関係の重要な側面が看過されると，パーソンズは考える。
108) この信認関係に関しても，その有無／強弱という点で，前注で挙げた三つの社会的組織化のモデルと合議協働体モデルとは異なるとされる（Parsons/Platt 1973：129）。信認関係については，法システムを素材とした議論ではないが，Parsons 1978［1969］：40-45／高城2002：161-164参照。さらに，法学の領域からの議論で・これと密接に関連するものとして，樋口1999：26-39も参照されたい。

――委託者よりも優越する――権限ないし能力は，委託者の利益のためにこそ用いられなければならない，と観念される。ここでは，現実に存在する権限ないし能力の優劣関係とは逆のベクトルを持った権利‐義務関係が存在することになる[109]。

リーガル・プロフェッションが取り結ぶ社会的関係をこのような「合議協働体」の構成要素として把握するならば，本稿で見てきた，借地借家調停制度を準拠点として・大正末期から昭和初期にかけての日本の法律家たちによって取り結ばれた社会的関係は，この合議協働体モデル[110]から多くの点で偏差を見せる，ということになる[111]。

第一に，借地借家調停の制度構想においては，裁判官と弁護士との間の関係も，裁判官と紛争当事者との間の関係も，水平的なものではなく，垂直的なものとして捉えられていた。第二に，裁判官を紛争当事者および弁護士との関係で上位に置く根拠，言いかえれば紛争当事者に対する裁判官の権限／能力の優越の根拠は，その法的能力／資質という機能特定的な要素にあったのではなく，より一般的な意味での社会階層的な上位性にあった。第三に，弁護士は，テクノクラティックな性質を強く帯びた借地借家調停の制度構想において，当事者

---

109) 日本の弁護士論の文脈で，弁護士と依頼者との関係を信認関係として捉えることにつき加藤2000：10‐11を，さらに，本稿の視角との関連で小島1994［1989］：249‐251を，それぞれ参照。なお，弁護士論における論点の一つである・弁護士の「当事者代理人的性格」と「公益的性格」との緊張関係（加藤2000：5‐8参照）というのはパーソンズによっても意識されている（Parsons/Platt 1973：250-251）が，彼の社会システム理論に依拠するならば，これは，リーガル・プロフェッションにとっての委託者というのはひとり（直接的な）依頼者のみではなく，社会もまた委託者／受益者として位置づけられる，ということと関係している。

110) なお，パーソンズ自身は，リーガル・プロフェッションを合議協働体モデルに結びつける議論を展開するに際して，本文で紹介した例示からも分かるように，特に訴訟（裁定）において生じる社会的関係を念頭に置いていたと思われる。しかし，このモデルは，（リーガル・プロフェッションに限定されない）プロフェッションとその依頼者との間の社会的関係一般に焦点を合わせたものであるということに鑑みれば，その社会的関係の生起する場面が裁定的なものであるか調停的なものであるかは，さしあたり相違をもたらさないと考えられる。

111) 以下に関連して，大正期以降の日本の法律家のあり方をめぐる法社会学的な検討として，川口2001［2001］／清水1992［1966］を，また，第二次世界大戦までの日本の法律家について俯瞰するものとして，大野1970／服部1965［1963］／三ヶ月1972［1966］／Rabinowitz 1956（同論文については古賀1975も）を，それぞれ参照されたい。また，以下の検討と視角を共通にすると思われる先行研究として，谷口1988：49‐53も参照。

代理人という立場で活動することに留保が付されるという方向で，その活動範囲を強く限定された。第四に，弁護士たちは，実際の借地借家調停において，当事者代理人として充分な活動をしなかった。第五に，そればかりでなく，弁護士たちのうちで調停者（調停委員）として活動する者も，一部の地域を除いては，わずかであった。第一／第二の点は既に川島によって指摘されている（川島1965［1963］：62-63参照）ことであるが，残る第三／第四／第五の点が，合議協働体モデルとの関係で意味すると考えられるのは次のことである。当事者代理人たる弁護士とは，一般市民たる紛争当事者という——裁判官に対して，法的能力において劣後することが通常であるような——主体を，信認関係を基礎としてサポートする者であって，かつそのように・法システムにおける紛争当事者の法的能力を引き上げることを通じ，裁判官と紛争当事者の対等／平等という——本来，事実との乖離が大きい——擬制に現実を近づけ，法システムが合議協働体として現実に機能することを支える存在である。しかし，裁判官集団と弁護士集団との間での一般的信頼関係が充分に存在していなかったと考えられる当時の日本において，裁判官と弁護士とが，信認関係を基礎とする合議協働体を構成するということを制度的に構想することは，おそらく困難であった。むしろ，借地借家調停制度のもとでの弁護士は，そのような，当事者代理人たることを通じて合議協働体を発現させるという役割を果たす主体としてよりは，一部の限られた者のみが「特別ノ知識経験アル者」として裁判所により選任されて——すなわち，裁判所によって，信頼できると考えられた者のみが個別にピックアップされて——，裁判官と同じ位置において（それも，裁判官の負担を軽減するため，ということもおそらく一つの目的としながら）紛争処理を行なう主体として構想されたのであり，さらに，実際には，そのように・裁判官と水平的な立場で紛争処理を行なうという役割すらほとんど果たせなかったのである。

　以上を約言するならば，借地借家調停制度において現われた・当時の日本の法曹——裁判官および弁護士——は，彼らがそこで取り結んだ社会的関係を見る限り，その制度構想においても，その実際の運用においても，合議協働体を構成する主体として特徴づけられるリーガル・プロフェッションとは本質的に異なるものであった，ということになる。

　本稿で取り上げることができたのは，日本の借地借家調停制度の歴史が示し

うるさまざまな像のうちのごく限られた側面に過ぎなかった。もし本稿が，日本の調停，あるいは日本の法律家をめぐる今後の研究にとって，なんらかの意味で寄与することがあるならば，それで本稿の目的は達せられる。

文献目録

　以下には，本文中で引用／言及した文献の書誌データを掲げる。ただし，新聞記事や議会議事録などのように，もともと執筆者名が明示されていないものについては，本文中の該当個所で典拠を示すことにし，以下には含めない。文献は邦文文献と欧文文献とに分け，それぞれ著者の姓の順に並べているが，「座談会」は邦文文献の最後に置いた。著者名／文献名について，依拠したテクストにおいて用いられていた旧字・俗字を新字・正字に改めた場合や，また漢数字をアラビア数字に改めた場合などがある。

　同一文献に複数のテクストが存在する場合には，筆者が気づいた限りで最も新しいテクストに依拠することを原則としているが，テクスト間に内容上の異同が存在する場合や，最新のテクストに依拠することが読者にとっての検索の便宜を阻害する可能性が高いと考えた場合には，必ずしもその原則に従っていない。

【邦文文献】

安達三季生　1959：「小作調停法」，鵜飼信成／福島正夫／川島武宜／辻清明責任編集『講座　日本近代法発達史　7』勁草書房，pp.37-86

安齋林八郎　1922：「借地借家調停法の委員に就て」，『法律新聞』2039号（1922年10月18日）pp.3-5

石部雅亮　1993：「歴史的比較法的考察の対象としての調停制度」，石部／松本編 1993：299‐321

石部雅亮／松本博之編　1993：『法の実現と手続─日独シンポジウム─』信山社出版

伊藤孝夫　2000：『大正デモクラシー期の法と社会』京都大学学術出版会

今井恭太郎　1924：「震災後の借地借家調停の結果と新借地借家臨時処理法実施に就て」，『法曹会雑誌』2巻10号 pp.1-36

ヴォン＝メーレン，A.T. 編（日米法学会訳）　1965：『日本の法（上）』東京大学出版会

江藤价泰　1968：「調停制度の機能と役割」，野村平爾［ほか］『日本の裁判［戒能通孝博士還暦記念論文集］』日本評論社，pp.343-373

大阪弁護士会編　1989：『大阪弁護士会百年史』大阪弁護士会

大野正男　1970：「職業史としての弁護士および弁護士団体の歴史」，大野正男編『講座　現代の弁護士　2　弁護士の団体』日本評論社，pp.1-122

小川達雄　2003:「非常勤裁判官制度の創設」,『自由と正義』54巻8号 pp. 87-94
乙部眞琴路　1932:「少額債権債務調停法の話」,『法曹公論』36巻8号 pp. 2-9
小野瀬有　1975:「立法過程からみた小作調停法の性格」,『法律論叢［明治大学］』47巻5号 pp. 55-138
勝田有恒　1990:「紛争処理法制継受の一断面―勧解制度が意味するもの―」,『JURISPRUDENTIA　国際比較法制研究』1号 pp. 6-69
加藤新太郎　2000:『弁護士役割論［新版］』弘文堂
兼子一／竹下守夫　1999:『裁判法［第四版］』有斐閣
川口由彦　1990:『近代日本の土地法観念―1920年代小作立法における土地支配権と法―』東京大学出版会
川口由彦　2001［2001］:「一九一七年（大正六年）の馬袋の弁護士活動」「一九二二年（大正一一年）の馬袋の弁護士活動」, 川口編著2001: 275-420
川口由彦編著　2001:『明治大正　町の法曹―但馬豊岡　弁護士馬袋鶴之助の日々―』法政大学出版局
川島武宜　1959［1951］:「権利の体系」, 川島『近代社会と法』岩波書店, pp. 142-170
川島武宜　1965［1963］:「現代日本における紛争解決」, ヴォン＝メーレン編1965: 59-100
川島武宜　1967:『日本人の法意識』岩波書店
川島武宜　1982［1960］:「社会構造と裁判」,『川島武宜著作集　第三巻　法社会学3』岩波書店, pp. 2-29
北村一郎　2001:「訴訟モデルと調停モデルとの対照に関する比較法的一試論」, 青山善充／伊藤眞／高橋宏志／高見進／高田裕成／長谷部由起子編『民事訴訟法理論の新たな構築［新堂幸司先生古稀祝賀］　上巻』有斐閣, pp. 453-490
古賀正義　1970:「日本弁護士史の基本的諸問題―日本資本主義の発達過程と弁護士階層―」, 古賀正義編『講座　現代の弁護士　3　弁護士の業務・経営』日本評論社, pp. 1-92
小島武司　1994［1989］:「弁護士過誤の問題」, 小島『弁護士―その新たな可能性―』学陽書房, pp. 219-252
小山昇　1977:『民事調停法［新版］［法律学全集38-Ⅱ］』有斐閣
最高裁判所事務総局　1972:『わが国における調停制度の沿革』最高裁判所事務総局
佐々木吉男　1974［1967］:『増補　民事調停の研究』法律文化社
佐藤岩夫　1998:「日本民法の展開(2)特別法の生成―借地・借家法」, 広中俊雄／星野英一編『民法典の百年　Ⅰ　全般的観察』有斐閣, pp. 231-277
佐藤岩夫　1999:『現代国家と一般条項―借家法の比較歴史社会学的研究―』創文社
司法省編　1939:『司法沿革誌』法曹会
司法省調査課　1922:『司法資料　第十号　独国ニ於ケル調停手続ニ関スル規程／仏

国戦時家賃法／伊国小作契約法』司法省調査課

清水誠　1992［1966］：「日本法律家論—戦前の法律家—」，清水『時代に挑む法律学—市民法学の試み—』日本評論社，pp. 64-111

衆議院／参議院編　1962：『議会制度七十年史　衆議院議員名鑑』大蔵省印刷局

鈴木多人　1933：「調停法に就て（一）〜（三・未完）」，『法曹公論』37巻6号 pp. 2-8，37巻7号 pp. 2-14，37巻8号 pp. 2-7

鈴木多人　1934：「借地借家調停法実蹟調査に基く改善の私見」『法曹公論』38巻4号 pp. 2-9

鈴木禄弥　1984[1967]：「大正期の借地・借家立法」，鈴木『借地・借家法の研究　Ⅰ—総論および借地法—　民法論文集（二）』創文社，pp. 108-135

染野義信　1988［1969］：「わが国民事訴訟制度における転回点—大正一五年改正の経過と本質—」，染野『近代的転換における裁判制度』勁草書房，pp. 242-310

高城和義　1989：『アメリカの大学とパーソンズ』日本評論社

高城和義　2002：『パーソンズ—医療社会学の構想—』岩波書店

高橋裕　2000：「司法改革における ADR の位置」，『法と政治［関西学院大学］』51巻1号 pp. 363-416

高橋裕　2002：「ADR における弁護士の役割に関する一試論」，阿部昌樹／馬場健一／斎藤浩編『司法改革の最前線』日本評論社，pp. 314-333

田坂貞雄　1929-1930：「社会問題としての弁護士の生活及其対策［全五回］」，『法曹公論』33巻10号 pp. 2-18，33巻11号 pp. 2-16，34巻1号 pp. 4-21，34巻2号 pp. 2-22，34巻4号 pp. 55-73

田中成明　2000：『転換期の日本法』岩波書店

谷口安平　1988：「弁護士と法・事実—民事訴訟における弁護士の役割—」，『民事訴訟雑誌』34号 pp. 37-60

茶谷勇吉　1933：『借地借家の現行法規に関する若干の考察［司法研究報告書集　第十七輯五］』司法省調査課

恒田文次　1937：『借地借家，商事，金銭債務各調停法運用上生ずる問題に就て［司法研究報告書集　第二十一輯一］』司法省調査課

東京弁護士会百年史編纂刊行特別委員会編　1980：『東京弁護士会百年史』東京弁護士会

利谷信義／本間重紀　1976：「天皇制国家機構・法体制の再編——一九一〇〜二〇年代における一断面—」，原秀三郎／峰岸純夫／佐々木潤之介／中村政則編『大系・日本国家史5　近代Ⅱ』東京大学出版会，pp. 153-262

富永健一　2002：「パーソンズの社会学理論—『人間の条件パラダイム』への道—」，タルコット＝パーソンズ（富永健一／高城和義／盛山和夫／鈴木健之著訳）『人間の条件パラダイム—行為理論と人間の条件　第四部』勁草書房，pp. 217-276

長島毅　1931：「借地借家調停法の申立件数に表はれたる二三の事柄」,『法律時報』3巻1号 pp. 30-35
日仏法学会編　1991：『日本とフランスの裁判観』有斐閣
唄孝一／利谷信義　1975：「『人事法案』の起草過程とその概要」, 星野英一編集代表『私法学の新たな展開［我妻栄先生追悼論文集］』有斐閣, pp. 471-526
橋本誠一　2001-2003：「弁護士鈴木信雄と近代地域社会(1)～(4・完)」,『法政研究［静岡大学］』5巻3=4号 pp. 385-443, 6巻1号 pp. 109-160, 6巻3=4号 pp. 495-522, 8巻1号 pp. 27-67
パーソンズ, タルコット（小尾健二訳）　1973：「医療社会学の領域に関連する若干の理論的考察」, パーソンズ（武田良三監訳）『社会構造とパーソナリティ』新泉社, pp. 427-466
服部高顯（リチャード=W.ラビノウィッツ協力）　1965［1963］：「日本の法曹―その史的発展と現状―」, ヴォン=メーレン編1965：159-219
濱野亮　1997［1996］：「法化社会における弁護士役割論―民事分野を中心として―」, 日本弁護士連合会編集委員会編『あたらしい世紀への弁護士像』有斐閣, pp. 1-22
林真貴子　1996：「勧解制度消滅の経緯とその論理」,『阪大法学』46巻1号 pp. 141-180
林真貴子　1997：「紛争解決制度形成過程における勧解前置の役割」,『阪大法学』46巻6号 pp. 163-192
林真貴子　2003：「勧解制度選好の要因」,『近畿大学　法学』51巻1号 pp. 164-142
林屋礼二／菅原郁夫編著　2001：『ジュリスト増刊　データムック民事訴訟［第2版］』有斐閣
樋口範雄　1999：『フィデュシャリー［信認］の時代』有斐閣
フラー, ロン=L.（平野竜一訳）　1963：「当事者主義」, ハロルド=J.バーマン編『アメリカ法のはなし』有信堂, pp. 31-43
古野周蔵　1937：「大阪に於ける調停制度廃止運動」,『法律新聞』4101号（1937年3月13日）pp. 4-6
穂積重遠　1924：「大震火災と借地借家調停法」,『法学協会雑誌』42巻5号 pp. 153-179
穂積重遠　1931：『調停法［現代法学全集38巻］』日本評論社
堀内節編著　1970：『家事審判制度の研究　附　家事審判法関係立法資料』中央大学出版部
堀内節編著　1976：『続　家事審判制度の研究　附　家事審判法関係立法資料補遺』中央大学出版部
本間義信　1969：「昭和戦前期の民事司法」,『法経研究［静岡大学］』18巻1号 pp. 1-29
本間義信　1975：「大正期の民事司法」,『法経研究［静岡大学］』23巻2=3=4号 pp. 107-129
松下孝昭　1987：「一九二〇年代の借家争議調停と都市地域社会―大阪市の事例を中

心に―」,『日本史研究』229号 pp.1-39

三ヶ月章　1972［1966］:「現代の法律家の職能と問題点―弁護士」,三ヶ月『民事訴訟法研究　第六巻』有斐閣,pp.315-354

三宅正太郎　1938:『調停法［新法学全集12巻　民法Ⅵ］』日本評論社

三宅正太郎　1950［1942］:『裁判の書』,三宅正太郎全集刊行会編『三宅正太郎全集　第一巻』好学社,pp.1-209

村上一博　1996:「近代日本の在野法曹とその評伝―明治九年代言人規則から昭和八年弁護士法まで―」,『日本法曹界人物事典　別巻』ゆまに書房,pp.43-77

山田卓生　1967:「借地借家紛争と調停制度（一・未完）」,『法学新報［中央大学］』74巻9＝10号 pp.59-97

ライポルト,ディーター（石部雅亮訳）　1993:「現実とユートピアの狭間にある調停思想」,石部／松本編 1993:322-341

六本佳平　2000:『日本の法システム』放送大学教育振興会

六本佳平　2003:『日本法文化の形成』放送大学教育振興会

渡辺千原　2001:「プロフェッション概念に関する一考察―アメリカのプロフェッション論・弁護士倫理の議論を参考に―」,『立命館法学』275号 pp.153-179

渡辺洋三　1960:『土地・建物の法律制度（上）［民法と特別法　Ⅰ］』東京大学出版会

座談会　1930:「弁護士其他司法問題座談会［全二回］」,『法曹公論』34巻10号 pp.23-45,34巻11号 pp.54-72

座談会　1932:「司法機関の整備拡充に関する朝野法曹座談会」,『法曹公論』36巻8号 pp.38-72

座談会　1933:「改正法案座談会［全二回］」,『法曹公論』37巻8号 pp.26-46,37巻9号 pp.39-58

【欧文文献】

Parsons, Talcott　1951 [1939]: "The Professions and Social Structure", Parsons, *Essays in Social Theory* [Revised edition], The Free Press, pp.34-49

Parsons Talcott　1964: "Some Theoretical Considerations Bearing on the Field of Medical Sociology", Parsons, *Social Structure and Personality*, The Free Press, pp.325-358 [→パーソンズ1973]

Parsons, Talcott　1978: *Action Theory and The Human Condition*, The Free Press

Parsons, Talcott　1978 [1969]: "Research with Human Subjects and the "Professional Complex"", Parsons 1978:35-65

Parsons, Talcott　1978 [1975]: "The Sick Role and the Role of the Physician Reconsidered", Parsons 1978:17-34,

Parsons, Talcott/ Platt, Gerald M.　1973: *The American University*, Harvard

【付表】

年(西暦)	年(元号)	地方裁判所・区裁判所判事定員	判検事登用第一回試験／高等試験司法科合格者数	弁護士試験合格者数（1923年以降は法律第52号による合格者）	弁護士数	裁判所書記定員（経常部）
1903年	明治36年	1,019	80	36	1,844	4,782
1904年	明治37年	1,019	146	39	1,908	4,545
1905年	明治38年	1,012	39	14	2,008	4,506
1906年	明治39年	1,012	55	14	2,027	4,616
1907年	明治40年	1,056	68	13	2,026	4,711
1908年	明治41年	1,072	72	12	2,006	4,772
1909年	明治42年	1,072	35	14	1,994	5,103
1910年	明治43年	958	15	13	2,008	4,378
1911年	明治44年	962	14	29	2,020	4,394
1912年	大正元年	962	11	38	2,036	4,394
1913年	大正2年	800	20	45	2,277	4,086
1914年	大正3年	798	43	66	2,256	4,086
1915年	大正4年	798	38	58	2,486	4,086
1916年	大正5年	802	44	76	2,665	4,100
1917年	大正6年	898	59	120	2,795	4,408
1918年	大正7年	898	52	81	2,947	4,592
1919年	大正8年	1,028	60	93	2,957	4,902
1920年	大正9年	1,028	68	184	3,082	4,902
1921年	大正10年	1,028	56	370	3,369	5,019
1922年	大正11年	1,028	126	1104	3,914	5,089
1923年	大正12年	978	81	162	5,266	4,983
1924年	大正13年	1,018	134	123	5,485	5,357
1925年	大正14年	979	187	141	5,673	5,260
1926年	大正15年	984	243	141	5,938	5,265
1927年	昭和2年	1,004	356	87	6,120	5,300
1928年	昭和3年	1,108	288	82	6,304	5,689
1929年	昭和4年	1,106	392	69	6,409	5,750
1930年	昭和5年	1,106	418	51	6,599	5,750
1931年	昭和6年	1,092	415	36	6,807	5,537
1932年	昭和7年	1,202	356	29	7,055	5,558
1933年	昭和8年	1,218	240	21	7,075	5,586
1934年	昭和9年	1,218	331	22	7,082	5,586
1935年	昭和10年	1,239	309	20	7,075	5,605
1936年	昭和11年	1,239	301	24	5,976	5,605
1937年	昭和12年	1,251	256	11	5,811	5,729
1938年	昭和13年	1,294	242	11	4,866	5,827
出典		林屋礼二／菅原郁夫編著『データムック民事訴訟［第2版］』（有斐閣）p.177	『司法沿革誌』（ただし1916（大正5）年の数値は同書に掲載されていないため、『法律新聞』1198号 p.14に拠る）	『司法沿革誌』（ただし1916（大正5）年の数値は同書に掲載されていないため、『法律新聞』1198号 p.14に拠る）	『司法沿革誌』pp.545-546	『司法沿革誌』p.543

5　借地借家調停と法律家—日本における調停制度導入の一側面—［高橋 裕］

裁判所書記定員（臨時部）	地裁民事第一審通常訴訟（新受）	区裁民事第一審通常訴訟(新受)	民事第一審通常訴訟（地裁＋区裁／新受）・前年比増減	調停事件（全種合計）・新受	年（西暦）
	20,790	116,099	12,346		1903年
	18,706	101,941	－16,242		1904年
	12,810	82,424	－25,413		1905年
	10,712	75,108	－9,414		1906年
	10,753	69,813	－5,254		1907年
	12,002	72,995	4,431		1908年
	11,781	76,961	3,745		1909年
	12,123	81,798	5,179		1910年
	12,726	87,546	6,351		1911年
	13,882	96,611	10,221		1912年
	10,168	112,921	12,596		1913年
	8,365	131,468	16,744		1914年
	8,719	145,189	14,075		1915年
	9,175	141,163	－3,570		1916年
	9,525	113,730	－27,083		1917年
	11,760	99,530	－11,965		1918年
	15,300	91,922	－4,068		1919年
	23,178	90,906	6,862		1920年
	23,672	107,151	16,739		1921年
	26,601	118,990	14,768	224	1922年
30	28,710	133,985	17,104	6,035	1923年
77	32,679	148,617	18,601	10,044	1924年
52	27,836	166,509	13,049	8,604	1925年
52	22,947	180,945	9,547	10,865	1926年
50	22,688	190,055	8,851	16,321	1927年
48	22,041	180,843	－9,859	15,224	1928年
28	28,813	209,296	35,225	18,772	1929年
27	26,739	218,873	7,503	25,346	1930年
27	25,483	232,087	11,958	24,439	1931年
492	24,611	226,185	－6,774	47,396	1932年
492	22,116	201,590	－27,090	101,430	1933年
509	20,802	179,303	－23,601	101,977	1934年
509	20,150	171,613	－8,342	113,270	1935年
509	19,330	156,420	－16,013	103,244	1936年
483	17,953	135,603	－22,194	85,708	1937年
531	16,621	110,335	－26,600	70,373	1938年
『司法沿革誌』p.543	『法務図書館所蔵　司法省年報　司法省民事統計年報』（マイクロフィルム，日本図書センター刊）	『法務図書館所蔵　司法省年報　司法省民事統計年報』（マイクロフィルム，日本図書センター刊）		『明治以降裁判統計要覧』（最高裁判所事務総局）pp.30-33	

133

University Press
Rabinowitz, Richard W. 1956: "The Historical Development of the Japanese Bar", Harvard Law Review, Vol. 70, No. 1, pp. 61-81
Upham, Frank 1987: *Law and Social Change in Postwar Japan*, Harvard University Press
Vanoverbeke, Dimitri 1998: "Tradition and Law in Conflict—Farm Tenancy Conciliation and Social Change in Interwar Japan—", 『法政研究［九州大学］』64巻4号 pp. F11-F85

【付記】 本稿は，筆者が研究員として参加する日弁連法務研究財団の財団研究「弁護士任官および法曹一元制の研究」の研究成果の一部であり，他の研究員（濱野亮（立教大学）／佐藤岩夫（東京大学）／馬場健一（神戸大学）／岩田太（上智大学）／前田智彦（札幌大学）の各氏）の方々との討論の中で得たものに負う部分が大きい。記して謝意を表する次第である。もちろん，本稿の内容およびそこに含まれていうる誤りは，全て筆者の責任に帰する。

⑥ 民間型 ADR の可能性

長谷部由起子
学習院大学教授

1 はじめに

　司法制度改革審議会意見書（2001年6月12日公表。以下，「意見書」として引用する）は，国民がより利用しやすい司法を実現するためには，「司法の中核たる裁判機能の充実に格別の努力を傾注すべきことに加えて，ADR が，国民にとって裁判と並ぶ魅力的な選択肢となるよう，その拡充，活性化を図るべきである」とし，「多様な ADR について，それぞれの特長を活かしつつ，その育成・充実を図っていくため，関係機関等の連携を強化し，共通的な制度基盤を整備すべきである」と提言した[1]。このうち「ADR の共通的な制度基盤」に関しては，まず，国際商事仲裁に関する法制をも含む仲裁法制を早期に整備すべきだとされた。次いで，総合的な ADR の制度基盤を整備する見地から，「ADR の利用促進，裁判手続との連携強化のための基本的な枠組みを規定する法律（いわゆる『ADR 基本法』など）の制定をも視野に入れ，必要な方策を検討すべきである」とされた。その際の具体的な検討課題としては，「時効中断（又は停止）効の付与，執行力の付与，法律扶助の対象化等のための条件整備，ADR の全部又は一部について裁判手続を利用したり，あるいはその逆の移行を円滑にするための手続整備等」が挙げられていた[2]。

---

1)　意見書35頁（Ⅱ国民の期待に応える司法制度　第1　民事司法制度の改革　8.裁判外の紛争解決手段（ADR）の拡充・活性化　(1) ADR の拡充・活性化の意義）。
2)　意見書37頁（Ⅱ第1　8.(3) ADR に関する共通的な制度基盤の整備）
　意見書はさらに，ADR の担い手の確保に関する制度の整備として，「隣接法律専門職種など非法曹の専門家の ADR における活用を図るため，弁護士法第72条の見直しの一環として，職種ごとに実態を踏まえて個別的に検討し，法制上明確に位置付けるべきであ

なぜいま,裁判とともにADRを拡充すべきなのか。この点について,意見書は次のように述べている。

「社会で生起する紛争には,その大小,種類などにおいて様々なものがあるが,事案の性格や当事者の事情に応じた多様な紛争解決方法を整備することは,司法を国民に近いものとし,紛争の深刻化を防止する上で大きな意義を有する。裁判外の紛争解決手段（ADR）は,厳格な裁判手続と異なり,利用者の自主性を活かした解決,プライバシーや営業秘密を保持した非公開での解決,簡易・迅速で廉価な解決,多様な分野の専門家の知見を活かしたきめ細かな解決,法律上の権利義務の存否にとどまらない実情に沿った解決を図ることなど,柔軟な対応も可能である。

我が国におけるADRとしては,裁判所による調停手続,また裁判所外では,行政機関,民間団体,弁護士会などの運営主体による仲裁,調停,あっせん,相談など多様な形態が存在する。しかしながら,現状においては,一部の機関を除いて,必ずしも十分に機能しているとは言えない。一方,経済活動のグローバル化・情報化に伴い,国際商事紛争を迅速に解決する仕組みの整備について国際連合等において検討が進められ,また,諸外国においては,競争的環境の下で民間ビジネス型のADRが発展するなど新たな動向を示しており,我が国としても早急な取組が求められている。」[3]

裁判のほかに多様な紛争解決方法を整備することによって,様々な紛争が効率よく解決されるであろうということには,異論はあるまい。しかし,わが国のADRは司法型ADRおよび行政型ADRが中心である。意見書の指摘するとおり,諸外国には,民間のADR機関が商業ベースでADRを提供する例があるのに対し,わが国では,交通事故紛争処理センターのような例を除き,民間型ADRは実効性を挙げていない。

わが国において民間型ADRが活性化しないのはなぜか。民間型ADRの利用を促進するためには,何が必要なのか。必要な方策の中で,ADR基本法の

る。同条については,少なくとも,規制対象となる範囲・態様に関する予測可能性を確保するため,隣接法律専門職種の業務内容や会社形態の多様化などの変化に対応する見地からの企業法務等との関係も含め,その規制内容を何らかの形で明確化すべきである」とも述べていた。

3) 意見書35頁。

制定はどのような位置づけを与えられるべきか。

　本稿では，イングランドにおける ADR との比較を通じて，これらの問題の解明を試みる。イングランドにおいては，1990年代から民間の ADR 機関の活動が注目を集めるようになった。ADR の対象は，隣人間の紛争や夫婦間の紛争のほか，企業間の紛争にも及んでいる。民間の ADR 機関の活動が顕著である点ではアメリカ合衆国と同様であるが，その背景事情は，アメリカ合衆国とはかなり異なっている。政府や裁判所が ADR を推進するようになったのは最近のことであり，ADR による事件処理も訴訟事件に比べればはるかに少ない。イングランドはまだ，ADR の発展段階にあるといえる。それにもかかわらず，イングランドの ADR を比較の対象とするのは，訴訟と ADR をともに充実させるための改革が試みられ，堅実な調査研究が重ねられているからである。ADR をめぐるイングランドの議論は，わが国の ADR の在り方を検討する際にも参考になるように思われる[4]。

---

4)　イングランドの ADR については多数の文献がある。そのうち，政府および裁判所のADR に対する姿勢がどのように変化してきたかを把握するうえで重要な文献は，下記のとおりである。

　The Lord Mackay, (以下，The Lord Mackay (1994) として引用) The Administration of Justice, Stevens & Sons/Sweet & Maxwell, 1994.
　保守党政権時代の大法官であったマカイ卿の講演記録を公刊したものである。裁判官制度や裁判所制度とならんで，ADR についても一章を当てている。

　The Lord Woolf, Access to Justice : Interim Report to the Lord Chancellor on the civil justice in England and Wales, 1995. (以下，Interim Report として引用)
　The Lord Woolf, Access to Justice : Final Report to the Lord Chancellor on the civil justice in England and Wales, 1996. (以下，Final Report として引用)
　これらは，「ウルフ・リポート」と呼ばれている民事司法制度改革に関する報告書である。著者であるウルフ卿は，民事訴訟制度の改革とともに，ADR の利用の促進を提言している。

　Review of Civil Justice and Legal Aid — Report to the Lord Chancellor by Sir Peter Middleton GCB, 1997. (以下，Middleton Report として引用)
　1997年5月に政権が保守党から労働党に交代した後，大法官に就任したアーヴィン卿の依頼により，前政権のもとで進められていた民事司法制度改革および法律扶助制度改革の再検討が行われた。その検討結果をまとめたのが，本報告書である。ウルフ卿による民事司法制度改革の評価とともに，各種の ADR についての調査結果も含まれている。

　H. Genn, Court-Based ADR Initiatives for Non-Family Civil Disputes: The Commercial Court and the Court of Appeal, LCD Research Series 1/02. (以下，H. Genn (2002) として引用)
　商事裁判所および控訴院における ADR 推進策を評価するために，大法官府の委託にも

2　イングランドのADR

(1)　概　　観

イングランドにおいては今日，様々な種類のADRが利用されている。主要なものとしては，仲裁 (arbitration)，調停 (mediation)，早期中立評価 (early neutral evaluation) がある[5]。

仲裁は，わが国の仲裁と同様に，両当事者によって選定された仲裁人が仲裁判断を示し，両当事者はそれによって拘束されるというものである。国際商事取引に関する紛争について古くから用いられており，常設の国際商事仲裁機関として，ロンドン国際仲裁裁判所 (London Court of International Arbitration) が知られている。また，消費者と事業者の間の紛争についても，事業者団体が仲裁を提供していることがある。その中で最もよく知られ，利用されているのは，英国旅行代理店協会 (Association of British Travel Agents (ABTA)) による仲裁である[6]。

調停は，イングランドでは民間のADR機関によって提供されることが多い。仲裁と異なり，第三者の提示する解決案は直ちには両当事者を拘束しない。両当事者が第三者の援助を得て合意の内容を決定する点に，調停の特徴がある。もっとも，第三者の関与の仕方は一様ではない。たとえば，conciliationと呼ばれる種類の調停においては，第三者が当事者の主張に対する自らの見解を明らかにするなどの方法により，和解案の形成に向けて積極的な役割を果たすことがある[7]。このように，「調停」と総称されるADRは多様であるが，あえて一般的な定義を挙げるとすれば，中立的な第三者を介して，両当事者が紛争解

とづいてロンドン大学のヘーゼル・ゲン教授が実施した実態調査の報告書である。ゲン教授はこのほか，ロンドン中央県裁判所における実験的な調停についても調査を行い，報告書 (The Central London County Court Pilot Mediation Scheme : Evaluation Report, 1998 LCD Research Series 5/98) を公表している。

5)　H.Genn (2002) p.1.
6)　Middleton Report, p.96.
　　イングランドの消費者仲裁制度の紹介としては，上原敏夫「英国の消費者仲裁制度について」木川統一郎博士古稀祝賀『民事裁判の充実と促進（下）』285頁（1994）が詳細である。
7)　H.Genn (2002) p.1.

決のための合意の形成を試みる手続だということになる。なお，調停が不調に終わった場合には，第三者が両当事者を拘束する裁定を下すADRもあり，'med-arb'と呼ばれているが，これは，調停と仲裁の混合型と位置づけられている[8]。

早期中立評価は，訴訟の早い段階で，法曹その他の専門家が両当事者の提出した主要な証拠をもとにそれぞれの主張に対する評価を示すというものである。これによって，訴訟の早期に和解が成立することが期待されている。

このほかのADRとしては，オンブズマン（ombudsman）がある。オンブズマンは，公的機関または私企業に関する一般からの苦情を調査し，勧告を行う独任制の中立的な苦情調査機関である。その勧告は，多くの場合，当事者を拘束しないが，年金オンブズマン（Pensions Ombudsman）の裁定のように，両当事者を拘束するものもある[9]。

（2） ADRの発展とその契機

(a) ADRの中には，長い歴史をもつものもある。たとえば，仲裁に関する最初の立法が制定されたのは1889年である。仲裁のサービスを提供し，仲裁人の教育・訓練も行っている仲裁人協会（Chartered Institute of Arbitrators）が設立されたのは1915年であり，ロンドン国際仲裁裁判所は，1892年に設立されたLondon Chamber of Arbitrationに発している。労使紛争に関しては，現在では1975年雇用保護法（Employment Protection Act 1975）に基づいて設立されたACAS（Advisory, Conciliation and Arbitration Service）が調停および仲裁を行っているが，すでに1896年には，政府によって労使紛争に関する調停および仲裁が開始されている[10]。

これらのADRに比べると，調停を行っている民間のADR機関の歴史は浅い。たとえば，商事紛争を中心に調停を行っているCentre for Dispute Resolution（CEDR）は，1990年に英国産業連合（Confederation of British Industry）

---

8) H. Genn (2002) p. 2.
9) 年金オンブズマンについては，R. Nobles, Access to Justice Through Ombudsman: The Courts' Response to the Pensions Ombudsman, 21 CJQ 94 (2002) を参照。
10) Advisory, Conciliation and Arbitration Service, Industrial relations disputes : the ACAS role, in K. J. Mackie (ed), A Handbook of Dispute Resolution, Routledge 1991, p. 100.

などの支援を得て設立された。近隣紛争を対象とした調停（community mediation）を行うボランティア組織があらわれたのは1980年代であり、1984年にはその全国組織である Forum for Initiatives in Reparation and Mediation（FIRM）が結成された。FIRM は、1991年に名称を Mediation UK に改め、調停に関する情報の普及活動や調停のサービスの品質を向上させるための活動を行っている[11]。政府は当初、これらの ADR 機関を支援することに消極的であったが、1990年代半ばには方針を転換した。現在では、裁判所も含めて、民間型 ADR の利用を推進する方策を採っている。

（b）政府による ADR 推進策としてまず挙げるべきは、1996年家族法（Family Law Act 1996）により、家事紛争における調停が法律扶助の対象とされたことである[12]。ADR を法律扶助の対象とすることに慎重であった政府の姿勢は、ここで変更されたといってよいであろう。

ウルフ卿による民事司法制度改革のもとでも、ADR の利用が奨励された。すなわち、ウルフ卿は、紛争解決のために適切である場合には、裁判所は訴訟事件を ADR に誘導すべきであると提案するとともに、ADR 機関が家事紛争以外の民事紛争を対象として行っている調停を法律扶助の対象とすることを提言していた[13]。

1997年に保守党から労働党へと政権が交代した後も、ADR を推進する政策に変更はなかった。1999年4月26日に施行された1998年民事訴訟規則（Civil Procedure Rules 1998. 以下「現行民事訴訟規則」という）には、ウルフ卿の提案のとおり、ADR を奨励する裁判所の義務が規定された[14]。ADR 機関の行う

---

11) CEDR および Mediation UK については、K.Mackie, Challenges in the evolution of ADR in the UK: the CEDR experience, M.Liebmann, The future of community mediation を参照。これらは、R.Smith(ed), Achieving Civil Justice: Appropriate Dispute Resolution for the 1990s, Legal Action Group 1996 に収められている。邦語文献としては、澤井啓「欧米の ADR 最新事情(1)」JCA ジャーナル46巻6号（1999年）2頁、我妻学・イギリスにおける民事司法の新たな展開340-342頁（2003年）などを参照。

12) この改革については、拙稿「法律扶助と ADR ——イングランドにおける新たな試み——」リーガルエイド研究1号（1997年）61頁を参照。

13) Interim Report, p.30 para 17, p.144 para 35 ; Final Report, p.5.

14) 現行民事訴訟規則1.4条は、次のように定めている。
　(1) 裁判所は、積極的な事件進行管理によって、[本規則の定める]最優先の目的（overriding objective）を促進しなければならない。
　(2) 積極的な事件進行管理には、以下のことが含まれる。

調停に対して法律扶助が適用されることも，1999年司法へのアクセス法（Access to Justice Act 1999. 以下「司法へのアクセス法」という）によって明文化された[15]。さらに，2001年以降は，政府機関が当事者となった紛争については，できるかぎりADRを利用するという方針も採用されている[16]。

（c）1990年代半ば以降，政府がADRを推進するようになったのはなぜか。その背景事情についてはまず，イングランドにおいてはアメリカ合衆国のような訴訟の増加はなかったことを指摘しておかなければならない。1990年以降に関するかぎり，訴訟事件数は増加するどころか，減少する傾向にあった[17]。したがって，裁判所の事件負担を軽減するためにADRを促進する必要に迫られていたというわけではなかった。むしろ重要だと思われるのは，それまでの民事訴訟に様々な問題があったことである。たとえばウルフ卿は，1995年に公表した中間報告書において，以下の問題点を指摘していた。

第一は，訴訟に要する弁護士費用（costs）の問題である。イングランドにおいては，弁護士費用についてタイム・チャージ制が採られてきたため，弁護士が過剰な訴訟活動をすれば，費用は高額化する傾向があった。特に訴額が比較的低い事件においては，弁護士費用が訴額を上回ることもめずらしくなかった。ヘーゼル・ゲンが最高法院訴訟費用算定局（Supreme Court Taxing Office）で調査した結果によれば，訴額が12,500ポンド以下の事件（75件）の約半数において，一方当事者の費用だけで訴額とほぼ同額であるかまたはそれ以上となっていた。弁護士費用が高額であることにくわえて，最終的に負担すべき費用の

(a)～(d) 省略
(e) 裁判所が適切であると考えたときは，当事者に裁判外紛争解決の手続の利用を奨励すること，及びそうした手続の利用を容易にすること
(f)～(l) 省略

15) 司法へのアクセス法第4条(2)項が，民事および家事事件における調停を対象とする法律扶助を規定している。司法へのアクセス法のもとでの法律扶助制度の改革については，拙稿「イギリスの民事法律扶助制度」法律のひろば53巻8号（2000年）28頁および我妻・前掲11) 267頁以下を参照。

16) この方針は，2001年3月23日に行われた大法官（アーヴィン卿）のスピーチにおいて公約されたものである。その実施状況については，政府機関がADRによる紛争の解決を試みた件数は2001年度には49件であったのに対し，2002年度には617件に増加したことが報告されている。Monitoring the effectiveness of the Government's Commitment to using Alternative Dispute Resolution（ADR），August 2003.

17) 我妻・前掲11) 328頁，351頁注3）参照。

額をまえもって予測することが困難であるという問題もある。訴え提起の段階ではどの程度の訴訟活動が必要とされるかは不確定であるうえに、弁護士費用の敗訴者負担制度が採られているために、負担すべき費用の額は訴訟の結果によって変わるからである[18]。

第二は、訴訟遅延の問題である。高等法院に提訴された事件が公判（trial）にいたるまでの平均的な期間は、1994年の時点ではロンドンで163週、地方で189週であった。高等法院よりも単純な事件を扱う県裁判所（county courts）においても、公判にいたるまで平均で約80週かかっていた。公判を予定した事件簿への登録（setting down for trial）までの平均的な期間に限定しても、高等法院事件ではロンドンで123週、地方で148週、県裁判所事件では約60週であった[19]。

第三は、民事訴訟が利用者にとってわかりにくいものになっていることである。民事第一審裁判所として高等法院と県裁判所が併存し、それぞれの事件に適用される規則も異なっているため[20]、ある事件がどちらの裁判所でどのような手続で審理されるのかがわかりにくい。二種類の規則はいずれも相当な分量に達しており、民事訴訟に不案内な者にとってはもちろん、専門家にとっても複雑な内容となっている[21]。

以上の問題のうち、民事訴訟の手続が複雑であることは、高等法院と県裁判所に適用される規則が現行民事訴訟規則に一本化されたことによって、一応の解決をみた。しかし、費用の高騰と著しい訴訟遅延は、根本的にはイングランドの民事訴訟の伝統である当事者対抗主義（adversary system）に由来するだけに、容易に克服できるものではない[22]。しかも、当事者対抗主義のもとで

---

18) Interim Report, pp. 10-11.
19) Id. p. 13, para 35.
20) 現行民事訴訟規則が施行されるまでは、高等法院の事件については1965年最高法院規則（Rules of the Supreme Court 1965）が、県裁判所の事件については1981年県裁判所規則（County Court Rules 1981）が、それぞれ適用されることになっていた。
21) Interim Report, p. 208, paras 6-7.
22) 当事者対抗主義のもとでは、民事訴訟の進行については当事者が主導権をもち、裁判所は受動的な役割を果たすにとどまる。そのため訴訟遅延が生じやすく、タイム・チャージ制の弁護士報酬のもとでは費用の高額化を招くことが、これまでにもしばしば指摘されてきた。ウルフ卿による民事司法制度改革は、行き過ぎた当事者対抗主義を是正し、裁判所の事件進行管理（case management）を導入しようとするものであった。

は両当事者は敵対的な関係に立つため，紛争によって亀裂の生じた人間関係が訴訟を通じてますます険悪なものになる傾向もあった。民事紛争を廉価・迅速・円満に解決するためには，ADRに頼らざるをえないのが実情であった。

(d) イングランドに特有の事情としては，法律扶助の支出を抑制する必要性のあったことも挙げられる。1988年法律扶助法（Legal Aid Act 1988）は，法律扶助制度の運営主体をソリシタ協会（Law Society）から法律扶助委員会（Legal Aid Board）に変更することによって支出を削減しようとしたが，1990年代にはいっても支出の増加は続いた。ADRが法律扶助の対象とされたのは，そうすることで訴訟よりもADRの利用が促進されれば，法律扶助の支出は全体として抑制されるであろうという目算にもとづくものであった。

(3) ADR機関の実情

すでに述べたように，イングランドにおいては，調停を行う機関のほとんどが民間のADR機関である。前述したCEDRおよびMediation UKのほかにも，商事紛争について調停を行っている機関としてADR GroupおよびAcademy of Expertsが，家事調停（family mediation）を行っている機関としてFamily Mediators' AssociationおよびNational Family Mediationがある。これらのADR機関がどの程度の数の調停を行っているかは必ずしも明らかではないが，1997年の時点では，近隣紛争を対象とする調停は年間約10,000件，商事紛争を対象とする調停は年間約250件であったとされている[23]。

様々なADR機関が比較的短い期間に発展を遂げたのはなぜか。その要因を特定することは困難であるが，わが国との対比においては二点を指摘することができるように思われる。

第一は，わが国の民事調停・家事調停に相当する司法型のADRが存在しな

　　以上については，拙著・変革の中の民事裁判（東大出版会・1998年）3-4頁を参照。
23) Middleton Report, p.95.
　　ちなみに，それぞれのADR機関が有する調停者の数，および弁護士資格を有する者の割合は，以下のとおりであった。
　　Mediation UK　約2000人。弁護士資格を有する者は少ない。
　　CEDR　約400人。そのうち60パーセント以上を弁護士が占める。
　　ADR Group　56人。全員が弁護士資格を有する。
　　Academy of Experts　129人。そのうち27人が弁護士である。

いことである。裁判所が調停の場所を提供し，調停者の選任や研修に責任をもち，調停者に対する報酬は国から支払われるという調停制度がかりに存在したならば，それは，民間の ADR 機関にとって脅威になったことであろう。ADR を民間の自由競争に委ね，品質の保証された ADR 機関に対してのみ，国が法律扶助による資金援助をするという体制がとられたことが，多様な ADR 機関の競合を可能にしたと考えられる。

　第二は，わが国の訴訟上の和解のように，訴訟手続中に裁判官が和解を勧める制度がなかったことである。当事者対抗主義の伝統のもとでは，公判前の和解は，もっぱら両当事者の訴訟代理人の間で行われるものと考えられてきた。裁判官が和解の成立に向けて積極的に介入することもないわけではなかったが，少なくともウルフ卿による民事司法制度改革以前には，それが一般的な傾向であるとはいえなかった。しかも，和解を勧めるにあたっては，主として両当事者の法律的な主張の強弱が考慮された。わが国でいう「判決乗越え型」の和解のように，裁判所が法的判断を超えた紛争解決を志向するということはなかった[24]。わが国であれば，訴訟上の和解によって得られるような紛争解決が，イングランドでは，もっぱら民間の ADR 機関に期待されていたといえよう。

（4）　裁判所と ADR 機関の連携のありかた

　ADR の利点が，紛争解決に要する費用と時間を訴訟よりも節約することができ，かつ，訴訟では得られないような内容の紛争解決を提供できることにあるならば，一定の場合には訴訟に代えて ADR の利用を義務づけることが，当事者の利益のためにも，また，司法資源を有効に利用するという観点からも，適切だということになる。問題は，ADR の利用をどこまで強制するかである。一つの考え方は，ADR を訴訟に前置させ，ADR が不調に終わった場合でなければ訴訟による紛争解決を認めないというものである。アメリカ合衆国においては，すでにこの方法が採用されている[25]。しかし，イングランドはその例

---

[24]　保守党政権時代の大法官であったマカイ卿によれば，たとえば，近隣でプールが作られたために，庭の樹木の根が傷つけられたと主張する住民に対して，損害賠償に代えてプールの使用を認めるというような紛争解決は，裁判所が提供することのできないものだという。The Lord Mackay (1994) p.80.
　「判決乗越え型」の和解については，草野芳郎・和解技術論［第 2 版］12頁（信山社・2003年）を参照。

に倣わなかった。ウルフ卿によれば、裁判所の救済を求めることのできる市民の権利を侵食するのは正しくない、というのが理由であった[26]。

こうした原理的な問題に加えて、ADRを利用する意欲のない者にADRを強制しても効果は薄いであろうという実際上の理由からも、この決断は正当化されるように思われる。もっとも、強制の要素を全く払拭してしまったならば、ADRの利用を促進する目的は達せられないおそれがある。両者の中間をいくものとして選択されたのが、裁判所が当事者に対してADRの利用を間接的に強制することであった。具体的には、以下の二つの方法が採用された。

第一は、訴訟手続が開始された後に、裁判所が事件進行管理の一環として当事者に対してADRの利用を奨励する。合理的な理由もなくそれを拒否したり、ADRの手続において非協力的な態度をとった当事者に対しては、制裁として訴訟費用の負担を課す、というものである[27]。

第二は、裁判所がADRによる紛争解決が適切であると判断した場合には、事件をADRに付託する命令を発する方法である。この命令は、ADR命令（ADR Order）と呼ばれており、次のような内容を含む。すなわち、裁判所が適切であると判断した事件においては、両当事者に対して、ADRによって紛争を解決するために積極的な措置をとるように命ずる。適切だと考える場合には、両当事者がそうした措置をとることができるように、一定の期間、訴訟手続を停止することもできる。その期間内にADRによる解決が得られなかった場合には、両当事者がADRのためにとった措置は何か、それらの措置が不首尾に終わったのはなぜかを書面で裁判所に報告しなければならない[28]。

---

25) アメリカ合衆国における調停前置制度については、太田勝造「アメリカ合衆国のADRからの示唆」製造物責任法の理論と実務151頁（成文堂・1994年）を参照。
26) Interim Report, p.136 para 4.
27) 現行民事訴訟規則44.5条(3)項は、裁判所が当事者の負担すべき訴訟費用の額を決定する際に考慮すべき事項の一つとして、(i)当事者の訴訟前及び訴訟中の行動（conduct）ならびに(ii)紛争の解決を試みる目的で訴訟前及び訴訟中になされた活動（efforts）を挙げている。たとえば、裁判所がADRの利用を示唆し、当事者の一方もADRの利用に積極的であったにもかかわらず、相手方がADRを即座に拒否した場合には、その事実を考慮して相手方に訴訟費用の負担を命ずることができる。実際にADRの拒否を訴訟費用の命令において考慮した例としては、Dunnett v Railtrack plc [2002] 2 All ER 850 がある。
28) ADR命令の文例については、The Admiralty & Commercial Courts Guide, 6th ed, 2002, Appendix 7 を参照。

第一の方法は，ウルフ卿の提案によるものである[29]。訴訟費用の負担という制裁は，財産上の紛争に関しては効果的であるように思われる。しかし，ADR の適切性や ADR を利用しないことの合理性についての判断が分かれうる場合には，その効果が減殺されるのみならず，訴訟費用の制裁の当否をめぐって新たな争いが生ずるおそれもあろう。

　第二の方法は，高等法院の商事裁判所（Commercial Court）において1996年6月から試みられているものである[30]。ADR 命令が発令された件数は，1996年6月から1998年7月までの約2年間には67件であったが，現行民事訴訟規則が施行された1999年4月26日から2000年6月の間には，130件を超えるまでになったと報告されている[31]。

　ADR 命令によって，ADR の利用はどの程度，促進されているのだろうか。その結果として，訴訟によるよりも簡易・迅速で廉価な紛争解決が行われているといえるだろうか。

　これらの問題については，商事裁判所の内外で検討が行われている。その結果については，次節で紹介しよう。

3　商事紛争における ADR の実効性

（1）　商事裁判所の ADR への取組み

　(a)　商事裁判所は，高等法院の女王座部（Queen's Bench Division）の中の専門部である。対象とする事件には，保険，海運，金融，国際物品運送に関するものが含まれる。商事裁判所の事件の中には，当事者の一方または双方が外国企業であるものが多く，訴額も高額になることが多い。また，ロンドンにおける仲裁手続を経た事件が多いという特徴もある[32]。

---

29)　Final Report, p 5 ; p. 65 para 18.
30)　その根拠は，1996年6月に発令された実務通達（Practice Direction [1996] 3 All ER 383）である。
31)　1996年6月から1998年7月までの数値については，商事裁判所の ADR 作業部会が1998年に発表した報告書による（この報告書については，後述3を参照）。1999年4月26日から2000年6月までの数値については，see Lord Chancellor's Department, Emerging Findings : An early evaluation of the Civil Justice Reforms, March 2001, para 4. 13.
32)　商事裁判所については，Genn (2002) pp. 11-13 のほか，司法研修所編・イギリスにおける民事訴訟の運営（法曹会・1996年）232頁以下を参照。

事件処理の仕方も，高等法院の他の事件とは異なっている。すなわち，高等法院では通常，公判前の手続は公判を担当する裁判官とは別の裁判官（補助裁判官）が担当するが，商事裁判所においては，商事事件について専門的知識と経験を有する12人の裁判官が公判前の手続から公判までを担当する。商事裁判所はまた，事件を迅速かつ効率的に処理するための手続の工夫も試みてきた。その中には，公判前における証人の陳述書の交換（exchange of witness statement）のように，高等法院への一般的な導入に先駆けて実施していたものもある[33]。前述のように，国際的な要素を含む多数の事件を扱うことから，商事裁判所の事件処理の在り方は，イングランドが渉外事件の処理を通じて獲得する外貨の量にも影響するものとして注目されてきた。

商事裁判所の事件処理に関しては，1977年に設立された商事裁判所委員会（Commercial Court Committee）が検討を行うことになっている。この委員会は，商事裁判所の裁判官および弁護士のほか，利用者の代表によって構成されている。従来の手続を変更する場合には，商事裁判所委員会の協議を経て，その内容を同委員会が発行する「商事裁判所の実務案内」（Guide to Commercial Court Practice）に掲載し，弁護士への周知をはかることになっている。

(b) 商事裁判所がADRの利用を積極的に奨励するようになったのは，1993年以降である。同年12月10日に発せられた実務通達（Practice Direction [1994] 1 All ER 34）において，商事裁判所の裁判官は，適切な事件においては，当事者に対してADRによる解決を検討するように奨励すべきものとされた。適切な事件の例としては，訴訟の費用が訴額と全く不釣り合いに高額になりそうな場合が挙げられていた。

1995年には，商事裁判所の裁判官と商事事件を専門とする弁護士を構成員とするADR作業部会が，商事裁判所委員会の中に設けられた。同部会は，翌年6月に報告書を公表し，ADR命令の発令についての提言を行うとともに，これを実現するための実務通達の草案も提示していた。この草案をもとに，実務通達（注30）参照）が発せられ，ADR命令の慣行が確立された。

それから2年後の1998年に，ADR作業部会は，ADR命令の効果についての検討結果をまとめた第二報告書を公表した[34]。その主要な内容は，以下のと

---

33) 公判前における証人の陳述書の交換については，拙著・前掲22)108頁を参照。
34) Second Report of Commercial Court Committee Working Party on ADR, 1998. この

おりである。

　まず，ADR命令がADRの利用を当事者に強要するものではないとすると，当事者がADRの利用に反対している場合にADR命令を発令すべきかが問題となる。この点については，たとえ当事者の一方または双方が反対している場合であっても，争点の性質または両当事者の関係からみて，事件がADRに適しているならば，裁判所はADR命令の発令を躊躇していない，とされている。

　次に，ADR命令の結果としてADRが利用される場合がどの程度あるかについては，当事者間に和解が成立したのがADRを通じてなのか，直接交渉によるものなのかを検証する方法がなかったために，不明だとされた。しかし作業部会によれば，ADRが試みられなかったとしても，直接交渉によって和解が成立すれば，紛争をより低廉かつ複雑でない方法で解決するというADR命令の目的は達せられたことになるわけであるから，ADRか直接交渉かの区別は重要でないとされている。

　さらに，今後の課題としては，現在のように裁判官が適切な事件を選択してADR命令を発するのではなく，すべての事件においてADR命令を発したほうがよいかという問題もある。この点については，作業部会は否定的な見解を採っている。商事裁判所の事件の中にもADRに適さない事件は多いというのが理由である。典型例としては，当事者間の将来の取引関係に不可欠の法律問題に関する裁判所の判断を当事者が望んでいる場合，および詐欺その他の取引上の評判を損なう行為があったという主張がなされている場合が挙げられている。

(2) ヘーゼル・ゲンによる実態調査

　(a) 商事裁判所のADR命令については，ヘーゼル・ゲンによる実態調査も実施され，2002年3月に報告書が公表されている[35]。この調査は，大法官府からの委託にもとづくもので，ADR命令に関する記録の調査とともに，ADR命令が発せられた事件の訴訟代理人からの聞き取り調査も行っている。そのため，ADR命令の発令後，実際にADRによる紛争の解決が試みられた事件が

　報告書は，裁判所の運営に責任を負っている裁判所サービス（Court Service）のウェブサイト〈http://www.courtservice.gov.uk〉から入手することができる。
35)　H. Genn (2002)

どの程度あるかといった数量的なデータのみならず，ADRが試みられなかったのはいかなる理由にもとづくものか，ADRに対して弁護士はどのような評価を下しているかなどに関する情報も明らかになっている。以下では，報告書の記述をもとに，調査結果の概要を紹介しよう。

(b)　この調査の主たる目的は，ADR命令の発令が事件の進行および結果にどのような影響を及ぼしているかを評価することにある。くわえて，ADR命令に対して訴訟代理人がどのような反応を示すか，ADRを試みた結果，どのような経験をし，商事紛争におけるADRの利点および費用をどのようにみているかも，調査されている。調査の対象となったADR命令は，1996年7月から2000年6月までの間に発令された233件である。聞き取り調査は，それらのADR命令が発令された事件において訴訟代理人となった約200人のソリシタを対象に，電話によって行われた[36]。

ADR命令が発令された233件の事件のうち，184件についてはADR命令の発令後にADRが試みられたか否かに関する情報が得られた。その結果，103件（56％）でなんらかのADRが試みられていることがわかった[37]。そのうちの53件（52％）では，ADRによって和解が成立していた[38]。利用されたADRは，民間のADR機関の行う調停が多く，裁判官の行う早期中立評価が利用された場合は少数であった[39]。

ソリシタのADRに対する評価は，ADRが成功した場合にはきわめて高かった。自らのADRの経験について積極的評価を与えたソリシタがその要因として挙げたのは，中立的第三者の技能の高さ，ADRを利用すれば交渉の行き詰まりを打開できること，主張の強弱に焦点を当てる機会が与えられること，当事者の満足であった[40]。

これに対して，ADRを試みても和解にいたらなかった場合には，ADRに対する評価は低下する傾向がみられた。ソリシタがADRに対して否定的評価を下す理由としては，中立的第三者に問題があること，相手方が譲歩しようとし

---

36)　Id. pp. 21-25.
37)　Id. p. 31.
38)　Id. p. 34.
39)　Id. p. 48.
40)　Id. pp. 49-52.

ないこと，ADR の手続に，たとえば当事者が対席せずに調停が行われるなどの問題があることが挙げられていた[41]。さらに，成功した ADR については，公判の費用を支出する必要がなかったために，依頼者の負担する費用を相当程度，節約することができたとするソリシタが多かったのに対し，ADR を経ても和解が成立しなかった場合には，時間と費用はかえって増加したと感じられることもあった[42]。

他方，ADR が試みられなかった81件についても，ADR 命令の効果に関する興味深い情報が得られた。

まず，51件（63％）において和解が成立していた。これは，イングランドにおいては訴え提起後にソリシタの間の直接交渉によって和解が成立することが常態であり，公判に至る事件の割合は低いことの反映である。ただし，ADR が試みられた103件の中で公判に至った事件は 5 件（ 5 ％）にとどまったのに対し，ADR が試みられなかった81件の中で公判に至った事件は12件（15％）であった。ADR が試みられなかったグループのほうが公判に至る事件の割合が高いのは，法律の解釈にかかわる事件や当事者間に譲歩の余地がほとんどなかった事件が多かったことによるものと考えられる[43]。

次に，ADR が試みられなかった理由について最も多かった回答は，事件がADR に適さないからというものであった。これに次ぐのが，当事者が ADR を試みようとしなかったから，ADR 命令の時機が悪かったから，という理由であった。さらに，少数ではあるが，ADR の有効性には疑問があるから，という回答もあった[44]。

ソリシタの間の直接交渉によって和解が成立した51件のうちの11件（22％）においては，ADR 命令の結果として和解が成立したといわれていた[45]。和解を提案することは自らの主張の脆さを示すものと感じられるため，相手よりも先に和解の提案をすることには抵抗がある。裁判所の ADR 命令があれば，この緊張が解けて，両当事者とも和解の交渉がしやすくなるというわけである[46]。このように，ADR 命令ののちに ADR が試みられなかった事件におい

---

41) Id. pp. 53-56.
42) Id. pp. 58-62.
43) Id. pp. 35-36.
44) Id. pp. 40-45.
45) Id. p. 35.

ても，ADR 命令は和解交渉を促進する効果を有することが明らかになった。

4　わが国への示唆

（1）　民間型 ADR の発展を阻むもの

（a）　以上のイングランドの ADR の実情をもとに，わが国の民間型 ADR の課題を検討しよう。

わが国において民間型 ADR が十分に機能していない原因については，様々な指摘がなされている。

まず，ADR 機関の中立性・信頼性に問題があるといわれている。典型的な例は，PL センターなどの業界内に設けられた ADR 機関である。しかし，たとえば弁護士会の仲裁センターのように，中立的と考えられる ADR 機関においても，扱う事件の数は必ずしも多くはない。この点については，広報活動が十分でないことにくわえて，民間型 ADR に内部的免責効が欠如していることが指摘されている。すなわち，企業の担当者や弁護士が紛争解決方法として訴訟を選択した場合には，かりに敗訴しても責任を問われないのに対し，ADR を選んで不利な結果になると，なぜ訴訟を選択しなかったのかという内部的な批判ないしは制裁を受ける可能性がある。そのことが，訴訟を選好する方向に判断のバイアスをかけている，という[47]。

---

46)　Id. p. 47.
47)　内部的免責効については，山本和彦「裁判外紛争処理制度（ADR）」法律のひろば53巻8号20頁（2000年），同「裁判外紛争解決手段（ADR）の拡充・活性化に向けて」NBL 706号9頁（2001年）を参照。

　もっとも，実際に訴訟と ADR の内部的免責効の違いが表れるのがどのような場合であるかは，明らかでない。たとえば，被告とされた企業が，原告を説得して訴えを取り下げさせ，ADR を利用したところ，不利な結果となった場合には，担当者はなぜそのような判断をしたのかについて責任を問われるであろう。しかしその場合でも，手続を非公開にできる ADR のほうが当該企業にとってのメリットが大きいといった事情を説明できるのであれば，ADR を選択したことへの批判はかわせるように思われる。逆にそのまま訴訟を続けていたとして，敗訴しても責任を問われないと常にいいうるかについても，疑問がある。敗訴の結果，当該企業のイメージが低下したり，関連する訴訟を惹起するということがあれば，なぜ訴訟を回避する努力をしなかったのかという批判にさらされると思われるからである。訴訟よりも ADR を選択したことに合理的な理由があったにもかかわらず，なぜ訴訟を選択しなかったのかという内部的な非難を受けるとすれば，それは ADR 自体の問題というよりも，企業の考え方に問題があるというべきであろう。

弁護士がADRを利用しない理由については，多くの弁護士が長年，訴訟を中心とする業務を続けてきたことが指摘されている。紛争があればまず訴訟を考えるというように思考が固定されていて，ADRの意義やADRの発展の中で職業を維持することに考えが及ばないのだというわけである[48]。

ADRがその効果の点で訴訟に劣ることも，ADRが利用されない原因の一つだといわれる。たとえば，ADRの手続開始に時効中断効が付与されていないために，相手方の不誠実な態度によってADRの手続が引き延ばされれば，権利者の権利行使は容易に妨げられてしまう可能性がある。このリスクは，短期消滅時効が定められている権利については特に，ADRの利用を検討する際の障害になるという[49]。

(b) わが国において民間型ADRの利用が活発でない原因が以上の点にあるとして，ADR基本法を制定することは，ADRを促進するうえでいかなる意義を有するだろうか。この問題については，次のような説明が可能である[50]。

第一に，ADRに法律の根拠を与えることにより，ADRの存在と効用を国民にアピールする効果が期待できる。民間型ADRが利用されないのは，個々のADR機関の信頼性の問題にくわえて，ADRそれ自体が社会的に認知されていないからである。法律によってADRが公認されれば，内部的免責効の欠如や弁護士のADRに対する理解の不足という問題もいずれは解消され，紛争解決方法としてADRが選択されやすくなるであろう。

第二に，ADRを促進するためには，裁判所が事件をADR機関に回付するなどの方法を採ることが効果的である。それを制度として実現するには，法律の根拠が必要である。ADR基本法には，そうした規定を設けることができる。

第三に，ADRの申立てに時効中断効を認めることは，ADRの手続の実効性を高めるためには不可欠である。一定の要件を満たすADRについて執行力を

　　内部的免責効の有無が利用状況の違いに影響しているという説明は，訴訟とADRの間よりも司法型または行政型ADRと民間型ADRの間のほうに，よく妥当するように思われる。この点については，後述(b)を参照。
48) 廣田尚久・民事調停制度改革論75-76頁，101頁（2001年）。
49) 山本和彦「ADR基本法に関する一試論」ジュリスト1207号29頁（2001年），三上威彦「比較法的視点からみたわが国ADRの特質——ドイツ法から」ジュリスト1207号69-70頁（2001年）。
50) 山本・前掲49)27頁，同「ADR法制とADR機関ルールの在り方（上）」ジュリスト1230号85頁（2002年）参照。

付与することも、当該ADRの利用を促進するうえで有効であろう。ADR基本法を制定すれば、時効中断効や執行力の付与について立法的手当てをすることができる。

このうち、第一および第二の点は、経験的に裏付けられるようにみえる。たとえば、イングランドでは、ADRを奨励する裁判所の義務を規定した現行民事訴訟規則が施行された後、民間のADR機関の利用が増加したことが報告されている[51]。その原因については、ADRに法的な根拠が与えられることによって、紛争の当事者や弁護士にADRの存在が知られるようになるとともに、裁判所も事件を積極的にADR機関に回付することができるようになったためである、との解釈が成り立ちうる。そうだとすれば、わが国においても、ADR基本法を制定することによってADRの利用が促進されるといえそうである。

しかし、イングランドとわが国とでは、民間型ADRの置かれた状況はかなり異なることに注意しなければならない。

まず、イングランドにおいては民間のイニシアティブによってADR機関が発足し、ある程度の実績を挙げたのちに、政府が支援策を採るようになった。これに対して、わが国では実績のある民間のADR機関がきわめて少ない。しかも、PLセンターの例がそうであるように、行政の主導によってADR機関が設立されても、ほとんど機能しなかったこともある。ADR基本法を制定してADR機関の育成を図ったとしても、不成功に終わる可能性は否定できない。

イングランドと異なり、わが国で民間のADR機関が発展しない理由については、民事調停・家事調停といった司法型ADRが存在し、多くの事件を処理していることが挙げられよう。このほか、労働委員会、建設工事紛争審査会、公害等調整委員会、国民生活センターなどの行政型ADRも一定の成果を挙げ

---

51) 大法官府の調査によれば、CEDRが行った商事紛争における調停の数は、現行民事訴訟規則の施行後に141％の増加を記録したという。Emerging Findings, supra note 31, para 4.12.
　CEDR自身は、次のような数値を公表している。すなわち、現行民事訴訟規則の施行後6か月間（1999年4月から9月まで）に行われた商事紛争における調停は、前年の同じ時期の2倍に当たる191件であった。さらに、CEDRが裁判所から付託を受ける事件の割合も、現行民事訴訟規則施行後、高まっているという。以上については、H. Genn (2002) p.108 note 55 を参照。

ている。司法型 ADR も行政型 ADR も，人件費や施設費は税金で賄われているため，利用者の費用負担は少ない。廉価であることにくわえて，手続の主宰者に専門家が加わることにより，事件処理の質も高められている。公正さや中立性に対する一般の人々の信頼も厚い。これらの ADR を利用することができるのであれば，あえて民間型 ADR に頼る必要もないと考えられてきたように思われる[52]。

さらに，わが国においては訴訟も，イングランドにおけるほど一般市民の手の届かないものではない。すなわち，わが国では，訴額を上回る弁護士報酬が請求されることは，通常はない。本人訴訟の当事者に対しては，裁判所が丁寧に対応してくれるから，弁護士に依頼しなくても訴訟はできる。そのうえ，裁判官は概して和解勧試に積極的である。訴訟上の和解によって，いずれの当事者も納得するような紛争の解決が試みられている。

以上から明らかになったように，わが国の民間型 ADR は，訴訟上の和解を含む既存の ADR と競合することを余儀なくされている。イングランドの民間型 ADR と比較すれば，きわめて厳しい環境の下にあるといわなければならない。

民間型 ADR を促進するための方策を検討するにあたっては，こうしたわが国の現状をどのように評価するかという問題を避けて通ることはできないように思われる。司法型・行政型 ADR がこれまで通りの機能を担っていくのか，それとも，司法型・行政型 ADR の機能を縮小し，民間型 ADR に権限を委譲する方向をめざすのか，後者だとした場合，どのような機能を民間型 ADR に委ねるのか，そうすることによって利用者にはどのような利益がもたらされるのか等々について議論する必要がある。それをしないで ADR の拡充・活性化を論じても，あるべき ADR の全体像は明らかにならないであろう[53]。

（2） ADR 基本法の課題

司法型・行政型・民間型の ADR にそれぞれどのような機能を分担させるの

---

52) これを国民のお上意識の裏返しとみるか，現状を前提とするかぎり合理的な選択であるとみるかは，評価の問題であろう。
53) このような視点から，ADR について大胆な改革案を提言するものとして，廣田・前掲48)137頁以下がある。

かの政策判断によって，ADR基本法に規定すべき内容は異なりうる。ADRの申立てに時効中断効を付与すべきか否かも，影響を受ける問題の一つであろう。

かりに，司法型・行政型ADRがこれまでの機能を維持するとしたならば，民間型ADRに競争力を与えるため，司法型・行政型ADRと同様の規定の仕方で時効中断効を付与するという考え方は成り立ちえよう[54]。これに対して，民間型ADRの扱うべき事件については司法型・行政型ADRは処理に関与しないものとし，たとえ申立てがあったとしても民間型ADRに回付するという方法で，司法型・行政型ADRと民間型ADRの棲み分けが行われるとしたらどうか。この場合には，民間型ADRに時効中断効を付与することによって司法型・行政型ADRに対抗させるという説明は成り立たない。また，ADRの手続を引き延ばしたあげく，消滅時効を援用して権利者の権利行使を阻止しようとする不誠実な相手方に対しては，ADRの手続において債務の承認（民法147条3号），催告（民法153条）などの時効の中断事由にあたる行為を行うことにより，対処することが可能である[55]。相手方の不誠実さの度合いが甚だしい場合には，裁判所が時効の援用を権利濫用として排斥することもありえよう[56]。

たしかに，立法によってADRの申立てそれ自体に時効中断の効力が付与されるならば，権利を主張する側は，ADRの手続をより有利に進めることができるかもしれない。しかし，時効中断効が認められないことによって，ADRの利用がどれほど阻害されているかは明らかではない[57]。ADRの利用が促進

---

54) 具体的には，民法151条，民事調停法19条，家事審判法26条2項，公害紛争処理法36条の2のように，ADRが不調に終わった後，一定の期間内に訴えが提起された場合には，ADRの申立てのときに遡って時効中断の効果が生ずるというものである。
55) 東京高判昭和36年2月27日下民12巻2号381頁は，民事調停の申立てにおいてなされた債務の承認の効力は，調停が不成立となっても消滅しないとする。最判昭和35年12月9日民集14巻13号3020頁は，民事調停の申立てによって生じた催告の効力について，同旨を説いている。
56) 消滅時効の援用を権利濫用にあたるとした最高裁判例として，最判昭和51年5月25日民集30巻4号554頁がある。
57) たとえば，催告の効力はADRの申立ての時に完結し，ADRの手続が終了するまでの間，継続するものではないとすれば（最判平成5年3月26日民集47巻4号3201頁は，民事調停の申立てによって生じた催告の効力について，このような見解を採る），ADRが不調に終わったのちに訴えを提起しても，それがADRの申立てから6か月を経過した後であれば時効中断の効力を生じない。これに対して，ADRの申立て自体に時効中断の効

されるか否かは，むしろ，個々のADR機関が利用者のニーズに適ったサービスを提供することができるかにかかっているというべきではないだろうか。

5 むすび

　これまでに述べたことのほかにも，イングランドのADRの実情は，ADRを訴訟に前置すべきか，裁判所は，どのような基準で事件をADRに回付すべきか，ADRによらずに訴訟代理人間で和解のための交渉が行われることをどのように評価するか，などの論点について，示唆を与えるように思われる。わが国においても，今後はADRの実情を踏まえた研究が発展することを祈念して，むすびとしたい。

　　力が認められるならば，ADRが不調に終わったときから一定の期間内に訴えを提起すれば，時効中断の効力は維持される。権利者にとっては，後者のほうが有利であるようにみえる。
　　しかし，簡易・迅速であることをその特徴とするADRにとって，6か月以内に手続を終了させることはそれほど無理な注文であるとは思われない。また，かりに6か月以内にADRによる解決がなされなかったとしても，権利者がそこでADRの手続を打ち切って訴えを提起すれば，消滅時効が完成することはない。ADRの手続に事実上の期限を設けることができる点では，むしろ権利者にとって有利であるように思われる。

7 現代における紛争処理ニーズの特質とADRの機能理念
―キュアモデルからケアモデルへ―

和田 仁孝
早稲田大学教授

1 はじめに

　過去数十年の間に，完成された司法機構を有する先進諸国の間で，ADRを設置する動きが急速に高まり，いまや，その存在は，裁判制度も含めた紛争処理システム全体の機能化にとって不可欠のものとして定着してきている。また，これに伴い，ADRの出現や定着をいかなるものとして理解し，位置づけるかについても，様々な角度から理論的検討がなされてきている[1]。

　本稿では，このADRという現代的現象の意義を確認し，その可能性を模索していくために，まず2では，ADRが求められるに至った社会的条件とそれを招来した近代法のパラドクスについてマクロな視点から検証していく。それによって，制度のあり方を考える際に前提となる，そもそもADRへのニーズとは何なのかという，その現代的意義を確認していくことが可能になると思われるからである。次いで，3では，2での検討を前提に，現代の社会的条件のもとで機能的であるために，ADR制度がどのような機能理念を目標として設

---

[1] たとえば，廣田尚久『紛争解決学（新版）』信山社，2002，井上治典・佐藤彰一編『現代調停の技法』判例タイムズ社，1999，和田仁孝＝太田勝造＝阿部昌樹編『交渉と紛争処理』日本評論社，2002，山田文「裁判外紛争解決制度における手続法的配慮の研究（1）～（3）」法学58巻1～3号，1994など枚挙にいとまがない。また司法改革提言におけるADRの位置づけを検討する労作として高橋裕「司法改革におけるADRの位置」関西学院大学・法と政治51巻1号，2000。また月刊司法改革2000年7号「特集・ADR導入と司法改革の課題」。なお，本誌には必ずしも網羅的ではないが，ADRに関する文献目録もついている。

定すべきかについて検討していく。いわば，制度に関する基礎理論的検討である。最後に4では，そうした制度を現実に運用し，手続きを動かしていく第三者関与者の役割論を中心に，ADR過程のあり方を検討していく。

　こうした作業を通じて，ADRの社会的背景から，制度理念，さらには紛争処理過程での第三者役割モデルに至るまで，私なりのひとつの一貫したパースペクティブを呈示していくことにしたい。

2　社会構造の変容とADRニーズ

（1）　ADRニーズと法・裁判への批判性——問題の所在

　一口にADRの隆盛といっても，そこには様々なニーズへの応答としての異質な要素が混在している。ひとつのADRが，実際の制度として設立される際には，その理念的，社会学的意義はともかく，個別具体的な現場のニーズへの対応として現れてくるからであり，そこにいくつかの異なる要素が見出されるのは，むしろ当然のことということができよう。

　こうしたADRを求めるニーズの第1は，効率性ニーズとも言うべきものである。経済的コスト，時間的コストを，利用者にとっても，社会にとっても，より低減させ，「正義」を効率よく，社会の各層に提供していこうとするものである。「正義へのアクセス」運動はそうしたニーズへの応答の動きであり，ADRを推進してきたひとつの重要な動因であったといえる。手続保障の代償として，時間・コスト両面での過大な負担を当事者に負わせざるを得ない訴訟に代わって，安価，迅速，簡便に，適切な解決を提供しようとするADRへのニーズは，少額事件や簡易事件にとどまらず，広く紛争一般の効率的処理を求める社会的ニーズにアピールするものであったといえる。この観点からするADRへのニーズは，従来の司法内部の効率的運用という機能的要請とも合致する側面を有しており，伝統的司法制度との協働が念頭に置かれることが多いといえよう。

　ADRを求める第2のニーズは，紛争処理にあたって専門的な判断能力を要請する，いわば専門性ニーズとでも呼ぶべきものである。科学・工学技術が発展し，また国家の枠を超えた複雑な取引が出現するなかで，従来の一般的な裁判制度や，国家単位の司法機構では対処するのが，不適切であったり，不可能

であったりする紛争が生じてきたことがその背景にある。法の専門家ではあっても、テクノロジーや商取引慣行の精密な知識を有しない裁判官による処理よりも、当該領域に関する専門知識をもった第三者の関与が、より適切な解決提供に貢献すると考えられるようなケースが増大し、それに応じて、固有領域ごとの紛争処理機関が必要とされる傾向は今後もさらに強まっていくものと思われる。いわば法・裁判制度における「専門性の過少性」への反応である。これも、とりあえずは、伝統的司法を補完するという機能的要請に応えようとする動きと意味づけることが可能であろう。

ADRを求める第3のニーズは、これとは逆に、法・裁判制度における「専門性の過剰性」への反応と呼べるものである。すなわち、法・裁判制度が、その制度理念の必然的要請から、個々の利用者が構成した日常的な紛争処理ニーズに柔軟に対応することなく、法的観点を優越的に先行させてこれに向き合わざるを得ない結果、そこで満たされないニーズへの応答を求めてくる利用者側の反応である。これを日常性ニーズと呼ぶことができよう。紛争当事者が紛争状況の中で求めるニーズは多様であり、複雑である。そのすべてを満たすのは本来的に困難であるとしても、一定の柔軟な手当てをそこで考えていくことは可能であり、こうしたニーズに、ADRはまさに適合的な応答性を有しているということができるのである。これも、現代社会においてADRが求められる推進力の重要な要素を構成している。とりわけこの観点は、伝統的な司法の補完を超えて、むしろそれを批判的に位置づけ、そこから一定の距離を置いた独自の紛争処理機能を追及する動きとも結びつく可能性が強いことに留意しておく必要がある。

言うまでもなく、これら三つのADRニーズは、その基本的志向性は異質であるものの、互いに重なる面も含んでいる。効率的で専門性の高いADRが求められることもあれば、効率的で日常的なADRが求められることもある。また、効率性が専門性ニーズや日常性ニーズへの応答性を侵食するような場面では、これらのニーズの間に緊張が生じることもある。現実の具体的なADRへのニーズは、これら諸ニーズのバランシングを必要とする複合的なものであることが多いと思われる。

しかし、これら三つに共通している要素も存在する。それは、伝統的司法との協働が念頭に置かれるような場合でさえ、ADRが近代的な法・裁判制度へ

の批判的意義を少なくとも部分的には内包しているという点である。効率性ニーズは，この点でアンビバレントである。なぜなら，法・裁判制度が提供する法的解決と同種の解決の提供がゴールとして設定され，それによって評価されることがあるからである。法・裁判制度に比べ ADR がセカンドクラス・ジャスティスであると言われるとき，法・裁判制度が提供する解決にその解決を近似させることで，この批判を払拭していこうとする動きは，法・裁判制度の優越性を黙示的に承認するものである。また，ADR がスクリーニング機能を果たすことで，裁判制度のより効果的な機能化をもたらすという視点が取られることもある。こうした場合に，効率性ニーズは，むしろ近代の法・裁判制度の補完システムとして位置づけられるからである。しかし，それでもなお，時間・経済コストといった裁判制度に不可避の問題点を前提としている点において，効率性を求めるニーズが，法的手続に基づく重装備の裁判システム自体への批判的意義を有していることは否定しがたいといえる。

　専門性ニーズと，日常性ニーズは，法・裁判制度が抱える「専門性の過少性」と「専門性の過剰性」というまったく逆の方向から発するニーズではあるが，ともに，法的問題解決の枠組みが現実の紛争状況におけるニーズの広がりや深さに関して，狭すぎる点への批判性を有している点で共通している。法・裁判制度を共存的なものと見るか，より過激に対立的なものと見るか，そこには様々なバリエーションも考えられるが，そこに，現代裁判制度への現実的な不満と批判が内包されていることは疑い得ない[2]。

　この近代裁判制度への批判的要素という観点からは，これら，三つの ADR ニーズのうち，効率性ニーズは二次的なものとして位置づけられる。なぜなら，それは先に見たように法・裁判制度を優越的な紛争処理システムとして位置づけ，その補完システムへの要請として定義づけることも可能であるし，また専門性ニーズや日常性ニーズを前提に裁判とは異質の紛争処理機能を効率的に提

---

2) 例えば，サンフランシスコのコミュニティ・ボードに代表されるコミュニティ自律型調停センターでは，調停者自身がコミュニティの内部から選任され，紛争の処理のみでなく，それを通したコミュニティの再活性化・再統合化が目指されている。そこでは明らかに司法とは距離をおき，むしろそれと対抗する視覚が見られる。こうしたコミュニティ型 ADR の状況と位置づけについて，Sally Engle Merry & Neal Milner (eds.) *The Possibility of Popular Justice: A Case Study of Community Mediation in the United States*, University of Michigan Press, 1993.

供すべきニーズとしても位置づけ得るからである。換言すれば，効率性ニーズは，ニュートラルな「手段的・道具的側面」に関わるニーズなのである。これに対し，専門性ニーズと日常性ニーズは，その定義によって，紛争処理システムの機能理念ないしゴールそのものを設定することに関わっており，その意義はより重要である。

さて，このように見てきたとき，われわれは，次の疑問にたどり着く。ではなぜ，現代のこの時期にADRが注目され，その法・裁判制度への批判的意義をも含んだ動きが，大きなうねりとなって生じてきているのかという点である。専門性ニーズに関しては，技術の発展や専門領域の複雑化自体が，新しい現代的現象であることから容易に説明がつく。しかし，効率性ニーズは裁判制度の出現と共に古いニーズであったはずである。それが今，なぜ，ADRを求める動因となったのか。日常性ニーズも，それが人間の営みであった以上，そもそも存在していたはずである。それが今，なぜ，独自の処理を求めるニーズとして表面化してきたのか。

この点を理解して初めて，現在，ADRに求められているものの実相は何であるか，ADRはいかなるものとして位置づけられるのかを的確に把握し，そのあるべき方向を見定めていくことが可能となると思われる。以下，まず，社会構造の変容と法的紛争処理の発展に関する誤った常識的理解を見た上で，社会関係が現代化していく中での紛争処理システムの機能性の変化を主に裁判制度の限界露呈の問題として検討，さらに法意識の伸張と法・裁判制度をめぐるパラドクスをみていくことにしたい。それはとりもなおさず，効率性ニーズや日常性ニーズをかつて吸収していた社会メカニズムの崩壊に伴い，法・裁判制度も，その空隙を埋めるのではなく，むしろその限界を露見させていくこと，そこにADRへのニーズの噴出の理由があることを検証していく作業である。

（2） 社会構造と法的紛争解決をめぐるファラシー

前節で見たように，ADRが法・裁判制度への批判的意義を内包したものであるなら，法・裁判制度の社会における機能性の変容を検討することは，一種の鏡像として，ADRの位置を確認することにもつながる。

従来，近代の法・裁判制度の機能的必要性については，経済的には近代社会

における通商圏の拡大と予測可能性への要請，理念的には啓蒙主義に淵源を持つ自律的主体による社会契約と権利義務の尊重といった要素が挙げられてきた。そこでは，機会主義的でローカルな取引形態から，合理的で計算可能な取引形態への転換を求めるニーズが，近代的な法制度および裁判制度によって担保されたことが強調され，また，他方で権力的介入から自律した主体による政治・経済活動を保証するシステムとしての法・裁判制度の役割が強調されてきた。いわば，それ以前の予測可能性のない通商のリスクや権力的介入，その背後にある封建的システムや共同体的桎梏からの解放という役割を，法・裁判制度が担ったとされているのである。

こうした見方は，もちろん，誤りというわけではない。法制度や裁判制度の整備が，共同体的な拘束や権力関係への鋭い批判的機能を果たしながら，個人を解放し，近代社会と手を携えてモダニティを構築してきたことは否定できないであろう。しかし，この見方の一定の妥当性は承認し得るとしても，問題は，それがあまりに単純化され，「常識」として自明化したときの一面性にある。

近代と法の歴史的関係をめぐるこの言説は，いたるところで言及され，自明のこととして認識されることが多い。この問われることのない自明の言説は，様々なバリエーションを持ってわれわれの認識の土台を構成してきている。

たとえば，紛争処理制度と社会変容の関係を論じる，本来，ア・ヒストリカルな社会学的理論にも，この歴史的言説が忍び込んでいる。法人類学や法社会学の領域における紛争処理研究は，ある社会が発展し，外部社会との交渉関係が拡張し，関係性が複雑化・流動化するにつれて，インフォーマルで合意形成をゴールとする共同体的な紛争処理方式から，法・裁判を中心とする合理的な規範的判断に基づくフォーマルな紛争処理方式への比重移動が起こるとする仮説を繰り返し提示してきた[3]。もちろん，研究が発展するにつれ，これら実証的な法社会学研究のなかにも，歴史的言説に基づく常識的認識枠組みから自由に，これを批判的に再構成する研究も現れてくる[4]。「常識」を超えて，より

---

[3] たとえば，Richard D. Schwartz, "Social Control in Two Israeli Settlements," in D. Black & M. Mileski (eds.) *Social Organization of Law*, Seminar Press, 1973, Laura Nader & Duane Metzger, "Conflict Resolution in Two Mexican Communities," *American Anthropologist*, vol. 65, 1963, Laura Nader & Harry F. Todd Jr. (eds.) *The Disputing Process: Law in Ten Societies*, Columbia University Press, 1978.

[4] たとえば，Richard Danzig & Michael Lowy, "Everyday Disputes and Mediation in

細密に現代の複雑な社会構造のもとでの紛争処理のあり方を問う試みである。しかし，初期はもちろん，現在でも，なおこの非実証的な「常識」が，実証的研究の前提となっていることも多いのではないだろうか。

　さらに，政策的・実践的議論がなされる際には，より直截な形で，この見解がリステートされる。現在の司法制度改革や，グローバリゼーションの中での法整備支援などが問題となるとき，この常識的見解は，知らず知らず多くの論者の前提となっている。法曹人口増，司法容量増による「透明なルールによる事後規制社会」へ向けた制度改革は，封建的な共同体的秩序から，透明な法による支配の実現へという歴史的言説と極めて近似している。また，いくつかのアジア諸国におけるローカルで予測不能な固有の秩序原理から，グローバルスタンダードを満たす法制度インフラの整備へという視点も，まさに西欧的近代化・合理化をめぐる歴史的言説のリピートと言えなくもない。

　ADRについても同様である。共同体的桎梏からの解放というモダンの理念と，その「常識」に囚われている限り，たとえば日常性ニーズに応答的な法・裁判批判的ADRなど，都市的人間関係のもとでは存立の基盤すらないと見てしまいかねない。この視点に囚われている限り，法・裁判制度こそ，さらに拡充されるべきとされ，ADRは，ただ法的紛争解決，裁判制度の簡易な補完システムとしてしか位置づけられなくなってしまうだろう。ADRが含む法・裁判制度への批判性は，本来，応答しようがないもの，すべきでないものとして無視されてしまう。しかし，本当に，そうだろうか。社会構造の変容，社会関係の変容を，常識に囚われない視線から見るとき，実は，法・裁判制度の拠って立つ基盤の危うさこそが，見えてくるのではないだろうか。

　さて，ここで誤解がないように述べておくが，司法制度改革における法曹人口増や司法の役割増強は必要である。またアジアにおける法整備支援も必須である。法・裁判批判的ADRを承認したとしても，法・裁判制度を全面的に否定するわけではない。ここで問題にしたいのは，こうした「常識」的言説の一面性であり，それが見えなくしているこれら「法の支配」拡張プロジェクトに内在する危うさと非機能性，そして紛争当事者への抑圧性である。それを理解して始めて，われわれは，ADRの法・裁判への批判性を肯定的に受容しつつ，

---

the United States," *Law & Society Review* vol. 10, 1975.

その可能性を開いていけるのではないだろうか。

そこで，ここではあえて，この「常識」として自明化した歴史的言説を，その全否定を行うものではないがあえて，ファラシーと呼んでおくことにしたい。そしてそれがいかなる意味においてファラシーであるのか，次に検討していくことにしよう。

(3) 法と近代化のパラドクス
(a) 法・裁判と共同体の相補関係

こうした歴史的言説の一面性は，批判法学の領域での研究によりすでに指摘されている。例えばシュガーマンは，西洋における合理的システムの発展をめぐるウェーバーのテーゼを再検証し，実際には，法や裁判所の判断がしばしばアドホックで予測可能性がなく，商人間に自生的に生成していた慣習的秩序への攪乱的介入でしかなかったことを示している。

予測可能性を高めていたのは，むしろ商業共同体の内部的な秩序関係だったというのである[5]。こうした事情は，現在でも，取引をめぐる紛争の多くが裁判所を回避して処理されていることとも通じる現象である[6]。

さらに近代法が成立した時期の西欧諸都市は，決して現在の東京やニューヨークのような大都市ではなかったはずである。身分関係はもちろん地理的な人間関係の流動性も低く，それはむしろ地方小都市の状況に過ぎない。また，地域，親族，社会的地位等に基盤を置く濃密な関係性が強く残存し機能していた。いわば，そうした様々な次元の共同性が重なり合いつつ存在していたがゆえに，自律的個人，権利主体といったフィクションが共同体的拘束性への批判的意義を保ちつつ強調されねばならなかったのである。自律的個人，権利主体といった観念は，今そこにある共同性と対峙し，それと対決することにおいて，初めて批判的言説としてその役割を担えたのである。

しかしまた，この生きた共同的社会関係は，その固有の社会的機能を果たしていたはずである。紛争処理の領域にあっても，商人共同体がそうであったよ

---

5) ディヴィッド・シュガーマン『イングランドの法と社会』風行社，1993。
6) たとえば，Yoshitaka Wada "Globalization and Local Culture in Contracts: Japanese Companies in Thailand" paper presented at 2002 Joint LSA/CLSA Annual Meeting (Vancouver).

うに，地域共同体，血縁共同体，身分的共同体は，それぞれに独自の機能を果たしていたと思われる。法人類学の諸研究が明らかにしてきたように，こうした共同体的関係の中には調和的関係回復を志向した紛争処理メカニズムが自然に埋め込まれているからである[7]。

こうした現象は，言うまでもなく，法的紛争解決制度としての裁判にとっては，打破すべき旧態依然とした現象であり，そのための「啓蒙」がまさに行われていたと考えられる。しかしながら，逆説的ではあるが，裁判制度は，この共同体的紛争処理メカニズムの存在によって，実は支えられ守られていた側面も存在するとはいえないだろうか。この点は，次のように論じることができる。

裁判が提供するのは，言うまでもなく法的争点に関する法的解決である。これに対し，共同体的メカニズムは，法人類学研究が示すように，様々に錯綜しながら社会関係を保持しつつ，より全人的な手当てを紛争当事者に与えていたと考えられる。当事者にとっての紛争は，心理的葛藤から関係的緊張，財物の帰属から将来的な保障まで含み得る複合的で多元的なものであるが，裁判制度はそれに対し，法的観点からする部分的解決を与え得るにすぎない。法的に見て，それがいかに重要で妥当であるとしても，当事者には問題を十分に反映しない部分的で不完全な処理と認識されることになる。一方，共同体的メカニズムは，この裁判が提供しきれない当事者のニーズを，それぞれに何らかの形で満たし，補っていたと思われる。

すなわち，裁判が部分的解決しか提供できないとしても，その満たしえない部分は，他の，裁判にとっては仇敵であったはずの，共同体的メカニズムが機能的に補っていたのである。この意味で，そもそも裁判と共同体メカニズムは，あれかこれかの関係ではなく，提供する「解決」ないし「手当て」そのものが異なっていたのである。

以上のように見る限り，裁判は，共同体的メカニズムを仮想敵とし，これと対峙しながら，同時に，この仮想敵と機能的には相補的な協働関係にあったとさえ言うことができるのである。しかも，この仮想敵の働きによって，裁判は

---

[7] こうした共同体的紛争処理メカニズムを「影響力行使チャネルの存在」「サンクション可能性」「規範シンボルへの一般承認」の三つの側面から分析したものとして，和田仁孝『民事紛争交渉過程論』第3章（信山社，1991年）。また，P. H. Gulliver, "Dispute Settlement without Courts: Ndendeuli of Southern Tanzania," in Laura Nader (ed.) Law in Culture and Society, Aldine, 1969.

その提供する解決の部分性がもつ限界をにわかに露見させることもなく済んでいたのである。

　しかしながら，高度に発展したわれわれの社会では，こうした共同体的メカニズムはほとんどその機能性を喪失してきている。それに伴い，これまで共同体的メカニズムが果たしていた機能の多くは，なんらかの専門システムによって肩代わりせざるを得ない状況になってきている。たとえば，死はこの半世紀の間に自宅ではなく病院で迎えるのが普通になってきているし，介護も次第に家庭から医療や福祉の領域に移りつつある。

　紛争処理の領域でも，心理的な苦悩や人間的関係的葛藤，財物をめぐるニーズなど，これまでそれを吸収してきた共同体関係が消滅したことで，人々は，そうしたニーズを抱えながら行き場を失い，しばしば法・裁判制度にそれを持ち込もうとして拒絶される。同時に，法や裁判制度のもつ機能の部分性や偏頗性が白日の下にさらされ，そこにも批判の矛先が向けられてくる。ADRへのニーズは，このように，法・裁判制度と共同体的メカニズムの対峙しつつ相補しあってきた幸福な均衡関係が崩れたところで噴出してきていると考えられるのである。

(b)　法意識の伸張と法制度不信のパラドクス

　さらにこのことは人々の法意識に関しても敷衍することができる。法や権利を権威的準則として尊重し，これにしたがって互いの関係を規律していくという意識のあり方が，もし現実に存在したとすれば，それはおそらく近代法の成立する時期の一時的現象であったのではないだろうか。神にせよ，法や権利にせよ，その権威性を尊重しその指示するところを遵守するという心性は，近代以前の心性にほかならない。むしろ近代的心性は，法を道具的に理解し，自己の様々な目標達成の武器として操作的に理解するような心性であろう。権利や法の権威的準則としての尊重としての「順法精神」は，法律家という社会的地位がその原初形態において名望家の貴族的義務として意義付けられていたのと同じく，近代以前の要素を強く反映した意識だったのではないだろうか。近代の心性は，まさに法や権利そのものを対象化し，操作可能なものとして認識する手段的理性であるというべきであろう[8]。

---

[8]　この権利意識観念について，順法精神と権利の解釈に基づく主張のあり方を明快に区分し分析した文献として，棚瀬孝雄「順法精神と権利意識」木下冨雄＝棚瀬孝雄編『法

このように法や権利をそのものとして尊重し遵守するといった過渡的意識が薄まり，自然や社会を操作可能な対象と見る，まさに近代的な意識が浸透した結果，そしてまた共同体的な紛争解決メカニズムがそれと呼応して社会的にも消滅していった結果，人々は行き場のなくなったそのニーズや欲求を，直接に法・裁判制度に向けてくる。言うまでもなく，この場合，人々は，従来，共同体的メカニズムによって手当てされていたようなニーズも含め過剰な期待と要求を，権利の名のもとに法・裁判制度へ持ち込んでくることになる。それは，良し悪しの問題ではなく，現実にそうした期待が向けられてくるという事実の問題である。

　実際，われわれは現在，日常的に不法行為の領域でも，契約の領域でも，訴訟がその制度的に予測し，準備するところとは異なる，多様な当事者のニーズに直面しているのを目の当たりにしている。謝罪や，事故の再発防止を求めて，さらには相手方に負のサンクションを与えるために持ち込まれる訴訟は，決して例外的事例ではない。むしろ多くの訴訟において，多かれ少なかれ，これら関係的，心理的葛藤への応答ニーズが利用者から示されているとすらいえるのではないだろうか。法はそのための，使い勝手は悪くとも，ひとつの手段として動員されてくるのである。そこでは，法の意味は，個々の利用者のニーズに影響されつつ，様々に戦略的に，また自然に拡張されたり，再解釈されたりして変動していくことになる。

　法が，自然法則のような単純明快なルールであればともかく，社会の現実的状況変容の中で常にその意味を更新し生成させつつ適応していく動態的存在であるという，この社会学的認識を前提とすれば，法が社会に浸透し，法利用が活発になればなるほど，その意味づけをめぐる誤差，したがって争いの可能性は拡大していくことになる。すなわち，共同体的拘束という縛りが崩壊した結果，価値や欲求自体が多様化するとともに，その追求・主張も促進されることになるが，法は，共同体に代わってそれを整理し，秩序づける単純なルールのシステムとして機能するのでなく，そうした多元的価値・利益主張の手段ないし受け皿として，むしろダイナミックな争いの手段・道具ないしはフィールドとして浸透していくことになるのである。

の行動科学』所収，福村出版，1991。

かくして，共同体的拘束からの解放という近代法の夢想が現実のものとなった時，同時に，近代のこれも夢想としての，秩序だった「法の支配」や「権利主体としての法意識」の社会的基盤も崩れ去ったのである。現代的法意識とは，自律的主体相互の関係を規律する「遵守すべき権威的準則」として法を尊重する意識ではなく，手段的・戦略的にこれを拡張し，その意味を争う「道具的理性」に基礎づけられた意識にほかならない。

　さらにこのことは，裁判制度への批判的認識を促進することになる。紛争当事者の多くは，日常的価値意識に根ざした正義観念を有し，それに基づいて相手方への要求を構成しているが（例えば謝罪，事故防止対策など），法は，第1にその扱うべき問題を必然的に限定することになるし，第2に，限定された法的問題定義の枠内でも，解釈を通じて当事者の日常的価値観念とは異なる判断を下さざるを得ない。しかも道具的法意識が優勢である以上，不利な判断を得た当事者はもちろん，有利な判断を得た当事者でさえ，その固有の日常的正義観念から，この法的判断への不満を抱く可能性が強い。もはや，裁判官や法律家の判断を，専門家による「権威的な判断」として無条件に受容するような意識（専門性への無条件の信頼）は，共同体的関係の消滅とともに薄らいでしまっているからである。

　そして人々が法制度を手段として利用する頻度が高まれば高まるほど，法制度へのこうした批判意識も高まっていくことになるであろう。それは，法制度に「問題」があるというよりは，共同体が崩壊し，価値・利害が多様化した現在の状況において，法制度が必然的に抱え込まざるを得ないパラドクスというべきである。法意識の伸張と法利用の浸透が，まさにその法制度の信頼性や客観的適正性といった「神話」を掘り崩していくというパラドクスである。

（4）　新たな紛争処理モデルへの要請

　このように，近代法・裁判制度は，共同体的紛争処理の桎梏から，個人とその多元的な価値や欲求を解放していったのであるが，同時にこの解放された多元的ニーズが行き場をなくし法と法制度に応答を求めてきたことで，逆に法と法制度がもつ限界，部分性，偏頗性も露呈することになった。近代化・産業化の過程は，法・裁判の役割を必須としつつ，同時にその限界をも露見させざるを得ないというパラドクスを胚胎していたのである。

共同体的関係性の消滅後，法は社会関係の秩序化を部分的に担ってはきているが，共同体消滅の空隙をすべて埋めるような機能は有していない。先進諸国のように，都市における社会関係が拡散的になればなるほど，こうした傾向が露呈し，法・裁判の秩序化機能の限界も同時に認識されるようになったのである。そしてここに，ADR を必要とする社会的ニーズが生成してきたということができよう。モダンという名のパンドラのはこは開けられた。しかし，近代法・裁判制度は，急速に展開するその事態に対処しきれず，新たな応答性をもったシステムへの要請が生じてきたのである。

　しかし，こうした社会状況が，法や法制度の機能性に関しどのような含意を持っているのかについての評価，さらには，その評価に基づく紛争処理制度のモデル構築をめぐっては，当然，異なる見解もあり得る。

　すなわち，共同的な社会関係が崩壊し，共同的配慮に根ざす合意形成が不可能となった状況において，法的紛争処理のみが，不効率性や部分性といった問題を含んでいるとしても，とりあえず有効性を保ちうる唯一の紛争処理手段であると考える見方である。人々が法を意識し，法への言及や法動員が頻繁に紛争状況において観察されるという事実が，この見方を現実に支持しているかに見える。この見解を前提にすれば，ADR も，それが機能的であるためには，紛争処理の実体的内容，手続過程の両面で，法や裁判と体系的連携性をもった準司法的なものとなるしかないということになる。

　これに対し，われわれの見解は，ある意味でよりペシミスティックである。なぜなら，共同的配慮に根ざす調和的な合意形成を不可能にした社会関係の変容が，同時に法的紛争処理そのものの受容性や権威性をも破壊する結果を持ったと考えるからである。もはや既存のモデルには，この悲観的状況において機能的足り得るものはないと考えるのである。もちろん，ADR の場でも，日常的交渉の場でも，法が持ち出され，人々が法的処理を求めてきている事実は広く見られる。しかしながら，こうした人々の法への言及や法的処理への期待の表明を，そのまま法的紛争処理への信頼や有効性の承認であると捉えるのは，あまりにもナイーブに過ぎよう。そこで表明される法や法的処理への期待は，同時に人々が法を「自前の正義」，「自前の法」として使用し，相手への攻撃の戦略として動員しようとする意識の表れに他ならないのではないだろうか。そして一皮剥けば，そうした法の道具的使用の背後には，日常的な様々な認識や

価値，欲求が幾重にも取り巻き噴出するのを待っているのである。

　このように，人々の法への期待は，明らかに法専門家が法を語り用いるのとは異なったものとして，当然ながら存在している。現在の社会状況は，共同体的紛争処理を破壊する一方で，法や法専門家への無条件の信頼をも掘り崩し，その結果として表面的には法への言及や使用という形で同一ながら，その内実はまったく異質な「法的紛争処理過程」をもたらしているのではないだろうか。それは，近代法が措定するような意味で，法が人々のなかに浸透したということを意味するのではなく，逆に人々が日常的な自分の解釈を施しつつ操作できる対象として法を認識し始めたことを意味するのにほかならない。

　こうしたよりペシミスティックな現実認識を取る限り，法と日常的認識を融合させつつ自分たちの声を届かせようとする，そういう意味で「自律的」な当事者たちにとって有効な新たな紛争処理モデルをあえて創案していくことが必要となるのである。それは言うまでもなく，共同体的相互理解にもとづく合意形成過程でもなければ，外在的な「法」による処理でもない。共同体的調和関係に基づく合意形成など夢想に過ぎない状況で，利用者にとって外在的で強制力に頼りがちな伝統的な法的紛争処理モデルへ逃げ込むこともせず，新たな，いわば当事者の自律性へ開かれた法的紛争処理のあり方を考えていこうとする試みである[9]。

　3では，そうした現代的なADRニーズの特質を検証し，それに応答的なADRの機能理念を模索していくことにしよう。

---

[9] こうした試みとして，いわゆる自律型調停モデルが複数の論者によって，少しずつ異なるニュアンスではあるが提示されている。たとえば棚瀬孝雄「法化社会の調停モデル」法学論叢126巻4・5・6号，1990，同「関係形成型調停のモデル」法学論叢134巻3・4号，1994，和田仁孝『民事紛争処理論』信山社，1994，仁木恒夫「自律的紛争処理の内的メカニズム」九大法学68号，1994，など。また実務における試みとして井垣康弘裁判官の家事調停における同席調停の試みがある。井垣康弘「家事調停の改革」判タ892号，1996。また前掲『現代調停の技法』の諸論稿も参照。

3　ADRニーズとADRの現代的機能理念

（1）　現代的ADRニーズの実相
(a)　紛争「解決」の意義転換
　共同体的社会関係とそこに埋め込まれた紛争処理メカニズムが衰退したあと，近代法・裁判システムがその空隙を埋め得るものではないこと，そしてそこにADRを求める社会的ニーズが生まれてくること，この二点を認めたとしても，ただ単に，そこで満たされないニーズにADRが応答していくというだけでは単純に過ぎる。ADRを求めるニーズは，確かに近代型の法・裁判では応答しきれないニーズではあるが，同時に，それは以前の共同体的メカニズムによって手当てされ満足され，あるいは抑圧されていたニーズとも異質になっているとみるべきである。急速に進んだ社会構造，社会関係の現代的変容は，近代法の普及時に対峙しながらも支持しあっていた共同体メカニズムと法・裁判制度のいずれの機能根拠をも変容させてしまったと考えられるからである。ニーズそのものの「かたち」がそこでは大きく変容してきていると考えられるのである。

　先に見たように，現在のADRニーズは，実体的解決内容をめぐる専門性ニーズや日常性ニーズ，手段的次元に関わる効率性ニーズなど，複合的なニーズを混在させたものであり，この事実自体，すでにかつての共同体的な紛争解決へのニーズと，現在のADRニーズが，相当に異質なものであることを示唆している。

　現代社会におけるADRへのニーズの背景にあるのは，旧来の共同体的な関係性の再生を求めるロマンティックな意識や欲求でもなければ，裁判官や弁護士によって提示される「透明な法ルールの支配」といったフィクションを無批判に受容するような意識でもない。そこにあるのは，道具的理性を背景に，自らの正義，自らの利害を，最低限の関係的ルールを保持しつつ，可能な限り追及していこうとする意識であり，ニーズであるといえよう。こうしたADRへのニーズないし意識について，ADRの現代的理念を模索する前提として，やや詳細に検討しておくことにしよう。

(b) 現代的 ADR ニーズの諸相
(i) 関係回復から争点処理へ

　第1に，現在の個人は，調和的な関係の修復や全面的合意を求めるのではなく，まさに争っている争点——それは，法的争点のみならず，謝罪や関係的対応を含むものであるが——限りでの処理を求めているということである。共同体的社会関係の中では，曖昧ながら規範への共通承認が存在し，また実質的なサンクション行使力と影響力を有した共同体ネットワークからの要請として調和的関係の回復が求められたことから，争点の処理というより関係の回復こそが，裁断によるのであれ，合意によるのであれ，紛争の「解決」にほかならなかった。それを可能にしていたのは，緊密に交錯し，自己完結していた閉鎖的な関係性のネットワークであった[10]。

　しかし，規範や価値観が多元化し，社会関係が個人を中心とする拡散した関係性へと希薄化した結果，実効的サンクション可能性を有する社会構造要因がほとんど消滅した現在の状況では，こうした調和的関係回復をア・プリオリに紛争の「解決」と措定することはもはやできない。もし，この調和的関係の回復を紛争の「解決」という言葉で定義するなら，現在の個人が求めるのは，紛争の「解決」ではなく「処理」であるというべきなのである。

　この点は，すでに約20年前に私自身が実施した借家紛争調査を分析する中ですでにデータに基づいて提起したことであるが，わが国でもいったん紛争状況に陥ると，関係それ自体が切断されるか，あるいはコンフリクトを内包したまま緊張関係が継続するという現象が常態となっているのである[11]。ADR に向かうニーズもこの点では変わるところはないと考えられる。

　しかしまた同時に，こうした争点処理が，法や裁判によって単純に応答され

---

10) 前掲注7)。
11) この点も，内外の法社会学的研究で繰り返し確認されてきている。六本佳平『民事紛争の法的解決』岩波書店，1971は都市社会状況での法使用のそうした性格について指摘する先駆的業績であるし，その後も和田仁孝「現代都市社会における紛争処理と法（1）～（3）」法学論叢111巻2・6号，112巻3号，1982（前掲『民事紛争交渉過程論』所収），が理論的解析を試み，さらに近年では尾崎一郎の諸業績，とりあえず「都市的社会関係と調停」法社会学52号，2000が確認している。またアメリカでは，フェルスティナーが早くから指摘している。William L. F. Felstiner, "Influences of Social Organization on Dispute Processing," Law & Society Revire, vol. 9, 1974. および "Avoidance as Dispute Processing: An Elaboration," Law & Society review, vol. 10, 1975.

えないものであることもすでに指摘した。ちょうど今ひとつの専門システムである医療の領域で，急性疾患をもっぱらの対象とする合理的近代医学のアプローチ——それは近代法による法的解決とパラレルである——で足りていた状況から，親族ネットワークや地域共同体関係の崩壊と共に，患者のQOL（Quality of Life）まで含めた総合的・全人的アプローチが必須とされる状況へ転換してきていることと，それは軌を一にしている。関係回復より争点限りでの処理を求めるとしても，それは単純な法的解決ではなく，より多元的価値・利害に配慮した総合的，調整的なものでなければならないのである。

(ii) **闘争的合意形成**

第2に，現在の個人が求めるのが，紛争の「調和的解決」でなく，「処理」であるとすれば，平和的，調和的な「合意」という観念も，きわめて困難となる点である。そもそも合意は，一定の文言（書面であれ，口約束であれ，黙示的であれ）に結晶化されるが，実はそれに尽きるものではない。国際交渉などでよく見られるように，そこで「合意されなかったこと」が，実は重要な意義を有していたり，文言化された内容についても，何らかの許容される「特段の事情」が将来的に発生すれば，その内容が再解釈されたり，再文言化されたりすることを暗黙のうちに前提としている場合がほとんどだからである。それゆえ，合意はしばしば，きわめて闘争的な対立関係やコンフリクトを内包して成立することにもなる[12]。この点は，訴訟上の和解などを想起するだけで十分，実感的に理解できるだろう。

現在，合意が紛争処理の一つの方式となる場合でも，それは平和的・調和的な紛争「解決」ではなく，闘争的なコンフリクトを内包した論点処理とならざるを得ない場合が多いと思われる。それは，調和的合意を強制する共同体規範からも，共同体的関係構造の圧力からもわれわれがすでに解放された必然的結果なのである。そしてこのことはまた，合意や「解決」「処理結果」というものが，現実には暫定的なものとならざるを得ないという点をも示唆しているといえよう。

(iii) **第三者判断への懐疑**

第3に，では，ADRよりは裁判，あるいは裁判ではなくとも第三者による

---

[12] 合意のこうした特質について，和田仁孝「交渉と合意」前掲『交渉と紛争処理』第1章。

裁断に基づく紛争処理方式が，現代ではむしろ機能的となるのではないかという疑問も，上の議論から出てくることになろう。しかしこれも，そう単純ではない。価値や規範意識が多様化している以上，紛争当事者は，それぞれが自前の正義，自前の規範を「正当」であるとして問題を認識している場合が多い。そこで裁判所やADR機関が，法であれ，専門的知識であれ，社会常識であれ，これに基づいて判断を下したとしても，その実体的内容の正当性について，両当事者が納得することは難しいであろう。不利な結果を得た当事者はもちろん，有利な結果を得た当事者であっても，なお，自前の「あるべき解決」との乖離がそこにあれば，それは一種の「強制」として受け止められ，不満が残存することになる。その典型が裁判であり，執行力という制度的強制力を有しながら，おそらく様々な紛争処理機関の中で，現実にはもっとも結果の遵守率が低い紛争処理方式である[13]。

　この問題を回避するためには，判断を受容する構えを，その前段階で手続き的正当性の構築を通して形成しておくことが必須になる。「自ら選択した裁断」は受容できても，「強制された裁断」は受容できないからである。いずれにせよ，「調和的合意が困難なら，客観的裁断へ」という短絡的発想は，現在の当事者の規範意識を誤認しているか，あるいは無視し強制力に頼ろうとする権力的な思考ないし権力性に無自覚な思考と結びついているといわざるを得ない。

(iv) 争いのフィールドとしての法

　第4に，そこでは，なお，法が一定の重要性を有することを否定できないという点である。あらゆる共同体的価値や規範が希薄化し，「予めの合意」が成立しない状況で，紛争に直面したとき，個人は，有効な戦略的準拠枠ないし武器として法を援用することが多い。もちろん，それは自前の解釈を施された自前の法であって，法律家をはじめとする第三者の法解釈をそのまま権威的準則として受容することを意味しているわけではない。人々は，法を，それに言及することによって自己の主張にパワーを授ける道具として，有効な争点に関してのみ，便宜的にこれを動員するのである。

---

[13] 本格的な実証的データは今のところないが，著者自身の宮崎における本人訴訟調査に限れば遵守率は50％に満たない。和田仁孝「少額・本人訴訟と裁判」法社会学43号1991。実際に，任意履行がなされず，強制執行がなされるようなケースでは，実はそのほとんどで判決の完全な実現は困難であると見てよい。また，執行手続きの諸段階で，実は履行内容に関する再交渉が行われることも広く見られる現象である。

逆に言えば、一般的な意味においてのみ、法はそうしたパワーの淵源としての承認を得ているということはいえるかもしれない。そこには一般次元と、自己の問題に関わる個別次元での、法に関する認知の二重性があるということもできよう。法の動員とは、一般的次元での法への承認を前提に、個別次元でその法を自前の解釈により再構築することを意味しているのである。

言うまでもなく、紛争状況では相手方も同様の自前の法、自前の正義を構成し主張している。さらにそこに第三者の示す法解釈も、ひとつの異なる可能性として呈示されてくる。それゆえ、法は、こうした解釈――法そのものの解釈のみならず、法が関わるべき問題か否かといったメタ争点も含めて――が相互にせめぎあい争われる言説的フィールドのひとつとして紛争の場に立ち現れてくることになる。

とりわけ、法を必ずしも必然的原則としないADRにおいては、法は争いに決着をつける基準ではなく、むしろ問題定義と解釈をめぐる争いの「フィールド」、「枠組み」および「対象」として機能することになる。そしてそのような意味においてではあるが、現代ADRにおいて、法は重要な意義を有していることになる。

(v) 最低限の作法としての関係的了解

第5に、共同体的な関係性のネットワークに基盤を置く直接的なサンクション力や影響力は、われわれの先進社会においては、かなりの程度解体されてきている。わが国では色濃く残っていた親族ネットワークや終身雇用を前提とした企業共同体も、例えば介護が家族や親族ネットワークの手から介護保険を通じて医療や福祉、さらには市場システムに委譲されたり、終身雇用・年功序列制の崩壊への動きが促進されたりする現象にみられるように、次第に解体されつつある。

しかしまた同時に、いかなる都市的・機能的生活環境に置かれたとしても、それでもなおわれわれは、個別の関係性を構築し、一定の共同性を不断に構成しながら生を営んでいる。それは個人を中核とする拡散し、多くは機能性でのみ結びついた、移ろいやすい関係性ではあるが、それでも社会のただ中にある個人として、その関係性に根ざす共生のための一定の相互了解を、われわれは構築しつづけている。そこで否応なくわれわれが社会を形成し日常生活を組織している限り、そこにはより基底的な次元での、人間行動や社会関係にかかわ

る多くは非意識的な「あたりまえ」の世界をめぐる認識・期待が存在するのである。そうした認識や期待が存在しないならば，われわれは常に一挙手一投足に至るまでエイリアンのなかで過ごすかのように警戒していなければならない。こうした人間関係の基層に存在する認識・期待，最低限の関係的作法を，関係的了解と呼ぶことにしたい[14]。

　それは紛争状況でも同様に働いている。特殊な例——ストーカー，暴力団など——を除いて，紛争状況にあって相互の主張が激しく対立し，感情的葛藤が生じているような場合ですら，われわれは例えば暴力的手段や過度に侮蔑的な表現は回避しようとする。争う関係にあってすら，われわれは，相手への最低限の作法を堅持しようとするのである。それは問題の処理が困難で，もはや相手との関係を切断しようとするような場合にも作用している。関係切断が可能なのは，相手がそれを許容すること，暴力に訴えることはしないことが暗黙に当然の前提として了解されているからである。

　共同体の崩壊を受けて，しかし近代法や裁判がその空隙を埋められない状況で，そして調和的な合意や第三者の権威的判断の受容も困難な状況で，もし，ADRがより機能的に作動し得るとすれば，この関係的了解のレベルを，調和的な合意は不可能にしても，最低限からより引き上げていくことが，ひとつの戦略となるであろう。ADRには，通常，応訴義務はない。それゆえに，自発的にそこに現れた両当事者がなお有している関係的了解の活性化可能性を探ることは重要な意義を有しているのではないだろうか。

(vi) 主体性と自律ニーズ

　さて，現在の個人は拡散し希薄化した関係性の中で，なお上記のような関係的了解を構築する存在——位置ある主体——ではあるが，もちろん，共同体的拘束に埋没しているわけではなく，常に関係性の中心にある「自己」に照準する主体としての側面を強く有している。現在の個人は，近代の夢想としての自律したアトム的個人でもなければ，共同体に埋め込まれた主体でもなく，自律性を基盤としながら，同時にその自己を中核として周囲に関係性を構築し関係

---

[14] 「関係的了解」とは，協調的な合意ないし調和的な相互理解を示す概念ではない。「関係的了解」は「実現」されたり，志向されたりする対象でもなければ，表層的な相互理解でもなく，人間のプラクティスを可能にする非意識的な基底的メカニズムを指す。和田前掲「交渉と合意」参照。

的な了解可能性を不断に更新し続けている主体なのである。

　紛争状況にあっても，それは変わることがない。しばしば，ADRや裁判の利用者について，「自分たちで紛争を解決できないがゆえに第三者機関を利用するのだ」という見解が述べられることがあるが，これはそれ自体としては誤りではないが，その後に，「それゆえ，第三者機関の介入・判断による解決が必要である」との見解が続くとすれば問題である。そうではなく，第三者機関に至っても，なお当事者は自律性を喪失したのでも，放棄したのでもなく，ディスコミュニケーションに陥った紛争状況から脱するために第三者機関の援助を得て，もって再び自律的な問題処理を実現していこうとしていると見るべきである。

　しかも，これはきわめて強い紛争処理意欲を持った個人を想定して言っているのではない。たとえば，法律家の面前やADR機関の窓口で，「なんとか解決して欲しい」と依存的姿勢を見せる当事者についてもあてはまることなのである。こうした依存的に見える当事者であっても，それが自分の問題である限り，実はあるべき解決や問題の主人公としての主体性を，常に強く保持しているのである。それをただ単に表層のみから判断し，そうした主体性に配慮することなく，善意であれ第三者主導の解決提供がなされた場合，当事者の強い不満と不信を招くことになる。

　「自力では解決できない」と訴える当事者の――それはしばしば「自力で解決したい」という意思の表現である――隠れた自律的主体性とそれへの尊重を求めるニーズを満たしていくことが，ADRにとってとりわけ重要である[15]。権威をもった第三者であれ，専門知識を持った第三者であれ，第三者に依存するような共同体的心性はもはや薄れ，現代の個人は，紛争状況のような危機的状況においてこそ，主体性と自律の回復を強く希求していると考えられるからである。

(vii) 価値・欲求の多元化と交渉可能性

　共同体の崩壊によって生じた価値や欲求の多元化は，共同体的規範の自明性や法・裁判の「予めの正当性」を懐疑させ，紛争処理の場においても共通に信奉され受容されるような規範的前提を喪失させることになった。しかしこのこ

---

15) この点について，和田前掲『民事紛争交渉過程論』第2章。

とは，一方で，法や裁判による「客観的・中立的」裁断という神話の虚構性を暴露させ，その受容を困難にしたが，他方で，当事者間の価値・利害の多元性を前提として，その間の交渉的処理の可能性を広げることともなった。すなわち，価値・欲求が多元的であればあるほど，あるひとつの価値・利害をゼロサム的に争う必然性は薄まり，問題処理に関するオプションが増大することになるからである。

　個人とって，重要な争点や選好が，多元的であり，相互に異なっているのであれば，両者の間で，それぞれが第一義的に重要と考える争点で相手に譲り，他の争点でゲインを得るという形で処理に至るという戦略をとることも可能となる。もちろん，実際には，感情的争点や価値論点が排他的に重要な場合など，このように図式的に交渉可能となるとは限らないが，そうした可能性が拡大していること自体は事実であり，これも現代のADRにとって，重要な問題処理の手がかりとなる点であると思われる。

(viii) 「解決」の暫時性と関係の継続性

　さらに，現在のADRニーズに関して，ADR機関外での紛争当事者間の交渉可能性について意識しておく必要がある。先に見たように，われわれの社会は，法・裁判による裁断であれ，合意であれ，簡単にはそれが受容されない困難状況にある。判決の遵守率は低いと考えられるし，ADRでの合意も，それが当事者の自律性を尊重せずに，強制的な色彩を含んで提供されたような場合には，遵守されないリスクが高くなる。

　言うまでもなく，ADR機関で得られた結果を現実に遵守するのは当事者である。機関にとっては処理を終了した時点で事件は終結しているが，当事者にとっては，時には，それから履行をめぐって再交渉が必要となることもあろう。あるいは，ADR機関で「処理されなかった争点」をめぐってさらに交渉が続くことも考えられる。また，表面的には関係がその時点で終了したとしても，その経験が他の主体との関係へと影響を及ぼすような形で，黙示的な関係の影響が続くこともあり得る。共同体的社会構造では，解決の履行は直接的なサンクションで担保されていたが，現代では，そうしたメカニズムが失われているし，それに代替するはずの訴訟の利用可能性や執行手続きも，多くの場合，現実的で実効的な選択肢――したがって担保力――とはなりにくい。こうした状況下では，機関での処理終了後の当事者の動きについても配慮しておく必要が

あろう[16]。

　また同時に，逆に，機関での合意形成が失敗に終わり，「解決」がなされなかったとしても，そのセッションを経たことにより，機関外での紛争関係に一定の整序機能が作用する可能性もあり得る。

　このように考えるなら，現代における ADR は，機関での合意成立，「解決」達成のみを視野に入れるのでなく，それが失敗した場合にもいかなる影響を与え得るか，それが成功した場合にも現実の関係はいかに展開し得るかについても配慮していく必要があるということになろう。機関で「解決」を提供すれば，まさに紛争は自動的に「解決」するという安直な状況ではない点に留意しておく必要があるのである。

（2）　現代的 ADR の制度理念

　さて，ADR への現代的ニーズがこのようなものであるとすれば，ADR は，どのような制度としてその目標や機能理念を設定していけばいいだろうか。以下，上述したニーズの特質のうち，ADR のあり方を模索するのに重要なものを取り上げながら，検討していくことにしよう。

(a)　「紛争処理」から「自律的紛争交渉援助」へ—主体性の尊重と援助

　第 1 に重要なのは，利用者の紛争当事者としての主体性の尊重を，ADR 制度の設計理念のひとつとして重視すべき点である。しばしば，暗黙のうちに，利用者が持ち込む紛争について，ADR 機関が（ないし担当第三者が）当該紛争を解決するのだという意識が前提されている。すなわち，機関こそが紛争を「解決」ないし「処理」する主体であるという黙示的な前提である。紛争を機

---

[16]　これと絡んで，ADR における執行力の問題が指摘されることがある。しかし，こうしたフォーマルな執行力付与が現実に効果があるかは疑問である。先に見たように制度的に執行力，すなわち履行確保が担保されている訴訟では，執行手続きが開始されるケースの多くが，実は現実の履行確保が困難なケースであるという皮肉な逆説的現実が見られる。制度的な履行確保の担保の有無以上に，手続過程で当事者がそれを現実的なものとして構成し受容しているかどうかという事実の方が，実際の実効性に大きく関わっているといえる。この点では，合意型 ADR で，自律的合意がなされる場合にもっとも実効性が高くなるであろう。逆に履行確保の制度的手当をしたとしても，おそらくは現実の履行確保につながるか疑問であるし，さらにそれに依存して，当事者の手続および「解決」受容へのきめ細かな手当が怠られることになれば，逆効果ともなりかねないであろう。

関に持ち込むことによって，紛争処理の主体が当事者から機関へと移行するかのような錯覚ともいえよう。

　しかし，先に見たように，現代のADR利用者は，表面的にはいかに依存的に見えても，「当事者」としての隠れた強い主体意識を有している。たとえ一時的にそれを見失っているとしても，ADRにおける適切な過程と援助のもとで，そうした意識は容易に復活してくる。そして事実，その問題について詳細な事情を知り，もっとも真剣に考えているのは，その当事者自身なのである。実際にも，ADRでのセッションや処理終了後，その結果を自らの紛争体験のなかに位置づけ意味づけ，履行や再交渉へとつなげていくのは当事者しかいない。現代の紛争当事者の強い自律意識を前提とすれば，「機関が紛争を処理する」「機関が解決を提供する」という，通常は自明視され問われることのないままに前提されている機関側の制度機能理念は，当事者の自律ニーズとマッチしない可能性が高いのである。

　とはいえ，もちろん，そのまま当事者のなすままに任せておくわけにはいかない。「自分たちで処理できないからADR機関に持ち込んだのだ」というのは事実であり，ADR機関はそこでなんらかの応答を求められているのは当然である。

　そこで，この表面は依存的に見えても強い自律意識を有した現代の当事者のニーズに対応するためには，発想の転換が必要になる。すなわち，ADR機関は，紛争の「解決」はもちろん，紛争を「処理」する主体でもない。そうではなく，「紛争当事者の自律的問題処理を可能とすべく，当事者の自律的紛争交渉能力を高めるように援助すること」をゴールとして設定するという機能理念への転換である。これは，紛争を「処理」する主体は，あくまでも，当事者自身であるという前提を堅持する発想にほかならない。もちろん，その過程で，一定の専門的判断を呈示したり，交渉関係を規律したりするような介入的対応が必要となることを否定するものではない。しかし，トータルに見て，当事者のニーズと自律意欲・能力に目を配り，その自己管理能力と主体性回復を尊重することをADRの機能理念として措定していくことは，現代のADRにとって重要な要請であると思われる。

　このADR機関の困難な作業のミクロなあり方は，4で検討することとして，以下，さらに現代的ニーズとの関係で，ADRの制度次元の理念を考えておく

ことにしよう。

(b) 関係的了解の活性化

さて，上述した当事者の自律的紛争交渉援助は，困難な作業である。当事者それぞれが自前の正義と自前の利害を主張し，自分たちで問題を処理できない膠着状態に陥った状態で，ADR は，いかなる制度的方向づけによって，当事者の自律性を回復させ得るのか。

この点に関しては，ADR はふたつの方向への岐路に立たされることになる。

ひとつは，こうした自律的対処能力への期待を捨て―あるいは「当事者は自律的対処よりも機関による解決の提供のみを求めている」と現代的ニーズの実相を誤認し―，ADR においても機関側の主導による法や専門的知識に基づく判断呈示ないし合意誘導型の対応をしていくという方向である。いわば準司法的モデルということができる。しかし，この方向づけは，「共同体的規範や拘束から自由となった現代の紛争当事者は，同時に法や専門的知見に基づく判断や誘導にも批判的で非受容的である」という先に見た事実を見落としている。また，自律援助よりも判断重視の手続過程への反発も強くなろう。おそらく，こうした準司法的方向づけは，機関限りでの「解決率」はともかく，履行まで含めて考えると，非機能的となる可能性が高い。履行を実質的に確約している保険会社が常に一方当事者となる「交通事故紛争処理センター」のような特殊な条件がなければ，こうした方向づけは，現代的ニーズに応答的であるとはいえないと思われる。

いまひとつの方向づけは，自律的対処能力向上へ向けた援助という機能理念を堅持し，当事者間に最低限であっても存在する関係的了解を活性化させ，ディスコミュニケーション状態からの脱却を図る形でこれを模索していくという方向づけである。ともかく，応訴義務のない ADR に両当事者が来所しているという事実自体，一定の問題処理への意欲と関係的了解が存在していること，そしてそこを ADR の第三者が適切にサポートすることで当事者が自律的対処能力を回復し，自分たちの争点を処理していく可能性が生まれ得ることを示している。ただし，関係的了解の活性化は，決して共同体的な予定調和的合意を導くようなものではない。当事者は，おそらくコンフリクトと攻撃性を明示的および黙示的に示し内包しながら，それでもなお，そこで一定の処理を模索していくのである。関係的了解とは，まさにそうした闘争的自律処理の作法にほ

かならない。そしてロマンティックな共同体的関係性でなく，こうした現代的な闘争的関係性の基盤としての関係的了解であれば，現代のこの合意形成が困難な社会状況のなかでも，ADRにおけるひとつの有効な自律的対処能力援助の手がかりとして機能しうると思われる。それは紛争処理の領域における準司法モデルとは距離を置く形とならざるを得ない。

(c) 多元的価値・利害の導入

さらに，紛争当事者個々の価値や，欲求・利害が多元化し，複雑化していることも，現代のADRにとっては機能化の条件として作用することになる。訴訟が法的問題定義に拘束され，問題定義に広がりをもたせられないのと異なり，ADRでは，そこで議論される問題，イシューを相当程度拡張することができるし，またそうすることが現代的ニーズに向き合うとき機能的に必須でもある。

先に指摘したように医療におけるキュアモデル（患者という全人的存在ではなく，ある症状を引き起こす因果関係を持つ病因を特定し，これを治療する医療モデル）から，ケアモデル（患者という全人的存在のQOLを考慮して，症状への対応を創造的・個別的に創案し自己管理を援助する医療モデル）への転換は，まさに医療という専門領域で，固有の専門知を超えて患者の人間としての多元的な価値や欲求にも応答的なシステムへの転換を図ろうとする動きであるが，紛争処理においても事情は同様である。社会的拘束や規範的拘束から解放され，価値や利害，欲求が多元化した現代であるからこそ，この多元性をむしろ積極的に活用し，柔軟に取り込みつつ，オール・オア・ナッシングのゼロサム的争い方ではない，創造的な交渉と処理が必須でもあり，また可能でもあるのである。それに対応できるのは，新たな紛争処理システムとしてのADRをおいてほかにはない。

たとえば，医療事故賠償のようなケースでは，訴訟では問題が，過失や因果関係，最終的には賠償責任の帰属と賠償額の算定といった点に限定されるのに対し，ADRでは，謝罪，事故再発防止対策の導入，その過程への被害者の参加など，様々な方策を創造的に導入することができる[17]。

---

17) たとえば，医療事故紛争の領域で，こうした方向への大まかなスケッチを示したものとして，和田仁孝＝前田正一『医療紛争―メディカル・コンフリクト・マネジメントの提案』医学書院，2001。また，そうした当事者のニーズと法的紛争解決のギャップを示してくれる文献として，佐々木孝子『悲しき勝訴：医療過誤に挑んだ母の執念』（自費出版）。

こうした争点の拡張は，必ずしも常に，交渉的処理を可能にするとはいえないかもしれないが，その可能性を開き得るものとして重要である。ここでも，こうした戦略を柔軟に有効に活用していくために，ADR は準司法的モデルから距離を置くことになるであろう。いわば訴訟のような紛争処理のキュアモデルから，ケアモデルへの転換である。

(d) 交互方式から同席型 ADR へ

こうした制度理念での新たな ADR の方向性は，その具体的な手続き設計の次元でも，変化を要請することになる。

従来，わが国では，裁判所の調停にせよ，裁判外 ADR にせよ，交互方式がとられることが多かった。この交互方式は，当事者が相手を気にせず自由に真意を述べ得るということで，とりわけ当事者間に大きな力量差や圧力関係がみられる時に有益であるとされてきた。しかしながら，同時にこの方式は，当事者相互間のディスコミュニケーションをそのままに放置し，むしろ当事者間の相手方への不信感を高め，また間に入ったメディエーターが情報を独占することで実質的な権威性が生まれ，さらにそこで情報操作のリスクが存するなど，多くの問題をはらんでいる。こうした特性から容易に連想されるように，この交互方式モデルは，現代的な当事者の自律ニーズを等閑視し，ADR 機関担当者の主導的処理を是とする旧態依然とした権威的モデルにほかならない。もちろん，場面と状況によって，そうした対応が必要なこともあろうが，少なくともこれを ADR の手続き理念とすることは問題が多い。

他方，同席方式は，近年わが国でも家事調停や民事調停の領域で注目され，一部の裁判官が積極的に推進しているし，外国でもこれを当然のモデルとしているところも多い[18]。この方式は，関与第三者にとっては，困難な方式ではあるが，そこに「第三者」が存在するというその事実のみで，同席した両当事者の発言は一定程度制御されることが多く，またそのことで誤解が解消しディスコミュニケーションから脱却できる可能性も高くなる。当事者の発言や行動は相手方から不断にモニターされるため，誇張や虚偽は制御される可能性が高まるし，第三者も常に両当事者からモニターされているため，その中立性を逸脱する可能性が小さくなる。こうした特性から連想されるように，自律的対処

---

[18] さしあたり，井垣康弘「家事調停の改革」判例タイムズ892号，1996。

援助や関係的了解の活性化，多元的争点の導入などを必須とする現代的なADRニーズに適合的なADR手続きだということができよう。

(e) **裁判との関係**

ADR基本法との関係でも問題となるところであるが，裁判とADRの連携をいかに設計していくかという問題もある。

ここでも，先に述べたような法や専門的判断を中心に仲裁や合意誘導を行う準司法的ADRないしキュアモデルを前提とすれば，裁判との連携を適切に強化することが機能的にも有益となる。

しかしながら，われわれは，一定の専門性に関わる特殊なADRは別として，少なくとも日常性ニーズに関わるようなADRについては，そうした準司法的モデルは非機能的であると繰り返し強調してきた。日常性ニーズに応答的なADR，すなわち，当事者の自律的対処能力への援助，関係的了解の活性化，争点の柔軟な導入と拡張などを必須とするADRについては，裁判との制度的な連携は悪影響が多い。すなわち，将来的に関わるかもしれない裁判の動向を予測し，そのもとでADRでの交渉対応を変容させていくとすれば，それは，とりもなおさず，当事者の自律的対処能力への援助，関係的了解の活性化，争点の柔軟な導入と拡張といったADRの現代的応答性を歪めていくことになってしまうからである。

一昨年，カリフォルニア州は，通称「ソーリー法（Sorry Law）」という法案を通過させたが，これは事故発生時に，"I am sorry"との発言をしても，事後の訴訟でこれを証拠としない旨をわざわざ定めた法である。このことは，訴訟の多いアメリカでは，訴訟での扱いが日常的な行動まで（われわれはたとえ自分に非がなくとも，自分が関わって誰かが不利益を被ったら謝罪の言葉を口にするという関係的了解を共有している）歪めてしまっている可能性があることを示唆している。ADRでの過程も，そうした影響のもとで歪んでしまうリスクは非常に高いといわざるを得ない。

もちろん，現代のADRにおいて，常に法が意識され，しばしば言及され過程に導入されることは先に指摘した。だが，それは戦略の一つであり，他に導入される多元的な価値や規範言明，論点と，相互に交渉可能なリソースのひとつに過ぎない。裁判との連携強化は，これとは違う意味で，法動員に特殊な効果を与え，もって他の要素を活用した自律的対処の達成を阻害し切断してしま

うリスクが高いのである。「法の影」はあくまでも，制度によってではなく，当事者自身が自律的にそこに持ち込む形での，あくまでも「影」に留めるべきであると思われる。

とりわけ，日常性ニーズに対応する ADR は，独自の存在として訴訟とは距離を置いた形で設定していくことが重要である。それによって初めて，ADR はその自由な独自性や創造性といったメリットを発揮できると思われるからである。

裁判をコアとした紛争処理システムの体系的構造化は，わかりやすいモデルではあるが，結局は制度側から見た機関のアウトプットとしての「処理」の効率性を維持するのに有効ではあっても，当事者の視点，現代の紛争処理ニーズへの実際的な応答性という観点から見れば，むしろ機能阻害的であるといわざるを得ないのである。

(f) ADR 評価基準―解決率からの解放

さて，このような新たな機能理念を体現した ADR について，その機能評価は如何になされるべきだろうか。評価の基準は多元的であるが，ここでは一点だけ，解決率ないし合意成立率を重視することのリスクについてのみ触れておくことにしよう。

通常，ADR を評価する際に，それが受け付けた案件のうち，どの割合で解決を達成できているか，あるいは合意型なら合意を成立させているかが，当然のように問題とされる。

しかしながら，まず第1に，合意や解決といっても，先にみたように現代では，それらはコンフリクトを内包したままの争点限りでの処理にすぎないし，また当事者の継続的関係の中では暫定的なものに過ぎない。したがって，第一義的に重要なのは，合意の内容であり，また不合意の内容であって，合意ないし「解決」の成立率は二次的な重要性しか持たないと考えるべきである。

重要なのは，合意の成立率，解決率が重視されることによって，ADR 担当者に合意獲得へ向けた圧力を組織体として及ぼすことになる点である。これは，場合によっては，担当者による様々な方策による合意誘導，当事者の自律的対処の軽視といった傾向を生み出す恐れがある。処理案件，ないし組織側から見ての「成功案件」によって，機関のパフォーマンスを評定するというやり方が，個々の事案への対応を歪め，不適切な対応を惹起しかねないことは，いかなる

組織でも同様である。最高裁の方針を遵守し覆ることのない判決のみを産出する姿勢への批判や当事者軽視の和解誘導批判など，裁判所へ向けられるのと同様の批判的視点がADRに対しても適用されるべきである。

ただし，そうはいっても，ADRが合意調達や「解決」をまったく志向してはいけないというわけではない。さしあたりの部分的であれ何らかの「処理」の必要性は認めるべきである。そのためには，当事者の自律的な過程管理が保障された上でなら，合意のみならず，仲裁判断のような裁定が下されるハイブリッド型の手続きが工夫されてもよい。当事者の自律的紛争交渉を第一義的に重視し，その上で結果の産出手続きについては多様な可能性を考えることは可能であると思われる。

いずれにせよ，ADR評価に際しては，解決率よりも，手続き過程に対する利用者の満足度や公正さへの評価など，きめ細かな評価基準を設けていく必要があろう。

＊

さて，以上，現代的ニーズに応答的なADRの機能理念について検討してきた。しかし，こうした機能理念が実際に成功するか否かは，現実に手続きに関与する第三者の役割にかかっている。§3では，この第三者——典型的にはメディエーター——の役割理念について検討していくことにしよう。

4　第三者関与者の役割理念——ケア・モデル

(1)　ケアリングとしての紛争過程関与

現代的ADRニーズに応答的な第三者関与者の役割理念として，ここではケアの理念を取り上げてみたい。ケアという言葉は，日常的にも氾濫しており，多義的に用いられているため誤解されるリスクが高いが，現在，ケアが問題とされる社会諸領域の動きは，2で紛争処理に即して考察したところとまさにパラレルな変容をみせている。一方で高齢化社会の到来や，家族構造の変容のなかで，ケアは個別の人間関係や家族の領域を越えて，福祉・医療といった専門システムの中に具体化（外部化）される傾向にある。他方でまた，それゆえに希薄化し，非人格化しがちな人間関係の中で，新たなケアのあり方が探し求められるような状況にもある[19]。

こうしたいわば「ケアの氾濫」ともいえる状況の中で，ケアについての捉え方も次第に深まり変貌しつつある。かつてのケアは，一種の自己犠牲をともなう奉仕を想起させるようなものであったり，逆に，無意識の優越した位置からケア提供者の価値観を押し付けるような差別性を内包したようなものであったりしたが，近年では，むしろそうした地位の非対称性や自己滅却とは異なって，ケア提供者とケア受給者が，同じ人間として主体性を尊重しつつ関係を取り結ぶ際のあり方として議論され始めている。

ケアは，拡散した希薄な社会構造の中で，それでも関係性の中から自律を探っていこうとする動き，ひいては自律的紛争交渉の回復を求める現代的ADRニーズに対応する「関わり」のあり方として考えることができるのである。

ここでは，こうしたケアの概念についての理論的議論を参照しつつ，ADRにおける第三者関与者の行動原理としてのケアを考えていくことにしよう。

(a) **「解決」の実体的内容とケア**

ギリガンは，コールバーグの道徳性の発達理論に見られるような，具体的な道徳問題について普遍的・抽象的・形式的正義に基づいて判断を形成していくような道徳判断形成のあり方を最上位に置く視点を男性中心的な視角として批判した。そして，女性に多く見られる（とされている）ような，しばしば矛盾に満ちた形で，具体的な問題を文脈的・関係的・個別的に考えようとする態度の中に，人間関係への配慮を重視した「ケアの倫理」が含まれており，そこには決して劣位ではなく，ひとつの特徴的で重要な道徳判断のあり方が存在していると主張した[20]。

言うまでもなく，紛争処理の領域では，この「正義の倫理」と「ケアの倫理」という対置は，裁判型の法的紛争処理の論理（キュアモデル）と，ADRの調整的・創造的紛争処理（ケアモデル）の論理の対置とパラレルな関係にある。また，先に触れた医療領域での病因除去による治癒を前提とするキュアモデル

---

19) ケアをめぐる現代的状況に関して，たとえば，広井良典『ケア学：越境するケアへ』医学書院，2000，鷲田清一『「聴く」ことのちから―臨床哲学試論』TBSブリタニカ，1999。

20) Gilligan, C. 1982. *In a Different Voice: Psychological Theory and Women's Development*, Harvard University Press. キャロル・ギリガン『もうひとつの声―男女の道徳観のちがいと女性のアイデンティティ』川島書店，1986。

と，全人的応答をゴールとするケアモデルとの対置も，実際にギリガンの理論が看護学や医療理論の領域に影響を及ぼしていることからもわかるように，同様の構造をもつ[21]。

このギリガンの議論は，狭く解釈された場合には，道徳判断の方式に関わる議論として，紛争処理の実体的解決内容の導き方と，そこにいかなる要素を反映させるかという点に主として関わることになる。先に見たように，ADRにおいては，価値観や欲求の多元化に伴い多様な争点を導入することが可能であり，またその交渉と調整により創造的な処理を行うことが可能となる。その際に，ギリガンのいうケアの倫理に基づく判断や発想がそれを促進するということになる。ADRにおける第三者関与者が，当事者間の関係的了解を刺激しつつ，そうした判断方式を取り込むことで，処理の実体内容にケアの倫理を反省させることはひとつの重要な方策となろう。

しかしながら，それだけでは，ADRのケア志向的第三者関与者への指針としては不十分である。下手をすれば，当該第三者自身がもつ固有の価値観による関係的配慮に基づいて，紛争当事者を誘導し，抑圧していくもっとも回避すべき関与形態に結びつく危険さえ，そこには内在しているからである。それでは，過去の共同体的価値に基づく教化型調停と変わるところはない。

それゆえ，ここではさらに，解決の実体的内容ではなく，第三者と紛争当事者との関係そのもの，第三者の関与のあり方自体に関わるものとしてケアを見ていく必要がある。現在のケア理論は，まさにそうした実体的ケア概念を否定し乗り越えた位相で展開している。ここでは，やや作為的に狭い解釈を呈示したが，そもそもギリガンの議論も，そうし観点を包含した発展性を有している。しかし，この点をより明確に理解させてくれるのは，ミルトン・メイヤロフのケアをめぐる議論である。

(b) 第三者のかかわりとしてのケア—メイヤロフのケア概念

メイヤロフは，おそらくケアの概念についてもっとも深く思考した哲学者であり，その思想は，著書『ケアの本質』において展開されている[22]。メイヤ

---

[21] Noddings, N. *Caring*, Berkeley, CA: University of California Press 1984, ネル・ノディングズ『ケアリング—倫理と道徳の教育—女性の観点から—』晃洋書房，1997。やや批判的なものとして，ヘルガ・クーゼ『ケアリング——看護婦・女性・倫理』メディカ出版，2000。

ロフによれば，ケアとは，ケアされる対象が「それ自身」になるのを手助けすることに他ならない。すなわち，「一人の人格をケアするとは，もっとも深い意味で，その人が成長すること，自己実現することを助けること」にほかならないのである。

したがって，ケアは，ケアする側が自身の価値観や考えに基づいて，相手を「支配」したり，「説明」したり，「評価」したりすることとは対極の位置にある。しばしば日常語のケアに内包されるような，ケアする側の独り善がりな価値観によって相手を思うままにしたり，一定の目標へ向けて誘導したりするようなことでは決してない。むしろ，自らの価値観や考えを透明にして，ケアされる相手が成長のために今何を必要とし求めているのかを共感的に理解し，その自己実現を援助していくことが大切である。たとえ，相手の思考や動きが自らの価値観と衝突するものであったとしても，相手の成長へ向けた自律と主体性を信頼し，そこに委ねていくような，そうした対応が必要とされている。すなわち，「相手が標本であるかのように見る」のではなく，「その人の目でもって見てとること」「相手の世界で相手の気持になること」ができるような感受性を持たなければならないのである。

これについて，臨床哲学者の鷲田清一は次のように述べている。

　……言葉が漏れてくるのを待ち，それをとりあえずそのまま受けとめるということだ。解釈の網にかけないでまずはそのまま受け容れるということ。すると当然，聴く者の内にさざ波が立つ。他者の存在の光景にじぶんを巻き込むということ，じぶんを巻き添えにする（インヴォルヴ）ということ。……他者本位に思考と感受性を紡ぐということ。そのためには，専門家ですらじぶんの専門的知識や技能をもいったん棚上げにできるということ。それが知が，ふるまいが，臨床的であるということの意味ではないだろうか[23]。

しかし，このことは，決して，相手の視点と同一化し，自分を見失うことではない。ケアする側（例えば調停者）は，相手に感情移入したり，同情したりするのではなく（同情は実は自分の価値観に基づいている点に注意），相手の自立的成長（問題対処能力の回復と構築）を助けるために，いかに関わるべきかを考

---

22)　ミルトン・メイヤロフ『ケアの本質：生きることの意味』ゆみる出版，1989。
23)　鷲田清一『〈弱さ〉のちから』講談社，2002，193～4頁。

える前提として，相手（当事者）の目線で問題を見てみることが要請されるということである。相手（当事者）が何を求めているかも感取できずに，援助も何もできるわけがないからである。ケアにおける共感とは，相手を「対象」として「評価」したり，「説明」したりすることでも，また感情的に同一化したりすることでもなく，自らと相手との関わりを相互の目線を感取しながら，そこに共にいて，「関わる」ことを意味しているに他ならない。

　そしてまた，こうした常に揺らぎ変容していく過程を通じて，ケアする側も，実は成長していくのである。それは，たとえば，調停において，当事者たちが自立的問題対処能力を回復し問題を克服したときに，調停者が感じる喜びに象徴的に表現されている。その際，調停者が感じる喜びは，おそらく解決の実体的内容がよかったからでも，単に解決がなされたからでもなく，そこに当事者の「成長」を感じ，それによって自らの職務（ひいては生）の充足と成長が感じられるからではないだろうか。

　このように見てくれば，メイヤロフのケア論からは，いくつかの要素が抽出できる。

　第1に，ケアの相互性である。ケアは，一方的にある者から他者へ提供されるものではない。そうではなく，ケアすることを通じて，ケアする側も相手から自らの成長のきっかけを与えられ，ある意味でケアされているのである。一方的に与えられるようなものは，メイヤロフの定義による限り，ケアとはいえないし，ありえない。また，ケアされることによって，成長した相手方は，そのことによって自分自身にケアすることが可能となり，さらに他者へのケアを与えうる存在ともなる。こうしてケアは，相互的に，かつ拡張的に展開していく。

　第2に，ケアは過程的要素であって，目的でもなければ，何らかの目的に結びつく手段でもない。ケアに，具体的な目的を持ち込むことは，しばしばケアする側の独善的な価値観を持ち込むことを意味する（例えば教化型調停）。目的やその目的実現への手段の構築は，当事者自身が創造し設定していくべきものであり，ケアは，人々が相互にそうした自律性を発現できるように成長を支え，手助けしていくことに関わる。関わりの過程の中で，共感と信頼を深めながら，そのつど，構築されていく関係，その限りでケアは捉えられねばならない。

　第3に，ケアをめぐる道徳的価値については，メイヤロフは「応答の倫理」

を挙げる。ケアを求める声に対して，応答し応えていくこと，そうした責任をわれわれは負っているとするのである。しかし，メイヤロフによれば，それは外側からわれわれに与えられた責任基準ではなく，ケアする存在である人間の内部にその源泉を持つという。ここにはギリガン的な関係的配慮によってもたらされる「ケアの倫理」と相似する要素を読み取ることができるだろう。

(c) **調停におけるケアと中立性**

メイヤロフのケアの本質論で示された過程的な，ないしは非実体的なケアの視角が，現在のADRにおける第三者（とりわけ調停者）の役割論，役割技法論のベースとして，多くの示唆に富んでいることは明らかであろう。現代の調停者に必要なのは，紛争当事者が自らの問題対処能力を回復し，相互関係を変容させていくその過程において，各当事者を援助し，成長（問題対処能力の回復）を促していくことにあるからである。

調停者が，自らの価値観によって，一方当事者に同情的に行動したり，ある目標に向けて誘導したりすべきでないことは，いまや常識である。実体的価値をめぐる共通した合意が成立しにくい現代社会では，そうした調停者の行動は，第1に，フェアで中立的な行動とはみなされない。そして，第2に，ケア論の視角から見れば，それは，ケアとは似ても似つかず，両当事者の双方から信頼され受け容れられることの不可能な行動に他ならない。

むしろ，調停者が，その中立性を維持し，争っている当事者から同時に信頼を調達するという困難な作業を実現していくためには，ここで示されたケアを提供していくことがひとつの可能な答えであるように思われる。

繰り返し述べたように，ケアは，調停者個人の実体的な価値観に基づいて，いずれかの当事者の考えに同一化することではない。そうではなく，そうした問題対処能力をそれぞれの当事者が拡張していけるように援助し，ヒントを提供していくような関わりであった。しかも，距離を置いた評価者の視線から優越的・超越的な診断や評価を下す形ではなく，まさに各当事者が何を望み何を問題として見ているのか，それを感受性を研ぎ澄まし，同じ目線で感取しながら，なお溺れることなく自律のための抑制された援助を与えていくのである。それゆえにこそ，こうした調停者の役割が実現されるなら，その調停モデルは，まさにケア・モデルというべきひとつの範型となろう。

しかしながら，ADRは，ケアする側とケアされる側が一対一で向き合う過

程ではなく，そこに今一人の相手方当事者，しかも対立する当事者が存在する過程である。そこで，このようなケア論がモデルとして現実に有効となるためには，中立性の確保についての問題をクリアしなければならない。

この点についても，実はこうしたケア概念自体が，それを克服する手がかりとなる。われわれの世界では，既に，共同体的規範であれ，法であれ，実体的基準によって中立性を維持することができなくなっていることは，繰り返し述べてきた。そうした社会状況の中で，たとえ対立する当事者が向かい合う紛争の場にあっても，実は過程的なケアに基づく関わりをもつことによって，中立性と，信頼とが，同時に調達される可能性が出てくる。なぜなら，一方当事者にケア提供し，それによってその当事者の問題対処能力が向上することは，当該当事者による自己制御という形での他方の当事者へのケアの可能性が生じてくることを意味しているからである。

ケアは相互的であるとともに拡張的であると述べたことと，これは関連する。実体内容や，特定の目的への誘導を前提としない限り，ある紛争当事者にとって，相手方にケア提供する調停者の姿は，決してアンフェアなものではなく，一つは彼らが抱える問題をめぐって調停者が真摯に関わろうとしていることを示すものとして信頼の源泉となるし，二つには，相手方にそのようにケア提供する調停者は，当然に自分の側にも誠実なケア提供（たとえば共感的聴取）をしてくれることを予測させるからである。端的に，当事者の言うことをよく聴かない調停者がいたとすれば，その話を聴いてもらえなかった側の当事者のみならず，その姿を見ていた他方の当事者も，その調停者の対応への信頼を持つことはありえないであろう。

このように，メイヤロフ的なケア提供を調停者が役割理念として持つ限り，両当事者は，ともにその関わりを，誠実で信頼の置ける中立的なものとして，受け留めてくれる可能性があると思われるのである。

さて，ここで示したケアに基づく過程的な中立性は従来の ADR における中立性概念とはかなり異なる。また，ADR を利用する当事者のニーズも，こうしたケアをベースで欲求しているとしても，それだけでなく，より直接的な情報や判断を求めているというのも事実である。ケア理念をベースに，これらの側面はどのように統合的に理解されるのか，以下で，少し，検討しておくことにしよう。

（2） 情報提供と判断呈示

さて，ここまでADRの第三者関与者の役割理念として，とりわけ当事者の自律的対処能力回復ニーズに応答的なケアの理念を検討してきたが，同時にADRの利用者は，まさにその自律のために，認識を変容させ問題を再解釈していくことを可能にするような情報や専門的判断をも第三者に求めてくる。

この第三者の判断の注入や専門情報の提供は，一見すると，第三者の主導的関与として当事者の自律的紛争交渉と矛盾するかに見えるが，適切に行われる限り，実は，まったく矛盾するものではない。たとえば法的判断や適切な情報呈示は，それをきっかけに当事者たちの認識が変容し，自律的紛争交渉が活性化される有効な手がかりとして作用し得る。

ただし，それが何にとって有効かという点には注意すべきである。もし，その判断呈示が解決案という合意内容に直結したものとされるなら，それはその判断が不利になる当事者の側から否定的な反応が生じるだけであろう。むしろ第三者の判断や情報呈示は，それによって当事者の自律的な紛争交渉を損なうことなく，むしろ活性化するような場合に有益であり，必要となる。

法的判断呈示も，第三者のそれが優越するのではなく，当事者の自前の解釈をもひとつの解釈として尊重する形で呈示され，そこで相違をもたらす原因の模索を通じて法外の認識をも含めた議論の豊饒化がもたらされるようなものでなくてはならない。それはあくまでも，当事者が自らの紛争状況認識を変容させ対話を通じて問題に対処・処理していくための資源として，そこで消化されていくものでなくてはならない。判断呈示や情報提供は，第三者の権威性と結びつかない形で，提供されねばならないのである。

そしてそのような，当事者の自律的問題対処能力を高め，過程を豊饒化するような情報提供や自己開示は，まさに，調停者が，当事者の視線にじぶんをインヴォルヴさせながら，それをベースになされたときに実現するものである。専門家が，その視線から診断的に情報提供，自己開示するのではなく，両当事者のパースペクティブを感受性をもって受け容れ，それに応答する形でなされるとき，それは当事者抑圧的でも教導的でもない自律的交渉援助としての情報提供，自己開示となるのである。

こうした形で適切に情報や判断の呈示がなされる場合には，当事者による過程自律は第三者の関与と決して矛盾するものではない。過程のそれぞれの段階

で，闘争的であれ協調的であれ，当事者自身が過程を自分のものとして掌握することを担保しつつ，第三者が判断呈示，情報提供という形で関与し，もって当事者間の自律的紛争交渉，関係整序の可能性を開いていくことはむしろ必要であり，現代的ニーズに応答的な第三者の役割を示すことになろう。

(3) 中立性保持の戦略
(a) 中立性の構造

次に中立性について考えてみることにしよう。前章で見たように，とりわけ日常性ニーズに応答的な ADR において，法・裁判から距離を置くことが，機能化のひとつの条件であるとすれば，そこでの第三者は，「法規範」，「実定法秩序」，「裁判」などへの準拠性によって，その中立性を担保することは不可能となる。ADR の第三者は，「法規範」に従って「法的解決」へと当事者を「導く」のでない以上，その役割や関与を裁判官のように「法によって正当化」することもできない。また合意形成へ向けて当事者を支え，自律的紛争交渉ができるようにエンパワーする形で関わる以上，裁判官のようにポーカーフェイスの形式的中立らしさの維持も困難となる。

このように ADR における第三者の中立性の問題は，従来の法的紛争処理における中立性とは異なった構造を有し，また異なった準拠理念を必要とすることになる。以下では，この中立性の構造を検討していくことにしよう。

中立性という概念は，きわめて多義的である。たとえば，わが国の裁判官のようにポーカーフェイスで表情を変えないタイプの第三者が有する中立性イメージもあれば，より当事者に近い位置でその利益の擁護や援助を目的とする弁護士などの党派的業務の中にも，実は中立的な視点が組み込まれているとみる見方もありうる。

こうした錯綜した関係を解きほぐすために，ここではふたつの理念軸を設定してみることにしよう。「規範（法）志向性」対「関係志向性」の軸と，「静態構造的」対「過程動態的」という要素の軸がそれである。

(i) 「規範（法）志向性」対「関係志向性」

ひとつは，「規範（法）志向性」対「関係志向性」の軸である。これは中立性の根拠に関わる。すなわち，中立であるとされるための根拠が，たとえば法のような規範や普遍的ルールに基づくものか，あるいは個別具体的な状況とそ

こで取り結ばれ構築される関係性のなかで事実上生成され，承認されてくるものなのかという点である。訴訟における裁判官の中立性や弁護士がなす法的問題分析における中立性も，いうまでもなく前者の要素を反映した例である。

われわれが裁判官や弁護士への信頼を有するのは，単なる恣意的判断によるのではなく，法専門家として法規範を志向し尊重するという中立的エートスがそこにあると信じているからである。この場合，個々の法律家の中立性は，その背後にあって彼らを導いている法規範，法秩序に根拠付けられていることになる。

逆に，友人間の争いに別の共通の友人が関わり収めていくような場合は，後者の「関係志向性」の要素が反映しているといえる。そこでは個別具体的な状況の中で，創造的に柔軟な問題処理が模索され，第三者の中立性はその過程で，そのつど，不断に構築され続けていくことになる。規範的な根拠を欠くため，その中立性は危うく，常に崩壊するリスクを帯びているといわざるを得ないが，同時にそうした中で構築される中立性はひとたび信頼が確立されれば，強固で効果的なものとなる。この場合，中立性の根拠は，どこか外部に存在するのでなく関与過程そのものの中で生成するのである。

(ii) 「静態構造的」対「過程動態的」

さて，いまひとつの理念軸は，「静態構造的」対「過程動態的」という要素の軸である。前者は，構造的な位置関係に関し中立性が認められる場合で，裁判での裁判官のみならずADRにおける第三者の中立性も，理念的にはこの典型であるといえる。しかし，言うまでもなく，ADR第三者の場合には，その関与の過程で，その都度一時的に形式的で静態的な構造的中立が破られざるを得ない場合が出てくる。常に安全な等距離にいるのではなく，コミュニケーションの促進のために，積極的なリスニングや助言が必要とされるからである。われわれのケアモデルでは，まさにそうした関与形態が必須となる。

これに対し，過程的中立性は，構造的にはともかくその行動の過程で動態的に示される中立性である。例えば，弁護士はクライアントの利益のために党派的活動に携わりながらも，同時に法的・倫理的視点を失わず，場合によってはクライアント本人を説得する場面も出てくる。そもそも法律家にとって，依頼者のための党派的な活動を行いつつ，なお，常に法的，社会的な中立性や倫理性，第三者的視点を失わずに保持していくことは必要であり，またそれゆえに

195

その党派的弁護は社会的にも相手方に対しても有効性を持ちうるのである。このいわば「中立的党派性」ないし，「党派的弁護活動の中に実は密かに組み込まれている社会的中立性」こそが，法律家と示談屋などを分かつ指標でもある。これは形式的，静態構造的には党派的であるが，当事者へ関与の過程動態において示される中立性にほかならない。

(b) **法律家の中立性**

さて，このふたつの軸を交差させてみると次のような図を描ける（図1）。

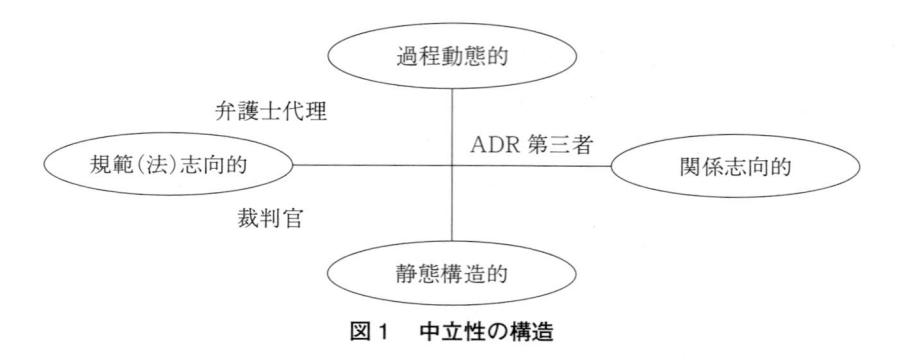

```
              過程動態的
               │
  弁護士代理   │
               │     ADR第三者
規範(法)志向的─┼──────関係志向的
               │
     裁判官    │
               │
              静態構造的
```

図1　中立性の構造

訴訟における裁判官の中立性は，この「静態構造的＋規範（法）志向性」の象限に位置づけられる。すなわち，両当事者から等距離で，かつそれが法的に期待され要請されている形での中立性である。

これに対し，弁護士の通常の弁護活動は，まさに一方当事者の利益を擁護する党派的な活動であるが，先に述べたように，実はここでも法律家として法的・社会的正義と倫理性を志向した中立的視点が働いている。いわば，「規範（法）志向的かつ過程動態的な中立性」の作用がみられるのである。この意味では，弁護士による党派的役割と裁判官らの中立的役割の差異は，実はそこで働く中立性の位相の差異にほかならず，実は法律家として「規範（法）志向性」に根拠を持つ中立的視点は一貫して保持されているということになろう。

しかし，こうした「規範（法）志向性」に強くドライブされた法律家の中立性は，一方で彼らへの信頼の根拠であるとともに，同時にまた不満の源泉でもある。なぜなら，法的解決では汲み尽くせない日常性ニーズを抱えた紛争当事者にとって，その提供する解決は硬直的であり，部分的であり，ときには第2の受傷体験とすらなりかねない限界を有しているからである。そこで保持され

る中立性も，当事者にとっては，せいぜい自己の問題解決に全面的には貢献しない外在的な中立性として認識されるか，場合によっては，中立性とその根拠それ自体への批判的不満の源泉にさえなりうる。裁判や法制度への高い信頼を置く一般の人々が，現実に利用者となったときに感じる失望と不満というギャップは，まさにこうした事態の反映であろう。そしてここに，より応答的な紛争処理フォーラムとしての ADR へのニーズと期待が生成してきているのである。

(c) ADR 第三者の中立性

さて，ADR への現代的ニーズが，先に見たような法的解決への批判的意義を内在させた新たな特性を有したニーズであるとするなら，ADR の第三者にとって必要とされる中立性も，また法律家のそれとは異なる要素をもったものとして定位されなくてはならない。すなわち，日常的ニーズに応答的な ADR においては，第三者の役割は，法や規範に準拠して問題解決を行うことではなく，より柔軟で創造的な当事者による紛争交渉と解決創出を援助するものとして構築されねばならず，そこでは，単純に両当事者から等距離を保持する構造的中立性も，法やルールに基づく中立的な裁断も，必ずしも適合的とはならないからである。

もちろん，違法な合意が許されるはずはなく，大枠としての規範的考慮は留保しておくことは必要である。しかし，そうした特殊な状況を除けば，個別具体的な事情の中での当事者による対話と創造的紛争交渉を促進し，かつそこで最低限の関係的了解を構築していけるような ADR における第三者の中立性について，新たな視点から捉え直してみる必要がある。それは，必然的に，法律家の「規範（法）志向性」にドライブされた中立性とは異なる，新しいタイプの中立性ということになる。

先の図で言えば，とりあえずは静態構造的な中立らしさからスタートしながら，実際の ADR 過程では，各当事者の「語りの声」を聴くという作業を通じて，またリフレイミングやクエスチョニングによって各当事者の気づきを促がすという作業を通じて，過程動態的な関与作業に取り組んでいくことになろう[24]。典型的裁判官のような無色の受動的なポーカーフェイスは許されない。

---

24) こうした技法の多くは，カウンセリングの領域や，交渉論の領域から導入されている。これら技法の調停での活用につき，レビン小林久子『調停者ハンドブック：調停の理念

しかも，過程動態的なかかわりを結んでいく際，弁護士にあったような「規範（法）志向性」という中立性の根拠も，ADR第三者にはない。
　すなわち，ADR第三者は，「規範（法）志向性」という護符も持たずに，「静態構造的な中立性」という安全地帯を離れ，当事者たちの中に分け入っていかねばならないのである。
　この各当事者の「語りの声」を聴き，受け留め，気づきを促進しながら，同時に当事者双方から中立性への信頼を調達していくという困難な作業は如何にして可能となるのだろうか。具体的な状況の中で，時には，相手方当事者の視線によるモニタリングにさらされつつ，積極的に一方当事者との距離を詰め，対話を促進していく過程のなかで，動態的に構成されるような信頼と中立性は，何に基づいて生成してくるのだろうか。
　おそらくは，「規範（法）志向性」という根拠なしに当事者に分け入っていくというリスクを内包した行為自体が，実はそうした中立性と信頼を生み出していく源泉にもなっているといえるのではないだろうか。両当事者が，第三者とのかかわりのなかで，新たな視点を獲得し自ら紛争を対処し合意形成していけるような能力を獲得していくこと，問題処理の実体的内容以上に，問題処理の主体性を尊重されエンパワーされていくこと，それを促進する調停者の態度と技法の中にそのカギがあるように思われる。調停者には「規範（法）志向性」という中立性担保の護符もなく，丸腰である。中立的であるためには，調停者は，ともかく「聴き」あるいは「語る」ことをせざるを得ない。関係を当事者との間に具体的に構築していかざるを得ないのである。
　先の図で示した「関係志向性」は，問題処理の実体的内容が関係志向的に成型されるという以上に，当事者間で，そして調停者と当事者の間で取り結ばれる関係そのもののあり方の中に中立性の源泉があることを含意するものである。そこには普遍的な根拠はなく，その場そのときの，その都度の対応の中で不断に構築されるような中立性が要求されている。
　ある時点で，一方当事者の話を「共感的に聴く」ことをなぜ，他方の当事者が中立性を損なうものと認識しないのか，またあるとき，それを中立でないと認識されるとき，それは「何を」破ったと見えたからなのだろうか。この問い

と技法』信山社，1998，棚村政行「面接交渉をめぐる調停運営の技法」前掲『現代調停の技法』所収。また，アレンE.アイビィ『マイクロ・カウンセリング』（川島書店）1985。

に答えようとするとき，われわれは再びケアの理念に立ち戻ることになる。調停における中立性の源泉となるのは，まさに，メイヤロフ的なケア理念を前提とした関与をADR第三者が実践できているか否かに関わっている。この点に関し，ケアモデルの堅持という一般的な回答を超えて，より具体的な回答を求めようとすれば，われわれはADRにおける紛争処理に技法論の領域に踏み込んでいかねばならない。これについては今後の課題とし，別の機会にひとつのモデルを呈示していくことにしたい。

⑧　和解・国際商事仲裁におけるディレンマ

谷口　安平
東京経済大学教授・弁護士

　日本在住のドイツ人弁護士であるノイマン博士が，国際商事仲裁協会（JCAA）の英文誌 JCA Newsletter No.3 に興味ある文章を書いておられる。ノイマン氏は仲裁手続における和解の重要性を強調され，国際商事仲裁協会における仲裁事件で多くの良い和解が達成されることになるならば，JCAA の国際的評判も高まり，より多くの事件がもたらされることになるであろう，とされ，仲裁人が和解の勧試にあたって留意すべき点を詳細に論じておられる[1]。同氏の指摘をまつまでもなく，仲裁協会の仲裁では当事者が絶対拒絶の態度をとらないかぎり仲裁人が和解の努力を行うのはいわば当然のこととなっている。そのために何度も和解期日を開くこともまれではない。実際，一昨年あたりから JCAA の仲裁事件数はそれまでと比べると倍増に近い勢いで増加しており，これが長年にわたる JCAA 仲裁人の和解努力の成果だとしたらノイマン氏の指摘はまさに実証されたことになる。しかし，おそらく事実はそうではあるまい。

　最近，国際商事仲裁の「訴訟化」がしばしば批判の対象となっている。仲裁が訴訟と同じように闘争的対立の場となり，手続は訴訟と同様に細密化し，仲裁が本来もっているはずの友誼的紛争解決の雰囲気が失われたというのである。その結果として，今日では仲裁における和解ないし調停の可能性を論じることは，一種の流行となっている感さえある。ノイマン氏の論稿がこのような一般的かつ世界的傾向と軌を一にするものであることは疑いない。しかし，筆者の見るところ，少なくとも国際商事仲裁に関する限り，「訴訟化」と和解ないし調停の可能性との間には解決の容易ではない矛盾が含まれているのではないか

---

[1]　Reinhard Neumann, The Role of Arbitrator as Mediator in International Arbitration Cases in Japan, 3 JCA NEWSLETTER 4 (1998).

と思われるので，ノイマン氏の論稿に触発されてこの小稿を草することにした次第である。

　従来，外国では日本の国際商事仲裁について，しばしば批判的な発言が行われてきた。例えば，既に10年近くも前になるが，アメリカの弁護士であるレーガン氏は東京でのJCAA仲裁を体験したあと，その実務を厳しく批判する論文を発表した[2]。その批判点は，仲裁人選任のための期限の起算日が通知の発送日であること，全て日本語に翻訳しなければならないので翻訳費用が多額であったこと，外国人弁護士が正式に代理人として認められないこと，審問期日がいわゆる「さみだれ式」に行われたため，アメリカから何十回も日本へ飛ばなければならなかったこと，など多岐にわたっている。指摘された諸問題には至極突然のものも多くあり，その後の仲裁規則ないし法律の改正によって今日ではかなり是正されている。例えば，現行のJCAA規則は英語を仲裁用語とすることを許しているし，平成6年の外弁法改正により外国弁護士も仲裁代理ができるようになった[3]。これらの改善策が日本の国際商事仲裁のイメージを一新しつつあることは疑いない[4]。
ここでは，他の諸点は差し置き，レーガン氏が指摘している和解の実務についての感想を紹介したい。同氏は次のように書いてある。

　「JCAAの仲裁人は積極的に和解を勧める。JCAA仲裁の実務は一般的に見れば今日の仲裁実務一般のなかで特にユニークということはないのかも知れない。しかし，欧米での仲裁または訴訟でのやり方とははっきりと違っているところがある。基本的には，証拠調べと主張書面のやり取りが終わり仲裁判断の準備に入る前に，仲裁人は和解の実現に向けて調停人ないし斡旋人として努力を行う。このような資格において，仲裁人は当事者と個別に面接し，各当事者の主張・立証の強弱について話し合う。もし，当事者が和解しないときは，仲

---

2)　Charles Ragan, Preparing for the Pitfalls of Arbitration in Japan, EAST ASIAN EXECUTIVE REPORTS, Jan., 1991, p. 9.
3)　JCAA商事仲裁規則62条，外弁法58条の2。
4)　Charles Stevens, Foreign Lawyer Advocacy in International Arbitration in Japan, 2 JCA NEWSLETTER 1 (1997). スティーブンス弁護士は，数年前の仲裁協会主催の仲裁フォーラムで講演した際，「もし日本の仲裁で外国弁護士が代理人になることができるようになれば，JCAAの仲裁事件数は一挙に倍増するであろう」と予言された。事件数は確かに倍増の勢いを見せているが，外国弁護士が代理人になっている事件によって増えたわけではないので，この予言の実現にはいま暫くの時間が必要であろう。

裁判断を行うことになる。とくに日本の当事者にとっては，仲裁人による友誼的和解の勧告は大きい力をもっている。」

確かに，紛争の友誼的解決は日本の長年の伝統である。そして，この伝統は現代の司法実務にも取り入れられている。わが国の裁判官は訴訟事件の審理の中で，和解勧試のために大きなエネルギーをさいている。一般に，証拠調べが終わり，両当事者が自分の側の弱点を認識した時点での和解勧試が最も有効であるとされている。そして，当事者が拒絶しない限り，裁判官は数回にもわたって和解期日を設けることもまれではない。民事裁判のやり方はしばしばその国の仲裁のやり方に反映される。これは，通常は仲裁人も代理人もその国の法律家であってみれば，当然の成り行きというべきであろう。したがって，レーガン氏が指摘したように，仲裁人の和解勧試は民事訴訟における裁判官の和解勧試と同様に，「とくに日本の当事者にとっては，……大きい力をもっている」ことになるのである。

裁判所ないし仲裁における和解の伝統は中国をはじめとする他の東アジアの諸国にも見られるところである。ADRとしてしばしば論じられるように，欧米においても紛争の和解による解決の意義が認められるようになり，アジア諸国の国際商事仲裁における和解のやり方が欧米にもよく知られるようになってくると，その公正さについて一定の疑念が抱かれるようになった。つまり，仲裁人による個別面接方式による和解勧試のやり方は，仲裁人がそこで得た情報を，他方当事者に反論の機会を与えないまま，仲裁判断において利用することになるので公正でない，という議論である[5]。このような問題指摘を受けて，最近のアジア諸国の仲裁法ないし仲裁規則は，このような疑念を招かないような手続的配慮を規定するようになってきている[6]。

---

5) この点は，筆者が参加した仲裁に関する国際会議でしばしば問題となったことがあるし，わが国の民事訴訟の実務としても，問題視されつつある。谷口安平「民事裁判におけるフェアネス」谷口＝坂元編・裁判とフェアネス（法律文化社, 1998）参照。仲裁における和解や調停の試みとフェアネスについて一般的には，CHRISTIAN BUEHRING-UHLE, ARBITRATION AND MEDIATION IN INTERNATIONAL BUSINESS (1996) p.343 *et seq.*

6) Rules of Korean Commercial Arbitration Board, art. 18; Rules of China International Economic and Trade Arbitration Commission (CIETAC), art. 50; Hong Kong Arbitration Ordinance, sec. 2B; Singapore International Arbitration Act 1994, art. 17. アジア諸国のこれらの仲裁法につき，Peter Sanders, Cross-Border Arbitration - A View on the Future, (THE 1996 ALEXANDER LECTURE), ARBITRATION (Chartered Institute of Arbitra-

我がJCAAの規則は，このような明示の条文を採用してはいないが，当事者個別面接方式による和解勧試は両当事者の同意のもとで行われるべきであるとの暗黙の了解があると思われる。そして，JCAAの国際商事仲裁において仲裁人からそのような同意を求められれば，日本の当事者は必ず同意するであろう。民事訴訟においても，比較的最近に至るまで，裁判官も弁護士もこのような和解のやり方に疑義をはさむことはなかったのである。したがって，仲裁においても同じ実務が行われてきたとしても不思議はない。この事実には実に重要な意味があると思われる。つまり，訴訟実務ないし仲裁実務はそれが行われる国の文化に深く根ざし，かつ依存しているということである。

　世界には多くの異なる文化が存在している。その文化の中には「紛争文化」ないし「紛争処理文化」と呼ぶべきものがある。一つの文化は一国ないし一民族などに特有のものもあれば，多くの国や民族に共有されているものもある。いわゆる欧米に属する国々は共通のユダヤ・キリスト教的伝統のもとで，概ね同一の文化を共有していると考えられている。そして，われわれは，欧米における紛争処理文化も一つであると思いがちである。しかし，ヨーロッパ人がアメリカの法文化を異質と見ているのは確かであるし，西ヨーロッパの内部においても多くの違いがある。ドイツの法社会学者でオランダの大学に籍をおくブランケンブルグは，北ドイツとオランダは国境を接するだけでなく，経済的・宗教的に多くの面で共通であるにかかわらず，法文化においては大いに違っていると指摘している。例えば，オランダではドイツに比べ民事訴訟は非常に少ないのである[7]。

　以上の考察は，国際商事仲裁における和解勧試がそれほど容易ではないことを示していると思われる。実体法を適用して仲裁判断を行うのに比べ，和解条件にはほとんど無限の可能性がある。冒頭に言及したノイマン氏は，仲裁人が和解の勧試をなす場合に考慮すべき諸点を詳しく列挙している。しかし，如何なる列挙も完全ではありえない。それに，列挙事項は仲裁当事者が属する文化の違いによって違ったものになるはずである。仮に，仲裁人が一方の当事者の文化と異なる文化に属する場合，仲裁人の和解勧試の努力はその当事者には全く効果がないが，他の当事者には効果がある，といった状況も起こりうるので

---

　　tors), August 1996, pp.168, 172.
7)　ERHARD BLANKENBURG & FREEK BUINSMA, DUTCH LEGAL CULTURE 7 *et seq.* (Kluwer, 1991).

ある。先に引用したレーガン氏の観察は、まさにそのことを裏書している。国際商事仲裁は多くの場合において異なる文化圏からの当事者を予想しなければならない。したがって、同一文化圏の内部の者同士で行われる事件に比べると、和解の勧試はそれだけ難しくなる道理である。

確かに、同様の問題は、法を適用して裁断する場合にも存在するが、その程度は格段に低い。というのは、法はもともと普遍的適用が可能なように細部を削ぎ落としていわば単純化した形で一般的ルールとして提示されているものだからである。そのことを考えると、今日の国際商事仲裁が益々法適用への依存を深め、冒頭に言及したように、益々訴訟化の道をたどっているのも理由のあることと言わなければならない。その理由は次のとおりである[8]。

第1に、ある国の実体法が適用されることによって、当事者は如何なる主張と立証が自分にとって必要かを知ることができる。もし、外国の当事者が仲裁人の個人的な価値判断に基づく採決に服さなければならないとして、その価値基準がどのようなものかを知りえないとしたら、どのような主張と立証をすべきか戸惑うに違いない。その場合に、もし他方当事者が仲裁人と価値基準を同じくするとしたら、不利は明らかである。確かに今日では、価値感の世界的均質化傾向があり、極端な違いは解消しつつある。しかし、いわゆる「善と衡平」による仲裁は影をひそめ、法による仲裁が一般化したのは、まさにこのような問題を解決するためであったと考えられるのである。すなわち、仲裁人に対し、客観的に存在する（いずれかの国の）実体法を適用させることによって、両当事者と仲裁人に共通の判断枠組みを確保しようとしたのである。いわゆるlex mercatoriaの適用について根強い反対があるのも同じ理由によるものと考えられる。

第2に、ある実体法が判断基準として採用されるとなると、各当事者がこの判断基準に照らして自己の有利に働くと考える主張と立証を提出し、互いに相手方の主張と立証に対して反駁しあうといういわゆる当事者対立的手続構造が、最も適切かつ公正な審理方式であると考えられることになる。これは、法によって判断を下す民事訴訟そのものであり、まさにこれを本職とする弁護士の活動場所となり、訴訟化した仲裁手続が必然的に出現するのである。

---

8) この問題については、谷口安平「国際商事仲裁の国際化と訴訟化」法学論叢140巻5・6号1頁（1997）。

和解の本質的にして唯一の条件は当事者の合意である。両当事者はできるだけ有利な和解条件を獲得しようとして努力と駆け引きを行う。しかし，両当事者が同じ価値基準を共有していない場合には，双方の努力は旨くかみ合わない可能性がある。一方当事者が大幅な譲歩提案と思っていることが，他方にとっては許せない厚かましさと映ることさえありうる。例えば，わが国の訴訟での和解では，謝罪条項を入れることによって和解が成立することがままあるが，このようなやり方は謝罪がさほど重要でない社会の人間には通用しない。このような状況における調停人は，どのような事項に各当事者がどのように反応するかをよく知らなければならない。そうでなければ，不用意な発言が一方当事者から反感と不信を招き，その後の和解を不可能にするであろう。調停者が両紛争当事者と「紛争処理文化」を共有するときには，いかなる時期に，いかなる方法で，どのような提案をすべきかを直感することがより容易である。彼は，当事者の心理の微妙な襞と行動パターンを予見することができる。このようにして，和解勧試は仲裁人と両当事者および代理人が同一の文化に属する場合には有効かつ適切に行うことができ，わが国の裁判所においては，まさにそれが実践されているのである。

　かくて，国際商事仲裁が内包するディレンマが明らかとなる。国際商事仲裁においてはいかなる「紛争処理文化」も単独で支配的となるべきではない。仲裁地の特定は，仲裁がその地の「紛争処理文化」のもとで行われるべきことを意味しないし，してはならない。もちろん，いかなる「紛争処理文化」からも無縁であることは必要ないし，不可能である。しかし，少なくとも両当事者が属する異なる二つの文化，あるいは仲裁人のそれを入れて三文化のもとで行われるべきなのである。しかし，他方では，仲裁が文化的にこのように拡散したものになればなるほど，前述の理由によって和解勧試が困難になることを否定できない。この困難は，例えばヨーロッパの内部での仲裁では，それほど意識されずに済むであろう。しかし，アジア内部では事情が異なる。アジアにはかなり性格を異にする文化が混在しているからである。さらに，アジアと欧米を巻き込む紛争では，困難はさらに高まると思わなければならない。

　ノイマン氏は，仲裁申立てを被申立人の国でなすべきよう合意する仲裁条項にも言及している。このような仲裁条項は日米間や日中間の取引契約にしばしば見られるところである[9]。筆者は，このような仲裁条項はヨーロッパでは全

く用いられないと聞いて驚いた憶えがある。ヨーロッパでは仲裁をスイスでしようがフランスでしようが，あるいはスウェーデンでしようがあまり本質的な違いはないと思われているに違いない。しかし，日本や中国となると話は別である。問題は単に物理的な距離の遠さではない。文化的・心理的な距離がより問題なのである。心理的な距離が遠いと，被告の土地へ行くべしとすることはある種の衡平感を満足させる。民事訴訟の土地管轄の定めが被告住所地を原則としているのはそのためである。しかし，訴訟ではあらかじめ合意のないことが前提となっている。仲裁は合意を前提とする。そこで，訴訟での管轄のような合意が行われるということは，状況が訴訟と似ていることを示している。被告地主義を定める仲裁合意は，紛争解決の必要性と相手方の土地へ行くことへの相互の躊躇との間で見出された苦肉の妥協策ではないであろうか。このようなところで行われる仲裁での和解勧試は最初から相当の配慮が必要である。当事者と代理人の仲裁人への信頼が必要なことは言うまでもないが，そのためにも仲裁人には双方当事者の紛争処理文化についての理解に裏付けられた高度の技量が要求される。

今日，国際商事仲裁における和解や調停について華やかな議論がなされている。しかし，かなりの楽観主議が支配しているように思われてならない。筆者自身の仲裁経験からしても，楽観主義には疑問をもたざるをえない。JCAAを含め多くの国際商事仲裁機関は調停規則なるものを備えている。しかし，これらの規則のもとで多くの事件が処理されているとは聞かない。むしろほとんど利用されていないのが実情である。本稿はその原因についての筆者の回答でもある[10]。

しかし，あまりに悲観的になるべきではない。和解による解決を好ましい解決形態とする以上，国際商事仲裁における和解を成功させるための方策を見つ

---

9) このような仲裁条項に起因する興味ある準拠法問題について，著名なリングリング事件判決がある。東京高判平成6年5月30日判時1499号68頁，最判平成9年9月4日民集51巻8号3657頁。
10) この考え方については既に発表したことがある。
　　Yasuhei Taniguchi, Mediation in Japan and Mediation's Cross-Cultural Viability, PROCEEDINGS OF THE BIENNIAL CONFERENCE OF THE INTERNATIONAL FEDERATION OF COMMERCIAL ARBITRATION INSTITUTIONS (IFCAI) ON THE INSTITUTIONAL RESPONSE TO CHANGING NEEDS OF USERS (WIPO Publication No. 759, 1998).

けなければならない。その方策としては，安易な楽観主義を捨て，仲裁人に対して適切な教育とトレーニングを与えることによって問題の所在を知らしめる努力をすることから始めるべきである。問題を知ることなしにその解決はありえない。最近，JCAA 理事長である前田氏が関係しておられる APEC（アジア太平洋経済協力）の人材養成部会において，前田氏のイニシャティブのもと，仲裁人人材養成のための組織化をも視野に入れた国際ワークショップが約10カ国の参加を得て大阪で開かれた。JCAA 主催の仲裁フォーラムに接して開催されたので，フォーラムにパネリストとして参加されたインドのナリマン氏（インド弁護士会長で国際的仲裁研究組織 ICCA の現会長）やマレーシアのリム女史（クアラルンプール仲裁センター所長），香港国際仲裁センターの前事務局長カードウエル氏，ICC 国際仲裁裁判所の副所長である澤田壽夫教授（上智大学）など，アジアにおける国際商事仲裁を代表する諸氏も参加された。その成果はいずれ明らかにされるであろうが，実現すべき人材養成プログラムの重要な目標の一つに諸々の紛争処理文化への理解の助長が含まれなければならないことは言うまでもない[11]。

---

11) 本稿は JCA ジャーナル第46巻4号（1999）より転載したものである。またその原文は JCAA の英文誌 JCA Newsletter No.4（1999）に英文で発表した Settlement in international Commercial Arbitration と題する小文を日本語に置き換えたものである。但し，翻訳ではなく内容も若干異なっている。

⑨ 制度契約としての仲裁契約
――仲裁制度合理化・実効化のための試論――

小 島 武 司
中央大学教授

1 実効的仲裁の要としての仲裁契約

　仲裁は，訴訟とは異なり，任意的紛争解決方法の一つであって，その効力は，当事者間の意思の一致に依存する。この意見の一致は，訴訟モデルに照応する手続構造をもつ仲裁にあっては，当事者間において締結される仲裁契約という形をとり，仲裁手続の始点となり，また，終局性の基盤となる。

　仲裁契約は，取引契約の1条項として紛争の発生に先立って締結されるのが通常であるが，当事者間に紛争が発生した後で締結されることもある。前者では，仲裁契約は商事取引，とりわけ国際商事取引との関係で締結されることが多く，伝統的には支配的なパターンとなっている。後者の場合には，仲裁契約は，取引契約に関する紛争についてのみならず，人身傷害事故などに基づく不法行為に関する紛争についてもまた，その締結が可能であり，これにより，仲裁の機能範囲が格段に広がるのである。この種の仲裁契約は，1990年代の初めに弁護士会仲裁が登場したことなどを契機として，増加の機運にある。加えて，これを促進する要因として，調停連結仲裁モデル（たとえば，ミーダブ）の発展ということがあるといえよう[1]。

　ところで，民事訴訟の局面において，判決と訴訟上の和解を比べると，任意に履行される比率は，訴訟上の和解の方が圧倒的に高い[2]。訴訟上の和解に

---

[1] 小島武司『ADR・仲裁法教室』（2001年，有斐閣）16頁など参照。なお，訴訟契約の基礎理論については，竹下守夫「訴訟契約の研究（一）～（三）」法協80巻1号1頁以下，80巻4号（1963年）459頁以下，81巻4号（1965年）373頁以下参照。

[2] 後藤勇＝藤田耕三編『訴訟上の和解の理論と実務』（1987年，西神田編集室）19頁など。

あっては，その給付義務について具体的に合意が成立していることからして，任意履行率がより高いのは当然のことであろう。このこととの関連でいえば，仲裁判断の任意履行率も，合意の時点および内実を異にするものの，判決のそれと比べて，より高いものと推測される。このことは，仲裁契約は仲裁判断と内容的に関わらないにしてもその合意が事前に成立している事実，その紛争の多くが取引契約に由来し事前の関係が存在すること，また，仲裁審理においては訴訟と比べて構造がより水平的で協調的な色彩がより強いことなどからして，十分考えられるところである。それにしても，仲裁判断の強制執行が必要となる場合は少なくないのであり，強制執行の実効性いかんが任意履行率の高低と深く関わることについては，リアリスティックな認識が必要である。

そこで，真に実効的な仲裁制度の構築ということを考えるとき，仲裁判断に基づく強制執行が迅速かつ確実に行われるための諸施策を推進することが重要である。司法制度改革審議会も，その意見書において，ADR 基本法の制定との関連で，ADR の利用促進の見地から時効中断効などと並んで，執行力の付与をとくに取り上げている[3]。この点で，仲裁法試案において，執行判決に先立つ手続の簡易化という見地から，判決手続に代えて決定手続が導入されていること（試案38条3項[4]）が想起される[5]。これと関連して，国際仲裁における仲裁判断は，ニューヨーク条約（外国仲裁判断の承認及び執行に関する条約〈1958年〉）締結国の増加[6]により，その執行面において存在感を著しく強めているといえよう。

仲裁制度の実効性を高めようとするとき，執行判決という関門についてその手続面を改善するだけでは，所詮限界があることが認識されて然るべきである。仲裁制度の実効化のツボを押さえるには，仲裁契約という存在について基本

---

[3] 「司法制度改革審議会意見書——21世紀の日本を支える司法制度——」（平成13年6月12日）37頁。

[4] 仲裁法研究室［代表：菊井維大］編『仲裁法の立法論的研究』（1993年，商事法務研究会）94頁以下（高橋宏志）参照。

[5] 小島武司「国内仲裁判断の執行判決に関する総合的研究〔3〕」JCAジャーナル243号（1977年）14頁以下，中野貞一郎『民事執行法上巻』（1983年，青林書院新社）165頁，小島武司＝高桑昭編『注解仲裁法』（1988年，青林書院）198頁（小林秀之）など。

[6] 現在では，締約国は125カ国を数え，主要国のほとんどすべてが加入しており，日本も1961年に加入をしている。三木浩一「仲裁制度の国際的動向と仲裁法制の課題」ジュリ1207号（2001年）43頁，小島＝高桑編・前出注5）359頁以下（高桑昭）など参照。

考え方を再吟味することが必要である。このことは、仲裁判断の取消事由として「仲裁合意が」「当事者の能力の制限以外の事由により、その効力を有しないこと」が掲げられていること（新「仲裁法」44条第2），執行決定手続において前掲の事由があると認める場合は、執行決定を求める申立てを却下することができること（同46条8項）からして、明らかである。

本稿では、限られた局面、すなわち、仲裁契約の有効性やその主観的客観的範囲について時として厳しい吟味の目を向けがちな裁判例の動向に焦点を合わせて、その根底に横たわる大いなる問題点を摘出し、仲裁制度の実効化を図るための理論的作業を試み、遠大で包括的な課題に向けてのささやかな第一歩としたい。わたくしの提示する実効化のパラダイムが是認できるものか否かは措くとして、一つの問題提起として活発な論議の契機となれば幸いである。

2　乱気流のなかの仲裁契約

まずもって、ケースに即して問題の所在を考えてみよう。昭和55年6月26日の最高裁第1小法廷判決は、「工事請負契約を締結するについていわゆる四会連合協定の工事請負契約約款を用いることによって、右契約について紛争を生じたときはその解決のため建設業法による建設工事紛争審査会の仲裁に付する旨の同約款29条による仲裁契約が成立したものと認め」、工事代金請求の訴えを不適法として却下した原審の判断を正当であるとして肯認した（判時979号53頁）。この判決は、仲裁契約の有効性について肯定的な方向を示す最高裁判断であって、仲裁理論の発展の道程において無視することのできない重要性をもつものである。

しかしながら、この判決には多数意見に異を唱える中村治朗裁判官の反対意見が付されていた。以後、この反対意見は、注目を浴びて、下級審の裁判例にも少なからぬ影響を与え、仲裁契約に濃い影を落しているかにみえる。

中村裁判官の反対意見では、まずもって、原審が認定した各事実が、以下のように要約摘示されている。すなわち、①「上告人と被上告人らとの本件工事請負契約の締結については、被上告人側の申入れにより、いわゆる四会連合協定の工事請負契約約款によることが合意され、同約款を添付した契約書に双方が署名押印して右契約が締結されたこと」、②「右約款29条には、この契約に

ついて紛争を生じたときは，当事者の双方又は一方から相手方の承認する第三者を選んで，これに紛争の解決を依頼するか，又は建設業法による建設工事紛争審査会のあっせん又は調停に付する旨，及びこの方法によって紛争解決の見込がないときは右建設工事紛争審査会の仲裁に付する旨の記載があること」，③「上告人代表者は，契約締結前あらかじめ右約款を通読したこと」，④「上告人はこれまでも宮城県建設業協会の工事請負契約及び前記本件請負約款29条と同旨の条項の記載文のある工事請負契約約款を使用していた（ただし，小規模工事を請負うことが多かったため，契約書の本文のみを使用することが多かった。）こと」，⑤「それにもかかわらず，上告人代表者は本件契約に際して特に右請負約款29条の規定を除外する旨を表明しなかったこと」。

　以上の各認定事項に基づいて，仲裁契約に関する合意が成立したとする判断の当否が問題であるとして，同裁判官は，以下のように述べている。

　仲裁契約が成立していれば，その対象とされている事項について，訴えが不適法として却下されるという「極めて重大な効果」が生ずる。「しかるに，わが国においては，仲裁手続に関し多年の歴史と経験を有する欧米諸国とは異なり，右制度の導入後もこれが利用された実績に乏しく，法曹人すら，紙の上の知識としてその意義と効果を知っているだけで，実際にこれについての実務上の経験をもっていない者の方がむしろ多いのではないかと思われる。まして一般国民の間では，仲裁手続なるものの存在やその意義と効果についての知識を全くもたず，むしろ仲裁という名称からは紛争解決のためのあっせんや調停に類したものとしてこれを受け取っているというのが実情であろう」。

　同裁判官は，さらに続けて，もっとも，本件の場合には，昭和31年の建設業法の改正により建設工事紛争審査会という公の機関による仲裁手続が導入されて以来相当の年月を経過し，少なくとも建設工事を業とする者に関わる仲裁契約が問題となっているので，一般国民の例をもって事を推し量ることは相当でないかも知れない，とされたうえ，「それにもかかわらず，右の仲裁手続の利用度は，近時漸次増加しつつあるとはいえ，なお依然として極めて低い程度にとどまっているのが実情であり，比較的大きな建設業者や大都会の業者はともかく，地方の一般零細業者については，右の仲裁手続の存在やその意義及び効果についての認識及び理解の程度は，なお原始状態を多く出るものではないと推測される」。それゆえ，「本件のように普通契約約款類似の形式を有するいわ

ゆる4会連合協定の工事請負契約約款を用いてする請負契約の締結にあたり，右約款を示された上告人代表者がその全部を通読したうえ契約書に署名押印したとしても，むしろ同人としては，工事の内容や条件等固有の請負契約条項に関する部分に主として注意を払い，仲裁契約条項に関する部分については，仮にそれに気づいたとしても，その意義や効果についての認識，理解のないまま，これに格別の注意を払うことなく，従ってまた，特にこの部分を除外する旨の意思を表明することもしないで，漫然と契約書に署名，押印したものとみるのが自然の道理に合致するものと考えられる」。

そこで，原審が①ないし⑤の「事実のみに基づき，他に特段の事由の存在を認定することなく，直ちに」仲裁契約の成立を認定することは，「速断に過ぎ」る，と結論される。

この反対意見にはこれに加えて，つぎの一節が付されている。すなわち，工事請負契約に関する紛争の適切かつ迅速な解決には適当な仲裁人による仲裁手続がきわめて有効であり，「今後この制度が大いに活用されることを期待する点においては，私も人後に落ちるものではない。」しかしながら，「それが真に効果を発揮し，当事者間における正義を実現するものとして当事者を納得させるためには，紛争をこの方法によって解決する旨の当事者間における明確な合意の基礎が存することが必要不可欠であり，それが当事者のいずれかによって，自己の意図し，ないしは予想しなかった結果を押し付けられるというようなものであってはならないことも，当然である。」

この，中村裁判官の反対意見は，仲裁の運営にあたるものが心しなければならない要点を的確に示したものとして，肝に銘じるべき貴重な文言を含んでいる。しかしながら，この反対意見が表明された時より20年以上にわたりわが国の取引社会が同一の状態に低迷していてよいものとは決して考えられないし，四半世紀に近い時の経過のなかで取引社会の状況が相当な変化を遂げていることも否定できないところである[7]。わが国の社会には，欧米諸国のそれとは異なる面があるにしても，紛争解決の基本的事項について架橋し難い断絶が永続

---

7) 第2東京弁護士会が1990年に仲裁センターを創設し，10を超える単位弁護士会がこれに呼応して仲裁の振興を図ろうとしていることは，社会変化の結果という一面をもつとともに，他面において社会変化の促進に寄与しているといえよう。この点については，小島武司＝伊藤眞編『裁判外紛争処理方法』（1998年，有斐閣）116頁（那須弘平），小島武司『裁判外紛争処理と法の支配』（2000年，有斐閣）94頁など参照。

するほどの異質性が存していると考えることに合理的根拠があるとは，到底考えられないのである。多数意見が些か簡潔にすぎる判文において到達した結論は，少なくとも20年以上を経た今日では，現実的基礎に裏付けられているものと認められてしかるべきであろう。各当事者がその戦略的判断のゆえにいかなる論陣を張ろうとも，中村裁判官の指摘される「明確な合意の基礎」がいまや当事者間に存するものと考えるに足る客観的変化が生じていると考えてもよいであろう。

　折しも，司法制度改革審議会は，その意見書のなかで，「司法の中核たる裁判機能の充実に格別の努力を傾注すべきことに加えて，ADRが，国民にとって裁判と並ぶ魅力的な選択肢となるよう，その拡充，活性化を図るべきである」と指摘し，「国際連合国際商取引法委員会における検討等の国際的動向を見つつ，仲裁法制を早期に整備すべきである」と特記している[8]。そこで，少なくとも近未来においては，新しい仲裁観への移行はほぼ確実に生じることになるであろう。

　このような歴史的潮流への対応という観点からも，仲裁というコンセプトに新たな方向性を投入すべき時が，いまここに到来しているのではないかと思われる。仲裁に関する認識が現実の中に根付いてきており，また，裁判とADR，なかんずく仲裁が紛争解決の場におけるイコール・パートナーと位置付けられるに及んで，新しい時代にふさわしい，いわば21世紀仲裁モデルともいうべきものを構築する理論的基盤を整える機が熟しているといわなければならない。このような作業の中核に位する最重要の課題というべきものが，仲裁契約に関する理論的パラダイムの転換ということになろう。

3　仲裁契約理論の転換

（1）　仲裁契約の成否に関する判定基準

　裁判例を概観して抱く強い印象の一つに，裁判所が仲裁契約の成立を肯認するのに，きわめて慎重な態度を示していることがある。その背景としては，つい最近まで仲裁などADRに関する冷ややかな空気が法曹界に存したこと，裁

---

8)　司法制度改革審議会意見書・前出注3）35-38頁。裁判制度の根底にある法的構造を全般的に論じる基本文献として，竹下守夫『裁判法〔第4版〕』（1999年，有斐閣）。

判とADRとを別格なものとして位置付け，ADRの独自の積極的価値を看過して裁判所の負担を肩代わりする便法にすぎないとみる傾向があったことなどがあるが，とりわけ重要なのは，仲裁契約の本質をめぐって，国家の裁判権を排除する合意ないし裁判を受ける権利を放棄する合意という「消極的側面」を重視し，より適合的な代替的紛争解決方法の導入という「積極的側面」を軽視するという形式主義的思考パターンが広く受け入れられてきたことである。仲裁契約が国家の裁判権を排除する合意であるということと，その成立について厳格な基準を用いるべきであるということとは，必ずしも結び付かないという妥当な指摘[9]が重く受け止められなかったことは，このような思考パターンからすれば，自然の帰結である。仲裁契約の理論構成にあたっては，積極的内容と消極的内容が一体として把握さるべきであって，この「一体的把握」を通じてこそ，仲裁契約の締結という決断のなかにある当事者の合理的意思がはっきりと浮かび上がってくるはずである。すなわち，訴権放棄と仲裁設定ということを併せ一体としてみれば，訴訟と仲裁の間には，実質においてさほどの断絶は有しないといえるかと思われる。

　仲裁契約の内容が当事者の意思に即して統合的に把握されるとき，仲裁契約は，アノーマリな印象を免れて，当事者間における合理的選択としての意義を明確にすることになるのである。仲裁契約は，単に訴訟の機会を放棄するという一面的な内容をもつもの（たとえば，不起訴の合意）ではなく，むしろ，当事者にとってより適合的な紛争解決方法を創設し実効性ある法律関係を確立しようとする一つの価値ある選択なのである。この点を正しく認識するならば，仲裁契約は，いわば放棄ではなく交換であるという新しいペルソナをもって，われわれの眼前に立ち現れることであろう。

　仲裁契約に対してその実質にふさわしい適切なペルソナを与えるものは，何であろうか。わたくしは，やや大胆と響くかもしれないが，「制度契約」というコンセプトを設定して，これを仲裁観の転換の契機とすべきであると考える。

　制度契約という名称を用いるのは，以下のような考え方に基づく。民法における13の典型契約，商法におけるいくつかの契約形態および特別法における契約形態を横断的に眺めると，その中から，一連の特色ある契約類型が浮かび上

---

[9]　西村宏一「仲裁契約の効力の客観的範囲」東海法学13号（1994年）11頁。

がってくるのである。これらは，社会に実在する制度（ないし組織）を契約の類型に取り込む形で締結されるものであり，既存のプラクティスのうちに存する合理的システムを受容しているところにその合理性が認められるのである。この種の契約に活力を吹き込むものは社会的確信に支えられた制度の合理性および実効性であり，こうした要素は，法的理念や社会的コンセンサスを通じて具体的な姿に造形されて行くのである。裁判外紛争処理の分野におけるこうした方向での組織的活動としては，各種の紛争解決機関などの間での協同作業である，制度プリンシプルをめぐる協定を一例としてあげることができよう[10]。制度契約ないしこの類型に分類される契約の特質は，請負契約（民632条以下），運送契約（商570条以下），保険契約（商629条以下），保証契約やフランチャイズ契約などにある程度みられるが，仮定的契約（hypothetical contract）として捉えられる「会社契約[11]」が典型的なものであろう。ある契約モデルが社会においてどの程度まで普及していくかは，社会生活上の必要の充足度，法的枠組みとしての合理性など様々な現実的要因によるところが大きい。そして，法的枠組みとして重要なのは，契約の前提として働いているシステムとしての制度に内在する実効性および公正性ということである。契約の展開との関係で契約法の標準化および協働性ということが，一般的にキーワードとして取り上げられている[12]。このことが突出した形で現れるのが，仲裁契約の局面であるということができよう。

　常設仲裁機関の設営にかかる仲裁が選択されているときはもちろん，アド・ホック仲裁（顕著な例として，UNCITRAL模範仲裁法）にあっても，仲裁契約は，訴訟と比べて遜色のない仲裁という独自の制度的内実が前提にあって，客

---

[10] 米国におけるこの種の試みである「ADRプロトコル」にその具体例がみられる。小島・前出注1）56-58頁参照。

[11] 内田貴『契約の時代』（2000年，岩波書店）1頁参照。

[12] 内田・前出注11）309頁以下，322頁以下参照。フランス民法典の不動産開発契約および信託に関してではあるが，以下の記述が注目される。「これらの契約類型は客観性・制度性の強いものであると言える。その契約内容は複雑であり第三者の関与も生じる。それゆえ，当事者間でのあるいは第三者との関係での利益調整のために強行的な性格の規定が多く設けられている。」「確かに売買についても特別法や判例によってその制度的性格は強められていたのだが」，不動産開発契約などで，その傾向は一層顕著であるということができる。大村敦志『典型契約と性質決定〔契約法研究Ⅱ〕』（1997年，有斐閣）115-16頁。

9　制度契約としての仲裁契約——仲裁制度合理化・実効化のための試論——［小島武司］

観的には同等な二つの選択肢である訴訟と仲裁のうち，仲裁を当事者が選択するという意味をもつものである。訴訟と仲裁とは客観的にみて対等の存在であり，当事者による仲裁の選択は，裁断型ADRへのプレファランスの表明という内容をもつものである。制度比較という客観的観点からすれば，訴訟と仲裁は，いずれもその判断主体および審理手続の両面において対等なものであって，いずれも憲法の根幹にある手続保障の要請（憲32条・82条）にそれぞれ独自の仕方で応えるだけの実質をもつものである。仲裁にとって特徴的なことは当事者の主観的視点からする選択を待ってはじめて，訴訟に代わってその利用が決定されるところにあり，両者の間には客観的に優劣というものは一般的には存在しないのである。

訴訟と仲裁の相対的評価に関わる制度の内実ということに目を転じるならば，常設仲裁機関の信頼性の確立，仲裁手続の適正の確保，それに専門的知見の取込みによる仲裁人資質の向上などにより，仲裁は，近時その優位性を高めているといえよう。しかしながら，そこに仲裁契約が内包する制度的弱点の一つに仲裁が有する紛争解決力の限定性ということが存するのも事実である。

仲裁契約において前提にある制度的なものが実効的紛争解決を保障するだけの装置として適合的であるか否かは，これまでに増して仲裁制度の命運を決する分岐点となっているといえよう。当事者がその契約において仲裁を選択するとき，そこに存する意思は，仲裁の場において適合的かつ実効的な紛争解決が確保されるという信頼に基づくものと考えられる。法的サーヴィスについて求められるワンストップ・ショッピングという消費者ニーズは，仲裁契約においても，原則的には等しく要請されているのである。仲裁において，紛争が訴訟と仲裁とに分断され，また，数次の仲裁が相次いで行われる事態が度々生ずることになれば，仲裁は，その有用性を著しく減殺され信用を失うことになろう。そうなれば，総合的な場を形成することのできる強行的紛争解決方法である訴訟と比べて，仲裁は，その比較優位をいかなる意味でも保有することはできないであろう。

（2）　仲裁契約の客観的範囲の問題

仲裁契約が合理的な制度を創設するものとして実生活においてそのプレゼンスを示すことが可能になるためには，仲裁が制度として当事者の期待に適合し

た実効的紛争解決力をもつことが必要である。

　仲裁契約は，とりわけ客観的側面において，どのような射程において捉えられるべきであろうか。仲裁が訴訟と並んで紛争解決方法として対等にその機能を発揮していくためには，対等の力量を発揮するにふさわしい場としての「手続単位」が合理的に設定されていることが要点の一つであるといえよう。すなわち，各当事者がそれぞれ訴えの変更，反訴または中間確認の訴えを通じてその紛争対象を追加的または交換的に臨機応変に変更させて，紛争解決の時々の要請に柔軟に応えることのできる機会が広く用意されている訴訟手続におけるそれと同等の機会は，仲裁においても，基本的には整備されている必要がある。このような適切な機会が調っていてはじめて，基本となる法律関係から生じる紛争が単一の仲裁手続のなかで関連的に解決されることになり，仲裁という選択肢は，当事者の合理的期待を充足するものとして実効ある可能性を備えることができるのである[13]。

　わが国の裁判例は，基調においてはこの方向に向けてルールを調整してきているといえよう。仲裁契約において一定の契約関係に焦点を合せて，そこから生ずる紛争が包括的に画定されているか否かをめぐって，当事者の合理的意思を探る相当数の裁判例が積み重ねられてきており，その方向は，その程度にばらつきが存するにしても，基本的にはシステムとしての仲裁の合理性を追求し仲裁の実効化を図ろうとするものであると一応はいうことができよう。

　契約紛争との関連で，まずもって債務の履行請求が仲裁契約の予定する範囲に含まれることは当然であるが，これに加えて，

　(1)　債務不履行による損害賠償請求は，仲裁契約の客観的範囲に含まれる。

　たとえば，①札幌高判昭和34・12・18高民集12巻10号508頁の事案は，つぎのとおりである。原告は，その所有建物について被告と賃貸借契約を締結し，被告の賃料不払いを理由に，右契約を解除したうえ，同人に対する損害賠償請求の訴えを提起した。右契約の条項中に，「本契約につき紛争を生じたとき」は双方から一名宛の仲裁人を選任して当該仲裁人の判断に従うとの条項が存在するところ，こうした仲裁契約に基づく仲裁判断の対象として，本件のような債務不履行による損害賠償請求に関する紛争も含まれるのかが問題となった。

---

13)　この点を鋭く指摘する論考として，西村・前出注9) 12頁。

被告は，前記条項は契約上の不備が発生した場合における紛争を解決するためのものであり，本件訴えのような被告の長期にわたる賃料不払いを理由として契約の解除を求める場合は，前記条項中にいう「本契約につき紛争を生じたとき」にあたらないと主張した。

裁判所は，以下のように判示した。「『本契約につき紛争を生じたとき』というような概括的な表現が用いられているときは，当該契約関係の存続を前提とする契約内容の解釈についての紛争あるいは事情の変更による契約内容の修正について紛争が生じた場合はもとより，契約関係の終了原因あるいは債務不履行による損害賠償請求に関する紛争の場合をも仲裁判断の対象としたものと解するのが相当である」。

②東京控訴院昭和10・8・5新聞3904号5頁の事案は，つぎのとおりである。原告は，被告との間に総代理店契約を締結していたが，被告が契約上の義務を履行せず，かつ，原告の指揮命令にしたがわなかったことを理由に，右契約を解除したうえ，被告に対して取立保険料の返還を請求する訴えを提起した。原告・被告間には，総代理店契約と同時に，将来この総代理店契約より生じる権利または法律関係をめぐる当事者間の紛争は，すべて通常の裁判所の裁判を排斥し，その裁決を専ら3人の仲裁人に委ね，少なくとも3人中2人の意見が一致した判断は当事者双方を拘束すべきものとする定めがあるところ，原告は，そうした仲裁契約は総代理店契約の解除によって消滅すると主張した。

裁判所は，以下のように判示した。「将来に向かって総代理店契約の効力を消滅せしめたる場合に於ては解約又は解除前の過程に於て当事者間に発生したる権利又は法律関係に付いては勿論其の後に発生したるものに付いても代理店契約の存在したることが前提となる以上，仲裁契約に従はしむる趣旨」であることが明瞭である。

(2) 不法行為による損害賠償請求として構成された事案についても，肯定的結論が裁判例のなかで確立している（なお，最判平9・9・4民集51巻8号3657頁）。

①東京地判平成元・2・13判タ711号263頁は，以下のような事案である。原告所有の船舶を被告において定期傭船中に火災が発生し，積荷に生じた損害の賠償請求訴訟を被告が荷主から提起されたことから，原告は，被告に対して，右火災により生じた損害賠償義務を負わないことの確認を求める訴えを提起した。原告・被告間の定期傭船契約中には，船主と傭船者との間に発生した「い

かなる紛争もロンドンにおける3人の仲裁人に付託される」旨の約定が存在するうえ，「各当事者はそれぞれ1名の仲裁人を選任し，選任された仲裁人は第三仲裁人を選任する。その3人の仲裁人の決定又は3人のうちの2人の仲裁人の決定は最終的なもので，本協定は，その仲裁裁決の執行につき裁判所の命令と同一の効力を有する」旨の規定があるところ，原告は，この仲裁約款は，本件火災が第三者の不法行為によるものである蓋然性が高く，原・被告間の法律関係は不法行為の求償関係となって仲裁約款の予定しない紛争となる蓋然性が高いと主張した。

裁判所は，本件「火災によって生じた本船の積み荷の荷主に生じた損害が第三者の不法行為に起因するものであるかどうかにかかわりなく，原・被告間における荷主に対する最終的な賠償責任の分担の決定は，右傭船契約に基づき，インタークラブ協定及び仲裁約款に従って解決されることが予定されている」として，本件は，原・被告間の定期傭船契約中の仲裁約款にしたがって仲裁に付託されるべきものであると判示した。

②名古屋地判平成7・10・27海法150号33頁の事案は，つぎのとおりである。訴外A社を吸収合併した原告は，A社と被告の間における自動包装機械等を目的物とする売買契約（以下，本件各売買契約）は，被告の詐欺，すなわち，不法行為によって締結されたものであるとして，売掛残代金相当額および弁護士費用の合計の損害賠償を請求する訴えを提起した。A社と被告の間には，右機械等の製品を一定地域内で独占的に販売する権利を付与する旨の代理店契約があり，そのなかに，「本契約により，もしくは本契約に関連して，もしくは本契約の違反より両当事者に生ずる全ての紛争，論争又は意見の相違は，国際商業会議所（ICC）の調停及び仲裁規則に基づき，同規則にしたがって任命された仲裁人3名により最終的に解決するものとする。……仲裁手続きにしたがって言い渡された仲裁判断は，最終的なものであり，かつ両当事者を拘束する」旨の仲裁条項が存在していた。裁判所は，原告の損害賠償請求は実質的にみて売買代金請求権であると認定したところ，代理店契約において合意された本件仲裁契約が本件各売買契約に基づく代金請求に関する紛争に適用されるか否かが問題となった。原告は，本件各売買契約は本件代理店契約とは無関係に締結されたものであり，本件仲裁契約の適用はないと主張した。

裁判所は，「本件紛争は，原告及び被告間の…取引慣行についての意見の相

違を内容とする本件代理店契約の適用範囲に関する紛争であるということができ，まさに，本件仲裁契約にいう『本契約（本件代理店契約）に関連して両当事者間に生ずる紛争，論争又は意見の相違』に該当する」として，本件代理店契約中の仲裁条項が本件各売買契約にも適用されるとの判断を示した（なお，本判決が仲裁契約の主観的範囲についても判示していることにつき，後述参照）。

③東京地判平成 8・8・22判タ933号271頁の事案はつぎのとおりである。原告は，被告との間で締結した住宅建築請負契約に基づいて工事に着手したが，被告が本件請負契約を解除する旨の意思表示を行い，建築中の未完成建物を取り壊したので，被告に対して，主位的に危険負担による工事残代金を，予備的に不法行為による損害賠償を請求する訴えを起こした。本件請負契約の契約書は，住宅金融公庫融資住宅用の工事請負契約約款を使用しており，その19条には「この契約について紛争を生じたとき，当事者双方又は一方から相手方の承認する仲裁人を選んでこれに仲裁を依頼するか，…中央又は都道府県建設工事紛争審査会に対し当事者双方又は一方からあっせん，調停又は仲裁を申請する。」との仲裁条項があった。この仲裁契約により本件訴えは不適法となり却下されるべきであるとする被告の本案前の抗弁に対して，原告は，本件の予備的請求は，不法行為による損害賠償請求であり，契約に関する紛争とはいえず，本件仲裁条項の対象となる紛争に該当しないと主張した。

裁判所は，「被告の本件請負契約の解除が認められるかどうかが紛争なのであって，本件も契約に関する紛争である」として，本件紛争は仲裁契約の効力が及ぶ紛争であるといえると判示した。

(3) 代金支払いとの関係で，手形金請求についても肯定的結論が示されている。

①東京地判昭和52・5・18判時867号110頁の事案は，つぎのとおりである。原告は，手形の振出人および裏書人に対して手形金の支払いを請求する訴訟を提起した。本件約束手形は，請負人である原告から注文者である裏書人に対する建築請負代金の支払いのために裏書譲渡されたものであった。原告と被告（＝裏書人）の間には，工事請負契約約款29条により，本件工事請負契約について紛争が生じたときは，当事者の双方または一方から相手方の承認する第三者を選んで，これに紛争の解決を依頼するか，または建設業法による建設工事紛争審査会のあっせんもしくは調停に付することとし，これによって紛争解決

の見込みがないときは，建設業法による建設工事紛争審査会の仲裁に付する旨の仲裁契約が締結されていた。被告は，本件仲裁契約により被告の裏書人に対する訴えは不適法却下されるべきであるとする本案前の抗弁を出したが，請負代金支払いのために裏書譲渡された手形金請求が本件約款29条にいう「本件請負契約について紛争を生じたとき」に該当するかが問題となった。

裁判所は，「本件手形金請求はその工事の瑕疵の存在を理由に支払いを拒絶されているのであるから，結局，本件請負契約についての紛争に該たるというべきであり」，本件手形金請求は仲裁により解決されるべきであると判示した[14]。

(4) 追加請負契約については，問題がある。

①東京高判平成2・10・9金判863号42頁は，督促の例であり，その事案は以下のとおりである。訴外A社を吸収合併した原告は，A社と被告の間で締結された建築請負契約に基づき，その工事代金の支払いを求める訴えを提起した。本件請負契約は，建築工事請負約款によって締結されたものであり，同20条には「この契約について紛争を生じたときは，建設業法に定める建設工事紛争審査会に対し当事者双方または一方からあっせん，調停または仲裁を申請する。」との仲裁条項が存在していた。また，A社と被告の間には，本件請負契約のほか，追加請負契約が別個に締結されていた。こうしたなか，本件契約に関する紛争は，右仲裁契約により建設工事紛争審査会の仲裁によって決せられるべきであり，本件訴えは不適法却下を免れないとする被告の本案前の抗弁に対し，原告は，追加請負契約には右仲裁条項のごとき規定は存在しないのであるから，この追加請負契約にまで右仲裁条項が適用されるものではないと主張した。

裁判所は，「仮に追加請負契約書に本件のごとき仲裁契約の定めが存在しないとしても，追加請負契約は，その文言からして基本契約と別個独立の契約ではなく，これに追加して一体となるものであるから，基本契約たる本件約款を解消する趣旨の約定がある等特段の事情が存在しない以上，本件約款の効力に変更はなく，本件紛争解決条項も当然に追加請負契約に適用されるものと考えるのが相当である」と判示した。

②東京地判昭和57・10・20判タ489号84頁は，否定の例であるが，一般論と

---

[14] ほかに，東京地判昭和48・10・24下民集24巻9＝12号808頁。学説も同旨（西村・前出注9）11頁など）。

して，付帯工事ないし追加・変更工事につき別段の合意がないかぎり，主体工事についての仲裁契約の効力が追加工事等の部分をも含めた工事全体に及ぶことを認めたうえで，事案の特殊性，すなわち，付帯工事，変更・追加工事分については契約書の作成もなく，仲裁契約の合意が明示的になされた証拠もなく，主体工事契約当初からかなり大幅な付帯工事が当事者間で予想されていて，当初の見積書中でも主体工事費が400万円であるのに対し，付帯工事の方が600万円にものぼると見込まれていたことなどの事情が存した事案についての判断であることを看過すべきでない。

（5）　和解契約に関しては，主たる契約について争いがあり，当事者間の交渉の過程で締結された和解契約の効力にも争いが生じている例は，仲裁実務において少なからず存する。この点が判例となる契機は少ないが[15]，こうした扱いは，ほぼ定着しているといえよう。和解契約の成立が主張されただけで，和解の部分が仲裁契約の客観的範囲の外に置かれるというのでは，仲裁契約の力は相手方の態度いかんで失われ，その結果は，仲裁の実効性に期待した当事者の意思に反することになろう。そこで，仲裁人の多くは和解契約をめぐる争いも仲裁契約の客観的範囲に含めているものと推測され，その処理は，妥当なものであるといえよう。

（6）　もっとも，予約段階の仮払金の返還請求については，①東京地判昭和55・6・26判時998号79頁は，契約（仲裁条項の付された工事請負契約）が成立する以前の予約段階の紛争には仲裁条項は及ばないとしており，その事案はつぎのとおりである。原告は，被告との間でマンション新築工事の請負予約契約を締結し，材料購入用資金を支払ったが，約定期限到来後も着工の目途が立たなかったことから，本件予約契約を解除したうえ，被告に対して支払分の金員の返還請求訴訟を提起した。本件予約契約書には，日本建設学会等四会連合協定の工事請負契約約款が添付されており，同約款30条には，「（一）この契約について紛争が生じたときは，当事者双方または一方から，相手方の承認する第三者を選んでこれに紛争の解決を依頼するか，または契約書に定める建設工事紛争審査会のあっせんまたは調停に付する。（二）当事者は，その双方または一方が前項によるあっせんまたは調停により紛争を解決する見込みがないと認め

---

15)　このことが前提となっている事案として，東京控判昭和10・8・5新聞3904号5頁。

たときは，前項の規定にかかわらず契約書に定める建設工事紛争審査会の仲裁に付する」旨の規定がおかれており，予約契約書では東京都建設工事紛争審査会が約定されていた。そこで，被告は，本件は東京都建設工事紛争審査会の仲裁によって解決されるべきものであるので訴えの却下を求めるとの本案前の答弁をした。

裁判所は，「四会連合協定の約款は，請負契約につき契約書が作成される場合，通常契約書に添付して利用される場合が多く，同約款の前記紛争の解決に関する条項は，一般に建設請負工事をめぐる紛争は，その性質上，専門，技術的分野に関するものが多く，事案によっては，司法的解決手段によるよりも，建設工事紛争審査会によるあっせん，調停及び仲裁によって解決する方が簡易，早急な解決が図られることからもうけられたものであることを考えると，本条項は，本契約が成立し，実際に建設工事に着手後，工事等に関し紛争が生じた場合のことを予想したものであり，少なくとも本件予約契約の段階で本件のごとき紛争が生じた場合には適用される余地はないものと解するのを相当とする」として，本案審理の上原告の請求を認容した。

この結論が動かしえないものであるかは疑問であり，仲裁条項を先行的に成立させて，当該契約に関する問題は包括的に仲裁に委ねようとする選択も独自の合理性をもつと考えられるので，この可能性について個別的吟味を行い，妥当な結論を導くべきであろう。

ところで，以上概観したところからすれば，裁判例の相当部分は，基本的には，仲裁制度の実効性を確保する方向を目指しているとみられる。そこに示される方向性は，仲裁契約が制度契約の一種であるという理論的把握に立って，当事者が安んじて紛争の解決を仲裁に委ねることができる実効的なシステムを社会に根づかせるのに寄与するものと期待される。

このような方向性を徹底する必要が大きいのは，とりわけ継続的契約などにおいてであろう。典型的な例は，たとえば，一手販売契約またはライセンス契約のなかに見出される。この種の契約の解消をめぐる争いは，多義的で複雑なトレードオフを含む包括的な争いであり，その解決の方途は，損害賠償の支払いはもとより，契約条件の変更によるライセンス契約等の継続を一方の極とし，他方の極に合弁契約や企業買収をにらんで，どのような方向にも進みうる流動的な様相を呈することが少なくない。当事者である企業にとって，この種の契

約の帰趨は，企業の命運にまで決定的な影響を及ぼすものであって，これらの争いが訴訟と仲裁に分断されるならば，当事者間の関係の紛争によって，関係企業は，徹底的なダメージを受けるおそれがあるであろう。現代の企業，とりわけ地球規模の事業展開を行っている企業にとって，紛争解決のあり方をどのようなものとして構想するかは，予防司法上の重要課題である[16]。

　仲裁契約の客観的範囲については，限定的アプローチと包括的アプローチが選択肢として存在することは確かであるが，当事者の用いた文言においていずれかが明確に選択されていない場合には，いずれのアプローチを基本とするかは，仲裁を選択した当事者にとってきわめて重大な意味をもつであろう。このことは，ひいては，仲裁制度の命運に少なからぬ影響を与えることを銘記しておく必要がある。このような観点からすれば，われわれが採るべきアプローチは，自ずから明らかであろう。すなわち，包括的アプローチこそが当事者の合理的意思の目指すところであるというのが，原則である。制度契約としての仲裁契約を合理的で有意義なものとするには，実効的な範囲をもつ仲裁システム理論の構築が不可欠である。グローバル化したビジネス・モデルが増えている状況にあっては，たとえば企業戦略の展開を踏まえて，意識的に制度としての仲裁契約を発展させていくという発想ないし戦略があって然るべきであろう。いずれにせよ，このような仲裁プラクティスを可能にする判例法の展開こそ，21世紀の紛争解決システムの中核となるべきものであろう。

（3）　仲裁契約の主観的範囲の問題

　仲裁契約の射程を当事者の合理的意思に即応するように画定するという観点からは，客観的範囲の問題が広汎にわたる影響を及ぼすものとして鋭意検討されなければならないが，主観的範囲のいかんも，相当の重要性をもつものであり，真剣に取り組むべき課題であるといえよう。

　仲裁契約の効力を主体面においてどこまで及ぼすか[17]という問題をめぐっては，当事者および包括承継人が射程に入ることは当然であり，この点は論じ

---

16)　この種の法的プランニングに携わるところの，法務部の組織や活動に関する基本的データを一瞥するだけで，このような認識は容易に共有されるであろう。別冊NBL 63号〔会社法務部—第8次実態調査の分析報告〕（2001年）63頁参照。
17)　谷口安平＝井上治典編『新判例コンメンタールⅥ』（1996年，三省堂）634頁（青山善充），小島武司『仲裁法』（2000年，青林書院）135-136頁。

るまでもない。

(1) 特定承継人との関係では、一般債権の承継人については肯定的判例がある。

原告側の承継については、①東京地判大正7・10・19評論7巻民訴394頁があり、その事案はつぎのとおりである。訴外Aと被告との間に成立した傭船契約より生じた債権を譲り受けた原告は、本件傭船契約から生じた紛争の解決を求めて訴えを提起した。Aと被告の間には、本件傭船契約より生じた紛争については判決請求権を放棄し、仲裁によるべき旨の合意が存在していた。

裁判所は、この仲裁契約の効力は、仲裁契約の目的である特定の法律関係に基因する債権の承継人（包括承継人であるか特定承継人であるか不問）に及ぶとの判断を示した。

被告側の承継については、②大阪地判大正8・1・29評論8巻民訴43頁があり、その事案はつぎのとおりである。船舶所有者であった訴外Aと傭船契約を結んだ原告は、Aより本件船舶の所有権を譲り受け、かつ、本件傭船契約における船舶所有者の権利義務を承継した被告に対し、本件傭船契約から生じた紛争の解決を求めて、訴えを提起した。原告とAとの間には、本件傭船契約の履行その他に関する紛争については、その解決を仲裁によるべき旨の仲裁契約が締結されていた。

裁判所は、傭船契約における船舶所有者の権利義務を承継した者は同時に仲裁契約についてもまた同様にその権利義務を承継したものと認めるのが相当である旨を判示した。

他方、否定的な判断を示したものとして、③大阪区判大正6・4・30新聞1268号23頁があり、その事案はつぎのとおりである。米穀取引所の仲買人である被告は、訴外Aの委託を受けて定期米の買入れをし、その旨をAに通知して同人から証拠金を受領した。その後、被告が転売をしたことにより、Aは被告に対する証拠金の返還請求権を取得し、この債権をAから譲り受けた原告がその支払を求めて訴えを提起した。被告は、原告の前主Aと被告との間に定期米売買委託に関して紛争の生じたときは取引所定款により選任された仲裁委員の裁定に服する旨の合意をもって妨訴抗弁とした。

裁判所は、そもそも仲裁契約成立の認定に消極的であったが、かりにそれを肯定しても、本件仲裁契約は、訴外Aと被告との間においてのみ効力を有し、

Aより債権を譲り受けた原告と被告との間になんらの拘束力を生じることはないので，被告の妨訴抗弁は到底採用することができない旨を判示した。

この分岐の根底には，基本コンセプトの違いがあるとみられよう。

(2) ところで，裁判例にみられる展開として興味深いのは，法人の代表者個人等が法人間の仲裁契約の効力を受けるか，設計監理者が請負契約上の当事者間の仲裁契約の効力を受けるかである。

まず，設計監理者ないし監理技師については，①積極の裁判例（東京地方裁判所）と②消極の裁判例（大阪高等裁判所）が対立している。中央建設工事紛争審査会の仲裁実務においても，これを肯定した先例がある（建設工事紛争審査記録〔平成8年度分〕412頁[18]）。いずれにせよ，この問題については，請負契約における仲裁条項のドラフティングにあたって設計監理者を含める趣旨を明確にすることで，紛争の統合的な解決を促進するための条件整備を図ることが考えられてよいであろう。

つぎに，法人の代表者が法人間の仲裁契約などによって拘束されるか[19]については，肯定的な裁判例として，③名古屋地判平成7・10・27海法150号33頁がある。これは，仲裁契約の客観的範囲に関する②判決であり，その事案は既述したが，仲裁契約の主観的範囲については，実際に詐欺，すなわち，不法行為を働いた被告会社の取締役社長らに対して，仲裁契約の効力が及ぶか否かが問題とされた。

裁判所は，「被告Y_2およびY_3は，本件代理店契約の当事者でないので，本来ならば，本件仲裁契約の適用を直接受けることはないはずである。しかしながら，本件における原告の請求は，形式上被告らに対する不法行為に基づく損害賠償請求であり，請求の趣旨及び原因に照らすと，その請求の当否は，被告ら3名について統一的に判断することが望ましく，本件訴訟を分離して別個の紛争解決機関において審理判断することは相当であると言いがたい。そして，本件訴訟の本質が被告Y_1に対する売買代金請求訴訟であることに鑑みると，右Y_2・Y_3についても，本件紛争の解決手段については，被告Y_1を基準にしてその紛争解決と同一手段によることが相当であると認められる。よって，当裁判所としては，条理に従い，右Y_2・Y_3についても本件仲裁条項の適用を受

---

18) 小島・前出注17)142頁，143頁。
19) 小島・前出注17)136－139頁およびそこに引用の文献参照。

けるべき」である。この事案は，日本法人X社と英国法人Y_1社との間で締結された独占的販売代理店契約に基づいて商品等が納入されたが，Y_1社が売買代金を支払わないためY_1社の取締役社長Y_2および取締役Y_3を相手取って詐欺を理由に損害賠償請求訴訟を提起したところ，裁判所は，仲裁条項に基づいて訴え却下の判決をしたものである。この結論は妥当であろうが，その射程について明確な画定を行うことを可能にするためには，理由付けとして実質的基準を認定することが望ましいと考えられる。なお，アメリカ法に関し，この点について肯定的な扱いがなされていることについては，最判平成9年9月4日の最高裁判決がある（民集51巻8号3657頁[20]）。

この問題については，従来明示的な論議は乏しく，これまで否定的な解釈が一般的であったといえよう。しかし，わたくしが提示しようとしている制度契約という枠組みのなかで仲裁契約を再定義する新たなモデルからすれば，肯定の結論を採るのが妥当であろう。すなわち，理論上は，契約当事者たる組織の中枢にあってその資格に基づいて契約の交渉・締結および履行にあたる者は，契約当事者たる組織の中核的存在として活動することで，原則としてその組織行為は代表性的地位において組織におおわれ個人性が重層的に内包しており，その組織上の資格に基づいて締結された契約関係へのかかわりに由来する紛争に関する限り，個人としても仲裁契約に取り込まれるものと観念すべきである。実際上も，法人が契約を締結するときは，複数の主体が組織的一体性をもって関与するのであり，仲裁条項を回避して，これらの主体がまたはこれらの主体

---

[20] これはリング・リング・サーカス事件判決と呼ばれ，その事案は以下のとおりである。日本法人である原告は，米国法人である訴外A社との間で日本においてサーカス団の興行を主催し，その対価をAに支払うという興行契約を締結した。その際，「本件興行契約の条項の解釈又は適用を含む紛争が解決できない場合は，その紛争は，当事者の書面による請求に基づき，商事紛争の仲裁に関する国際商業会議所の規則及び手続にしたがって仲裁に付される。Aの申し立てるすべての仲裁手続は東京で行われ，原告の申し立てるすべての仲裁手続はニューヨーク市で行われる。」旨の仲裁の合意がなされていた。原告は，Aの代表者である被告が販売利益の分配等について原告を騙して損害を被らせたとして，被告に対して不法行為に基づく損害賠償請求訴訟を提起した。裁判所は，「本件仲裁契約に基づき原告が申し立てる仲裁について適用される法律は，アメリカ合衆国の連邦仲裁法と解されるところ，同法及びこれに関する合衆国連邦裁判所の判例の示す仲裁契約の効力の物的及び人的範囲についての解釈等に照らせば，原告の被告に対する本件損害賠償請求についても本件仲裁契約の効力が及ぶものと解するのが相当である」との判断を示した。

に対して訴えを別に提起することを許すならば，仲裁契約の趣旨は，実質上達成されないことになりかねない。

　そこで，仲裁契約の人的範囲は，その本質的要請からして，契約の主体である組織以外の一定の第三者，すなわち当該組織の中枢メンバーを含めて画定するのが合理的である（契約による包摂）。

　なお，仲裁における多数当事者の扱いは困難な課題であり，この問題については法律，規則および個別契約の各レヴェルにおいて適切な対処をすることが必要であるが，その本格的検討は，最近緒についたばかりである[21]。

4　仲裁契約理論のあり方と仲裁制度の発展

(1)　基盤としての共通認識

　仲裁契約が制度契約としての合理性を獲得するためには，仲裁契約の効力について主体的にも客体的にも紛争解決の実効性が確保されるに十分な射程が設定されなければならないことは，これまで論じてきたとおりである。そもそも，このような仲裁契約の射程の問題に先立つ基本的な考え方として，分離可能性の問題が存するのであり，その理論自体のなかに仲裁制度を実効的に運用しようとする，常識が強く働いており，このことで仲裁契約の根底に「制度的なもの」が存在することが理解されよう。この場面に関する限り，仲裁制度の実効的運用に関するコンセンサスが実務と法理の両面において定着していることがまことに印象的である。この事実の重みをしかと受け止めるとき，制度契約としての仲裁契約という考え方が部分的にであれすでにコンセンサスに近いものにまで結晶化していることに気づくのである[22)23]。

---

21)　小島・前出注17)168頁およびそこに引用の文献参照。
22)　これらの点については，中田淳一『特別訴訟手続』(1938年，日本評論社) 127頁，小川昇『仲裁法〔新版〕』(1983年，有斐閣) 95頁，斎藤秀夫編著『注解民事訴訟法(11)〔第2版〕』(1996年，第一法規) 425頁（河野正憲），谷口＝井上編・前出注17)636頁（青山），小島・前出注17)147頁など参照。
23)　最高裁昭和50年7月15日判決は，独占販売代理店契約に付随して締結された仲裁契約に関して，主たる契約の不成立ないし無効を理由とする独占販売代理権等不存在確認請求，仲裁契約不存在確認請求，仲裁手続不許請求などの訴えが提起された事案で，「仲裁契約は主たる契約に付随して締結されるものであるが，その効力は，主たる契約から分離して，別個独立に判断されるべきものであり，当事者間に特段の合意がないかぎり，

（2） 仲裁契約を規定するもの

　仲裁契約は，当事者の合理的意思を基本として解釈されるべきものである。この合理的意思を生み出すものは，公正で実効的な仲裁制度の核をなすところの基本的設計思想にほかならない。当事者の合理的意思と制度の核たる設計思想とを結ぶ連結点をなすのが，「制度契約」の理論であるとするのが明解ではないかというのが，わたくしのやや大胆にすぎる試論である。

　仲裁制度の根底に横たわる設計思想は，各国文化のパロキュアルな性格を克服して，グローバルな普遍性をもつものとして共有されて行くべきであろう。1985年に UNCITRAL 模範仲裁法が成立して以来，このモデルの影響が広がり，世界の仲裁法制をめぐる状況は大きな変革を遂げつつある[24]。もっとも，モデル法採用の仕方については，完全受容方式，準完全受容方式，付票方式，基本準拠方式などさまざまであるが，基本準拠方式を採用したドイツ法においても，モデル法の影響はきわめて顕著である[25]。

　こうした動向を支えるものは，何であろうか。社会経済のグローバリゼイションを筆頭に種々の要因を列挙することは容易であるが，ここでは少なくともその根底にある理論的基礎を確認しておくことが有意義であろう。一方において，それは仲裁モデルの汎用性ということであり，このことは，根本的には，

主たる契約の成立に瑕疵があっても，仲裁契約の効力に直ちに影響を及ぼすものではない」として，分離可能性を肯定している（民集29巻6号1061頁）。同旨の裁判例として，東京地判昭和28・4・10下民集4巻4号502頁，東京地判昭和48・10・17下民集24巻9＝12号738頁がある。

　なお，諸外国の動向に目を転じると，分離可能性については，ドイツ法1029条2項，オランダ法1053条，スイス国際私法178条3項，そして UNCITRAL の模範仲裁法16条(1)および仲裁規則21条などに明文の規定があり，また，明文のないところでも判例や学説において，この理論は定着している。仲裁研究会の仲裁法試案8条も，明示的に，「仲裁契約は，主たる契約が無効又は取り消された場合においても，当然にその効力を失わない」と定めている（仲裁法研究会編・前出4）61頁（松浦馨））。なお，ここで詳論の余裕はないが，この理論に内在的限界があることは言及しておくべきであろう（高田昌治『仲裁契約法の研究』（1997年，信山社）30頁以下参照）。

24) 松浦馨「わが国における国際仲裁の活性化管見」白川和雄先生古稀記念論集『民事紛争をめぐる法的諸問題』（1999年，信山社）378頁，高桑昭『国際商事仲裁法の研究』（2000年，信山社）18頁以下など。

25) 三木・前出注6）45-47頁。もちろん，モデル法の規定を変更している例や新たな規定を付加している例もある（その点の詳細な分析については，三木・前出注6）47-51頁参照）。

9　制度契約としての仲裁契約——仲裁制度合理化・実効化のための試論——［小島武司］

国家権力の介入を最小限に抑え，当事者間の合意をベースにしようとする考え方とかかわる。国家権力の関与が要所のみに限定されるならば，仲裁は，国境を超えた普遍的性格をより強めることができよう。歴史の潮流として，近時とりわけ裁判所の関与を抑制しようとする動きが強まっており[26]，この動きは，グローバリゼイションの進展とともに要請される汎用性ということと深くかかわっているとみられる。他方において，仲裁は，判決と同様に拘束力ある仲裁判断を生み出すためのプロセスであることから，そこに公的契機が歴然としており，その実効性を正当化するための基礎理論の構築が強く要請されるのである。これを前提とするとき，仲裁契約は，一見矛盾する基本的要素を取り込み，汎用性，実効性，公正さを備えた制度契約というかたちにおいて構築されなければならない。

　わが国では，ADR の一つとしての仲裁の重要性に対する認識が1990年代にとみに高まり，その過程でなぜ仲裁制度が低迷しているのかという問いが生まれ，さまざまな検討が行われてきた[27]。このような研究が行われてきたにもかかわらず，わが国における仲裁制度の現状に劇的な変化が生じているとみるには無理があろう。仲裁に関する論文や著書には仲裁のメリットが数多く書き連ねられ，また，そのデメリットへの言及もなされているが，仲裁のもつ致命的な制約について，徹底的な論議が十分な透明度をもってなされないできたきらいがあることを率直に認めざるをえない。そして，仲裁制度のもつ根源的な制約というものを克服することなしには，仲裁の制度的可能性が十分に開花することは将来も望み難いであろう。このような方向での進展を促す契機の一つとしては，予防法務活動の拡充が肝要であり[28]，契約書において余すところなく詳細な仲裁スキームを書き込むことも考えられてよい。

　仲裁の振興という観点からは，仲裁人の倫理の確立とともに，制度の実効化がきわめて重要であり，ここに仲裁法における二つの大きな課題が存するとい

---

26)　T. E. Carbonneau, *Alternative Dispute Resolution*, 1989, pp. 118-119.
27)　たとえば，「国際仲裁代理研究会報告書」（1995年，法務省＝日弁連），「国際商事仲裁システム高度化研究会報告書」JCA ジャーナル増刊43巻8号（1996年），三ケ月章『民事訴訟法研究第9巻』157頁以下（1984年，有斐閣）など。なお，仲裁制度の今後の展望については，三ケ月章『民事訴訟法研究第8巻』367頁以下（1981年，有斐閣）。
28)　小島武司「法的予防システム」新堂幸司ほか編『基本法学8―紛争』（1983年，岩波書店）269頁以下参照。

えよう。いずれの課題も，これまでの制度的連続性をふり切って，腰を据えて，新たな角度から取り組まなければならないものであり，われわれとしては，断固たる決断を迫られているといえよう。仲裁が活発に機能している国々においても，残念ながらこの問題は閑却されているのではないかと思われる。裁判所が機能不全の状態にあり，あるいは，裁判官の廉直性に対する不信感が強いところでは，次善の策として仲裁の盛行という現象が生じうるのである。真の意味での仲裁が良きものとして機能しているか否かは，仲裁事件の統計のみによって語ることはできない。

　模索的論究のこの試みが未来に待ちうける困難な課題の一つに狙いを定めて不十分ながら取り組み，理論的挑戦の第一歩を進める一連の試論の一つと受け止められるならば，筆者としては，幸いこれに過ぎるものはない。

【記】　本論文は，竹下守夫先生古稀祝賀『権利実現過程の基本構造』（2002年，有斐閣）に所収の同名の論文を基礎として相当の部分を削除し，同時に，大幅な加筆を行い，また，随所に短い文章を加え修正を加えたものである。本書出版の特別の意義にかんがみ，編者早川教授のお勧めにしたがい，同趣旨の論文を再度発表させていただく次第である。

⑩ ADR法立法論議と自律的紛争処理志向

中 村　芳 彦
弁護士

1　はじめに

　わが国におけるADRをめぐる問題状況は，司法制度改革審議会の意見書に基づくADR法制定に向けてのADR検討会での議論が，定まった方向が得られず，仕切り直しとなったことに端的に現れているように混迷をきたしている。
　すなわち，立法化へのひとつの流れは，ADRの拡充・活性化をうたいながら，ADRが十分に機能していないのは機関に信頼性がないためであるとして，一定の機関への申立に時効中断効等といった法的効果を付与し，またADRにおける弁護士法72条の規律の明確化を図り，あるいは機関や手続主宰者に手続規律を課するといった法的規制を中心としたものになっている。
　しかし，こうした議論の方向に対しては，むしろ現状の様々なADRの問題点を固定化し，さらに制度を硬直化させ，今以上に使い勝手の悪いもの，利用しづらいものとして，ADRをより衰退させていくことにつながるのではないかという懸念を抱かせるものであるとの指摘もある。
　このような基本的な認識のズレを生じさせている理由は，論者がそれぞれ自らのあるべき異なったADR像を想定し，これとの関係で，立法・機関・手続・主宰者といった問題を議論しているからなのではないかと思われる。
　そこで，本稿では，こうしたズレの原因をいくつかの視点から分析することを通じて，その対立の構造を探り，そこから今後のADRの進み行くべき方向性を考えてみることにしたい。
　ADRが人々の紛争処理に対するニーズを具現していく場であることを考えると，今求められているのは，制度を論じようとする者が，自らのパースペク

ティブに基づき観念的に問題を捉えるだけではなく，幅広く実際の紛争の現場で起こっている事態に目を向け，紛争当事者の生の声を聴き，しっかりと足元を見据えながら，わが国の現状を冷静に分析すると共に，しかも，そこで得られた知見を基にして，より大きな視点から将来の方向性を探っていくという複眼的な視座なのではないかと思われる。

以下では，そうした観点から，対立の背景を形作っていると考えられる，①ADRの捉えかた，特に相談過程の位置づけのあり方，②ADRにおいて各種専門家はどのような役割を果たすことが可能なのか，そこでの専門性の持つ意味と限界を探り，拡充・活性化の議論において言われている弁護士及び各種法律専門職種並びに各種専門家の関与の具体的な姿や弁護士法72条との関係を考え，③さらに機関や手続主宰者に関し，様々なルールを課して規律しようとすることをどのように考えるか，すなわち手続過程論のあり方を論じ，④一方で，ADRに関わる，いかなる人材をこれから具体的にどのように育てていくべきなのかを制度の側からではなく，実際に必要とされる人材育成という視点から捉え，そして最後に，⑤立法や制度あるいは機関のあり方といった，いわば大きなADRより，ADRに関わる人々の意識のあり様や個々の手続過程の捉え方あるいはその具体的展開の変容を求めていくという小さなADRの重要性について，これを論じていくこととしたい。

2　相談過程論

（1）　ADRの中心的な手続は何か——相談過程の位置づけ

ADRという言葉によって，まず思い浮かぶのは「調停」であり，ADR検討会などにおいても，主に既存のADR機関における調停のあり方を念頭において，その規律が議論されている。特に，わが国においては，既に仲裁法が個別立法として制定されているために，残された手続としては，調停が必然的にクローズアップされる構造となっている。

そして，立法を巡る議論においては，ADRに定義規定を設けて，その適用範囲を定め，規律を図ろうとすることの必然的結果として，これを明確化するために，それ以外の多様性のある相談や苦情処理は，どうしても視野の外に置かれる結果となっている。

しかし，紛争に直面した当事者の行動を基点として問題を考えれば，ADRを調停や仲裁といったいわば紛争の出口の側から議論していくことでは，ADRの機能や役割は十分に見えてこないように思われる。これは，紛争を，訴訟という出口から見ているのでは，法的規範などによって，切り取られた紛争しか見えてこないのと同様である。すなわち，あるべき調停の規律や形を考え，それに合わせて当事者の利用を形成していこうという発想そのものにADRを訴訟法的に規律していこうという思考形式の影をみることができる。そうではなくて，当事者が紛争に直面したときに実際にどのような行動をとるのか，その行動に対応していくためにはどのような装置が必要なのかという視点で問題を捉えていく必要があるし，そのように考えなければ，ADRは，いわば砂上の楼閣となってしまって，訴訟とは違った実際の利用に結びついてはいかない。

司法型ADRと民間型あるいは行政型ADRの大きな違いは，調停手続のみが独立して存在している訳ではなく，多くの場合，相談機関が併設されていることが多いのが特徴である。しかし，それにもかかわらず，ADRの利用がこれまで活発とは言えない理由のひとつは，ADRと相談過程の連鎖に機能不全があるからなのではないかと思われる[1]。

こうした方向からADRを見ていくと，いきなり調停のあり方を議論するのではなく，まずは，紛争処理の基盤である相談過程のあり方の見直しという視点から議論を始めていく必要があろう。紛争の当事者にとって，紛争過程をどのようなものとして捉え，どのような現実行動を取っていくかについては，様々な議論がある。しかし，まずは，自らの考えで対処しようとして，その限界に気づき，あるいは相手方と交渉して，埒があかないということで，第三者に相談するといったプロセスを辿るのが通常であろう。したがって，まずは相談過程を充実させることで，紛争処理の裾野が広がり，ADRが多くの成果を吸収して豊かなものになっていくと考えられる。この点を抜きにして，調停手続を法的規律や効果などによって如何に精緻なものとしていったとしても，そのこと自体が利用の誘引になるということは考えにくい。むしろ，紛争当事者にとって身近な相談やADRのあり方を探って，従来のスタイルを組み替えて

---

[1] 中村芳彦「ADRと相談過程の連鎖」JCAジャーナル2003年10月号46ページ以下参照。

いくことが，少なくともわが国における ADR の拡充・活性化の出発点になるのではないか，というのが，本稿の第一の視点である。

（2） 相談過程のあり方

ところで，相談過程のあり方については，各種相談機関や ADR 機関において，相談の多様性を反映して，これまで十分自覚的な取り組みが行われてこなかったように考えられる。すなわち，相談に関する従来の主要なテーマは，どちらかというと法律相談センターや公設事務所の拡充など相談者にとっての相談を受ける体制や地域における広がりに関するもので，相談過程の質に関する議論は最近まで十分になされてこなかった[2]。個々の相談担当者に対する研修といった場面での取り組みも，どちらかというと各種分野での専門的知識の習得に関するものであることが多く，コミュニケーションスキルや面接技法といった観点からではなく，まして ADR との関係やその連鎖のあり方にまで十分な自覚や配慮を行ったうえで，取り組んできたというわけではなかった。

そこでまずは，ADR の拡充・活性化を真に考えるのであれば，その下部構造である相談過程のあり方はいかなるものである必要があるか，ということが重要な検討課題となる。

この点，相談現場の実情からすると，相談担当者の相談のやり方については，ひとつの共通したスタイルが存在していたように思われる。それは，これまでの相談は，相談者から，限られた時間の中で，判断に必要な情報を聞き出し，それに対して相談担当者の有する知識・経験を提供して解決策を導くというアドバイス型のものが中心とされてきた。しかし，こうした手法には，相談者の自主性・主体性・納得といった視点が不足しており，紛争の複雑化・価値観の多様化を前提とした相談者のニーズに応じたきめの細かい相談を行っていくことが実際に困難な場合が多かった。具体的な紛争を抱えた当事者にとって，自らの紛争が自分自身や社会において，どのような意味を持ち，どのような手続によって解決を図っていくのが望ましいと考えるかについては，こうした1回的なアドバイス型の相談によって対処していくには自ずと限界があるものと言

---

[2] 相談過程の質に関する近時の業績として，菅原郁夫・下山晴彦編『21世紀の法律相談』現代のエスプリ No. 415（至文堂，2002），菅原郁夫・岡田悦典『法律相談のための面接技法』（商事法務，2004）がある。

えよう。

　特に，ADRとの関係を考えた場合，相談者がADRの手続を選択するかどうかは，相談担当者の情報提供の仕方如何が実際には重要であり，しかも自らの紛争になぜADRという解決手続が有用であるのか，また相談者自らが，ADRにおいていかなる役割を果たすことになるのかといった諸点を十分把握できないままに相談が終了してしまうということにもならざるを得ない。

　例えば，弁護士の法律相談に端的に現れているように，こうした知識・情報提供型の一回的な相談と弁護士による受任という二者択一的な選択肢からは，ADRにつながっていく基盤が，なかなか生み出されてこない。しかし，相談と訴訟の狭間の広大な紛争の中間領域に裾野を広げていくためには，単にADRという選択肢があることを示すだけではなく，相談段階において，紛争当事者の話を丁寧に聴き，様々な想いと織り合わせながら，共に問題解決のための選択肢を考えて，そのひとつとして各種ADRへと繋げて行くという具体的プロセスを形成していく努力抜きには拡充・活性化の実現は困難なのではないかと思われる。

　そのためには，アドバイス型の相談から，聴くことを中心とした相談スタイルに相談過程を変換し，当事者自らが紛争と向き合う場を主体的に築いていけるような道筋を辿っていくことが必要なのではないかと思われる。すなわち，相談担当者側が丁寧に聴くことによって，当事者自身が，自分にとって何が問題なのかを明確化させていくことで，何をどのように求め，自分自身が何をなしうるのか，そのためにはどのような場が必要なのかを，自覚的に考える機会を作ることができる。また，相談担当者側からも，こうした当事者の具体的なニーズを踏まえて，どのような場でその問題を扱うのが適切か，当事者にそのためにどのような情報を提供すれば良いのかを共に考える機会となりうるからである。

　有形的な形で眼前に示される商品群と違って，ADRの場合は，単にPRして，情報として提供されれば利用されるというほど単純な関係にはない。その意味で，ADRが利用されていないのは，PR不足で認知度が低いからであるといった表面的レベルの理由で捉えるのでは，十分とは言えない。むしろ，当事者にとって，自らの抱えている具体的な紛争に，ADRの利用がどのような意味と役割を果たしてくれるのかを明らかにしていくプロセスが，まずは必要

であり，そこでは手続主宰者やADR機関だけでなく，各種の相談とADRを繋ぐ，言わば媒介者の存在がまずは求められている。

例えば，弁護士会の仲裁センターの場合は，法律相談センターでの法律相談において，仲裁センターへの申立に適した案件は，相談担当者が相談者にこれを勧めるという構造をとっている。しかし，実情としては，法律相談件数に比して，そこから仲裁センターへの申立につながるケースはごく僅かである[3]。

それは，相談時間が，例えば30分と限られていて，持ち込まれた事案に対して必要最小限の法的情報を提供するのが精一杯であるという事情もあるであろうが，そもそもその前提として，そこには相談の理論そのものがアドバイス型で特に問題がないという関係者の共通の認識が隠されているように思われる。また，自らがADRへ繋いでいく制度の媒介者であるという意識自体が希薄であるというもうひとつの理由もあろう。そして，このような意識は，各種相談機関や相談担当者に共通したものではないかと思われる。

現実的にも，現在のところ，民間型ADRに対する司法からの回付が当面は期待できないとすると，実際の利用増進策としては，相談からADRにいかに繋いでいくかという方法を中心に考えざるを得ないのではなかろうか。

(3) あっせん手続の意味

さて，このような相談過程とADRの連続性のあり方を実際に考える素材を提供していると思われるのが，消費生活相談などの領域において広く機能している「あっせん」という手続である。

言葉の定義の仕方にもよるが，これまでわが国において，「あっせん」は，苦情処理の関係では，相談を広義に捉えて，あっせんの手法を用いる紛争処理サービスも包括的に相談（的な紛争処理）と呼んで，一方当事者に情報提供やアドバイスのみを行う狭義の相談と区別してきた[4]。

しかし，その機能を見ると，この場合相談員が，一方当事者からの相談だけでなく，紛争当事者の間に入って，両者間を調整する役割を担わされるという

---

3) 日本弁護士連合会『弁護士白書2003年版』111頁，115頁によると，例えば第二東京弁護士会における2001年度の法律相談件数は，11,902件であるが，仲裁センターの申立件数（この中には，法律相談を経由しないものも多い）は，177件である。
4) 萩原金美「調停（あっせん，相談）」小島武司・伊藤眞『裁判外紛争処理法』34頁（有斐閣，1988）。

こともあって，実質は三者間の調停に近く，あっせんと調停の限界はあいまいで，いずれにおいても調整者として求められる役割やスキルもかなりの部分で共通している。しかし，あっせんは，相談と調停の狭間にあったことや，相談過程の一環として行われることもあって，必ずしも独立なものとして認知されてきたとはいいがたく，その実態把握も十分に行われてきたわけではなかったと思われる。

しかし，1対1の関係における相談から，三者間の関係であるあっせんに，どのような形で繋いでいくことが，より機能的であるか，また中立性・公平性といった点でどのような問題点があるかを考えることを通じて，相談と調停の連続性を検討するには格好の材料を提供してくれるものである。そこで，こうした，あっせんの効用と限界を合わせて検討してみることは，これからのADRの拡充・活性化のあり方を考える場合にひとつの参考になり得るように思われる。

ここでは，試みに現状において，消費生活相談の領域において，どのような場合に「あっせん」が使われているかという問題から検討してみよう。

この点については，消費生活相談員等へのアンケート調査結果[5]によると，「どういう場合に特にあっせんを行うべきだと考えていますか，お答えください」という質問に対して，①案件が複雑で自主交渉が困難な場合85.9％，②相談者が若年・高齢などで自主交渉が困難な場合84.5％，③事業者の不当性が相談の内容から見られる場合74.5％であるのに対して，④相談者があっせんを依頼する希望が強い場合19.9％となっている。

この結果からは，あっせんに対する相談者からの具体的なニーズは大きいものの，一定の要件を課して消費者保護と消費者の自律性のバランスを図ろうとしていることが伺える。すなわち，すべてのケースで，あっせんを行っているわけではなく，相談者に自主交渉能力があり，またそれが期待しうるケースでは，相談者にその努力を促すという観点からの振り分けがなされている。

また，「あっせんをどういう処理と考えていますか」という質問に対し，①紛争相手の事業者と紛争解決に向けた交渉をすること，54.9％，②事業者とのコンタクトをとった上で，結果が確認できるまで行うこと，25.3％，③事業者

---

[5] 東京都消費生活対策審議会「消費者被害救済に関するアンケート調査報告」（2003年5月）による。

とコンタクトを取ることを「あっせん」とする，15.9％，となっている。

ここでは，同じあっせんという言葉を使っても，相談員によって考えるイメージが違うこと，さらに言えば，この点は相談員による紛争処理過程における第三者の役割意識の違いを如実に反映しているように考えられる。しかし，それぞれの違いは，実際にはかなり微妙なものがあり，あっせんという手続をどこかで線引きして，相談とADRのいずれかに振り分けようとする考え方そのものの難しさを物語っているように思われる。

さらに，こうした，あっせんが，消費生活相談の領域で機能を果たしている原因のひとつに，電話によるあっせんの役割が大きいと考えられる。

この場合に，相談員は，一方では消費者とコンタクトを取り，他方で企業と交渉して，解決策を探るという役割を担うことになる。もともと電話相談は，顔の見えない媒体によるものであるだけに，感情的になったり，防衛的態度が表に出る難しさがあるが，あっせんにおいては，さらに当事者間で解決できなかったからという消費者の代理人的な役割期待と中立性への要請という二律背反の中での困難な活動を強いられる。

いずれにせよ，こうした展開を考えてみると，電話による相談や相談の延長としてあっせんが組み合わされていることが，消費者相談の利用促進にとって大きな役割を果たしていることがわかる。

ここでは，あっせんの申立書の提出といった行為はことさらに要求されていないし，当事者も，そのような明確な意識を持たない場合が多いであろう。反面，あっせんでは，センターが消費者の代わりにやってくれるという意識が強くなって依存的になりやすいので，できるだけ消費者の自律性を促すべく，相談員の側でコントロールしているという実情がある。

このような，これまで消費者紛争について広く行われてきた実務における実際上の知恵ともいうべき手続について，相談過程とADRのあるべき関係の姿という観点からスポットライトを当てて，その問題点を議論し，その汎用化の道を探ることにより，手続変革の兆しを見出していくことができるのではなかろうか。

すなわち，①相談過程をADRにまで至る紛争処理過程の一部として捉え，電話などの各種媒体も有効活用していくという，相談の質の転換を含む初期対応を充実させていくこと，②ADR利用へのスクリーニングはするとしても，

次の三者間手続にスムースに移行できるシステムを構築すること，③同一人が相談とあっせんを行う場合には，中立性や倫理の点で問題が生じないような手続的な工夫を行うこと，④こうした展開を各種の相談現場で具体的に実践していくことなど，が必要であり，それにより有効に機能しうる ADR を行うための基盤作りへと結びつけることが可能となろう。

このような工夫とは反対の方向に，ADR 機関における調停のスタイルを所与のものと考えて，法的効果やその手続規律を定め，それに見合った申立だけをそのルールで審理していくということでは，裁判所の調停とどこが違うのか，それが果たして ADR の拡充・活性化と言えるのかという根本的な疑問を拭えないものがある。

また，こうしたあっせん手続だけではなく，近時は既存の枠組みとは違った各種電子媒体によるサイバー ADR も既に生まれている[6]。こうした手続においては，簡便である反面，同席といったことは行い難いし，お互い顔が見えず，声も聞けず，文字に表された言語からのみ，その意味を汲み取って，調整を図っていかなければならない。ここでは，電話相談以上の難しさがあり，調停やあっせんという言葉で，ひと括りに表現できないコミュニケーション構造の違いという現実もある。こうした手続においては，どこまで，当事者や ADR 機関の意図していることが相互に十分伝わっているかどうかといった点の確認や匿名性ゆえの当事者の攻撃性などがあることも否定できず，これに対処し得る様々な独自の工夫が求められている。

いずれにせよ，こうした導入時の相談の多様性を踏まえながら，いかに相談から ADR へ展開させていくかという自覚的な試みが手続変革の基本になるべきものと思われる。

（4）　調停手続の位置づけ

国際的な潮流からすれば，調停や仲裁といった ADR は，相談過程とは独立したものとして，それぞれ純化し，国際的なモデル法との整合性を目指していくべきことになろう。現に仲裁法は，そのような視点で改正が試みられた。

しかし，国内の ADR 全般を視野に入れて議論しようとする場合には，わが

---

[6]　近時のものとして，例えば佐藤鉄男・吉田史晴・橋本誠志「司法制度改革と ADR」小島武司『ADR の実際と理論』46頁以下（中央大学出版部，2003）。

国の相談や ADR の現状からすると，そうした方向に全面的に移行していくには，なお解決すべき多くの課題があるように思われる。

日本における ADR 機関と呼ばれるものの多くは，実際は相談業務が中心であり，交通事故紛争処理センター・消費生活センターなどの一部の例外を除き，あっせん，調停，仲裁の件数は少ない[7]。こうした状況で，いきなり ADR を独立したものとして，後述するような手続規律や法的効果を定めて規制しようとするとどのような事態が起こるであろうか。

例えば，時効中断といった法的効果に結びつけるために，申立書に請求を特定する形で記載することを義務づけて要求したり，機関や手続についての重要事項の説明義務を履行したことの確認として，重要事項説明書の作成と利用者による調印を求めるといった事態の常態化であろう。そうした方向は，少なくとも現状からする限り，ADR の利用を却って阻害することにならざるを得ないように思われる。

ところで，この問題の背景にあるのは次のような 2 つの方向の考え方の対立であろう。ひとつの方向は，ADR の拡充・活性化のためには機関や手続の信頼性の確保が必要で，そのためには，ADR が公正・適格なものであることを要求し，手続規律や法的効果をそのような観点から位置づけようとするものである。もうひとつの方向は，ADR の拡充・活性化のためには，むしろ人々のニーズにあった自主的・主体的な紛争解決の支援システムをどのように構築していくかを考えることが重要であるという観点から，制度利用者の利用しやすさ，わかりやすさ，自主性，納得といった諸点を重視することが必要であるとして，そのための具体的な手続や主宰者の工夫を求めていこうとするものである。

ADR が，あまり利用されていない理由が，どこにあるのかは実証的な裏づけを伴った調査が行われているわけではない。しかし重要な点は，ADR の役割や期待に関して，このような二つの潮流があることを前提として，どのような ADR が拡充されていくべきかを関係者の間で十分議論し，その上でしっかりと価値判断を示していくことである。

そして，この場合の決め手になるのは，やはり制度利用者の視点なのではな

---

7) 大川宏・田中圭子・本山信二郎『ADR 活用ハンドブック』（三省堂，2002）など参照。

いかと思われる。既存の裁判制度や司法型ADRに対する制度固有の限界の指摘や運用上の問題点に対する様々な問いかけ，あるいは既存の行政型あるいは民間型ADRの実情に対する批判的な視点を保ち，原点に立ち返って制度利用者のニーズを探り，これを出発点としてADRのあり方をもう一度根底から考え直していくという姿勢が重要であろう。もちろん，この場合，そのニーズは一義的な価値や方向性で割り切れるものではないが，そうであればこそ，なるべく多くのものを取り込める広がりを持ったものであることが求められよう。

それでは相談過程とADRを連続したものとして捉えていくとして，行政型あるいは民間型のADR機関における従来の調停はどのように位置づけていくべきであろうか。この点は，既存のADR機関が如何なる観点から，今後自らの手続を見直す努力を行うべきかということにも関わる基本問題である。

この問題については，これまで実際にこれらのADRを利用してきた人々のように，単独で，あるいは代理人によって，申立書などを作ることができ，手続の進捗に応じた対応も自らできるのであれば，基本的にそれに委ねておけば足りよう。しかし，ADRの利用の拡充をより積極的に図っていこうとするのであれば，多くの人々が気軽にわかりやすくADRに持ち込めるような制度的な手当や手続的な工夫が必要であり，そのためには相談過程の見直しと，相談と調停手続やあっせんとの連携のあり方について，抜本的に検討していく必要があると思われる。

（5） ADR形態論への示唆

どのような枠組みの中で，第三者を交えて話し合うことにするのか，それは，「調停」「仲裁」「あっせん」といった手続の枠組みあるいは形態に始まり，実体的あるいは手続的なルールをどのような形で，用意しておくかなど様々な態様が考えられる。

しかし，紛争処理のニーズは，そのような枠組みを超えて発生するものであり，一定の枠に押し込めずに，ニーズを受け止めていける柔軟なスキームをできるだけ用意しておくことが必要なのではなかろうか。例えば，娘が高齢者の母親を連れて二人で消費生活相談に訪れるという局面では，相談の展開によって親子間の調整が必要となれば，そこでは合わせて調停手続が行われているわけである。申立がなければ，調停は始まらないものであると固定的に考える必

要はないはずである。そして，このように固定的に考えないことが，従来のようなオーソドックスな調停の形というものを合わせて広めていくために，結果的には必要なことなのではなかろうか。

　司法型ADRに近づけて，制度を構築しようとすれば，調停制度を独立したものとして，構想し，手続規律や法的効果もこれに近似したものとしていくべきであるという議論になるのが通常の展開であろう。しかし，そのような考え方に対しては，それならば，なぜ司法型ではなく，行政型や民間型のADRを育てていく必要があるのか，という根本的な問いを突きつけられることになる。

　このような方向からすれば，多様なADRを用意し，これを広がりと段階を持ったものとしておくためには，ADR機関の信頼性を強調し，法的効果を与えるなどして，司法型ADRへと収斂していく方向ではなく，むしろそれとは反対に，多様なものを取り込めるように紛争処理システムを重層構造を有したものとして拡散させていく方向にいくことを容認し，その中でそれぞれのADRが何を行うことができるか，どのような特徴を出していくことができるのかを考えていくことが，紛争当事者の多様なニーズを吸収し，ADRをより深化させていくためには必要なことであろう。

　いずれにしても，これまでのADRをめぐる議論は，立法関係者，ADR機関，業界団体，関係団体といった制度設営者あるいは利用者のニーズを集約しているとされる側から主に議論が展開されていて，個々の制度利用者自身の直接的な視点が欠落していたように思われる。こうした意見に対しては，そもそも個々の利用者自身からのニーズが具体的に見えていないし，利用者自身も十分把握できていないのでそうせざるを得ないのではないかという批判があろう。しかし，そのように性急に結論を出そうとするのではなく，なすべき議論の方向としては，まずは，利用者自身にとって，じっくり考えてもらえる場作りの必要性を唱えることではないだろうか。民間型ADRも，業界団体型，弁護士会型，消費者団体型など様々なタイプのものに期待が示されていこうが，いずれにおいても，考える場としての相談部門の充実・強化とADRとの連携システム作りが最大の課題のように思われる。

　このように制度利用者の側からADRを眺めてみると，現在ADRに何が不足しているのかも見えてくるように思われる。それは相談過程の質を，もっと膨らみを持ったものとして変えていくこと，そしてそのような視点からあっせ

んや調停の様々な利用可能性を見直してみるということではないだろうか。そして，あくまでも相談に隣接したものとして，ADRを描くことが重要であろう。

そして，次の課題は，当事者自身が求めているニーズをどのような形で受け止める構造を考えるかということである。すなわち，この点は，受け手側の装置の問題として，次に述べる専門家役割論や手続過程論と関連してくる課題である。

なお，重要な点は，これらいずれの問題も，市民間紛争の場合においてのみ検討すれば足りるものではなく，企業間紛争などにおいても同様にあてはまることである。すなわち，この場合もADRの舞台に乗せるまでの場作りとそれに続く手続が利用しにくいものであるために，企業の相談部門や顧問弁護士が，ADRの特質を十分把握できず，なかなか利用に結びつかないという機能不全を起こしている実態が同様に存するように思われる。企業における意思決定システムの日本的性格は，個人あるいは団体に共通する意識の問題として課題とされているからである。

3　専門家役割論

（1）総　　説

さて，ADRの問題を考えるにあたって，大きなウエイトを占めるのが，弁護士及び各種法律専門職種並びにその他の各種専門家が，ADRにおいて，どのような役割を果たしていくべきかをめぐる議論である。司法制度改革審議会の意見書においても，ADRにおける各種法律専門職種の活用が説かれているゆえんである。しかし，どちらかというとこれまでの議論は，専門家が加わることで，ADRが活性化していくはずであるという暗黙の前提があったように思われる。しかし，実際には専門家の関与には，むしろ様々な光と影の面があるのであり，この点を丁寧にフォローしておくことが今後のADRのあり方を考えるにあたっては，極めて重要な課題であると考える。

以下では，(2)弁護士役割論及び(3)弁護士法72条問題，(4)各種法律専門職種の関与のあり方，(5)その他各種専門家の関与のあり方，(6)新しい専門性の考え方，(7)これら各種専門家の連携のあり方，(8)当事者主導のADRの可能

性について節を分けて論じてみることにしたい。

（2） 弁護士役割論

　ADRにおける弁護士の役割論については，これまで弁護士自身においても，必ずしも自覚的な議論が展開されてきたわけではない。むしろ，弁護士は，弁護士会仲裁センターなどに関与する一部の例外を除いては，ADRに対して概して冷ややかな眼差しを向け，距離を持って接しようとする者が多かったように思われる。

　このような弁護士のADR嫌いには，様々な原因が指摘されている。例えば，ADRにおける代理人になることに関しては，手続に対するコントロールができないとか，結果が予測できず，報酬をもらいにくいとか，手続主宰者が同様に弁護士である場合には，同僚裁判的になって持ち込みづらいとか，ADR機関に対する手数料と弁護士報酬の二重の負担を依頼者に求めることになるとか，様々な抵抗要因があると指摘されている[8]。また，自らが手続主宰者になることに関しては，代理人としての党派性の習性を失うことになりかねないという中立調整型業務全般に対する懸念もあろう。

　ところが，ADR法制定論議の経過において，弁護士会側から，弁護士法72条一部緩和論に合わせて，弁護士の関与を積極的に推し進めていくことにより，ADRにおいても，今まで以上に法の支配を押し及ぼしていこうという主張が展開された[9]。すなわち，具体的には，ADRの機関あるいは手続において，弁護士の共同と助言を必要化することで，弁護士の関与を条件としていこうということである。ここで前提とされているのは，弁護士の法的知識や争点整理能力，説得能力といった専門能力を重視し，これをADRにおいても積極的に活用することに意味があるという考え方である。しかし，もともとADRが言われたひとつの理由に，法的解決や法廷弁論を中心に弁護士が身につけてきた議論・論証・説得による解決では，当事者のニーズや納得にそぐわない紛争が現実に存することであったことからすると，こうした一面的な議論には基本的な疑問がある。むしろ弁護士のADR嫌いは，本能的に自らの仕事の存立基盤

---

[8] 例えば，山田文「サービス機関としての仲裁センター裁判内・外の二分論を超えたビジネス・チャンスのための覚書―」クレイム研究会会報1号5頁（1997）。

[9] 日本弁護士連合会がADR検討会に提出した2002年7月22日付意見書。

を堀り崩していくことになるのではないかという危惧を直感しているからであるように思われる。弁護士も訴訟外活動には熱心になっているが，自らの関与度合いが少なくなるであろう相対交渉と訴訟の狭間にあるADRが機能する領域については，これまで無関心を装ってきたのではないだろうか。もし，弁護士会のADRへの活発な動きが，積極的な関心の兆候と見うるのであれば，それは歓迎すべき事態であろうが，弁護士法72条の枠組や職域を維持しようとするためのものであるとするならば，ブームが起こっている間だけの一時的なものと醒めた見方をせざるを得ないところである。

すなわち，こうした議論は，多くの弁護士のこれまでADRに対してとり続けてきた態度からすると，そこで言う弁護士の関与は形だけのもので有名無実化するか，反対に厳格に行おうとして，かえって紛争を法と事実によってのみ解決を図ろうとする硬直的な運用を招きADRの衰退を招いていくか，いずれにしても，ADRにとって実りある方向を生み出さないように思われる。

また，この問題の議論の背景には，弁護士の党派性と中立性の関係をどのように見るかという基本的認識の問題が横たわっている。すなわち，弁護士の活動形態が，従来から一方当事者の代理人としての党派的な業務を主軸とし，ADRの手続主宰者のような中立調整型業務については，その関与形態について十分なルールが確立されておらず，むしろタブーとされてきた感もあって，その積極的関与に大きな抵抗感があった[10]。従って長い間法廷外業務においてもアドヴァーサリ・システムにおけるアドヴォケイトの役割が維持され，ADRにおける弁護士の役割は，むしろこれと逆行するものと考えられてしまってきたという問題がある。

もっとも，この点については，訴訟上の和解における弁護士の役割が，裁判官とクライエントの間においてその両者の調整を図ろうとするというように，日本の弁護士は，そうは言いながら党派性と中立性の相互の行き来が可能になっているといった指摘もある[11]。しかし，そこで言われている中立性とは，価値中立性ではなく，落としどころを探るといった経験知に基づくものであっ

---

10) 中立調整型業務については，遠藤直哉『中立調整弁護士モデルの展望』宮川光治・那須弘平・小山稔・久保利英明『変革の中の弁護士』265頁（有斐閣，1999）など参照。

11) 座談会「弁護士倫理の新たな展開」判例タイムズ1080号21頁（2002年）における山本和彦教授の発言。高橋裕「ADRにおける弁護士の役割に関する一試論」阿部昌樹・馬場健一・斉藤浩編『司法改革の最前線』324頁以下（日本評論社，2002）。

たり，あるいは法曹三者の一体感からのものであったりすることが多く，党派性と中立性に対して，どれだけ自覚的に考えてきた成果と言えるかについては，なお十分な検討の必要があろう。

また，相談の場合，相談者は弁護士に対して，助言者としての中立性・普遍性のみならず，代理人としての党派性・信認性を求めているのではないかと説かれている[12]。

確かに通常の法律相談においては，弁護士は，相談者の立場に立って，有効な法的助言はどのようなものであるかを，中立的観点から提示することが主な役割と考えられてきた。さらに，ADRへの申立ての代行や内容証明郵便など簡易な書面作成まで行うような紛争解決型の法律相談[13]においては，受任には至らないものの，党派的性格は強くなっていこう。

党派性と中立性に関するこうした議論は，弁護士のあり方をめぐって極めて重要な問題提起を含んでいる。しかし，実情としては，一見矛盾するかに見える二つの軸の間で，弁護士が身動きが取りづらくなってしまっているという現象を指摘できるように思われる。ここでは，ADRにおけるこれからの弁護士の役割には，この二つの基軸とは少し視点をずらせた新しい機能が求められていくものと考えてみたい。

すなわち，まずADRに関しては，弁護士自身も専門家ではありえないという自覚を十分に持つことから，始める必要があると思われる。弁護士は，これまで法の専門家として，法的知識による分析・検討を得意とし，法律要件への具体的事実への当てはめというアプローチにより，紛争に対峙してきた。そこでは，党派性に基づいて，当事者のために法を使用し，議論，論証，説得することが重要な価値とされてきた。

しかし，ADRにおいては，まずはこうした法による先入見を一旦否定して，紛争当事者に，言わば白紙の状態で対峙してかからなくてはならないという出発点を十分認識しておく必要がある。そのためには，ADRの特性をしっかりと見据えて，紛争当事者の声を丁寧に聴くところからはじめざるを得ない。そこで求められている能力は，従来の党派性や公平な立場での関わり合いという

---

[12] 山田文「リーガルカウンセリングと弁護士倫理」菅原・下山編前掲注2）『21世紀の法律相談』71頁。

[13] 萩原金美「新しい法律相談のあり方」自由と正義34巻12号26頁（1983）。

意味で使用されてきた中立性という概念とも異なった資質が期待されているように思われる[14]。

このような相談やADRの過程のあり方を前提とすると、弁護士役割論にも、異なった視角が現れてくる。それは、これまで弁護士がとってきた相談やADRにおける過度にリーガリスティックな対応から、まずは脱却していくことの必要性である。当事者に法的なニーズが存在することをしっかりと受け止めつつも、紛争の多様性・複雑性・多元性を前提として、紛争当事者と対等な立場で向き合い、法的な関わり合いの意味や限界を十分に自覚し、当事者のわからなさを尊重しながらも、静かにコミットしつつ共に新しい創造的な展開を生み出していけるような関係作りをどのようにして行うことができるかが問われている。また、この点を弁護士と当事者との関係形成の進捗状況に即して言えば、当初は相談者の視点で見るという形で、聴くことを中心とした関わり合いから、次第に法使用を含めた多角的視点での関わり合いに変化させていくといった具体的展開のあり方が考えられる。

この点については、専門性としての法律知識の有無、選択肢についての見通しの提示はもっぱら弁護士側が行うことなどを理由として、弁護士と当事者との間の非対称性や弁護士の優位性も説かれている[15]。しかし、相談においてもADRにおいても、そのように、捉えることの難しいもうひとつの現実があるように思われる。すなわち、例えば、実際の相談の過程を取り出してみても、法的な当てはめだけをやって、問題が解決するといったことは例外的な場合であって、相談者にとって、何が問題かは、弁護士からの法的情報は情報として聞きつつも、これに対する現実的対応は、相談者自身で決めていこうとする態度に出会うことが多い。弁護士からすると、法的観点からのアドバイスが、眼前の事案における唯一の結論のように思いがちであるが、所詮それはひとつの見方に過ぎず、相談者がこれをどのように受け止め、自らの新しい物語を如何

---

[14] 和田仁孝「調停における中立性とケア」レビン小林久子訳・編『紛争管理論』187頁以下（日本加除出版、2003）では、普遍的原理や規範でなく、状況的、創造的な関係性と結びついた中立性を、中立性の構造分析結果として展開している。本文では、ひとまず同書で示されている従来型の規範（法）志向性・静態構造的な中立性を前提として議論している。

[15] 上石圭一「法律相談における弁護士役割論再考」阪大法学52巻3・4号511頁以下（2002）。

に作っていくかという部分では，弁護士も専門家ということではありえない。相談においては，当事者にとって，法規範という情報が決定的なのではなく，その相談プロセスの中で，弁護士と相談者の間で何が動き，どのように問題が展開していくかという方が一般的な実相に近いのではないかと思われる。確かに，法的知識の有無に限定すれば優位性や非対称性が見られるが，それはあくまで情報というレベルにおいてであり，両者の関係そのものについてではないし，むしろそう思いこまないようにすることが求められているのではなかろうか。この場合，対等であるかどうかという理念的な形式にのみこだわるのではなく，そこで実際に何が起こっているか，また，そのことに関して，弁護士がどのような眼で観察しているかが相談の質を決める上で重要である。また，法の中立性や法律相談の限界性を持ち出して，法的部分以外での関与をそもそも弁護士の役割ではないとして切り捨ててしまう態度からは，ADRが育まれていくことはないであろうし，そのような相談のあり方自体の是非が問われよう。

　相談者は，一定の枠にはめられるほど単純ではないし，相談過程において多様な変容を示していく。そうしたことへのきめ細かな配慮ができなければ，そもそも弁護士はADRには向いていないと言わざるを得ないのではなかろうか。

　しかし，このことは，反面，これまで紛争の現場に最も近いところにいた他者としての弁護士に，新たな積極的な役割が期待されていることの証でもある。この期待に応えていくためには，既に述べたように相談過程の再構築や弁護士自身のこの領域における意識改革が求められているように思われる。

　このように，従来型の弁護士像とは異なったモデルを模索することが，ADRにおける弁護士役割論の意義である。仮に従来型モデルをADRに押し及ぼしていくことが，その求められた役割であるとしたら，ADRは訴訟の構造に近似したものとなって独自性を失うことであろう。

　それでは，ADRにおける新しい弁護士の役割とは具体的にどのようなものであろうか。ここでは，もっぱら実践的な意味合いにおいてであるが，媒介者としての弁護士という考え方を提案してみたい。

　すなわち，媒介者ということには，二つの意味が含まれている。ひとつは弁護士が当事者にとって触媒のような存在として，当事者自身の自己解決能力を引き出していくという意味であり，もうひとつは様々な関係者を媒介していくという意味である。

まず前者は、弁護士の役割として、コミュニケーションの促進やカウンセリング的機能をより重視していくことである。それは、当事者自身が問題に取り組み、法情報の提供を受けながら、自ら解決のための選択肢を選び、自分の力で発言・行動・解決していくことをサポートしていくという基本スタンスに立つことである。そのためには、弁護士業務の具体的姿としては、継続的な相談による関与を前提とした自律支援型の弁護士モデルを描いてみることが有用である。これにより、ADRの手続における当事者をサポートする弁護士、という新たな役割に、積極的意義を見出すことが可能となってくる。従来型業務との関係について言えば、こうした視点を、相談者のニーズに応えるという形で、個々の弁護士が次第に取り入れていくことによって、大きな変革へと結びつけていく足がかりとしていく必要があろう。

次に後者について言えば、あっせん・調停・仲裁といったADRは、手続主宰者から見ると、人と人の間を媒介していくという仕事である。この場合、媒介者に求められる資質は、中立性・公平性といったデタッチで冷たい関与形態だけではなく、様々な当事者に出会い、これに関わる各種専門家の間に入って連携を図り、弁護士が自らも法専門家としての役割を果していくことである。しかし、この場合の弁護士の役割は法律的なものという枠内にとどまるものではない。もちろん法や事実が紛争処理にとって有効なツールになる場合もあるが、いつもその限界に留意しつつ当事者に対峙していかなければならない。法的な思考は、物事を論理的に捉え、問題点や対立点を明確化し、議論をしていくという局面では有効である。しかし、反面、事態を法的観点というひとつの視点から捉え過ぎて、当事者のニーズを無視した硬直的な見方をしてしまうことが多いという現実がある。こうした多様な観点を睨み合わせながら、隣接領域の人々とも連携を図って、様々に繰り広げられる事態に対処していくことに新しい役割を見出していくことができる。

弁護士自身は、これからも紛争の現場に身をおき続けることは間違いないところである。しかし、その場合に、法的思考を中心とした関わり合いに留まっている限りは、少数の当事者達とわずかな場面で出会うに過ぎないことになる。

弁護士は、ADRにおいて、当事者の抱えた紛争とどのような形で関わることが可能なのか、代理人としても、手続主宰者としても、大きな自己改革が求められている。逆に言えば、弁護士はADRの動きに対して、このようなこと

を感じ取っているからこそ，ADRに消極的なのだとも言えよう。この点についての根本的な洗い直しが必要な時期に来ていると思われる。

（3） 弁護士法72条問題

ADRにおける弁護士役割論を論じる場合，避けて通れないのが，弁護士法72条問題である。まず，ADR検討会における弁護士会の意見によると，弁護士の一定の関与，すなわち弁護士と共同で行うか弁護士の助言を受けて行うことを条件に，弁護士でない者も主宰者になることができる旨を弁護士法72条に対する特例として明記すべきと主張している。また，この場合，「弁護士の関与」は，事件ごとの関与で，手続の重要な部分に実質的に関与することが必要であり，単に問題が生じた場合には関与できる体制にあることや，組織管理に弁護士が参画していることだけでは足りないとされている[16]。

しかし，ADRにおいては，これまでも現実の各種の手続において，弁護士以外の仲裁人や調停人が関与していたことから，弁護士法72条の緩和といいながらもその実態は新たな規制を設けるものではないかという問題がある。さらに，そもそもADRにおいては法や事実以外のファクターをいかに活用していくかが重要な課題であるとすると，法適用を重視した性格を持つADRのみが生き残り，これに集約されてしまうことが十分に予測できる。この点は，ADRにおける多彩な能力の活用という視点からは，大きな制約要因となってしまうし，かえって弁護士に名前だけを借りるといった隠れ蓑的な利用が行われないとも限らない。弁護士法72条は，刑罰法規であり，形式的に構成要件に該当しているように見えても，実質的に違法性が認められなければ，少なくともADRの領域においては，これまで正面から問題とされてはこなかったからである。

ところが，立法によって，弁護士の関与を，信頼性付与の要件とするといった位置づけが与えられてしまうと，法的解決にこだわった固い制度や手続ができあがることにもなりかねない。また，ADR検討会の議論においては，弁護士の関与を法的効果を与え，あるいは認証制と結びつけて弁護士法72条の適用除外の前提要件として考えていこうとする意見も主張されている[17]。しかし，

---

16) 日本弁護士連合会がADR検討会に提出した2003年12月1日付意見書。

この点も法的問題が扱われる場合には，現実的に弁護士が関与する場合が多いということと，ADR機関や手続自体に法的効果を付与するための要件として弁護士の関与を必要とすることとの間には大きな開きがあるにもかかわらず，これを同一視する結果になりかねないように思われる。

　そもそも，弁護士の数によってADRの展開が制約されてしまうとしたら，それは，ADRの拡充・活性化にとって不幸な事態であり，また，そもそも紛争は，法的な紛争とそうでないものとに二者択一的に分けて考えられるほどに単純なものではないであろう。ケースによっては，法的なスクリーニングをする機会をどこかで確保しておくことは重要なことであるが，それは，弁護士が何らかの形で関与する場合以外に，有償とすることを許さないことを通じて実現しようとするものである必要はない。要は，法的情報や手続へのアクセスを確保しておけば足りることであり，特に多様な能力を求められる手続主宰者の資格を限定することは，今後のADRの展開にとって大きな阻害要因になりかねない。

　また，弁護士にとっても，様々な領域で，個々のケースの状況に即した形で法を援用し，市民の日常感覚と織り合わせていくことを通じて，広くまた深く浸透させていくことが，法の支配の実質的な意味なのではないかと思われる。現実に法使用が問題となる多くの局面においては，合意内容が強行法規に反していないか，法的な基準に比してあまりに僅かなもので済ませようとしていないか，といったスクリーニング機能の面ではその積極的役割を果たすことが期待される。しかし，むしろこれまでは，これとは反対に法的基準で割り切って当事者の想いを直接的な物言いで否定する側面で問題とされることが多かったことが留意されるべきであろう。したがって，こうした場合には，むしろ法律家以外の柔軟な思考のできる人の方が，より新たな発想で，従来気のつかなかった対応策を共に考えうる場合もあり得よう。

　そこで，まず手続主宰者に関しては，弁護士法72条による制約をはずしていく方向で検討が行われるべきである。

　これに対して，代理人としての関与については，そもそも従来の代理人という関与形態そのものが，ADRへの関与のあり方として望ましいものなのかが，

---

17)　第29回ADR検討会における資料29-3など参照。

まずは問題となろう。すなわち、本来ADRという場において、従来型の法適用モデルを前提とする訴訟審理における代理人と同様の活動が前提とされて良いのかという点である。事案の性格にもよるが、本人が関与した上で、当事者が自主性、自律性を発揮できるように、その発言をサポートする助言者として関わることは積極的に評価できる。しかし、ことさらに党派的性格を強調し、全面的に本人に代わるものとしての代理人を無制約に認めていくことは、その手続の性格に応じた分析による慎重な検討が必要な筈である[18]。これは、本来弁護士であるか否かを問わず問題となるところであるが、今後十分な検討がなされるべき論点であると思われる。

　また、弁護士法72条の重要性を説き、ADR機関の信頼性を強調する立場から、必ず援用される意見に、暴力団関係者や悪質金融業者などが関与する悪いADRができたらどうするかという議論がある。この点は、仲裁法制定に際し、消費者による仲裁合意の効力をめぐって既に指摘され、規制の根拠とされたところでもある。しかし、この問題は少なくとも仲裁の場合とは分けて検討しなければならない。すなわち、この議論は、まず立法によってADRが活性化されるであろうことを前提として、その見込みを先取りして予め規制を行い、結果的に制度が育まれる前に活性化の芽をつむという逆立ちした構造になってしまっている。特に、仲裁以外の強制的契機を欠くADRにおいては、時効中断効や執行力といった法的効果を付与しない限り、そのような関係者がADR機関を新たに設けるメリットは存しないから、そのよう懸念はあまり意味のないことであろう。こうした主張は、言わば規制のためにする議論であり、万が一そのような事態が起こったら、個別的に個々の合意の効力を問題にしていけば足りるものと考えられる。

　もともとADRは、少なくともこれまでの日本の状況としては、ADR機関や手続主宰者にとって金銭的にはペイしにくい活動であった。すなわち、民間型ADRにおいて、手数料収入だけで、制度を維持するのが厳しい状況にあることは、弁護士会仲裁センターなどの活動が端的に示しているところである。

　そうした中で、弁護士以外の者に報酬を得ることを禁止してしまうと、他の

---

[18] 高橋・前掲注11)320頁以下は、「共同体志向的・調停型紛争処理手続における弁護士役務のモデル」として、このような調停型の紛争処理における当事者代理人としての弁護士役務のモデルのあり方を論じている。

方法で収入を獲得し，無料のADRにつぎ込むしか方法がないということになる。しかしこのような規制は，実質的にこうしたADRの活動を大きく制約する。民間型ADR機関の活性化にとって，基本的にネックになるのは，こうした財政問題であり，この問題にどう対処できるかが，現実的には大きな課題であって，弁護士法72条の存在によってその道を閉ざさないための配慮が必要であろう。

（4） 各種法律専門職種の関与のあり方

ADRに関する立法をめぐる議論の過程においては，司法書士，税理士，土地家屋調査士，社会保険労務士，行政書士などの各種法律専門職種の専門家としての関与のあり方が，弁護士法72条の問題と関連して様々な議論を呼んでいる。

これらの関係団体や有資格者が，ADRを自らの職域拡大の場であるという視点から捉えて，機関の立ち上げを行おうとしたり，ADRの手続に主宰者や代理人として関与し，これに取り組もうとすることによって，実際に十分に機能するADRが育まれるかというと，この点については悲観的な見通しを持たざるを得ない。

すなわち，これら各種法律専門職種の人々が，公正・適格を強調し，法的基準あるいは条理を解決基準として，それによって手続をリードしようとする従来型のADRをイメージして，これに取り組もうとするならば，司法型ADRや弁護士会型ADRと差別化することは困難であって，そのニーズは，わが国では順次これら既存のADRに吸収されてしまうことにならざるを得ないように思われる。

こうした職域拡大型のADRでは，明確に従来型のADRとの対置の図式を描けぬまま，新しい試みも一時的なものに終わり，大きな飛躍に結びつくことは難しいのではなかろうか。また，当事者のニーズの十分な検証なく，制度や手続を先行させて独立したADR機関を立ち上げても，多くの利用を呼び起こすことは期待しにくいであろう。こうしたことは，既に先行する民間型ADR展開の限界として示されていることだからである。

そして，むしろこうした視点から短期的に見る限りは，少額紛争，労働紛争，境界紛争という具合に，紛争分野を限定していくことや組織基盤の整備に費用

を要することとも相まって，ADRは，機関にとっても，手続主宰者にとっても，そして代理人とってもあまり採算に合わないものであることを再認識させられてしまい，次第にADRへの興味と関心を失い，その舞台から遠ざかっていかざるを得ないのではないかと思われる。

ここで重要なことは，ADRを単に業務拡大の機会と捉えるのではなく，制度利用者が何を求めているのか，これに応えるには，自らがどのような相談やADRのあり方を提供すべきか十分自覚し，自らの職業の自己変革の試みの一環として，その展開を行っていく方向を打ち出していくことができるかどうかに，拡充・活性化の成否がかかっているように思われる。

すなわち，具体的には，弁護士の場合におけると同様に，各種分野での専門的知識が紛争解決に有用であるという思い込みを一旦捨て去ることから始めるということである。

弁護士の場合には，自ら有していたと考える法的な紛争解決能力と称するものが，実は紛争へのアプローチのひとつの手法にすぎず，これが他面で別の問題を引き起こしていたことの認識に始まるが，各種法律専門職種の場合は，分野ごとの専門的知識と紛争処理とはそもそも別物であるという理解から始める必要があろう。もしこのように考えて，ADRに取り組むことが可能であれば，ADRは各種法律専門職種の人々にとって多くの可能性を示唆してくれるように思われる。

そして虚心坦懐に，こうした紛争処理の原点に立ち返って考えてみれば，量的にも質的にもADRの対象となる紛争の範囲が広がることに繋がっていくように思われる。なぜならば，それぞれの専門職種の人々の周辺には，様々な紛争を抱えた当事者達がおり，どのように眼前の紛争と取り組むかを日々思い巡らせており，こうした紛争が，各種法律専門職種の人々との出会いを通じてADRに繋がっていくことが可能となりうるからである。

その意味でも，ADRの輪を広げていくには，多様な紛争に接する各種法律専門職種の人々にADRの特質や活用策を知ってもらうことは極めて有意義である。

また，その中には，各種法律専門職種の人が自分自身だけで対応することが難しいケースもあり，このことから各種の専門家や関係団体とのネットワーク作りに貢献していくといった事態も十分に考えられる。また，このような裾野

の広がりを通じて，次第に経済的利益に結びつくケースも増えてこよう。このように各種法律専門職種の人々が，長期的，展望的な視点を持ってADRに関わろうとすれば，そこから新たな契機が開けていく可能性も見出されよう。

　そして，ここでもベースになるのが，各種法律専門職種の人々が，相談業務とどう関わるかという問題である。

　例えば，司法書士の登記についての相談，行政書士の書類作成についての相談といったものから，紛争に関する相談にシフトすることは，同じ相談でも業務の中身の大きな変質を伴っている。それは，紛争の相談は，所定の事項を聞き取る相談とは質的に異なる枠組みを持っているからである。この点は，例えば，司法書士の場合であれば，簡易裁判所の訴訟代理権を取得したことにより，相談・交渉において代理権取得を前提とした行動をとることができることになった。しかし，この場合において重要な点は，書類作成と代理権取得に基づく法使用の狭間を埋めるものとして，法的解決能力を高め，その延長線上にADRを構想していくという方向ではなく，むしろ，本人支援型のこれまでの関与形態を前提としつつ，相談者のより多元的なニーズに応え得る深みと広がりを持った関わり合いの技法を習得するという方向に代理権取得の成果を活用していくという展開が求められていると思われる。

　そもそも，各種法律専門職種は，これまでその専門分野の法的知識を提供して業を営んできた。しかし，その活動分野は，特定の範囲に限られており，紛争処理における第三者や代理人の役割に必ずしも直結したものではなかった。

　そうすると，これから紛争処理の分野に進出していく場合，新たになんらかのスキルを身につけていく必要がある。この場合，要件事実の習得を前提として，法的解決能力を磨くという弁護士に準じた方向を志向するのか，それとも当事者の解決能力の回復や促進を志向する方向で考えていくのか，その選択を迫られる状況に置かれている。そして，後者を志向しようとするのであれば，新たに習得しなければならないスキルは，それまでの専門性とは必ずしも連続しないところから始めなければならないものである。

　もともとADRにおいては，紛争当事者自身が，自らの紛争とどう向き合うかが原点であり，その意味で，当事者自身が自らモデルを作るべき性格のものである。

　各種法律専門職種の人々がADRに関心を寄せ，多様な人々の手によって，

それぞれが自らも一員となって当事者主導のADRの可能性を議論しようとする動きから，はじめてADRは新しい第一歩を踏み出すことができるものと思われる。

このように，ADRにおいては，様々な法律専門職種と呼ばれる人達が，その専門性によって提供できる役割が，紛争処理においては，部分的なものにしか過ぎないことを十分に自覚し，その前提をどう乗り越えていくことができるかが問われている。

（5） その他専門家の関与のあり方

次に，法と離れたところでこれまで関わっていた専門家群，例えば医療・建築といった専門家とADRとはどのような関係に立つであろうか。この点については，そうした専門性が，紛争自体の理解に資することはあっても，それによって直ちに紛争が氷解し，解決に至ることはさほど多くないということが挙げられる。むしろ，閉ざされた専門性は，トータルな紛争の理解や解決にとって，マイナス要因になることすらあり得る。また，専門性を強調していくことが，かえってADRを難しく，近寄りがたいものとしていく可能性もある。専門性が高いから，そのことだけで，より当事者に対して信頼感や説得力が生まれるというものでもなかろう。こうした理解に立って考えると，専門性の位置づけや活用法については慎重な検討が望まれる。重要なのは，専門性を，どのように日常感覚と織り合わせて，当事者に伝えて行くことができるかを合わせて考えておくことであり，この点を抜きに専門性のみを語ることでは不十分である。

この関係で，専門型ADRと呼ばれる領域においても，決してADRが活性化しているとは言い難い現実が存在することに十分留意すべきであると思われる[19]。これは，専門型紛争においても，専門家同士の専門性をめぐる争いという新たな戦いに変質していくだけで，専門性だけで紛争解決が実際に十分というわけではなく，それとは異なった紛争処理のスキルが，やはり合わせて求められることに変わりはないものと言えるからであろう[20]。

---

19) 例えば，日本弁護士連合会と日本弁理士会が，1998年に共同で設立した日本知的財産仲裁センターの申立件数は，2002年度は調停5件，仲裁0件である（前掲注3）『弁護士白書2003年版』116頁）。

したがって，これからの専門家は，自らの専門性の探求に留まることなく，専門性が持つこうした問題点を十分に自覚した上で，紛争当事者とどう関わるかという点について，合わせて習得していくことが求められている。

(6) 新しい専門性の考え方

それでは，ADRにおいて専門性と呼ばれるものは，意味を持たないのだろうか。そうではなく，従来の専門性の壁を乗り越えていく，新たな専門性が求められていると考えることができよう。それは，ADRの手続に関与する人々が，既存の自らの専門性の枠組みを一旦離れて，当事者のニーズを理解するコミュニケーションやカウンセリングスキルを中核として，紛争と向き合う新たな姿勢を持ったうえで，自らの専門性でなし得ることの可能性を探っていく姿勢が重要だということである。

これは，おそらくどのADRにおいても，これから共通に求められていく資質であると考えられる。各種分野の法的知識，既存の紛争解決能力の活用だけを試みるということでは，従来の司法的解決と何ら変わらない。そのようなニーズだけを取り出してADRを構想しようとすれば，訴訟や司法型ADRに吸収される結果となったり，効率性を重視するADRだけが生き残っていく事態になりかねない。

このような新しい専門性の基盤は，ADRに関わる人々が，無知の姿勢で，ニュートラルに当事者と接することに求められよう。自らの専門性の限界を知ることによって，自分自身が提供できるものはどこまでかという原点に立ち返って考えることができる。その上で，ゼロの地点から再び関わりあうことから始め，当事者自身の物語と自らの専門性をどのように織り合わせることができるかを探求することでADRの独自の価値を見い出していくことができよう。

当事者の属性に合わせた自律の支援者としての必要なマインドとスキルを合わせ持ち，法というツールを使いながら，自律の強制にならず，当事者を個人として尊重する関与形態を如何に実現できるか，これらの点が自らの専門領域の内外を問わず試されていくことになろう。

---

20) 和田仁孝「法化社会における自律型ADRの可能性—法による支配の脱構築—」吉村徳重先生古稀記念論文集刊行委員会編『弁論と証拠調べの理論と実践』(法律文化社, 2002)。

(7) 各種専門家の連携のあり方

それでは，こうした各種専門家と称される人々がADRに関わることの積極的意義はどこに見出されるのだろうか。そのひとつの回答は，自らの持つ専門性の限界を自覚しあった者達が，連携しつつ，紛争や当事者と関わることで，発揮されるであろう新たな力に期待をすることである。それは専門家の連携というより，それぞれが個人として提供し得る可能性を模索するプロセスであるとも言いうる。これは，各自が，紛争や当事者のごく一部に関わるものに過ぎないという謙抑的態度を維持しつつ，お互いの専門性でカバーしきれない部分の当事者のわからなさを尊重し，共に考えることを通じて，自律を支援していく方策を求めていこうと試みることである。

こうした試みは，ADRにおいては，静態的な調停期日においてのみ何かを紛争当事者に提供することだけではなく，手続関係者がそれを超えてカバーしあえる領域を開拓することでもある。例えば家族という問題に関わる専門家と呼ばれる人々が，相互にネットワークを築くことにより，ADRへの積極的展開につなげていくことなどはその一例である。こうした動きは，例えば，離婚・相続をめぐる親子関係において，弁護士・精神科医・カウンセラーなどが手続外で連携する形でADRに関わるといった形で，福祉や心理の領域では，既に始動を始めている。かかる現場では，当事者にとって，専門家相互のテリトリーの狭間が生まれてしまうことがあり，法専門家には媒介者としての役割が期待される。

(8) 当事者主導のADRの可能性

ところで，ADRの積極的な展開を提唱しようとする人々には，共通の課題が与えられている。それは，制度設営者あるいは手続主宰者からすると，ADRをめぐる運動は，何らかの権利を主張するという形ではなく，紛争当事者にとって調停者的役割の重要性を強調する形をとるため，もともと鋭角的なものになりにくいことである。すなわち，本来は，「自分達の問題は自分達で解決する」という当事者の主張の展開としてでなければ，運動論としてはインパクトに乏しいものと言える。そのような声が先行して存在し，これを受けて，そのニーズに応えていくのが通常の展開の姿の筈である。ところが，ADRについての利用者の声が十分見えない中で，ADRの拡充・活性化を説こうとす

るところに議論をわかりにくくしている原因のひとつがある。

　したがって，まずは当事者が主役である ADR をどのように作っていくことができるか，という発想が必要である。そのような声が強くなってくれば，これに呼応する声が返ってきて，ADR は次第に大きな運動へと展開していくように考えられる。そこで，求められているのは，こうした声を立ち上げていくシステムをどのように形成していくかであろう。

　ここで重要な視点は，相談や ADR において，紛争当事者に性急に自己決定を求めたり，解決を急いだりすることなく，紛争当事者の実情に即して，少しずつ関係の変化を求めていく余裕を持った手続の必要性である。現在の状況としては，訴訟制度を含めて，効率性重視の手続が増大している。もちろん，この種の手続が必要であること自体は否定し得ない。しかし，ADR においては，こうした動きに対するひとつのアンチテーゼとして，紛争当事者と状況の個別性を考慮した，ゆとりのある手続の進め方を許容していくことが，当事者の自律を促していくために適当なケースもあろう。もう一度ゆっくり自己を見つめなおし，自己を語りなおす場として ADR を考えていく必要がある。こうした場での手続主宰者の役割は，当事者とわかりやすい言葉で向き合い，自分がどういう状況に置かれているかを認識し易くするための場作りに関わる手続モデルである。自分の欠落を埋めることができるのは自分自身でしかない。欠落を埋めるには，その欠落の場所と大きさを，自分できっちりと認識するしかないからである。

　このような専門家主導の ADR から，当事者主導の ADR への転換の成否が，ADR を拡充・活性化していくための鍵になるものと思われる。

4　手続過程論

（1）総　　説

　ADR 検討会でも，ADR における手続過程のあり方が議論されており，利害関係情報開示義務や重要事項の説明義務のような規定を設け，機関や手続主宰者の具体的な義務として明確化していこうという意見が強い。ADR においては，手続過程のあり方が，結局は ADR の質を決めるものであり，その重要性は言うまでもないところである。しかし，このことと手続規律のルールを法制

化し，義務規定を置くこととはイコールではない。すなわち，手続過程重視の要請自体は，手続のルールといっても，それは各ケースにおいて個別具体的に，両者の関係の中から形成されていくもので，あらかじめ定まった所与のものとして存在して，それを機械的にあてはめていくということを必ずしも求めない。これに対して，義務化によって法規定を置く以上，手続の進行に当たっては，一般的にこのルールを守って進めていくことが法律上の義務として明確化されているからである。この両者の差異は，実際の手続の進行に当たって，手続関係者にとって大きな違いとして現れてくるものと言える。

　この対立の背景には，やはり手続の信頼性をどのように捉えるかについての認識の違いが存在しよう。紛争当事者は，ADRに手続規律があるから，あるいは手続規律に従ったから，その手続を信頼することになるのだろうか。しかし，それはADRを訴訟に近似させて考え，訴訟法という手続規律を課していくと同様の思考形態の帰結に過ぎないように思われる。

　ここでも信頼性とは，具体的にどのようなことに関するものかが焦点であろう。この点でも，やはり公正・適格といった，いわば権威としての信頼性よりも，制度利用者にとっての利用しやすさ，親切，わかりやすさ，自主性の尊重，納得といった点が，利用者にとっての信頼の基盤ではなかろうか。

　結局ADRは，当事者一人一人と手続主宰者との関わり合いの場である。したがって，予めルール化しうるとしても，それはあくまで手続全体の一部に過ぎず，すぐに当事者や手続主宰者の人間のあり様が出てしまうものであろう。

　このように考えると，ADRの手続は多様なものを取り込むことの可能なクリエイテイブなもので，必ずひとつの形をとると考えること自体が狭すぎる捉え方と言える。しかも，具体的義務として法制化を考えているものの多くは，手続当初に開示・説明させるという形態のものである。

　もちろん，手続の透明性や公平性あるいは手続主宰者の資格といった点は，ADRの質を担保する重要なファクターであるが，それは手続規律を法制化したり，あるいは事前確認制や認証制を取るといったことを通じて強制するのではなく，各ADRの特質に応じて，ガイドライン的なものを作るにとどめて，ADR機関の自主的な努力あるいは利用者による評価によって改善していくのがADRとして，あるべき基本的な方向であると考える。

（2） 法的効果論

　次に，法的効果をめぐっては，当初ADR検討会の議論においては，時効中断効，執行力を認めるべきかどうかが中心的論点のひとつとされていた。しかし，執行力については，一旦は今後の検討課題とされ，時効中断効のみが付与の要件としての事前確認制の採否の論点と合わせて最後まで残り，結局議論がまとまらず，仕切り直しとなった。

　そもそもADRの申立の実際から見れば，時効中断を意識して審理の対応を考えなければならないケースは多くはない。したがって，本来，時効中断効自体は，さほど重要な問題であるとは思えないが，事前確認制の採否と絡められ，象徴的な意味合いを持たされる結果になったわけである。

　時効中断効の根拠は，実体法と手続法の交錯した問題であり，ADR機関に対する申立に時効中断効を認める要件として，裁判所と類似した組織要件などの信頼性要件を課し，これを事前確認制でチェックするという考え方は，民事調停申立の時に時効中断効が生じるとした最判平成5年3月26日（民集47巻4号3201頁）の動向などからすれば，自然の流れであり，公正適格という信頼性のあるADRのみを選別しようとする立場にとっては，いわば最後の砦であったと言える。

　しかし，少なくとも，この議論が，ADRについて一般的な要件を設けて，その要件を満たしているかどうかを，誰かが審査することによって，時効中断効付与の線引きを行うことに結びつくと，得られるものより失うものの方がはるかに大きい。誰が審査するにせよ，法的効果を付与するにふさわしいところに限定され，しかも，それが実際上は時効中断効以外の組織の一般的要件として求められる形を取らざるを得ないからである。

　そもそも，これまでADRが十分利用されてこなかったのは，時効中断効がなかったからではなかろう。実際に時効が絡むケースでは，真に必要があれば，一方で訴訟を起こしながらADRの利用を合わせて行うといった方法も考え得るのである[21]。

21）　執行力と時効中断効の付与をADR独自に担わせるのでなく，あくまで裁判所との連携の問題として捉え，必要があればその部分の役割を裁判所に担わせるのが相当である。この問題についての立法論的な検討及び執行力の議論について，詳しくは，中村芳彦「ADRの拡充・活性化」クレイム研究第3・4合併号（2002）49頁以下参照。

法的効果論は，このように常にどのようなADR機関にその効果を認めるべきかという議論と結びつき，その要件を検討し，信頼性や適格性を検証しようとして，事前確認制といった方法を採用する方向に議論が展開していく。しかし，こうした手法は，必要以上にADRに対する外部機関の干渉を招き，ADR機関自体が，手続を積極的に要件に見合うように作り変えていくという自主規制を招来することになって相当でない。

　ところで，再開後のADR検討会（第29回）においては，①一般国民に民間型ADRを選択する目安を提供し，②合わせて，時効中断効や執行力などの法的効果を付与することで，ADRの実効性を確保する目的で，認証制度の必要性が提唱されるに至った。

　こうした認証制の意図のひとつには，さらにADRの標準化，国際化を考えるという意味があるのであろう。しかし，そうであるとしても，このことを立法や行政機関の手によって行おうとすること，そして弁護士法72条の適用範囲の問題と組み合わされた形で，法律専門職種の活用という視点から実施しようとすることには疑問がある。これからのADRの積極的展開は，司法効率化や行政型による政策的救済を目的として行われるよりも，民間型ADRそれぞれの創意工夫によって，裁判所とは異なった質的な良さを求めて，競争的な共存を目指してまずは行われるべきものであり，そのための前提や条件作りこそが求められていると考えるからである。

（3）　裁判手続との連携論

　手続過程論をめぐるもうひとつの課題として，ADRは裁判手続と積極的連携を図っていくべきであるとの議論がある。確かに，ADRは，健全な裁判制度と手を携えて発展していくべき性格のものである。その意味で，ADRと裁判は車の両輪なのであり，両者相まって紛争処理の質を高め，量を増やしていくべきであり，そのためには二つをつなぐ太いシャフトが必要なはずである。

　しかし，反面ADRにとって，裁判所との連携には，このような光の面と同時に影の面が存在することを忘れてはならない。ここでいう影の面とは，裁判の厳格性の影響を受けて，ADR自体が変質してしまう危険を内包しているという問題である。

　こうした点を考えると，基本的には裁判所との連携は，様々な情報交換や相

互の機関の紹介システムといったソフトの面で図るに留めておき，少なくとも現状の裁判制度の下では，具体的な手続面などハードの面で強く両者を結び付けていくことには慎重な姿勢が望まれる。

　例えば，ADR 検討会においては，ADR 継続中の裁判手続の中止，ADR を経たものについての調停前置の不適用，裁判所の ADR の利用勧奨といった手続や効果が議論されてきた。そして，その適用要件として，「その ADR が公正かつ適格に手続が進められたものと認められるときは」といった要件を課することが考えられている。

　この問題についての基本的な視点として，裁判所によって，ADR 機関がこうした適用要件を満たすものとして理解され，実際に利用されていくためには，裁判所側が，ADR の実質を積極的に評価して，その成果や過程を尊重し評価していくような運用が現実にできるかどうかが重要な鍵となる。そうでないと，効果の具体的付与が裁判所の裁量によるだけに，ADR 側で，裁判所において通用するように，必要以上に手続を同質化・厳格化させて，ADR 自体のメリットが失われかねないからである。

　さらに，ADR の側にも，裁判所の側にも共通の検討すべき課題がある。すなわち，従来どちらかというと，ADR の利点を強調するために，訴訟と ADR の差異が強調される傾向が強かった。しかし，制度利用者の視点から見れば，使い勝手の良いものであれば，民間型であれ，裁判所の調停であれ，その利用を考えるものであり，むしろ互いにまだ十分に手続が利用されていないという認識の下に，競争的な共存によって，より良質なサービスを提供するための努力が試みられる必要があろう。司法の総量そのものが少ない日本の場合においては，ADR の拡充・活性化においては，むしろ裁判所の利用促進という副次的効果も狙っていく必要がある。そうでないと，両者の差異を強調し，いたずらに裁判批判を行うことで，かえって両方が共に利用されなくなっていくというジレンマを生み出しかねない現実がある。この点は，ADR の存在理由として裁判所の負担軽減が問題とされるアメリカとの実際上の違いとして考えておく必要があろう。

(4) 手続規律論

(a) 手続規律の持つ意味

　ADR検討会の議論においては，手続のあり方として，利害関係情報開示義務，重要事項説明義務，守秘義務など様々な義務を課することが検討されている。これによって，手続の透明性や信頼性を高めようとするものである。

　しかし，こうした規定を置くことで，その目的を十分に果たすことができるかは疑問であり，肝心の手続過程全体の質をどのように担保するかという視点がかえっておろそかにならないかという懸念がある。すなわち，関係者の意識の問題として，形式だけ満たせば，要件をクリアーしたものとして，免罪符として使われないかという問題である。

　議論のあり方としては，具体的な手続の場面を丁寧に検討・分析していくことが重要で，画一的な規定を置くことは，多様なADRにとって，硬直的な運用を生み出しかねない現実がある。様々な法的義務を課するという発想そのものが，ADRに対する不信を前提として議論されていることに，ADR関係者は，もう少し敏感であっても良いように思われる。

(b) 手続的な予測可能性論

　ADRの利用者にとって，自らの紛争がどのような手続で取り上げられ，進行していくか，予測可能性確保のために手続規律が必要であるとも主張されている[22]。また，少し視点は異なるが，仲裁と同様に国際化に対応できるようにするには，調停手続についての具体的規律を示す立法が必要であるとの意見もある[23]。

　しかし，こうした視点から求められる手続規律とは，どの程度の規定を置くことで予測可能性を満たすものとされるのだろうか。

　そもそも予測可能性とは，その手続で何が行われるかについて情報開示や透明性を求める議論であろう。そのためには，まずもって手続過程において，当事者が十分に自律性を尊重され，丁寧に扱われていくであろうプロセスとして，手続の始まる前に具体的な姿をイメージできるかどうかが重要である。

　こうした観点からすると，手続のルールそのものを，立法という形で予め一律に決めておくことは難しいように思われる。むしろADRの手続の進め方は，

---

22) 山田文「ADR基本法（仮称）立法の意義」自由と正義2002年10月号44頁。
23) 第14回ADR検討会における意見など。

機関ごとの様々な工夫と関係者の個々の合意の積み重ねを基盤としたものであり、ひとつひとつの手続を協議しながら進めていくという視点が基本的には必要である。

そういう意味で、抽象的な手続規律を置くことよりも、実際に個々の手続の展開過程をどのようなものとして描いていくかという手続関係者の個別の工夫の積み重ねこそが重要なはずである。

そして、現実に求められるのは、こうした工夫を如何なる形で一般化を図り、定着させていくことができるかの検討である。そのためには、過去のケースを解決結果よりも、手続過程を重視して検討したり、ロールプレイなどによって、その紛争類型に固有の問題点を検証するといった必要がある。

紛争当事者にとって、大切なことは、手続において、自分にとっての新しい個人的領域を見出すことができるかであって、そのプロセスにおいては、人はポジテイブなものにも出会うし、ネガテイブなものにも出会うことになる。そのような両義性を秘めた領域に足を踏み入れることを一律に「暗闇への跳躍」として否定してしまうのではなく、手続主宰者が、そうしたプロセスと如何に付き合うか、当事者にとっての様々な可能性をどのように共に開いていくことができるかが重要である。

(c) **個別の義務規定の意味——利害関係情報開示義務など**

さて、ここで個別の義務規定の問題点について簡単に触れておこう。まず、利害関係情報開示義務については、「公正独立性に疑いを生じさせるおそれのある事実」ついて開示すべきことが議論されている。しかし、どこまでの情報がこれにあたるかが不明確であり、そうした基準化を一律に行うことにも疑問がある。また、仮に十分な具体化が望めないとしたら、このような規定を置いて、手続当初に開示させることが、当事者にとってむしろ唐突な感じを与えて、かえって無用な誤解を招かないように配慮する必要があろう。

また、重要事項説明義務については、利用者が利用をするか否かを決める段階で説明しなければ意味がない。しかし、ADR機関において、事務局に十分な説明を期待することで足りるか、また特に相手方がようやく期日に出席してきた場合に、当初の段階で一律に重要事項として説明することで、かえって利用を阻害しないかという問題が残る。むしろこうしたことは、立法によって規定を作って守らせる問題ではなく、より自然に行われるには、どうしたらいい

かを考える方が望ましいあり方であると思われる。

(d) プログラム規定論の問題点

今回の立法においては、手続規律や法的効果に関する規定は置かず、ADRの拡充・活性化に資するような、基本法タイプの基本理念や国等に関する責務についてのいわゆるプログラム規定だけを置くべきだとの考えもある[24]。

こうした見解の背景には、ADR という言葉自体が社会的に認知されているとは言い難い状況の中で、ADR の範囲について共通の認識を形成させ、その周知を図るために立法化を考えようという狙いがある。しかし、何らかのADR の定義規定を置いて、促進しようとする ADR の範囲を限定する方向そのものに問題があろう。ADR について、立法をしたから周知されるとか、利用が促進されるということ自体は考えにくい。むしろ ADR の定義に含まれるか否かで、何故異なった取り扱いをするのかが、紛争の展開過程の連続性からして理解しにくい。ADR の概念自体が不透明であれば、その内容を解明する努力はなされるべきであるが、法の適用対象を限定する理由に説得力のある説明は難しいのではなかろうか。ADR 全般を貫く理念が、私的自治に基づいて自主的に紛争解決を行うことを尊重することであるとすれば、相談・あっせん・調停・仲裁のいずれもがこれに資するはずのものだからである。

(5) ADR における倫理問題

こうした法的な規制よりも、難しくかつ重要な問題を提起しているのが、ADR における手続主宰者の倫理の問題である。それは、形式的規律のレベルではなく、個々のケースで、どこまで当事者の抱える問題に立ち入り、どのように関わるかという、すぐれて状況依存的な性格を持っている。

法専門家が、法という自らの役割に忠実である限り、倫理について、新しい問題の発生は限られてこよう。しかし、ひとたび声を丁寧に聴いていくとき、自らを規律すべき倫理はどのようなものであるかが直接的に問われている。すなわち、相談者の自律性を支援しようとして、心の問題に立ち入れば、かえって自律性を損なうリスクを負わされることになりかねない。手続関係者として、危ういバランスをどう保つかが重要な課題であるが、この場合には、自らの専

---

[24] 第29回 ADR 検討会資料29-3参照。

門性の機能しない領域であることを十分に自覚し，できるだけ無知の姿勢で臨み，自己固有の価値判断で関わることに慎重であるべきことや，他の専門家との連携を図る努力を試みることなどが具体的には求められよう。

　また，中立調整型関与における倫理問題は，一方当事者とどのような関係を持った場合に，中立性や公平性が失われるかという問題として議論されている。例えば，相談に携わった弁護士が，ADRの手続主宰者になることは弁護士倫理との関係で問題があることは周知のとおりである。しかし，相談だけで終わらないケースでは，常に別の者を関与させるより，同一人が行った方が機動的な場合があるし，現にあっせんではそうしたことが行われている。また，当事者がADRで解決できなかった場合，訴訟を希望することもあり，弁護士を紹介することを求められることがあるが，これにどう応えられるか。こうした問題に，一つ一つ回答を示していくことが，手続の連鎖を考えていく基盤として重要である。

（6）　既存ADR機関における手続過程の課題

　既存のADR機関としては，人々のニーズをどのように具現化していけるかが，これからの大きな課題である。法制化され，認証制などにより制度的認知を獲得することで，それが果たして可能となるのだろうか。しかし，法制化によって，実際に申立件数が増大するといった成果が具体的に得られることには，直ちには結びつかないだろう。結局，それぞれのADR機関が，これからどのような新しい工夫ができるかどうかにかかっている。例えば，申立を待っているという姿勢ではなく，どれだけ現場の中に飛び込んで行けるかといった点が大切であろう。求められているのは，法的効果や認証で武装された強力なADRよりも，身近で利用しやすい存在に如何にしてなり得るかである。そのためには，紛争当事者と様々な場で接点を見出し，その具体的展開に繋げていくことができることが重要である。

5　人材育成論

（1）　総　　説

　このように考えると，ADRにおいて基本となるのは，制度設営者，制度利

用者を問わず，人々の意識の中に，紛争と向き合っていく基盤としてのマインドやスキルをどのように根付かせるかにあると思われる。そのためには，これまでの既存ADR機関における手続関係者の殻を押し破って，横断的に各種のトレーニングや教育の機会を提供し，できるだけ多くの人にADRへの参画の機会を作り出し，新たな基盤作りへ繋げていく方向を求めることに積極的な意義を見出していくことができよう。

その意味で，ADRの拡充・活性化にとって，人材育成の果たす役割は大きいものがある。しかるに，わが国においては，これまでADR関係者にとって，実践的な意味で，十分なトレーニングを受ける機会そのものが存しなかった。しかも，重要な点は，ADRの人材育成という場合，既述の相談過程の重要性で見たとおり，調停やあっせんについてだけではなく，各種相談担当者の相談のトレーニングも合わせて実施していく必要があることである。

(2) 相談担当者に対するトレーニング
(a) 相談の問題点との関係

既に述べたように，これまでは相談担当者自身が，アドバイス型の相談理論に基づき相談過程を捉え，過程内で一つの完結した物語として相談を位置づけてきた。このため次に続くべきADRという手続の選択自体が視野の中に十分取り込まれていなかったことがADRの利用を阻害していた一因をなしていたものと思われる。

しかし，十分に聴く姿勢で相談に乗る場合には，同じ情報にしても，その伝え方が問われるし，当該事実関係の下で，どのように選択肢を見い出し，具体的に行動すべきかについても，相談者のニーズを踏まえて，共に考えて結論を出していく姿勢が強く求められる。

例えば，弁護士について言えば，これまで相談だけで終了するか，自ら受任するかという二者択一的な紛争処理観を前提として事態を捉えていたものといえよう。しかし，できるだけ当事者の自律性を育むという視点からすれば，継続相談による相談者自身での解決やADRの積極的利用は，その重要な第三の選択肢になり得るはずのものであった。

そして，ADRの手続選択について言えば，相談担当者自身が，後に続くADRについて，どれだけ具体的なイメージを持って理解しているか，しかも

言葉や概念の上だけではなく，ADR の持つ実際的な紛争解決機能や当事者にとっての意味や役割について十分実感できているかどうかに，実際の利用の成否がかかっている。

(b) 相談のスキルと ADR のスキル

このように考えると，あっせんについて既にみたように，相談担当者と ADR の手続主宰者とを連続したものとして捉えることができるとすれば，ADR の活性化に一つの道を開くことが可能になるように思われる。

これまで，相談担当者と手続主宰者は異なった資質を必要とするもの，すなわち後者においては，前者以上に，法律を中心とした専門分野に関する高度な能力や経験，あるいは中立性や公正性がとりわけ求められるとされてきたように思われる。例えば，弁護士会の仲裁センターについて言えば，弁護士経験5年以上あるいは10年以上が必要であるとされてきたのは，そのような根拠からであろう。

ところが，紛争の実相に目を向け，そして相談担当者が行っている実際の活動を考えると，あっせんにおいて見たように，相談と ADR とは，はっきりとは区別されていないことが分かる。したがって，はじめから，相談と ADR を振り分けて，別のものとして規律しようとすることそのものに無理が存するのである。

しかも，相談のスキルと ADR のスキルとは，かなりの部分で重なり合うものと考えられる。すなわち，両者ともアクティブ・リスニングを中核とする「聴く」という基本的スキルを重視していく点では共通である。そして，相談の場合は，「聴く」ということに加え，法的情報などを「伝える」という役割を合わせて求められることが多いのに対し，ADR では，聴くことに徹することを通じて当事者の紛争解決能力を引き出していくという Facilitative（促進的）な手法も存在する。

相談担当者自身が，従来相談に必要とされてきた法的知識や紛争固有の専門分野の能力以外に，相談と ADR に共通に求められる，あるいは固有に考えられるコミュニケーションやカウンセリングスキルのトレーニングを通じて，その能力を習得することにより，そして自らが ADR の手続主宰者でもあるという意識を持つことによって，相談過程はより豊かなものとなり，ADR との連続性も実現され得るのではないかと思われる。また相談担当者が，1対1の相

談過程と 3 者間の ADR との両者を連続した形で経験することを通じて，紛争の展開過程やそこで働く力動の違い，求められる能力や役割の違いを改めて認識することができる。

これまで，弁護士会の仲裁センターにおけるように，ADR においては，「十分な経験を前提とした高度な紛争解決能力を要する」としたことが，かえって若手弁護士の参加を阻害し，定着化を図りにくくする要因ともなっていたのではなかろうか。

また，中立性という点については，相談の場合にも中立的な観点から相談に応じるという面が存するとすれば，ADR はその応用場面ということで，連続性を見出しえよう。

このように，ADR を，より軽やかなものとして，スキルやトレーニングの面でも相談の延長上に捉えていくことが必要であると思われる。

(c) トレーニングの手法

専門家であるほど，OJT で培ってきた経験に埋没して，自らのスタイルに固執し，新しいマインドやスキルの習得に参加したがらないという現実がある。

しかし，自分のスタイルを一度傍らに置いて客観視し，見直しを図るために，様々なトレーニングの機会を積極的に活用する努力を行う必要があろう。

そのためには，これまでの知識提供型の研修ではなく，自分の普段のスタイルと異なった手法に具体的に触れてみて，従来のあり方に疑問を抱くことから始め，新たなものを吸収していくための発想の転換が求められる。そして，この場合に大切なことは，マニュアルや正解志向ではなく，そのあり方が状況依存的なもので，ケースの中から気づきを促され，そのエッセンスを汲み取っていくべきことであろう。

また，従来型のスタイルが定着している人々に，抵抗なく受け入れてもらえる工夫が求められる。例えば，従来型の展開を，ビデオに収録するなどして，わかりやすい形で示し，問題点を認識してもらうことや，従来型の効用面にも合わせて目を向け，これと連続した形で新しい方法による展開を示すことで，別のステージに移行させるといった工夫が必要である。

そして，相談担当者にとっては，日々経験している相談と違って，ADR には経験のないことが多いため，相談と ADR を連続した形でトレーニングを行うことが有益である。

実際のトレーニングは，講義形式の知識提供を主とするのではなく，問題事例をビデオなどで実演した上で，ロールプレイを行うなど実践を中心としたものであることが必要である。この場合，自らの実例をビデオなどで実際に撮って見直すことやスーパービジョンを受けることを通じて，自分自身を客観的に見つめる第三者の目を養うことが肝要である。

　トレーニングの手法として，ロールプレイは，形を学ぶには良い方法である。しかし，実際のケースでは，何が起こるかわからないという緊張の中で，試行錯誤をせざるを得ない局面が常に存在している。そうした経験の中で，法的なものの役割と限界を考え，その限界を超えたところで何が提供できるかを考えてもらうことが重要である。

　なお，こうした研修制度は，ADRにおける資格制度と重ね合わせて議論されることも多い。しかし，ADRに対する考え方には多様なものがあり，当面は様々な研修の試みが並存的に試行され，そのような中から次第に核になっていくものが，自然と抽出されていくのが望ましい方向であろう。各ADR機関が，それぞれの特徴を出していく形で，様々なトレーニングを試み，多様な人材を輩出していくことが望まれる。

　したがって，調停士といった資格を初めから創設するのではなく，より良いADRのあり方を求めて，切磋琢磨する中から共通の基盤が作り出されるべきものである。そして，ここでは個人の資質を十分に生かしながらも，名人芸ではなく汎用性のあるスキルを見出していくという難しい課題に挑戦していくことが求められている。

（3）　市民に対するトレーニング

　既に述べたように本来ADRは，制度利用者自身が自らの手で作り上げていくべき性格のものであろう。そのためには，専門家主導ではない，市民参画型のADRが必要であり，様々な紛争の現場で，ADRの手続が工夫される必要がある。

　市民生活の各種領域でトラブルが恒常的に発生している。本来は，それを自らの手で，解決していくプログラムの提供が求められている。膠着した当事者間に，誰か身近な他者が関わることによって新たな展開が開けてくる。こうした自然発生的に生じてくるADRをサポートしていく仕組みを作動させていく

ことが，様々な場面で可能であれば，そうした経験を通じて，一人一人がADRの担い手になっていくことができる。このような制度利用者を共に巻き込んだ形でのADRを立ち上げていくことが，当事者主導のADRを発展させ，ADRが真に根を張っていくためには有効である。その意味で与えられたADRではなく，生み出されていくADRが必要なのではなかろうか。

そのためには，ADRに関係する各種の専門家が，まずは自らが一人の当事者としてADRに関わるという意識を持って臨むことが重要であろう。

その場合，重要なことは，ADRの箱作り，形作りから始めないということである。機関・手続・規則をまず作って，こうしたものから開始しようとすると，いつの間にか当事者から制度設営者に意識がすり変わって，実際には十分に機能していかないことが多い。形を整え，それに合った紛争を呼び込もうとするからである。

例えば，病院，会社などの組織内ADRにおいては，外部の第三者が関与することを嫌う傾向があり，中立・公平性の要請との関係で，基盤作りが進まなくなることが多い。こうした場合，外部の者がいきなり第三者として，手続に関与するのではなく，組織関係者が，まずはトレーニングへ参加することを通じて，あるいは最初は相談のみに関与するなど，徐々に関与度合いを深めていく工夫が求められる。それはADRが，外部から与えられるものではなく，自らが作り上げていくことで始めて活性化していく性格のものだからである。

そのような意味で，参加型トレーニングの意味は大きい。日々，相談担当者が困っている現実をニーズの形で引き出し，これにあった形でプログラムを作成，提供し，ADRの賛同者を増やし，自分の職場や地域で実践していってもらうという展開である。わが国でも，そうした具体的な試みはNPO法人などの形で既に始まっている。

（4） 教育課程におけるトレーニング

次に，法科大学院における相談（面接技法）やADR教育の重要性が指摘できる。

従来の大学あるいは司法研修所においては，訴訟法や要件事実教育が中心とされてきた。そのために，弁護士は，相談過程やADRに，あまり関心を持たなかった経過がある。

これに対し法科大学院では，ロイヤリング，リーガル・クリニックといった科目において，相談の段階から紛争に直接に向き合うことによって，法的な部分とそうでない部分を合わせ持った現実に直面し，その中から弁護士として具体的に何ができるかを考える癖をつけることができる。このような体験から，従来型の教育との比較を踏まえ，その両者にアプローチする力を身につけ，紛争処理の全体過程を把握することが可能となる。そこでは，現実に生起する紛争を起点として，自らの手で，手続を組み立てていくことが求められる。

　そして，当事者としての関り合いだけでなく，少し視点を変えて，第三者として紛争を捉えた場合に，どのような新しい展開が開けてくるか，そのような広がりと深さを考えさせる機会を提供するのがADR教育である。そこでは，法的な部分の限界が，より鮮明に見えてくるし，手続主宰者が，何をすることが可能かを気づかせるきっかけともなろう。

　したがって法科大学院に，ADR機関を付設させ，あるいは法律相談に訪れた案件を外部のADR機関に付託することも必要となってくる。こうした観点からは，実際のケースについてADRの手続を実施し，学生をこれに関与させることにも大きな意味がある。通常のADRは，非公開で行われ，相談と同じく，これまで密室で行われてきた現実があり，これが多くの人々に伝わりにくくしていた原因のひとつでもあるが，両当事者の同意をとり，傍聴可能なものとしていくことができよう。

　ところで，問題は，法科大学院でどのような内容の臨床教育を行うかということである。ロイヤリング，リーガル・クリニックといった科目を設置する法科大学院は数多い。しかし，これらが既存の弁護士の相談や受任のスタイルを教えるものであれば，現状と同様の法律家を再生産していくに過ぎない。そうではなくて，例えば，相談中心の自律支援型弁護士像を探り，聴くことを中心としたモデルへの転換を図っていくなど，何らかの目的意識や実験的意図に支えられたものである必要があろう。また，法科大学院の中には法律相談だけを行おうとするところも多い。しかし，現実の事件は，相談だけで終了するとは限らず，一回的な相談の後で，どのように紛争が展開していくのかを，きめ細かく示したり，事件受任後も学生にこれをフォローさせるシステムの存在が大切であろう。

　このような相談のあり方を重視したモデルに対しては，誠実に行えば行うほ

どに時間がかかり，現実的ではなくなる恐れがある，といった指摘もある[25]。しかし，紛争処理過程全体における相談の位置づけや弁護士報酬のあり方の見直しを通じて，別の視点を獲得することも可能である。少なくとも，法科大学院では，無料相談と学生の実習という両面から，じっくり時間を掛ける基盤が与えられており，そのような努力を育むことも十分可能であろう。

また，小・中・高等学校の法教育における ADR 教育の重要性もある。模擬裁判や法廷傍聴などの試みはこれまでも各所で行われている。しかし，これらはいずれも裁判中心のものであり，ADR に関しては，こうした試みは，わが国ではほとんど行われていない[26]。しかし，裁判以前の問題として，自分達の身の回りに起こる紛争を，まずは自分たちで解決していくシステムを身近なところで立ち上げていくこと，そうした日常的な経験が，結局は紛争や法に対する理解を深め，ADR を浸透させ，ひいては裁判制度に対する理解や信頼にも繋がって行く原動力となっていくものである。この点については，Peer Mediation が行われている外国の状況と異なるが，日本の場合には，その前提として，教育現場における紛争調整技法を教師自身が身につけていくことも合わせて必要であろう。

6　大きな ADR から小さな ADR への転換

ADR の拡充・活性化を唱える ADR 法の立法化問題を契機として，ADR の制度論が盛んである。しかし，ADR の現実は，この間，実際にどの程度変わったのか，あるいは変わろうとしているのだろうか。率直に事態を直視すれば，むしろ議論だけが先行し，その実態は何も変わっていないという危惧を抱かざるを得ないものがある。

こうした状況の中で重要なことは，法制定というハード面に関する装置を整備することよりも，ソフト面，すなわち ADR を担っていく人々の意識そのものがどのように変わることができるかに，むしろ問題の本質があると思われる。

---

25) 森際康友「リーガル・カウンセリングの倫理問題」月刊司法書士（日本司法書士連合会）2003年7月号3頁。
26) 江口勇治他「座談会　我が国における法教育の現状と展望」ジュリスト1266号26頁以下（2004）においても，議論の対象は裁判モデルの教材化にとどまっている。

そうでなければ，仮に法制化を試みたとしても，ADR は国民の間に大きな広がりを持ったものとして育っていかないのではなかろうか。すなわち，これまでも ADR 機関は数の面では，多くのものが立ち上げられてきたものの，それが十分に機能していないということで，拡充・活性化が語られてきた背景が存在する。ところが，ADR 検討会での議論は，ADR が利用されてこなかった原因の分析はひとまず置いておき，公正・適格な ADR 機関を作ることが活性化につながると考えて，事前確認制や認証制による信頼性獲得のための ADR 機関の要件という論点に議論が集約されていった。

しかし，制度や手続のあり方を抽象的に議論すれば，人々のニーズとは離れたところで，規制的な方向に展開していかざるを得ない。今，大切なことは，制度利用者や制度設営者を問わず，個々の人々の意識の中に，自分の問題は自分達で解決していくという ADR を支える基本的認識をどのように育てていくかという視点から問題を捉えることである。制度論を大きな ADR と呼べば，それは小さな ADR ともいうべきものである。

結局，この問題は ADR に関わる人々が，どのように紛争や当事者と向き合うかに帰着する。現実に生まれてくるものは，それ以上のものでもなければ，それ以下のものでもない。そうした等身大の現実の中から何が生み出されていくのかを，じっと見守っていくしかない。

実際に ADR が，これから花開くとしたら，そうした出会いの場の必要性を，さりげなく人々に気づかせていくものとしてであろう。そこでは，深みを持った個人的な物語と，広がりを持った社会的な物語とが，相互に有機的に作用しあうことになるのかもしれない。それは，様々な法的義務や認証を課して，人々を縛ることによって生まれるものではなく，心を開かせる豊かさによって始めて可能となるものであろう。

これまで，日本の ADR に不足していたものは何であったのだろうか。それぞれの ADR 機関を政策的な目的で立ち上げたものの，手続関係者が，組織や機関に絡みとられていったといったことはないであろうか。私的自治や自律性を謳いながら，現実は，それと逆のことをしてきたことはないであろうか。公正・適格を強調すれば，紛争もそれにふさわしいものしか来なくなる。しかし，社会には，公正でも適格でもないけれど，何とか今より少しでもいい状態になりたいと思っている人々がたくさんいる。そうした人々の現実のニーズに応え

ていくためには，ハードルを低くして，どこでもADRが行われるようにしていかなければならないし，形式より実質を重んじていく必要がある。「どこでもMediation」「いつでも相談」といった軽やかな動きの中から，次第にADRは根を張っていくことができるのではないか。裁判所と同じ土俵で戦っても，二流の正義というイメージから抜け出ることは難しい。一方で，調停が独立した手続として立ち上がっていくことも，同様に推進されていくべきではある。しかし，ADR自体が，ひとつの社会的な実験であるとすれば，多様な可能性に道を開いておくことが，すべての制度の前提のはずである。

　立法化問題を契機として，ADRを一時の議論に終わらせることなく，真に国民の間に根付かせていくために，今何をなすべきなのか，もう一度原点に立ち返って見つめ直す時が来ている。その意味で，わが国において，ADRが衰退していくのか，真に国民の間で活性化の道を歩むのか，重大な岐路に立たされているわけである。いずれにしても，これからのADRの姿は，大きく動いていくことであろう。例えば，様々な方面において政策的な意図に支えられ，法・制度・機関を立ち上げてみたものの，結局は実際の利用には結びつかず，拡充・活性化が一時の幻想にすぎず，規制だけが残るといった事態もあり得るのかもしれない。

　しかし，ADRの先行きを悲観的に考える必要もまたないように思われる。どのような立法がなされようとも，ADRは，紛争当事者の声から生み出されていくものであるとすれば，そうした規律にかかわらず，生成していくものだからである。申立が何件あったかといったことが問題ではない。実際の社会の中で，自覚的にADRを意識した活動が様々な場面で実質的に行われていくことが重要であり，そのような現象が増加していくことで，じっくりと醸成させていくことが，これからの基本的な方向性ではないだろうか。

　そこでは，制度設営者と制度利用者という対置の構造を超えていくことが求められる。それは個人の様々な物語が，出会う場であり，そのようなものの集積から，社会の物語も作られていく。そのためには，一つ一つの物語を大事に育てていくという発想が重要である。手続関係者が，誠実に向き合って声を聴き届けていく中から，新しい物語が生まれてくる。そしてそのためには，個々の声が発せられる現場の中にADRを装着しておくことが有用である。必要なのは形を求めるADR法ではなく，実質を求める真摯で，切実で，リアルな

人々の声を聴くことである。このようにして，はじめて ADR は，司法制度の中で，新しい風を呼び込むことができるものである。わが国における ADR の新しい動きは，今始まろうとしている。

ADRの基本的視座

座　談　会

2004年3月22日

◇ 出席者 ◇

和田仁孝（早稲田大学教授）

山田　文（京都大学助教授）

濱野　亮（立教大学教授）

早川吉尚（立教大学助教授）［司会］

左から濱野，早川，山田，和田（敬称略）

- 本座談会のねらい　283
- 日本の ADR に関する議論のこれまでの流れ　284
- 司法制度改革における ADR をめぐる議論　287
- 主宰者・主宰団体に関する国家資格　289
- 日本の伝統的な紛争管理システムと ADR 観　292
- 調停型 ADR と仲裁型 ADR の差異　294
- 水平的モデルと調停・仲裁　297
- 水平的モデルと裁判　299
- 仲裁と裁判の差異　303
- ADR の主宰者に求められる資質と資格　306
- 近代法と権力　309
- 日本社会と近代法　312
- これからの ADR に関する研究　316

座談会

■ 本座談会のねらい

早川 本日，司会進行役をつとめさせていただきます立教大学の早川でございます。私はもともと，国際私法，国際民事手続法といわれる分野を専攻している者でございますが，その一環として，国際商事仲裁に代表されるような，国際的な紛争の解決メカニズム，あるいは，国際的な紛争のためのADRというものについての研究をいたしておりまして，その関係で次第にADRそのものに関心が向いていき，ADRに関するいくつかの論文を書かせていただいたということで，本日，ここに出席させていただいていると理解しております。本日は他に3名の先生方にいらしていただいておりますので，順に自己紹介をお願いしたいと思います。

濱野 立教大学の濱野と申します。私の専攻は，法社会学でございます。最近，司法へのアクセスと呼ばれている研究分野についても関心をもち，法律相談，イギリスのコミュニティ・リーガル・サービスなどを少し研究しました。日本の少額訴訟について書いたものもありますけれども，そういった関係で，法律相談や，それと接続するADRにも関心をもっております。よろしくお願いいたします。

和田 早稲田大学の和田と申します。私の専攻は法社会学でございまして，ずっと紛争過程の研究を中心的なテーマとして研究をしてきております。とりわけ紛争当事者にインタビューをし，その紛争当事者の視点から，ニーズなりあるいは紛争処理制度についての見方なりこういうことを前提としながらものをみていくというスタンスで研究いたしております。20年ほど前にアメリカに留学いたしましたそのときに，アメリカでもADRムーブメントが盛んな状況でございまして，その当時からずっとADRに関心をもっております。近年は，医療事故紛争の領域でADRの可能性がないかということをテーマとして考えております。よろしくお願いいたします。

山田 京都大学の山田と申します。私は専攻は民事訴訟法ですが，いわゆる助手論文でアメリカのADRを取り上げました頃から，この分野には関心を持っております。そのきっかけとなったのは，学生の頃に民事訴訟を傍聴した際に見た，当事者本人の姿であったように思います。民事訴訟手続は当事者の主体性を前提としているわけですが，この本人は，まさに手続に振り回されており，

主体性を云々できるような状況ではありませんでした。その後，調停などの議論を知るようになったのですが，当事者の主体性が遺憾なく発揮されるべきADRの手続でも，必ずしも十分に実現されているわけではないことに気づきました。比較法的に見るとかなりギャップがありまして，このあたりが出発点であったように思います。最近では，民事訴訟手続においても合意の契機が重視されてきましたし，逆にADR基本法の審議でも裁判手続との関係が取り上げられたようで，両者の関係について改めて勉強する必要があると思いまして，本日は臨ませていただいています。

早川 本日の座談会のねらいですが，近時，ADRをめぐる議論が非常に盛んになっており，また，そういった動きに啓発された部分があると思いますが，ADR基本法の制定という事態を迎え，さらに，その評価をめぐり議論が活発化するという状況になっております。しかし，そういった状況の中において，必ずしも議論が噛み合っていないと申しますか，ある種の混乱がさまざまなところで見受けられるように思えてならないのです。そして，それはどうしてなのかと考えていくと，どうも様々な論者が，このADRといわれているものに対して，それぞれに様々な捉え方をしている。すなわち，それぞれの論者が有している前提というものが，かなり違っているというところがあるのではないか。そこが十分に確認されないままに議論がなされているために，どうも建設的な議論がなかなか進みにくい。そういう問題意識が私個人としてもありましたし，またこちらにいらっしゃっていただいた先生方におかれましても，そういう問題意識を共有していただいていると思います。また，今回この本を出すにあたって，ご寄稿いただいた先生方も，皆さんそういう思いに共感していただいた結果，ご寄稿いただくことになったと認識しております。

　したがいまして，本書においては，自らのADRに対する理解の前提のところから説き起こすという視点に立った，ADRについて論文を集めさせていただいたということになるわけです。そして，そういった違いのようなものをもう少し分かりやすく鳥瞰できないかということで，この座談会を企画したということになるわけです。

■ 日本のADRに関する議論のこれまでの流れ

早川 さっそくですが，まずADRについて，どのような議論が，これまで，

特に日本でなされてきたのかという点から確認していきたいと思います。特にこのメンバーの中では，いちばん最初にADRについてご研究を始められたと思われます和田先生に，今までの日本におけるADR論の全体像といったものについて，整理していただけるとありがたいのですが，いかがでしょうか。

和田 それでは簡単にご説明させていただきます。裁判所は，かつては判決をするのが裁判官にとって当然の職務であり，和解は，

和田仁孝教授

どちらかというと副次的なものとしてとらえられる傾向があったわけですが，1970年代に入りまして，裁判所でも和解・調停といったものに対して注目するようになり，裁判所内部，司法内部でもADRについての関心が生まれてきたということが1つあったと思います。

さらに，アメリカでのADRムーブメントの動きを受けまして，また裁判の非機能性，あるいは問題点に対しての批判といったことを含めて，日本では民事訴訟法学，あるいは法社会学の領域で，第三の波，あるいは紛争過程論という視点から，紛争処理制度の在り方につき理念的なモデルを提示していこうという，そういう動きもございました。これは，学の側から出てきたADRについての日本の中での大きな動きであっただろうと思います。それが1980年代に非常に進んだということだと思います。

そしてもう1つ，非常に注目されますのは，1990年代の終わりからですが，民間の自生的なADRへの試みが見られるようになってきたことです。最近ではNPOもできて，これまでの裁判所の調停とは一線を画した，新しいコンセプトに基づくモデルがそこでは追求されているように思われます。こういういくつかの流れの中で，ADRが考えられてきたわけですが，おそらくそれぞれについて異なる視点が中には含まれていたと思います。その辺りが，今日の議論の中でも対象になってくるのではないかと思います。

早川 さらに，司法制度改革という動きが，近年に至って起こりました。すなわち，司法制度改革推進本部の下に設置されたADR検討会を中心に，ADR基本法といった法律の作成作業が進められ，その評価をめぐって議論がなされ

285

るようになった。その点についても，新たなモメントとして指摘できるかと思います。以上について，山田先生，いかがでしょうか。

山田 ADR との関係で司法制度改革の背景にあるのは，いわゆる規制緩和政策を受けた私的自治論の拡大であろうと思います。従来，法の機能のイメージとしては，少なくとも一般の人々の感覚としては，国家と私人の縦関係で強制力をもって秩序維持・社会統制を図るという側面が圧倒的に強かったと推測するのですが，私的自治論と親和的な法の機能は，むしろ，公序良俗違反などの問題がない限り，裁判所による権威的な判断によらずに，人々が私人間の関係を作っていくためのインフラとして法が働くというイメージです（田中成明先生の言われる「活動促進機能」）。ADR への期待は，一方ではこのような新しい法イメージに基づいているように見えます。他方で，日本の長い ADR の流れを振り返って，戦前の調停における強制性の問題や，最近の ADR の隆盛の中で問題視されるようになった合意の専制の危険について，学者サイドや一部の実務家が明確に指摘し議論するようになったということも，重要ではないかと思います。かつて裁判官にとって和解が権道とされていたように ADR を忌避する傾向があり，その反動として，訴訟政策における ADR の再発見・重視の方向性が出てきて，さらにもう一度，揺り戻しというか ADR に光と影のあることを明確に認識して法律によるコントロールを望むという意味で，新しい局面を迎えているのではないかと思います。

早川 いまのお話の中で，裁判所が ADR に注目し出した時期があり，それと連動する形で学者の方でも研究が進んでいったというご指摘がありました。しかし，先ほどのお話を聞いていると，私には，その２つが有するニュアンスはちょっと違っているような気がするのです。

　すなわち，裁判所においては，どちらかというと大量に解決しなければいけない案件があるわけで，それに対して迅速な，あるいは効率的な処理をしなければいけない。そういう要請が ADR，あるいは和解といったものの中で，一つ，注目すべき点だと思います。そして，そこにおいて重視されるのは，どういうふうにすれば効率的に運営できるか，あるいは迅速に運営できるかというような点であり，そういった点こそが，どちらかといえば中心にならざるを得ない。

　他方，学説の方がやってきたのは，どのようにしたら現在の裁判所とは違っ

た，ある言葉を借りれば「ふくらみのある弁論」を実現できるか，そういうような問題意識なので，かなり背景にしたところに違いがあったのではないかという気がするのですが，この辺はいかがでしょうか。

和田 おそらく，学者の側で進めていたADR研究には，より多元的な要素が含まれていたと思います。裁判所の関心は，これは現実の組織として当然あり得るものだと思うのです。そうした裁判所のニーズとも連動しながら，しかし，社会の中に正義というものをより浸透させていこうという理念的発想から，正義のシステムとしてADRを位置づけていくという研究も当然ございます。私がADR論として指摘しましたのは，これとは違って，裁判との距離を置いたところからまったく新しいモデルを発想していこうという視点の研究です。当事者の私的自治，あるいは当事者の主体的な紛争への取組というものを最大限促進していく，そういう発想からのモデルです。この発想からすると，ルールであるとか，裁判制度の持っている窮屈さ，限界，権力性，そういったものも相対化されて，むしろ裁判とADRとの垣根も低くなってまいります。

　この視点からは，裁判所的な効率的に紛争処理をするための和解という発想は，訴訟当事者の主体性をむしろ抑圧するものとして，否定されることになります。したがって，当事者を第1に考える視点から，裁判手続そのものさえ換骨奪胎していく，そんな視点さえ含んだ，非常にラディカルな発想であったと言えるかと思います。

■ 司法制度改革におけるADRをめぐる議論

早川 まさに，広義のADRの議論をめぐる日本の背景を提示していただいたわけですが，精察すると，指向性が違っている幾つかのものが，並行して，あるいは，時に交錯しながら，現在に至るまで大きく流れてきたのではないかという感じもいたします。

　ところで，今回の司法制度改革では，さまざまな論点が提示されたわけですが，例えば，調停で使った資料を，訴訟においてどのようにスムースに持ち込むことができるかということが，議論の対象の一つとして上がっています。しかし，私は個人的には，こうした提言をなす者は，ADRというものを，まさに，効率性というものを達成するための道具としかみていないのではないかという印象を抱かざるを得ません。もちろん，他方で，そういった動きに対して

は，学説の中には批判的な意見がある。そういったADRへの理解の差が，今回の司法制度改革というものの中で，ADRというものを取り上げる過程で，如実に表れてきているように思われるのですが，その辺はいかがでしょうか。濱野先生は論文の中でお書きになっていらっしゃいますが。

濱野 司法制度改革の背後にある主体はさまざまであり，「法の支配」という理念にコミットしている法律家，法学者，あるいは早川先生がおっしゃったような，司法実務の内部で合理化を推進していこうと考えている人々，あるいは関係する行政官庁のさまざまな主体，経済界の利益，消費者の利益などがあります。ただ，司法制度改革審議会の最終意見書が出たあと，検討会レベルになった段階で，誰がリードしたのか。私は外から見ていただけですが，特にADR検討会がというわけではありませんが，そこで主導権を握ったのは，司法，行政を含めた官僚組織の中で実務に携わっている人々だったのではないかという印象をもっております。その中で，いま早川さんがおっしゃったようないくつかの流れにおいて，効率的な司法制度を実現するという部分が強く推し進められようとした面もあったのではないかと思います。

早川 そういう濱野先生の整理がありますが，山田先生も司法制度改革の流れの中では，特に先生のご論文の中で，ADRのための何らかのルールが必要ではないかとおっしゃっておられます。しかしそれは，今回のADR基本法が目指しているものと微妙に違うのかもしれません。山田先生の目から見ると，今回のADR基本法の視点は，どのようにみられていらっしゃるのでしょうか。

山田 ADR基本法の内容が確定しない時期に具体的な議論をすることは難しいと思いますが，法律事項として何を想定するかによりますけれども，ルール設定に反対する議論は，一般に，ADRの具体的な手続過程・運営方法などの内実について厳密に拘束されることを前提としているようです。ADRの性質から言って，そのような規律は，難しいというよりも回避すべき態度であろうと思います。逆に，法律事項として盛り込むことのできない手続運営や手続主宰者に関する実質的な事項で，ADR機関が自発的に取り組むべき改善策については，実は多くが未開拓のままではないかと思っています。日本にはADR機関は数多くあるわけですが，司法制度改革審意見書の指摘する，ADRは国民にとって今のところ魅力的な選択肢になっていないという認識をまともに受け止めて，従来の実務上の問題点をきちんと総括したADR機関は，ほとんど

なかったのではないか。そういった意味で，法的枠組みによる統制を要請するほどの成熟性には欠けていたのではないかという事実認識については，私も共感するところです。

しかし他方で，これまでの議論を見ている限り，弁護士を含めた当事者サイドがADRの固有の価値について敏感なレスポンスをしてきたかといえば，そうではないというのが私の認識です。例えば裁判所の調停手続について，調停手続と再開される訴訟手続との連続性が問題となるような場合にも，当事者サイドは必ずしも裁判所の効率的な司法運営に対抗するわけではなく，むしろ，自らも迅速性，裁判所による紛争解決への依存，解決の妥当性への信頼を最優先しているように見えます。しかし諸外国ではそのような連続性を制限することが一般的に承認されていることを考えると，日本でも当事者が知らない間に失われている価値，例えば合意の真意性や調停でのフランクな話し合いがあるのではないか，そういう意味で，保護される利益の性質で場面を丁寧に仕分けながら，少なくともデフォルトとしてのルールを考えていく必要性はあると思っています。

山田文助教授

■ 主宰者・主宰団体に関する国家資格

早川 ADR基本法の作成作業の過程で，もう一つ私が非常に興味を持っていたのは，ADRの主宰者，あるいは主宰する団体，ADR機関というようなものに対して，ある種の資格整備といったものをやらないと，やはり質の良いADRは保てないのではないか。そういう観点からの提言です。しかし，他方で，先ほど和田先生からご説明いただいたように，1990年代から出てきた自生的なADRの動き，そういうADR団体は，まさに草の根ということにこそ，自分自身のアイデンティティを持っているわけです。そうであるにもかかわらず，ADRの質を高めるために主宰者や主宰団体について，国家的な資格のようなものを要求していくということになってくると，ちょっと疑問を感じざるを得なくなるのですが，いかがでしょうか。

和田 アメリカなどの例を見ますと,メディエーターというのは固有のトレーニングをきちんと,受けた上で実務に携わっていくということになっています。日本でも最近,自生的なADRが出てきているわけですが,ただ誰でもADRをできるということではなく,その内部でもメディエーターとなるための知識,あるいは技法に関するトレーニングが,開発され,意識して技法の向上が図られています。そういう意味では,例えば法専門家としての弁護士,あるいは司法書士,そういう法的な資格とは別個の,ADR主宰者としての特有の理論と技法が必要とされているわけです。新しい調停モデルであるトランスフォーマティブ・モデルなどではなおさらです。これはもう,法的な意味での紛争処理とは全く異質です。

　ただ,これを国家資格のような形でまとめていくのは,必ずしも得策だとは思っていません。おそらく,自生的なADRに関しては,ADR基本法のような枠から切り離して,まさに自生的なレベルのものとしておいておくことが肝要と思います。そして,メディエーターの資質や技法についてのクオリフィケーションは,実質的なものとして,NPOなり,やろうとしている人たちの自律的努力の中で維持していく。最終的にそれを選ぶか選ばないか,隆盛していくのか衰退していくのかは,ユーザーの選択に委ねる。そういう自生的なものとして,できるだけ従来の法システム,あるいは国家的な資格というものから距離を置いておくことが重要であり,ADR基本法もそれを阻害しないような形でないといけないのではないかと思っています。

濱野 私も,和田先生が説明されたような1990年代後半以降に,わが国で自生的に現れつつある草の根的なADRの運動は,社会にとって非常に重要だと思います。それは,市民社会というものが,ようやく日本にも成長しつつあるのかもしれないと思わせるものであります。もちろん,そういった民間の,草の根的なADRのクオリティというものも,十分高いものでなければならない。また草の根的なADRの周辺には,ある意味で非常に問題のあるサービスを行おうとしている主体もいることは,よく知られているとおりでありまして,そういったものと,草の根的なADRが一緒くたにされてしまうということは,非常に危険かつ残念なことであります。そういう意味で何らかの形でクオリティを保つ,あるいは質の悪い,あるいは違法な活動に対する対策は必要だと思います。しかしそのときに,包括的な国家認証であるとか,必ず弁護士会が

そこに関与しなければいけないとか，そういった，日本ではすぐに議論されるような手法が本当に適切なのかどうかということについては，慎重に検討し，制度設計する必要があると思います。

　むしろ，和田先生もおっしゃったように，こういった現場の人たちが，自分たちの信ずる理念の実現のために公益性を高めていこうという真剣な活動をしているわけですから，彼らが自分たちでコントロールして，質の高いサービスを提供できるような仕組みを作っていく，そういう方向に制度を設計し，できるだけ自立的な，主体的なADRというものをいろいろな現場で，草の根的に展開することをエンカレッジするような制度にするべきだと考えます。弁護士法72条についても，そのような視点から再検討の必要があります。

山田　手続主宰者のクオリフィケイションに関しては，手続の内容，とくに法的評価をどのような形で組み込むか，また，手続結果にどのような法的効果を認めるかという問題と切り離しては考えられないと思います。ADRが一般的に法実務に当たるのかどうかについても，手続主宰者の行為規範のあり方や専門家責任の構成によっても変わってきますし，逆に調停調書について手続主宰者の法的判断の誤りを理由とする錯誤無効の主張が認められたりもするわけですから，クオリフィケイションさえ厳格にすればサービスの質が上がるかと言えば，決してそうは言えないと思います。手続主宰者は，なるべく多面的な知見と手続運営の技術を備えていた方が，当事者関係の洞察や手続のコントロールに有利ですので，法的知見や実務経験はその引き出しの一つとなり得ると私は思っていますが，当事者対立主義的な法利用を抑制するのは，きちんとした調停者トレーニングです。

　そのような意味で，私も，まず調停者トレーニングは必要と考えています。私自身がアメリカでそのようなトレーニングを受講したときに，受講者の中に退官した裁判官がいて，「現役の間ADRを馬鹿にしていたが，トレーニングによって初めてその重要性と難しさを知った」と正直に言っていました。そのような，プロフェッションとしての自覚は，日本の法曹にも同じように希薄ではないかと恐れています。

　もっとも，現時点でADR固有の資格制度を作るとしますと，不必要に形式化していく危険がありますので，当面は，トレーニング内容を開示して，当事者が選択する際の情報にとどめ，あとは市場原理に委ねるのが望ましいのでは

ないかと思っています。アメリカなどではトレーニングも紛争類型に合わせて多種多様に展開されていますが、将来は日本でも当事者のニーズに即した教育訓練を受けたか否かが重視されるのではないでしょうか。

　いまご指摘があったような自生的なADRは、裁判所での調停として何十年と続いてきたスタイルをほぼ唯一のモデルとしてきた日本において初めて、さまざまなADRの可能性を現実化していく契機になり得るのではないか、と考えています。それができないためにADRが硬直化・一般化することがあれば、ADR自身の首を絞めることになるでしょう。

■　日本の伝統的な紛争管理システムとADR観

早川　何十年と続いてきたモデル、というお話がありましたが、それをもう少し分かりやすくお話しいただけますでしょうか。

山田　日本で制度的にもっとも長い歴史があり、実務的にも浸透しているのは、司法型ADR、裁判所の運営する民事・家事調停です。一つの特徴は、手続主宰者たる調停委員会の構成です。調停主任（裁判官。現行法では弁護士による調停官制度もあります）と組む民間の調停委員について、かつては地方の名望家が中心であり、年齢・性別・生活史などに偏りがあって、法の趣旨とは異なって権威主義的・教化的な調停を行っていると強く批判されました。その後昭和49年の制度改正によって、調停委員には法律ないし紛争解決の専門家が中心的に採用されることになりましたが、やはり、当事者間に水平な社会関係を再生させて話し合いを図るというよりは、調停委員が「正しさ」の規範——常識、社会規範、道徳、あるいは裁判予測——に基づいて紛争を「評価」した上で、具体的な調停案に合意するよう各当事者に対して、しかも個別的に説得を重ねるというスタイルが主流であったように思われます。このような、個別面接を中心とする垂直的な調停スタイル（棚瀬孝雄先生の言う教化型調停）が、第2の特徴かと思います。さらに、司法型ADRであるがゆえに、解決合意の実体的な正しさの要請や債務名義としての救済方法の限定、あるいは相当でない合意の否定（民事調停法13条）など、総じて言えば裁判の亜種としての調停を目指すという要請がありますが、これが司法型以外のADRにも強い影響を及ぼしていると思います。

早川　日本のADRの典型的な形というのを、少し明確にしていただきました

が，濱野先生いかがでしょうか。

濱野 法社会学のほうでは，古くから「日本における調停的仲裁」という川島武宜先生による有名な定式化があり，そういうものが日本で広く見られる背景について分析されています。さらに，1990年に棚瀬孝雄先生が，交通事故という新しい現象に対して，1960年代以降，日本の法システムがとった対応をとりあげ，「日本型紛争管理システム」の構築・再生産として分析されました。交通事故紛争処理以外のさまざまな領域でも，行政が中心

濱野亮教授

になって紛争を管理するシステムが再生産されていることは間違いないだろうと思います。それが「小さな司法」という日本の特徴とワンセットになって，今日に至るまで維持されてきたわけです。

　ADRというものは，先ほどのお話のように，日本では1980年代に議論が台頭してきたという面があったわけですが，しかしよく考えてみれば，ADRという名称はなかったものの，訴訟上の和解であるとか，裁判所調停といった形で，括弧付きのADRというものは，むしろ日本の法のあり方を支える中心部分に存在していたと言えます。

　今後，日本でADRをどう位置づけ，どういうADRを発展させていくかということは，当面，日本で再生産されている紛争管理システムをどう考え，「法の支配」という理念に照らしてどう評価するかという論点を抜きにしては考えられないわけですが，この点の議論が司法制度改革推進本部の検討会では不足していたのではないかと思います。

和田 私自身も濱野先生がおっしゃる日本型の紛争管理システムの存在には賛成ですし，裁判そのものも実はその一翼を担ってきたのだというふうに考えています。先ほど，裁判所の中でも和解や調停に対する肯定的評価という形でADRに対する関心が出てきたと申し上げましたが，その背景に旧来の日本型ADRにみられる権威的な事件処理への志向と相関するものがあるような気がします。1980年代以降，私を含めた研究者が主張し，そして最近の自生的なADRの形で出てきている動きの中でのADR理念は，かつての日本型ADR

とは全く異なるもので，むしろ本当に当事者の自律的，主体的な交渉関係をベースに考えていこうというものです。そういう意味では従来の日本型ADR，従来の裁判制度，それらすべてに対するアンチテーゼとして重要な意味を持っているのではないかというふうに思います。それゆえに，ADR基本法などからも歴然と距離を置いた形で置いておくことが必要だと思うのです。

早川 いま整理いただいたように，従来型の日本のADR観と，新しいADR観というものとが，異なるものとして存在しているのは確かだと思います。そして，今回のADR基本法の作成作業においては，どちらかというと前者のADR観の方が，より力を持っているという印象は否めないと思うのです。その意味において，今回のADR基本法の作成作業に対する評価もさまざまに変わってくるということかと思います

先ほどから出ていた日本の従来型のADR観の影響というのは，濱野先生や和田先生がおっしゃっておられるように，金太郎飴のようにいたるところで顔を出すという感がありますが，私の専門分野の国際商事仲裁においても顔を出してきます。例えば，日本で国際仲裁をやる，あるいは日本人が仲裁人になるという場合に，どうしても仲裁人の方が，仲裁手続なのにやたらと和解を勧めたがる。しかも，コーカス，つまり，一方当事者だけとの和解手続に分離したがるという傾向がありました。その傾向によって，日本での国際商事仲裁を危険なものとして糾弾するような形の海外論文が少なからず書かれてしまいました。そういった国際舞台においても顔を出すほど，日本型の紛争管理システムの影響力というものは根強いものだったのではないかと思うのです。

もっとも，国際商事仲裁に関しては，そうした傾向を捨て去りませんと世界の方が相手にしてくれませんから，現在においてはそうした傾向はかなり払拭されたようです。また，そもそも日本が仲裁地であっても，ウィンブルドン状態，すなわち，仲裁人は外国人ということも多いそうです。

■ 調停型ADRと仲裁型ADRの差異

早川 ところで，一口にADRといいましても，その中身は非常に細かく分かれてくるわけですが，その中で，私の論文や，あるいは濱野先生の論文などでも触れていますが，ADRの中でも特に調停型のADRと仲裁型のADRを分離して議論をしていくことが必要なのではないかという問題意識があります。

調停型と裁判型と言い換えてもいいようにも思われますし，私はあえて権力型と非権力型といった用語を論文の中で使っていますが，そのように分類して議論をしていく必要があるのではないかという視点があるかと思います。例えば，先ほど濱野先生から，調停型仲裁という言葉がありましたが，その言葉に表れているように，両者の性質の違いがあまりにも意識されないままに議論がなされすぎている。私の目から見れば，仲裁というのはまさに裁判類似のものであって，判断が出ればその判断に両当事者が拘束されざるを得ない。既判力は与えられるし，手続さえ踏めば執行力も与えられるという非常に強い拘束力が与えられているものである。その意味において，権力的作用を伴うものであるわけです。

早川吉尚教授

それに対して，非拘束型といいますか，非権力的なADRであるところの調停では，当事者は，その和解を拒絶することが可能なわけです。そうであるからこそ，そこにおいては，手続の縛りを離れた「ふくらみのある」手続ができる。その両者の違いというものを，やはりもう一度，現在の日本では認識し直すべきではないかというのが私の基本的な考えです。

そうであるにもかかわらず，現在のわが国では，そうした両者をなんとなく組み合わせてしまう。そして，それによって，十分な手続保障なしに判断に拘束されざるを得ない状況をつくりあげてしまうことが，あまり疑問もなくまかり通ってきた。もちろん，そこは合意というものがあるのかもしれませんが，その合意には，インフォームドコンセントという観点からは疑わしい部分が少なからずある。そして，そうした状況は，伝統的な紛争管理システム，伝統的なADR観といったところから全部つながってきて現出している。さらに，それを強化するものとして，もしADR基本法ができるとしたら，そこには大きな問題があるのではないか。これが私の基本的な問題意識なのですが，この点はいかがでしょうか。

濱野 本書に書かせていただいたものをお読みいただければと思うのですが，法律家も，調停型ADRと仲裁型ADRの原理的差異に鈍感であるというのは，

法社会学者から見ると一見不思議であると同時に興味深い現象であるわけです。その点については，法社会学者でも和田先生は両者を峻別することについて，疑問を投げかけ，さらに積極的に，近代を乗り越えるモデルを提示されてきたわけですが，この点については後ほど議論があろうかと思います。私は逆に，今の日本においては，むしろ早川さんがおっしゃったような形で，両者の峻別を強調しなければならないだろうと思っています。

　メディエーション型，すなわち本来の意味での調停型 ADR を根幹に据えた形で，それを仲裁型 ADR，あるいは訴訟＝判決のほうにまで浸透させていくようなアプローチは，いろいろ副作用をもたらすのではないかと常々思っております。本書の論文でも，両者の峻別が，あまりにもないがしろにされているのではないか，という点を強調いたしました。

山田　このような問題の背景としては，日本の弁護士のロイヤリングの特徴も挙げるべきではないかと思います。例えばアメリカの伝統的な弁護士倫理にしたがえば――国際的には極端な例に属すると思いますが――，手加減なしの党派的なアドヴァサリな代理をしていく攻撃的な役割認識です。ところが日本の弁護士さんは，交渉や弁論でも常に中立的な落としどころを考えていて，党派性はその分弱く，依頼者の過激さをたしなめるという面もある。徹底してアドヴァサリな弁護はしないことに慣れていらっしゃる。従来のような弁護士数の少なさを前提とした状況であって将来は変わるかもしれませんが，少なくとも今までは，裁判所の，紛争解決全般を請け負いましょうというパターナリスティックな発想と相俟って訴訟文化を創ってきたように思います。裁判での対立性の弱さは ADR に繋がりやすいわけですから，両者の境目が曖昧になって，逆に ADR に強制的契機があってもあまり問題視されないということになるかと思います。

　日本の現状では，弁護士法72条のおかげで，特別法なしに ADR を主宰するのは弁護士に限定されますので，民間の ADR においても裁判所で培われたパタンが引き継がれがちです。このようなロイヤリングと言いますか，法の使い方のパターンの見直し，とりわけ，強制的判断手続と ADR の境目を曖昧にしておくこのモデルでは，当事者本人の地位を見直すという原始的なレベルから再考する必要があるのではないかと思いました。この問題は，訴訟手続内部においても，立法や運用によって数多く生じていますので，手続法から見ても興

味深いところです。

　もう1点気になりましたのは，このような議論をする際に手続保障という語をどのように扱うかということです。範囲や内容が非常に多義的ですし，そもそもは強制的判断を正当化するものとして提示されたタームですので，下手に使うとADRの裁判化を進める可能性があります（萩原金美先生が，つとに指摘された問題です）。手続保障が不十分であった場合にどのような利益が失われるのか，当事者の手続形成の合意で処分することができる利益なのか，効果をどう考えるのか，など詰めた議論をしておかないと，誤解を招いてしまうのかもしれないですね。

早川　要するに，この問題については，仲裁と調停の関係だけではなく，日本の裁判制度自体が和解を含めて，やってきた慣行みたいなものが金太郎飴のように出てきているという感じがあります。私も仲裁と調停の組合せの問題で，いろいろな所で議論をさせていただいたのですが，そうした議論の最後にはいつも，「でも，裁判所だってやっているではないか」という反論を常に受けるのです。そこで私が，「そうであるならば，裁判所の方も間違っている」というふうに答えると，もう向こうは唖然とするということを何度も経験しました。要するに，水脈は同じところにつながっているんですね。

山田　そうですね。それとの関係で思い出しますのは，第二東京弁護士会が仲裁センターを立ち上げる際のシンポジウムの準備段階で，その意義，とりわけ裁判所との関係についてなされた，長く真剣な議論です。裁判所のADRに対してアンチテーゼを提出し，良き競争相手となるべきであるという主張が，伝統的な穏健派（？）を抑えて当時の議論を制したのですが（詳細は，『弁護士会仲裁の現状と展望』（判例タイムズ社）をご参照下さい），現在その命脈が保たれているかどうか，私は存じません。岡山仲裁センターなどは例外かもしれませんが，一般的には，弁護士側から裁判所の実務にアンチテーゼを出すという発想は，ADRのみならず司法制度運営一般で，まだ非常に弱いように思います。

早川　国家資格を与えてほしいというメディエーターがいるということ自体，そうかもしれないですね。

■　水平的モデルと調停・仲裁

和田　調停と仲裁の関係ということについて，少し私見を述べさせていただき

ます。最初に早川先生がおっしゃったことと重なるかもしれませんが，これを考えるときに，もう1つの軸が必要なのかなと。それは，権力的・権威的であるかという要素と，水平的であるか否かという要素，この2つですね。これを重ね合わせてみますと，調停でも権力的なもの，権威的なものがある。これは濱野さんなどが批判されているかつての日本型ADRにみられるところです。逆に，仲裁は形式的にはこの権威性がより強い紛争処理ということになりますが，水平的な調整がその中で実際に行われる可能性もあり得る。区別は相対化してきます。

他方，私の考えている調停，メディエーション・モデルは権力性を極力排した水平的なモデルです。メディエーターの役割も，当事者が自力で問題認識を変えていくことを援助することであって，解決を成立させることですらない。援助者ですね。アービトレーションも，最後は仲裁判断があるとしても，プロセスの中では同様のモデル化が可能だと思います。そういうモデル的考え，またそこに関わる利用者の視点から考えていきますと，メディエーションとアービトレーション，調停と仲裁というのは，実は，過程的にはさほど差異はないし，あるべきでない。つまり，仲裁においても，まずベースは当事者間の自律的な対話，交渉であるべきだと思っています。

もちろん，仲裁の場合，最終的には仲裁人が判断するということにはなるわけですが，しかしその判断そのものの基盤を，それまでの交渉過程の中で，対話を通じて当事者が整理していく，そういう形のモデルを立てていくのが必要ではないでしょうか。

そのように申し上げますと，適正さや実効性はどのように担保するのかということが問題になってくると思います。私自身は，現在の裁判だってそれが実現されているかどうかは確言できないわけですし，法や制度による担保には限界があると思います。制度的・規範的な枠組みをいくら精緻に設定しても，結局，仲裁人や裁判官の判断を制御しきることなど，リアリズム以来，繰り返し指摘されているように不可能でしょう。

むしろそのプロセス内部のメカニズムを明らかにし，それに関わる第三者の役割モデル，技法論・運用論というようなところを，我々はもっともっと研究していかなければいけないのではないか。そこから，手がかりを得ていくことが必要なのではないかと思っています。

早川 その辺で，だんだん我々の意見が分かれてくるわけですね。先ほど和田先生がおっしゃった現象というのは，仲裁というものを権力的なものと考えて，あるいは裁判的なものと考えて，調停とは違うものだと考えるモデルからも一定程度説明できるわけですね。つまり，仲裁であっても，当事者同士がその外であれ中であれ，合意形成，和解をすることは自由なわけですから，その結果として，当事者間に争いがない事実と評価されるものが出てくる。そして，争いのポイントが絞り込まれてくる。その絞り込まれたポイントに対する判断を仲裁人に任すという構造はとられているわけですから，多くの場合はそれほど違いは顕在化しない。

　ただ，その背後には大きな違いがある。それは，まさにおっしゃられた点，すなわち，紛争解決プロセスの適正さを担保するものは何なのかということ。私は，その一つが実体法が定めている要件・効果といったルールであり，もう一つは，手続法が定めている手続保証を軸としたルールであると思っています。それがなければ，極端なことを言うと，仲裁人はどのような勝手な判断でもできてしまう。それは，最終的な判断や提案を当事者が拒絶できる調停においてはまだ許されても，最終的な判断を当事者が拒絶できない仲裁においては許されてはならず，だからこそ調停との安易な混同はできないと考えています。

　もちろん，そうしたルールは一般性を持つ以上，個別具体的な事案との関係で何かしらの限界を有するものです。そして，その反省から，従来の実体法や手続法による拘束という枠組を，手続を援助する個人や組織の技法を積み上げていくという方向で克服しようという意図だということは理解できますし，少なくとも調停においては，そうした技法の発達が有効であるとは思います。

和田 ルールというのは，常に解釈によって動かしていけるものですから，そこにリスクもあると同時に，よりよい方向づけに向けた手がかりとして機能する可能性もあるわけですね。ですから，ルールを整理することは，出発点にすぎない。そのルールをどういうふうに運用していくのか，当事者の交渉を促進するか，技法の中にそれをどのように活かしていくか。そういう次のステップとしての運用論が重要なのではないでしょうか。

■ 水平的モデルと裁判

早川 和田先生のご意見は，仲裁との関係だけで済まない話ですね。つまり裁

判においても，たぶん，和田先生の議論を延長すると，相対化されると申しましょうか，調停なりと連続性があるものとして評価されるということになる。その点も違いとして認識してよろしいでしょうか。

和田 裁判であれ仲裁であれ調停であれ，当事者にとっては自分の紛争をなんとかするために関わっていく場の，一つのバリエーションにすぎないわけです。そういう意味では，統一的に見ることができるし，裁判もそういう形で位置づけることが可能です。

濱野 言葉の本来の意味でのメディエーション，水平的な当事者の自律性を発揮させて，紛争問題を解決するという仕組みが，日本でも非常に重要であるという点では，私も全く異論がありません。問題は，そういったものを，例えば仲裁という，原理的に異なる制度を構築ないし運用するという場面においても，水平的なメディエーションをいわば一つのモデルにして，運用論という形でメディエーション型の理念を推し進めていこうという戦略が適切なのか。さらには判決という手続においても，そういった水平的な交渉なり，当事者の自律性の発揮をモデルにして，運用論を展開していこうという方向が妥当なのかという点です。

ここで私には，いくつかの疑問があります。一つは，利用者の視点から見る限り，そのような水平的なメディエーションを理念として運用論を構築するのは正しい，というご判断ですが，しかし，本当にそうなのだろうかという疑問です。あらゆる利用者が，本当にそのように考えているわけではないだろうという疑問です。

もう1つは，和田先生のいまのお話や論文から判断しますと，ルールや制度というものに対する考え方に特色があります。ルールや制度のフィクションとしての価値，権力をコントロールする道具としての価値というものについて，和田先生は非常に懐疑的であるように思われます。この点についても，私はむしろ，権力を制御していく道具としては，フォーム，形式によって形作られている一般的なルールによる制御というものは十分，今日においても，あるいは将来においても機能し得るし，機能させていくべきだと考えております。そうすると，ある意味でこれは，ルールや法制度に関する根本的な認識の違いなのかもしれない。

和田先生のように，利用者の視点をきわめて重視した場合でも，本当に，

ルールというものそれ自体の力や価値を，それほど小さいものに考えていいのでしょうか。あるいは相対化していいのでしょうか。運用論とか，関係者の技とか技術とか姿勢とか，そういう次元にシフトさせ，結局そこが大事なのだという形で議論をしていくことは，本当に利用者にとっても（将来の利用者を含めて）幸せなことなのだろうかという素朴な疑問です。

　もう一つは，利用者のことだけを考えるのでよいのかどうか。これは結局，訴訟における判決というものの機能は何かという議論にもつながってきますが，利用者の視点からだけ考えればいいのかという点も疑問に感じております。

和田　簡潔にお答えしたいと思います。まず，現在の紛争当事者は調停の場においても法について言及します。権利はこうだと。そのことは，とりもなおさず人々が，多くの場合，法によって問題を解決したい，あるいは少なくとも法をてこにして解決したいと考えていることを示しています。ただ，そのとき当事者が言及し，考えている法，権利は，その当事者が自前で解釈したものにほかならないのです。

　ですから，犯罪の被害者が「あの人を死刑にしたい」というのは，非常に素朴で素人的な感情に裏打ちされたものですが，それもその人にとっては，一つの法なのです。これは極端な例ですが，民事訴訟利用者，あるいはメディエーションも，自分の要求なり主張を法的に根拠づけようとしていることは確かです。そこで，第三者が一定のルールや根拠に基づいて判断を下しても，当事者はそれぞれ自前の法，自前の権利観念を持っていますから納得しないわけです。

　そうすると，法論点に限定せずに，もう少し広げて，さまざまな論点を取り込む形でネゴシエーションをしていくしかない。要するに法がいかに重要視されたとしても，納得を形成するためにはそれを広げていくことが必要になってくるわけです。ある程度そうした対話がきちんとされた後でなら，私は判決であってもいいと思うのです。それはそれで必要ですし，いいのです。決して法の役割を過小評価しているのではなくて，やはりそれはあるのだけれど，法によって解決を根拠づけるという単純な論理はもはや通用しなくなっている。法の運用のレベルのもう一つの次元，これまで法律家の秘技的技術とされてきた解釈過程をプロセスの中に開示し当事者との対話の中で調整していくことを重視せざるを得ないのです。

　もう一つの点は利用者への応答と例えば秩序維持のような司法制度の機能の

間のジレンマの問題だと思いますが，基本的には訴訟というものは，当事者が動かして，初めて発動するシステムです。その意味で利用者のニーズということを，まずベースに考えていくことは譲れないところなのだろうと思います。

しかし，少なくとも法制度というものはADRとは違って，別種のパブリックな社会的機能を担わなければならないとされています。私はそれはフィクションだと思っていますが，フィクションであってもそういう機能を果たさなければならないというのが，ポリティカルに要請されているのは事実でしょうし，それは必要だと思います。

したがって私のスタンスとしては，まず利用者の納得なり，利用者の受容性を高めるようなプロセスを構成し，それと抵触しない形でパブリックな秩序維持機能というものも同時に果たしていく。秩序維持機能を果たすために，当事者のニーズへの応答のほうは二次的でいいのだというような視点は，むしろ日本の昔のお上からの視点と同じような発想です。そうではなくて，やはり当事者間での紛争解決を納得のいく形で構成しつつ，その副次的な効果として秩序維持というものを同時に果たしていく。プライオリティとしてはそちらの順番になるというのが私の考えです。

早川 そうだとすると，ずいぶん両者の距離は狭いようにも感じられます。つまり，和田先生のようなご議論というのは，従来の裁判制度をとことんまで解体してしまうものなのだというふうに捉えられがちなのですが，そうではなくて，当然，当事者ですから，あらゆる水平的手段を使っても納得とか，これに至らない場合があります。その時に，しかし，紛争を放置しておくわけにはいかないので，そこにおいて機能してくるある種の秩序維持装置と申しますか，あるいは権利を保護するというか，そういったシステムとしての裁判という制度が必要であることはお認めになっている。なおかつ，そこにおいては，もはや水平的交渉の余地がなくなっている以上，垂直的に判断せざるを得ないという事態を迎えることは仕方がないというように解してよろしいですか。

和田 若干ニュアンスが違うのです。もちろん，合意できない場合は多々あるわけです。問題は合意が結果としてできるかどうかでなく，それまでにどれだけ当事者にとって十分な対話ができているかなんです。それができているならば，最後のところで，判断をここでなら受け入れようという納得も構成されてくる。その納得がそれまでのプロセスで十分に構成されていれば，この時点で

垂直的な判断がある意味で水平的なものになっているのです。

早川　なるほど分かりました。そうすると，紛争解決エネルギーの尽き果てたところに納得ありということなのかもしれませんね

■　仲裁と裁判の差異

山田　議論がよく分からなくなっているのですが，お話は ADR から訴訟に切れ目なく移っているわけですね。

早川　和田先生のアプローチの下では，実はすべての手続は一緒だから。

山田　ええ，包括的には，第三の波に対する従来の議論の復習ということになるかと思いますので，ここで論ずる必要はないと思います。ただ，いま和田先生の描かれたパラダイムにおいても，十分に対話のための時間や手立てを尽くした後では，あるいはパブリックな機能を果たすために必要な限りにおいては，やはり強制的な判断が下されることになりますが，その「尽くした」かどうかの評価や強制的判断の必要性・範囲が適当であることについては，誰が正当化の責任を負うのだろうということが，私のかねてからの疑問です。そのあたりの評価・判断は手続主宰者に対する信頼に基づいているように思いますし，うまくいく場合はまさに良い循環なのだろうと思いますが，信頼できない場合の手当てをどう考えるかが気になります。むしろ，一定のルールや，手続の展開の計画・予測の助けになるようなプロトコルを当事者に開示して使ってもらうというレベルまでは当事者を信頼なさらないのかというのが，逆に不思議なような気がいたしました。

　そういう意味で，ルールのようなものが必要になってくるのではないか，手続のいわゆる透明化，分かりやすさにつながっていくのではないかという感想を持っています。ただし，和田先生の言われるルールと，内容的なズレがあるのかも知れませんが。

早川　いままでの話の中では，途中で ADR の話が裁判を含めた話になっているところがありました。しかし，それは自然なことで，つまり和田先生のご議論というのが，たぶん裁判も含めたものとして，水平的なモデルをどこまで組み込めるかという議論になっているからであると思うのですが，山田先生のお考えだと，裁判と仲裁の間には断絶があるのでしょうか。

山田　そうですね。それはあると思います。

早川　それはどういう所に見出せるのでしょうか。

山田　一つは，適用される規範を動かすことができず，そこで指示された実体法の適用が義務づけられているということでしょう。また，実体的なレベルのみならず手続的なレベルにおいても，手続規範の適用がありますね。私は，いわゆる訴訟契約ないしは最近の議論で言われる審理契約といったものは広くとらえてよいのではないかと考えていますが，やはり公益性や司法制度の枠組みとして，あるいは国民に対する信頼性保持という点からして，変えられない部分があるわけです。それに対して仲裁では，手続主宰者選択場面からしてそうですが，実体・手続の両方のレベルで合意による形成を前提としています。そのあたりが本質的に違う。

早川　しかし，両者が合意できなかった場合，合意に至らなかった場合においても，当然何らかの形で仲裁判断を下さなくてはいけないわけですよね。

山田　はい。

早川　その場合，一応何らかの実体法に従って判断が下されることを前提に，例えば，仲裁法においても準拠法に関する規定が作られていますので，その限りにおいては両者は変わらない。

山田　合意があればそれを外せるかどうかという点では，全く違うわけです。

早川　両者が実体法以外の規範を合意によって形成してもよいという意味での「合意」を形成できなかった局面の仲裁と，裁判というものは，現実には変わらないですよね。一審制か三審制かの違いはありますが。そうするとそこにおいては差異を見い出し得ないことになりませんか。

山田　偶々そのような状況にいたった場合には，法適用そのものは変わらないのでしょうね。ただ，法適用の前提となる事実認定過程はどうでしょうか。先ほどは申し上げませんでしたが，証明度や証明責任の考え方をどのように採用するかを含めて，証拠法がどのように判断者に課せられてくるかという点では，違いも出てくるのではないでしょうか。もちろんこの場面でも当事者による合意は許されているわけですが。

早川　そこは仲裁ではある種曖昧ですね。仲裁人の裁量に事実としては任されていることになるのではないでしょうか。

山田　裁量の幅はよく分からないわけですが，それでもなお，合意ができない場合には，仲裁廷に委ねるというデフォルトの合意があるということでしょ

ね。

早川 今回の本書に寄せられた論文の中にも，そうした考え方に基づくものがあります。すなわち，裁判を頂点に，仲裁，調停，斡旋，当事者間での和解みたいな感じで，紛争解決手続をグラデーションのように捉えて，手続保証もそれに従ってレベルが変わってくる。そういうある種の世界観から紛争解決制度全体を捉えるというような議論もありますが，そういう観点からも，仲裁と裁判は相対化されますね。

山田 そうですね。

早川 そういう議論についていかがですか。

山田 相対化というか差別化の視点は常に持っているべきだろうと思いますが，いまご指摘のようないわゆるピラミッド型のモデルとして考えて，その順番で優位性の秩序を導き出すという思考方法そのものは，（紛争解決制度全体のイメージを把握する道具としては有益だろうと思いますが，）より細かい事実認識や規範論をする場合には，このピラミッドから導いて事たれりとするのではなく，一つ一つの紛争解決方法を丁寧に見ていく必要があるのではないかと思うのです。場合によっては，専門性の高い仲裁廷の判断が裁判よりも高度なレベルに達することもありますし，当事者への手続的配慮は，紛争解決方法の手続規範が緩やかなほど厚く考えるべきとも言える場合もあります。そういう意味では，相対化が特定のグラデーションと親和的とも限らない。

早川 そうすると最終的に，調停と仲裁の違いというものを強調している私と濱野先生のような見解は，山田先生も共有している。しかし，ほかの所を目配りしてた結果，ある種の違い，例えば，裁判と仲裁は完全に同視はできないし，調停とそれらも完全に同視はできないだろうということになるように思われます。それでは，調停と和解の差異はいかがでしょうか。

山田 どのような視点から見るかによると思います。例えば調停における水平的な対話の必要性ということについては，司法型であれ民間型であれ決定的に重要だと思っていますし，具体的な内容については，ほとんど和田先生のご論文と同じことを書いたりもしています。また，訴訟上の和解においても，例えば対席を原則として話し合いをすべきことや，合意内容についてもいわゆる乗り越え型の和解の重要性も認めてきましたし，その意味では，両者は同様の価値を共有すべきと言えるでしょう。しかし，より細かなレベルの制度論あるい

は法解釈学として考えたときには、手続主宰者の違い（受訴裁判所か否か），規範としての性質の違い，当事者に認められている手続行為の違いなどを前提として，やはり差異に基づくきめ細かな分析と提言をしていくべきだと思います。むしろ差異を認めたほうが，ADRとしての個々の特質が浮き彫りになりますし，当事者のニーズにも合わせやすくなるでしょう。

■ ADRの主宰者に求められる資質と資格

早川 今までの議論にも出てきたのですが，調停，仲裁，裁判において，主宰者に要求される能力というのはたぶん違ってきますね。つまり，要件事実につき事実認定をして当てはめていくというプロセスと，いわゆる両当事者の水平的交渉をエンカレッジするというのとは全く違うので，弁護士や実務法曹，法的知識に富んだ人が関与しない限り，いいADRとか，いいメディエーションはできないという議論は，全くの間違いだということを，私はかねてから言っているのですが，その点はどうですか。

和田 法律家がまさに自分の持っている専門知識を前提にして，その観点から紛争を見てしまうと，そこですでに当事者の視点と抵触したり，法律家主導になってしまったりするリスクが高くなります。したがってADRにおいて，法律家の場合はまず，その固有の視点を消去して臨まねばならないと思います。そうはいっても，アメリカの例でもそうですが，弁護士がメディエーションの主宰者やそこでの代理人として活躍することはあっていいと思うのです。ただし，それは今までの法律家としての法専門知識とは異なるメディエーターとしての技能・技法というものを身に付けた上でやっているわけです。また，そうだとすれば，この役割は必ずしも法律家でなくてもかまわないということに当然なってくるわけです。関心のある方がやってもいいだろうし，いろいろな人がこれに関与してくることは選択肢も増えるし，いいのではないでしょうか。

　私は思うのですが，法律の専門家とは言っても，現場で働いている弁護士な

ど，いろいろ当事者の悩みを聞いたりしているはずです。そういう意味では，ある程度の技法のようなものを，自分なりにやっている方も多いのではないでしょうか。そういう意味では話を聴き，対話を促進する技法を組み込むということは，案外できやすいのかもしれません。

早川 確かにそういう人が多いと思いますが，弁護士という資格を持っているからイコールそうだということにはならない。

和田 全然違います。

早川 逆に言うと弁護士資格のない人は，こういうことできないということにもならないのです。

山田 民間の ADR が，弁護士資格を必要とする，傾向としては評価的な ADR に限定されてしまうことは，ADR の全体的な発展にとって非常に危険なことだと思います。もちろん，法は現代社会において重要な情報ですので，これを使えることで対話が広がったり深まったりする可能性があり，プラス材料ではあると思います。とくに和田先生もご指摘のように，弁護士さんは，リーガル・カウンセリングなど意識していない人でも，なまの紛争当事者との対話に慣れておられ，また，依頼者との距離の置き方や中立性一般について経験を積んでおられることは，有益でしょう。また，和田先生のご論文の中で，場合によっては法的情報の提供をしてもよいというご主張がありました。私は少し驚かされたのですが，しかし，法使用には多様性があり得ることを前提とされているということだと思います。私自身，調停の場における法的情報の提供義務を論じたことがありますので，大変心強く思いました。

　ただ，法的知見を有する人が主宰するときには，とくに生半可な情報に基づく場合には，評価的に法を使っていく方が楽だし早いのです。しかし，そのような評価の下での交渉は，限定されたパイを奪う不幸あるいは不可能な展開となります。民事調停で，専門家調停委員にそのような傾向があると指摘されることもあります。その点で，どう法や専門的な経験則を使っていくか。弁護士ないしはそれに準じた訓練をした人でも，それだけでは当事者の話を広げつつ法使用をすることは大変困難ですので，調停者としての訓練を積んで，法的争点を交渉の一つの手掛かりにするという相対化の視点が必要ではないかと思います。

早川 エバリエイティブな調停というのに関係しますけれども，私もアメリカ

において，法律家であることは，むしろメディエーターとしては有害なことが多いという話を聞いたことがありました。しかし他方で，退職した裁判官とか弁護士の作っているADR機関というのもありまして，そういうのはある種，法的知識を専門家として提供しながら調停を行うわけです。そういう機関もあって，それを目当てにそこに行く人もいていいし，そうではない所に行ってもいい。そういうような多様性が本来は必要なのです。そうであるにもかかわらず，一定の資格を有した者でなければ主宰者になれないということでは，そういう多様性をすべて摘んでしまいますし，逆に，そういう所にエバリエイティブではない調停を期待することも難しいように思われます。

　ちなみに，国際商事紛争の過程では，仲裁ばかりで調停はほとんどないのです。それは何故かということに関しては，谷口先生に本書において論文をお書きいただいておりますが，基本的に，国際商事仲裁における著名な仲裁人の方々は，博士号を複数持っていて，7カ国語くらい話せますというような高名な法律家が多数います。しかし，そういう方々が，だからといって，自分たちはメディエーターとしても有能であるとは思っていないという点には注目すべきであると思います。すなわち，自分たちはある種の法律判断をすることには長けていてプロであるけれども，当事者間の和解を援助するような役割に長けているわけではないし，そういう役割を求められているわけではないという自覚があるということです。もちろん，一部には，どちらの能力にも長けた方もいらっしゃって，そうした方の経験を基にした国際商事紛争における調停に関する論文もないわけではありません。しかし，基本的には，前提となる文化が全く違う国際紛争においては，和解に至らしめることが難しいという部分があり，そうなると，法律上求められている要件にあてはまる事実を認定して判断していくという役割がどうしても必要になるわけです。そして，その人たちが自分たちはメディエーターに向いていると思っていないということが非常に重要だと私は思うのです。

■　近代法と権力

濱野　和田先生とあまり距離が遠くはないのだろうなという感想を今日持ったのですが，当事者による水平的な紛争解決という意味を中心に据えるアプローチで，果たしていいのかという疑問がやはり残ります。というのは，他方に，

法的権利の実現という機能があります。あまり日本では話題にされないように思われ，それ自体興味深いことなのですが，紛争当事者にとって権利を実現するというのは，いわゆる紛争解決とは次元を異にしています。和田先生が念頭に置いている紛争解決というものは，法的な権利の実現，どちらの主張が法的に正しくて，どちらの権利が実現されるべきかという発想とは相容れないような気がするのです。

　当事者が自分は和田先生が言われるような紛争解決を選択すると，双方が考えているのであれば結構ですが，しかし，例えば自分は，自分の正当な権利が実現されることを求めている，正義がほしいと考える人々がいると思うのですが，それを保証する場というのは当然なくてはならない。それはエバリエイティブなADRかもしれないし，訴訟かもしれないですけど。

　もう1つ，和田先生が先ほど紛争当事者は権利主張では，あくまでも自前の法の理解をしているとおっしゃいました。そのとおりである場合が多いと思うのですが，法律家が双方についた形で，あるいは法律家が間に立って，法的な視点から，当事者の自前の理解とは食い違っているかもしれないが，法的ディスコースの中でその争点について結論を出すという作業が，当事者本人の感覚とずれることは当然の前提になっているわけです。法的な判断というものは，そのディスコースの中で出していくものであって，それが当事者の意思とかあるいは一般の法感覚とは違いうるというのは近代法の自明の前提だと思います。私はそこで必ずしも一致させる必要はないし，食い違った判断を裁判所なり公的な機関で示す点には価値があるという考え方なのです。

和田　濱野さんのご質問で，2点あったうちのまず1点ですが，最初に確認しておきますが，紛争解決という概念を私はあまり使いません。便利だから使うこともあるのですが，紛争処理制度の意義は，解決ではなく紛争の流れの整理ぐらいのことなのだろうと思っています。

　濱野さんの言われたように，権利の実現と紛争解決という風に整理されたときの紛争解決概念は，私の考えているよりはおそらく狭いのです。もちろん権利を実現したいという当事者がいるかもしれません。それは実際にいるでしょう。それは当事者のニーズです。一方は法的な権利を実現したいと，他方の当事者はそうじゃないことを考えているかもしれない。まさにそこに紛争があるわけですから，そこを交渉的に整理をしていくというのが，紛争処理解決制度

の一つの重要な機能なのだろうということです。

　一方当事者が権利を実現するというニーズ持っているときにも，実はその権利自体が先ほど申し上げたように自前の権利です。ですから裁判所の考えは違うし，相手の当事者も全く別のことを考えています。そこで当然，調整が必要になってくるから，結局問題は同じことになってくるように思います。そこでの調整がどうなされているか。そういう意味での紛争過程の整序がやはり必要になってくる。それが第一義的に重要だということです。

　もう一つの点は，当事者本人の自前の解釈と，法律家の解釈，それは違って当たり前だと思います。重要なのは，「それは違っていて当然でそれでいいのだ」と言いきってしまうのか，「違っていいのだけれども，違うことを納得してもらう」，すなわち当事者が受容できるような形に弁護士がクライアントとの関わりの中で，またはプロセスの中で対話を充実させていくのかという点です。

　当初，当事者が持った自前の解釈と最後の判決が，プロセスのなかで変容し一致したとすれば，それはすごくよく出来た裁判かもしれません。違うのは当り前だからもう当事者の自前の解釈は放っておいていいのだということではなくて，そこをどうプロセスの中で織り込んでいくのかということを問題にしていかねばならないのではないでしょうか。第1の質問とも絡んでくるのですが。

早川　日本の裁判所がなぜ和解をやろうとするのかとか，日本の仲裁センターがなぜ調停をしたがるのかということを一時期考えていました。すなわち，権限に基づいて潜在的に判断は下されているのに，さらに，その判断について当事者が納得してくれていますという形を取ろうとするのは何故なのかという点です。そのことには，もちろん，いろいろな説明が可能であって，特に裁判でしたら判決が公表されますし，そこに理由も書かなければいけないし，上訴されるかもしれない。あるいは，仲裁でも，判断に自主的に従ってくれる可能性が高くなるかもしれない。しかし，もう少し観念的な説明も可能なのではないか。すなわち，日本の法文化の中に，判断の押し付けというものに対してそもそも抵抗感があって，納得してもらったという形，そういうものが要求されてしまう部分があるのではないかというようにも，いまの話を聞いていて思いました。

　もう一つは，権力というものの存在を徹底的に嫌うという傾向を持つ方がい

る。私は，権力というのは，社会がある以上必要だと思っているのですが，例えば，第三の波の論者の方々は，権力的なものをどうやって消し去るのかということを，ずっとやっているようなところがある。そういう観点からすると，いまのご説明は非常に分かりやすく感じられます。裁判の権力的機能を認めない以上は，ではどういう世界があるのかという話になるわけですから。しかし，私とか濱野先生は，権力という怪獣はやはり必要なのではないか。問題は，怪獣である以上，どうやってその手を縛るかというところであり，そのために，近代法はいろいろな工夫をしてきたのです。その結果，確かに窮屈だし，いろいろはみ出てくる部分や足りない部分があるけれども，そこで培われた工夫は守ってもらわないと困るのではないかという思いがあります。

和田 私や第三の波の主張者に権力消去への志向があるのは，その通りだと思います。ただ，それを日本的法文化における納得志向と結びつけるのは間違いです。そうではなくて，法律家との間で，法的・過程的なレスポンスを巡って納得（これは権力消去的です）というのはあり得ますけれど，相手方との間で別に合意しなくてもいいし，結果への納得を問題にしているのでもありません。別に予定調和的に平和的合意で終わらなくてもいい。その後また続いていきますから，放っておいてもいいと思うのです。第三の波は過程志向であって，結果については合意をも徹底して懐疑してきた点は重要です。合意と権力的判断，いずれも批判しているわけです。

早川 第三の波の方は，そこでそうした突っぱね方をする。そもそも，権力というものがなくたっていいという前提に立っているわけですから。しかし，問題は，そうした前提に立っている研究者の方々と，例えば，仲裁契約を結ばせて，最後に仲裁判断を出せる状況にした上で，調停案をやわらかく押しつけるといった作戦によって，無意識的なのかもしれませんが，権力を強化させてしまっている実務の間において，その前提の大きな違いが外から見るとよく分からないような形で議論がなされていることです。ときに戦略的に手を握ったりしていますよね。

■ 日本社会と近代法

山田 法哲学者の井上達夫先生のご議論を読んだりして思いますのは，日本は共同体社会だと言われている割には，共同化の方法論としての合意形成が非常

に貧困である。本来，合意形成を重視するならそのためのプロセスに比重がかかりそうなものですが，さきに同一価値観の推定と裏のプロセス（阿吽の呼吸や根回しプロセス）が働くから，これに取り残された者にとって表立ったプロセスは形骸化している。それを前提とするコンセンサス社会では，合意するのがあなたのため，みんなのためですよという論理ですね。

早川　強制ですね。

山田　そうですね。逆に言えば，多数決のほうが合意形成としては風通しがいいわけです。しかし，訴訟運営においても，弁護士実務においても，どうも全員一致の合意さえあれば，権力性は洗い流されたとしている面がありそうです。このような合意と権力性の問題はどこの国でも存在すると思いますが，日本ではとりわけ，価値や規範の単一性を前提としたコンセンサス社会という先入観によってこれが隠蔽される危険があることは，濱野先生が言われる通りだと思います。アメリカの調停実務では，不合意についての合意（agree on disagree）という言い方があるのですが，そういう冷静な姿勢はもっと強調されてよいのではないでしょうか。

早川　そういう意味で，少なくともここに集まった4人は，ADRを進めるにあたって必要な合意は，真の合意でなくてはいけないということを共有していますよね。ただ，その結果として，権力的なものの存在を認めてその手を縛ろうとするか，それとも，権力的な要素を潰してしまおうとするかという点に違いがありますが。

濱野　和田先生が2点おっしゃっているうちの一つは，判決のような形の法的ディスコース上の結論というのがあっても，大事なのは，紛争過程をもとにして当事者間にフィードバックしていく。そこが第一義的に重要である。この第一義的というのが私は問題だと思います。もう一つは同じように，自前の法の意識や法の理解と，法律家のディスコースが食い違っていることについて，その違いを前提にしつつ，法律家が当事者本人に納得してもらうような形で，活動をしていくことが重要である。ここも第一義的に重要であると考えておられるように思うのです。

　私はこの2点について，いずれも重要であるという点については，全く異論はないのです。判決というのはあくまで法的ディスコースに関する争点についての，紛争のある一部についての法的判断であって，問題はそこから始まる。

それをどうやって法律家が当事者に返していくかが重要である。あるいは当事者の法意識のほうがはるかに実定法より理に叶っている場合もあり得るわけです。いずれにしても法的ディスコースを一般の人たちにどのように返していくか。あるいは逆に一般の人たちの法感情をどうやって実定法の中に取り込むかというのが重要で，これは法律家にとって非常に重要な任務であると思っています。

　問題は第一義的にそれが重要だとすると，フィクションとしての法的空間と言いますか，フィクションとしての法の場というものが，制度として再生産されていかないのではないかと思うのです。第一義的にそちらが重要だとしてしまうと。あくまでも法は別の空間で，それを前提にして日常生活の中に盛り込んでいく，また，日常生活の方から取り込んでいくように制度を構築していくという視点が重要ではないのか。特に日本のような社会においては，そもそも法的空間が今でも確固として存在していないわけですから。

早川　和田先生は，そういう空間がなくてもいいと思っているのではないですか。

濱野　法的空間というのは，これまで歴史上，それ自体として実在していたとは考えませんが，フィクションとしては存在させてきた社会があり，また現にあると考えています。

　当事者が非常に素朴な感覚を持ち込んできますね。それこそ感情的なものまで含めてきて。それを出発点にして，弁護士や裁判官といろいろやりとりするなかで，自前の法解釈も動いていくかもしれない。他方で，その結果として先ほど申し上げたように，実定法のフィクションの中に影響を及ぼすかもしれない。

和田　そうです。だから，そういう循環関係は，私が強調してきたようなことを第一義的に重要視し訴訟を運用していく中でも，当然のことながら達成されるのではないでしょうか。

濱野 その場合に私は，そういう循環を法的ルールの中に反映させて，表現することが大事だと思うのです。

和田 それでは「法的空間」が狭いのではないでしょうか。

濱野 その点が，和田先生が，非法律家の方に返していきながら紛争処理過程を展開させていくということが，第一義であるといわれる趣旨なのでしょうね。その場合に，本当にルールとしての，形式（フォーム）としての法，あるいはディコースとしての法というものが再生産されていくのでしょうか。

和田 当事者の素朴な解釈を織り合わせるような形で取り込んでいかないで，法律家が法律家的な発想の，狭隘な法的空間の中で法的空間を再生産するのだとすればそれは自閉的な自己満足に過ぎません。

濱野 私は，そのような法的空間はおかしいと言っているつもりです。常に現場の中に発生しているものを取り込んでいきながら，ルールは進化していくのがあるべき姿と思っているので，いまの日本で果たしてそのような形の適切な進化が行われているかどうかは疑問だと思っています。非法律家が重要だと言っていることを和田先生のおっしゃるような意味で重視した場合でも，そういう法の進化は起るわけですね。形式的なルールの存在を前提とすると理解してよろしいですね。

　そうすると，和田先生のお考えとは，ほとんど変わらないのかもしれません。

山田 具体的な例でお話しいただくと分かりやすいかと思うのですが，例えば日本の裁判所は，正当事由や信義則などの抽象的な概念を介した評価規範を用いることによって，当事者の感情的な問題や周辺事情を一切合切取り込んでいくという操作を多用し，とりわけ事実認定としてそれを行うことで判断過程がブラックボックス化すると，逆に批判されている側面もあるのではないかと私は認識していました。もしそうだとすると，「広い」法的空間はすでに実現しているということでしょうか。

早川 ただ濱野先生の言っているのは，むしろそうではなくて，そういうことをやり過ぎてしまうと，法制度が前提としている世界がクリアになってこない。

山田 生活世界とのフィードバックの繰り返しによって法が進化していくことによって，法的空間が失われるのが怖いという議論をなさったわけですね。

濱野 裁判官の裁量を重視しすぎているということ，非法律家の感覚などの組込み方において，裁判官の裁量と一般条項などを重視し過ぎているという点は

問題点だと思います。

山田 それは，いまおっしゃった法的空間への取り込みではないのですか。

濱野 それは，良くない取り込みだと思うのです。

山田 良い取り込みというのは，どのような条件によるのでしょうか。

濱野 それはまさにルールとその精緻化ということになると思います。

山田 現状では，ルールではないということですね。

濱野 一般条項は，ルールというよりは裁量を許容する「原理」ですね。程度問題ですが，裁量の機能領域が広すぎる法的空間には問題があると思います。

和田 私はまさにそこで，その取り込み方が問題だと言っているのです。裁判官の裁量にゆだねるのではなく，手続のプロセス，当事者の交渉的対話のほうにその中身の形成を委ねていく。それは法曹のルール解釈・判断ではなくて当事者たちの対話プロセスの所でやる。そこが違うのです。

早川 私個人は基本的に法解釈をするのが仕事だと思っているので，まず現在のシステムがどうなっているかというところから分析し，本来予定していない所の力の動きがあるとすれば，それを指摘してクリアにしていくという仕事をやってきたわけですし，濱野先生とはその意味ではほとんど一致するのです。ただ，私は最後の最後の所で，あくまで自分の仕事としては，こういう制度がありますが，あの制度との関係はどうなりますかと聞かれたから，それに対して答えているだけという感覚なのです。したがって，現在の制度を所与のものとした上での解釈という仕事を離れて，近代法制度というものに何かしら疑うところはありませんかとか，ほころびが幾つもありますけれどもその原因は何でしょうかとか，そんなにほころびが多いのであれば政策論としてはいっそ破壊した方がいいのではないでしょうかと問われると，結構そういう議論への対応は可能で，そこはずいぶん違ってラディカルなのですが。山田先生はいかがですか。

山田 近代法システム全体についてということですね。大きなご質問ですし，近代法概念そのものが一枚岩なのかどうか分かりませんが，私は先ほど申しましたように，ADRと裁判固有の役割は違うという前提で考えています。その意味では，裁判の固有の役割については近代法システムを前提にしているのですが，ただ近代法システムというのは，百年来変わらないものではなく，社会システムとの関係で相互作用するものと考えています。例えばいわゆる西欧の

中でも近代法システムの体現の仕方は異なるわけですし，法適用についても，かつては自動販売機的に裁判官が法を書くことで権力性を拘束しようとしたのかもしれませんが，現在ではそうではないでしょう。あるいは，法主体という意味では，裁判で当事者が法システムを動かすことのできる領域も，当然変わってきて然るべきである。現代のように社会関係が複雑化し価値も多様化している時代には，当事者の法主体性を現実化する血肉の通った法システムが求められているという点では，近代法システムも変容せざるを得ません。そのように抽象度の高いレベルでは，ADRと裁判の基礎として共通性を見ているように思います。ADRに関しては，例えば和田先生と同じように当事者の主導性を強調しているわけですが，（修正された）近代法的自律性を念頭に置いているところで差異が生ずるのだろうと思います。敢えて言えば，ポストモダンからの一種の揺り戻しと言うか日本のADRの再構成のための基礎として，意識的に近代法的発想を採っているのかも知れません。

■ これからのADRに関する研究

和田 いまの山田さんのと重なるのですけれども，近代法制度が成立したのは比較的最近のことです。その成立した当時には，共同体的な，前近代的なシステムに対して，法は批判的制度として重要な意味を持ったと思います。しかし，ある意味で，実は合わさって，社会のトータルな意味での紛争機能を分担していた。が徐々に社会構造が変容するに連れて共同体的な関係性が崩れてきたので，それに伴って裁判制度の限界も見えるようになってきているのだと思っています。

　そこで1980年代以降，新しく出てきた紛争解決に関するプロセス志向の理念だとか，あるいは1990年代に入って出てきた新たな当事者援助型ADR，これらは近代法的な裁判システムと，従来型の日本的ADR，その双方に対して，批判的意義を持っているものと思います。私自身こうした動きにコミットしていきたいと思いますし，この観点からADRについても，どういう制度であるべきか，どういうプロセスがそこで保証されるべきか，どういう技法が必要なのかという点を考えることが必要だと思っています。また裁判制度もその中の一つのフォーラムとして取り込んで，やはり同じ視点から分析をし，方向付けをしていくというようなことが必要だと考えています。

濱野 私も，最近日本で進められている草の根的なメディエーションの運動は，非常に重要だと思います。今後ますます実定法が使われていくのに対応して，本来の意味のメディエーション型の紛争処理プロセスが重要になってきているという点は，全く同感です。それを前提にした上で，他方で，日本という伝統の中で近代法というものは——近代法というのはもちろん先ほどから議論がありますように，決してスタティクなものではなく，社会の変化に対応し進化していくものだと思いますが——，ともすれば行政型管理システムに絡め取られてしまうという傾向がありますので，私としては環境の変化に対応して近代法制度をより進化させていくという方向も常に我々としては強調していかなければいけないと考えます。

その上で和田先生が言われたような，一般の人たちと法律家の間の，ある意味で本質的なギャップ，それをどうやって埋めていくか，あるいは法的な処理というものと紛争それ自体の処理のギャップを，どうみていくかという課題も非常に重要であり，この点については和田先生とは意見の相違はないのではないかと思っています。

山田 早川先生が最初に言われたことですが，ADRについてまとめて議論をするということは，民事司法のあり方全体を照射するという意味をもちますので，今後の研究にとっても大変重要な契機を与えていただいたと感謝しています。日本のADRは，その歴史的経緯や司法そのもののモダン化の成否と絡んで，ねじれ現象というか複雑な状況に置かれているわけですが，このような経験は，国内の議論のみならず比較法的にも共通する可能性もありますので，日本特殊論に陥らずに研究を続けていきたいと思っています。また，評価はさておき，国際的にもADRは一種のルール化の時代を迎えていますので，ADR基本法成立後にもこのような議論を継続し，より具体的なレベルでの理論の精緻化を図ることの必要性も感じているところです。

早川 私は先ほども言いましたが，混乱しているのが耐えられない性でして，議論でも混乱していると，ああ，もう駄目だ整理をしたいとなる。それだけで生きているような人間ですから，そんなことでADRというのに興味を持ったという面がございます。しかし，皆様方と議論をさせていただき，論文を読ませていただいて，ADRそのものについて最近はすっかり愛着が湧いてしまいましたので，今後とも引き続き勉強をさせていただきたいと思います。どうも

本日はありがとうございました。

執筆者紹介（執筆順）

早川　吉尚	（はやかわよしひさ）	立教大学助教授
山田　　文	（やまだあや）	京都大学助教授
濱野　　亮	（はまのりょう）	立教大学教授
垣内　秀介	（かきうちしゅうすけ）	東京大学助教授
高橋　　裕	（たかはしひろし）	神戸大学大学院助教授
長谷部由起子	（はせべゆきこ）	学習院大学教授
和田　仁孝	（わだよしたか）	早稲田大学教授
谷口　安平	（たにぐちやすへい）	東京経済大学教授・弁護士
小島　武司	（こじまたけし）	中央大学教授
中村　芳彦	（なかむらよしひこ）	弁護士

ADRの基本的視座

2004年7月30日　第1版第1刷発行

編者　早川　吉尚
　　　山田　　文
　　　濱野　　亮

発行　不磨書房
〒113-0033 東京都文京区本郷6-2-9-302
TEL 03-3813-7199／FAX 03-3813-7104

発売　㈱信山社
〒113-0033 東京都文京区本郷6-2-9-102
TEL 03-3818-1019／FAX 03-3818-0344

制作　編集工房INABA

Ⓒ 著者, 2004, Printed in Japan　　印刷・製本／松澤印刷

ISBN4-7972-9298-9 C3332

判例総合解説シリーズ

ロースクール必備
実務家必携のシリーズ

実務に役立つ理論の創造

緻密な判例の分析と理論根拠を探る
分野別判例解説書の新定番

石外克喜 著　2,900 円
権利金・更新料の判例総合解説
●大審院判例から平成の最新判例までを扱う。
権利金・更新料の算定実務にも役立つ。

生熊長幸 著　2,200 円
即時取得の判例総合解説
●民法192条から194条までの即時取得に関する判例の解説。学説と判例の対比に重点をおき、即時取得に関する主要な問題を網羅。どのような要件が備わった場合に即時取得を認めるべきか、動産の取引、紛争解決の実務に役立つ。

土田哲也 著　2,400 円
不当利得の判例総合解説
●民法703条〜707条までの不当利得に関する裁判例の解説。大審院および最高裁判例を中心にしつつも、新しい論点があるものは未だ下級審段階にあるものも取り上げている。不当利得論は、判例は公平論を維持しているが、通説となってきた学説の類型論の立場で整理されている。判例の事実関係の要旨をすべて付してあり、実務的判断に便利。

平野裕之 著　3,200 円
保証人保護の判例総合解説
●信義則違反の保証「契約」の否定、「債務」の制限、保証人の「責任」制限を正当化。総合的な再構成を試みながら判例を分析・整理。

佐藤隆夫 著　2,200 円
親権の判例総合解説
●子の受難時代といわれる今日、親権の行使、離婚後の親権の帰属等、子をめぐる争いは多い。親権法の改正を急務とする著者が「親権」とは、「親とは何か」を問いつつ、判例を分析・整理。

河内　宏 著　2,400 円
権利能力なき社団・財団の判例総合解説
●民法667条〜688条の組合の規定が適用されている、権利能力のない団体に関する判例の解説。

松尾　弘 著　【近刊】
詐欺・脅迫の判例総合解説
●詐欺・脅迫行為を規律する関連法規の全体構造を確認しながら、各法規による要件・効果をベースに判例を整理・分析。日常生活の規範・関連するルールを明らかにし、実務的判断に重要。

信山社

判例総合解説シリーズ

[太字は既刊、各巻2,200円～3,200円（税別）]

公共の福祉の判例総合解説	長谷川貞之
無能力者と財産管理制度の判例総合解説	新井誠
権利能力なき社団・財団の判例総合解説	**河内宏**
法人の不法行為責任と表見代理責任の判例総合解説	阿久沢利明
公序良俗の判例総合解説	中舎寛樹
錯誤の判例総合解説	小林一俊
心裡留保の判例総合解説	七戸克彦
虚偽表示の判例総合解説	七戸克彦
詐欺・強迫の判例総合解説	松尾弘
無権代理の判例総合解説	半田正夫
委任状と表見代理の判例総合解説	武川幸嗣
越権代理の判例総合解説	高森八四郎
時効の援用・放棄の判例総合解説	松久三四彦
除斥期間の判例総合解説	山崎敏彦
登記請求権の判例総合解説	鎌野邦樹
民法77条における第三者の範囲の判例総合解説	半田正夫
物上請求権の判例総合解説	徳本鎮・五十川直行
自主占有の判例総合解説	田中整爾・下村正明
即時取得の判例総合解説	**生熊長幸**
入会権の判例総合解説	中尾英俊
留置権の判例総合解説	清水元
質権・先取特権の判例総合解説	椿久美子
抵当権の侵害の判例総合解説	宇佐見大司
物上保証の判例総合解説	椿久美子
物上代位の判例総合解説	小林資郎
賃借権侵害の判例総合解説	赤松秀岳
安全配慮義務の判例総合解説	円谷峻
履行補助者の故意・過失の判例総合解説	鳥谷部茂
損害賠償の範囲の判例総合解説	岡本詔治
不完全履行と瑕疵担保責任の判例総合解説	久保宏之
債権者取消権の判例総合解説	下森定
連帯債務の判例総合解説	手嶋豊・難波譲治
保証の判例総合解説	今西康人
保証人保護の判例総合解説	**平野裕之**
間接被害者の損害賠償の判例総合解説	平野裕之
製造物責任法の判例総合解説	平野裕之
消費者契約法の判例総合解説	平野裕之
在学契約の判例総合解説	平野裕之
弁済の提供と受領遅滞の判例総合解説	北居功
債権譲渡の判例総合解説	野澤正充
債務引受・契約上の地位の移転の判例総合解説	野澤正充
弁済者代位の判例総合解説	寺田正春
契約締結上の過失の判例総合解説	本田純一
事情変更の原則の判例総合解説	小野秀誠
危険負担の判例総合解説	小野秀誠
同時履行の抗弁権と不安の抗弁権の判例総合解説	清水元
約款の効力の判例総合解説	中井美雄
リース契約の判例総合解説	手塚宣夫
クレジット取引の判例総合解説	後藤巻則
消費者取引の判例総合解説	山口康夫
金銭消費貸借と利息の判例総合解説	鎌野邦樹
銀行取引契約の判例総合解説	関英昭
賃借権の対抗力の判例総合解説	野澤正充
無断譲渡・転貸借の効力の判例総合解説	藤原正則
権利金・更新料の判例総合解説	**石外克喜**
敷金・保証金の判例総合解説	石外克喜
借家法と正当事由の判例総合解説	本田純一
借地借家における用方違反の判例総合解説	藤井俊二
マンション管理の判例総合解説	藤井俊二
請負の判例総合解説	山口康夫
相殺の担保的機能の判例総合解説	千葉恵美子
事務管理の判例総合解説	副田隆重
不当利得の判例総合解説	**土田哲也**
不法原因給付の判例総合解説	田山輝明
不法行為に基づく損害賠償請求権の期間制限の判例総合解説	松久三四彦
慰謝料請求権の判例総合解説	小川栄治
過失相殺の判例総合解説	浦川道太郎
生命侵害の損害賠償の判例総合解説	田井義信
請求権の競合の判例総合解説	奥田昌道
婚姻の成立と一般的効果の判例総合解説	床谷文雄
婚約の判例総合解説	國府剛
事実婚の判例総合解説	二宮周平
婚姻無効の判例総合解説	右近健男
離婚原因の判例総合解説	阿部徹
子の引渡の判例総合解説	許末恵
養子の判例総合解説	中川高男
親権の判例総合解説	**佐藤隆夫**
扶養の判例総合解説	西原道雄
相続回復請求権の判例総合解説	門広乃里子
相続・贈与と租税の判例総合解説	三木義一

信山社

―――― 講説 シリーズ ――――

◆講説民法シリーズ（全5巻）◆

講説 民 法 総 則　　9081-1　■ 2,800 円（税別）
久々湊晴夫（北海道医療大学）／木幡文徳（専修大学）／高橋敏（国士舘大学）／田口文夫（専修大学）
野口昌宏（大東文化大学）／山口康夫（流通経済大学）／江口幸治（埼玉大学）

講説 物 権 法　　9085-4　■ 2,800 円（税別）
野口昌宏（大東文化大学）／庄菊博（専修大学）／小野憲昭（北九州市立大学）
山口康夫（流通経済大学）／後藤泰一（信州大学）／加藤輝夫（日本文化大学）

講説 民 法（債権各論）　　9208-3　■ 3,600 円（税別）
山口康夫（流通経済大学）／野口昌宏（大東文化大学）／加藤輝夫（日本文化大学）
菅原静夫（帝京大学）／後藤泰一（信州大学）／吉川日出男（札幌学院大学）／田口文夫（専修大学）

講説 民 法（親族法・相続法）【改訂第2版】　　9251-2　■ 3,000 円（税別）
落合福司（新潟経営大学）／小野憲昭（北九州市立大学）／久々湊晴夫（北海道医療大学）
木幡文徳（専修大学）／桜井弘晃（埼玉短期大学）／椎名規子（茨城女子短期大学）
高橋敏（国士舘大学）／宗村和広（信州大学）

講説 民 法（債権総論）　　9210-5　■ 2,600 円（税別）
吉川日出男（札幌学院大学）／野口昌宏（大東文化大学）／木幡文徳（専修大学）／山口康夫（流通経済大学）
後藤泰一（信州大学）／庄菊博（専修大学）／田口文夫（専修大学）／久々湊晴夫（北海道医療大学）

～～～～～～～～～～～～～～～～～～～～～～～～～～～～

講説 民 事 訴 訟 法【第3版】　　9098-3　■ 3,400 円（税別）
遠藤功（日本大学）＝**文字浩**（神戸海星女子学院大学）編著
安達栄司（成城大学）／荒木隆男（亜細亜大学）／大内義三（亜細亜大学）／角森正雄（神戸学院大学）
片山克行（拓殖大学）／金子宏直（東京工業大学）／小松良正（駒澤大学）／佐野裕志（鹿児島大学）
高地茂世（明治大学）／田中ひとみ（成城大学）／野村秀敏（横浜国立大学）
松本幸一（日本大学）／元永和彦（筑波大学）

講説 商 法（総則・商行為法）　　9250-4　■ 2,400 円（税別）
加藤徹（関西学院大学）／吉本健一（大阪大学）／金田充広（関東学園大学）／清弘正子（和歌山大学）

不磨書房

初学者にやさしく、わかりやすい、法律の基礎知識

――――― 石川明先生のみぢかな法律シリーズ ―――――

みぢかな法学入門【第3版】　慶應義塾大学名誉教授　石川　明 編

有澤知子（大阪学院大学）／神尾真知子（尚美学園大学）／越山和広（関西大学）　　9103-6
島岡まな（大阪大学）／鈴木貴博（東北文化学園大学）／田村泰俊（明治学院大学）　■ 2,500 円（税別）
中村壽宏（神奈川大学）／西山由美（東海大学）／長谷川貞之（獨協大学）
松尾知子（京都産業大学）／松山忠造（山陽学園短期大学）／山田美枝子（大妻女子大学）
渡邊眞男（慶應義塾大学）／渡辺森児（平成国際大学）／石川毅（LEC 東京リーガルマインド大学）

みぢかな民事訴訟法【第2版】　慶應義塾大学名誉教授　石川　明 編

小田敬美（松山大学）／小野寺忍（山梨学院大学）／河村好彦（明海大学）／木川裕一郎（東海大学）
草鹿晋一（香川大学）／越山和広（関西大学）／近藤隆司（白鷗大学）／坂本恵三（獨協大学）
椎橋邦雄（山梨学院大学）／中村壽宏（神奈川大学）／二羽和彦（中央大学）／福山達夫（関東学院大学）
山本浩美（東亜大学）／渡辺森児（平成国際大学）　　9278-4　　■ 2,800 円（税別）

みぢかな倒産法　　慶應義塾大学名誉教授　石川　明 編

岡伸浩（弁護士）／田村陽子（山形大学）／山本研（国士舘大学）／草鹿晋一（香川大学）
近藤隆司（白鷗大学）／栗田陸雄（杏林大学）／宮里節子（琉球大学）／本田耕一（関東学院大学）
波多野雅子（金沢大学）／芳賀雅顯（明治大学）　　9295-4　　■ 2,800 円（税別）

みぢかな商法入門　　酒巻俊雄（元早稲田大学）＝石山卓磨（日本大学）編

秋坂朝則（日本大学）／受川環大（国士舘大学）／王子田誠（東亜大学）／金子勲（東海大学）
後藤幸康（京都学園大学）／酒巻俊之（日本大学）／長島弘（産能短期大学）
福田弥夫（武蔵野女子大学）／藤村知己（徳島大学）／藤原祥二（明海大学）／増尾均（松商学園短期大学）
松崎良（東日本国際大学）／山城将美（沖縄国際大学）　　9224-5　　■ 2,800 円（税別）

みぢかな刑事訴訟法　　河上和雄（駿河台大学）編

近藤和哉（神奈川大学）／上田信太郎（岡山大学）／津田重憲（明治大学）／新屋達之（立正大学）
辻脇葉子（明治大学）／吉田宣之（桐蔭横浜大学）／内田浩（岩手大学）／臼木豊（駒澤大学）
吉弘光男（久留米大学）／新保佳宏（京都学園大学）　　9225-3　　■ 2,600 円（税別）

みぢかな刑法（総論）　　内田文昭（北陸大学）＝山本輝之（名古屋大学）編

清水一成（琉球大学）／城下裕二（明治学院大学）／本間一也（新潟大学）／松原久利（京都産業大学）
内田浩（岩手大学）／島岡まな（大阪大学）／小田直樹（広島大学）／小名木明宏（北海道大学）
岡上雅美（筑波大学）／丹羽正夫（新潟大学）／近藤和哉（神奈川大学）
吉田宣之（桐蔭横浜大学）　　9275-X　　■予価 2,600 円（税別）

みぢかな国際法入門　　松田幹夫（獨協大学名誉教授）編

松田幹夫（獨協大学名誉教授）／鈴木淳一（獨協大学）／安保公人（拓殖大学）
中村恵（日本大学）／一ノ瀬高博（獨協大学）　　9077-3　　■ 2,400 円（税別）

不磨書房

不磨書房

◆ ファンダメンタル　法学講座 ◆

民　　　法　〈民法 全5巻 刊行予定〉

1　総則
草野元己(関西学院大学)／岸上晴志(中京大学)／中山知己(桐蔭横浜大学)　9242-3
清原泰司(桃山学院大学)／鹿野菜穂子(立命館大学)　本体 2,800 円 (税別)

2　物権
清原泰司／岸上晴志／中山知己／鹿野菜穂子　9243-1
草野元己／鶴井俊吉(駒澤大学)　★近刊

商　　　法　〈商法 全3巻 刊行予定〉

1　総則・商行為法　9234-2　　定価：本体 2,800 円 (税別)
今泉邦子(南山大学)／受川環大(国士舘大学)／酒巻俊之(日本大学)／永田均(青森中央学院大学)
中村信男(早稲田大学)／増尾均(松商学園短期大学)／松岡啓祐(専修大学)

民事訴訟法　9249-0　　定価：本体 2,800 円 (税別)
中山幸二(明治大学)／小松良正(駒澤大学)／近藤隆司(白鷗大学)／山本研(国士舘大学)

国　　　際　　　法　9257-1　　定価：本体 2,800 円 (税別)
水上千之(明治学院大学)／臼杵知史(同志社大学)／吉井淳(明治学院大学) 編
山本良(埼玉大学)／吉田脩(筑波大学)／高村ゆかり(静岡大学)／高田映(東海大学)
加藤信行(北海学園大学)／池島大策(同志社女子大学)／熊谷卓(新潟国際情報大学)

～～～～～～～～　導入対話　シリーズ　～～～～～～～～

導入対話による**民法講義**（総則）【新版】　9070-6　■ 2,900 円 (税別)
導入対話による**民法講義**（物権法）【新版】　9104-4　■ 2,900 円 (税別)
導入対話による**民法講義**（債権総論）　9213-X　■ 2,600 円 (税別)
導入対話による**刑法講義**（総論）【第2版】　9083-8　■ 2,800 円 (税別)
導入対話による**刑法講義**（各論）　★近刊　9262-8　予価 2,800 円 (税別)
導入対話による**刑事政策講義**　土井政和ほか　9218-0　予価 2,800 円 (税別)
導入対話による**商法講義**(総則・商行為法)【第2版】　9084-6　■ 2,800 円 (税別)
導入対話による**国 際 法 講 義**【第2版】　廣部・荒木　9091-9　■ 3,200 円 (税別)
導入対話による**医事法講義**　佐藤司ほか　9269-5　■ 2,700 円 (税別)
導入対話による**ジェンダー法学**　浅倉むつ子監修　9268-7　■ 2,400 円 (税別)

不磨書房

戒能民江 著（お茶の水女子大学教授）　　山川菊栄賞受賞
ドメスティック・バイオレンス
本体 3,200 円（税別）

導入対話による **ジェンダー法学**　　浅倉むつ子監修（早稲田大学法科大学院教授）
戒能民江・阿部浩己・武田万里子ほか　　9268-7　■ 2,400 円（税別）

キャサリン・マッキノン／ポルノ・買春問題研究会編
マッキノンと語る ◆ポルノグラフィと売買春
性差別と人権侵害、その闘いと実践の中から　9064-1　四六変　■ 1,500 円（税別）

横田洋三著（中央大学法科大学院教授／国連大学学長特別顧問）
日本の人権／世界の人権
9299-7　四六変　■ 1,600 円（税別）

◆女性執筆陣による法学へのいざない◆
Invitation 法学入門【新版】
9082-x ■ 2,800 円（税別）
岡上雅美（筑波大学）／門広乃里子（國學院大学）／船尾章子（神戸市立外国語大学）
降矢順子（玉川大学）／松田聰子（桃山学院大学）／田村陽子（山形大学）

これからの 家族の法（2分冊）　奥山恭子 著（横浜市立大学教授）
1 親族法編 9233-4　2 相続法編 9296-2　■各巻 1,600 円（税別）

法学講義〔第2版〕　新里光代 編著（北海道教育大学名誉教授）
篠田優（北海道教育大学旭川校）／浅利祐一（同釧路校）／寺島壽一（同札幌校）
永盛恒男（函館大学）／土井勝久（札幌大学）　9086-2　■ 2,600円（税別）

◆　市民カレッジ シリーズ　◆

1　知っておきたい **市民社会の法**　金子 晃（慶應義塾大学名誉教授）編 ■ 2,400 円（税別）
2　市民社会における **紛争解決と法**　宗田親彦（弁護士）編 ■ 2,500 円（税別）
3　市民社会における **行 政 と 法**　園部逸夫（弁護士）編 ■ 2,400 円（税別）
4　**市民社会と公　益　学**　小松隆二・公益学研究会 編 ■ 2,500 円（税別）

不磨書房

ＡＤＲの基本的視座 ◇裁判外紛争処理の本質と根源的課題◇

早川吉尚（立教大学）／山田文（京都大学）／濱野亮（立教大学）編著
垣内秀介（東京大学）／高橋裕（神戸大学）／長谷部由起子（学習院大学）
和田仁孝（早稲田大学）／谷口安平（東京経済大学）／小島武司（中央大学）
中村芳彦（弁護士）　　　　　　　　　　9298-9　　■本体 3,600 円（税別）

憲　法　ポイントを押さえた分りやすい基本書 9090-0 ■ 2,900 円（税別）

工藤達朗（中央大学法科大学院）／畑尻剛（中央大学）／橋本基弘（中央大学）

近代憲法における団体と個人　橋本基弘著（中央大学）

◇結社の自由概念の再定義をめぐって◇　　9100-1　上製 408 頁■ 6,000 円（税別）

刑事訴訟法講義　　　　　渡辺咲子 著（明治学院大学）

法科大学院未修者の実力養成／基礎と実務　9078-7　■本体 3,400 円（税別）

損害賠償法　　9283-0　　橋本恭宏 著（中京大学）

◇新たな出発点を提示する◇　フロム・ナウシリーズ　　■本体 2,000 円（税別）

民法 総則　Step Up シリーズ　9235-0

尾島茂樹（金沢大学）／関武志（青山学院大学）
野澤正充（立教大学）／渡辺達徳（中央大学）　　　■本体 2,500 円（税別）

講義 国際組織入門　家正治（姫路獨協大学）編著　■本体 2,900 円

城山正幸（高岡法科大学）／戸田五郎（京都産業大学）／山形英郎（立命館大学）
中井伊都子（甲南大学）／末吉洋文（帝塚山大学）／西村智朗（三重大学）

刑法総論　小松 進 著（大東文化大学）　9079-X　■本体 2,200 円（税別）

労　働　法　近刊 9288-1　毛塚勝利（中央大学）／島田陽一（早稲田大学）

青野覚（明治大学）／石井保雄（獨協大学）／浜村彰（法政大学）／山田省三（中央大学）